教育部人文社会科学重点研究基地
南开大学中国社会史研究中心资助
中央高校基本科研业务费专项资金资助
中国社会科学引文索引（CSSCI）来源集刊

中国社会历史评论

Chinese Social History Review

第二十六卷·二〇二一

常建华　主编

天津出版传媒集团
天津古籍出版社

图书在版编目（CIP）数据

中国社会历史评论. 第二十六卷, 二〇二一 / 常建华主编. — 天津：天津古籍出版社, 2021.9
ISBN 978-7-5528-1159-9

Ⅰ. ①中… Ⅱ. ①常… Ⅲ. ①史评-中国 Ⅳ. ①K207

中国版本图书馆CIP数据核字(2021)第174205号

中国社会历史评论　第二十六卷　二〇二一
ZHONGGUO SHEHUI LISHI PINGLUN

常建华/主编

出　　版	天津古籍出版社
出版人	张　玮
地　　址	天津市和平区西康路35号康岳大厦
邮政编码	300051
邮购电话	（022）23517902
责任编辑	门　辉
封面设计	鞠佳美
印　　刷	北京建宏印刷有限公司
经　　销	新华书店
开　　本	787毫米×1092毫米　1/16
印　　张	16.25
字　　数	371千字
版次印次	2021年9月第1版　2021年9月第1次印刷
定　　价	108.00元

版权所有　侵权必究
图书如出现印装质量问题，请致电联系调换（022-23517902）

编 辑 委 员 会
（以姓名拼音字母为序）

顾　问

冯尔康　李治安　张国刚　朱凤瀚

委　员

卞　利　常建华　陈　絜　侯　杰　江　沛　李金铮
刘　毅　刘尊志　王利华　王力平　王先明　夏　炎
阎爱民　杨振红　余新忠　张荣明　张　思　朱彦民

编辑部

夏　炎　张传勇

主　编

常建华

目 录

【礼俗与信仰】
公祭与私礼:礼制观念变化下的唐代女主亚献 ………………………… 孟献志(1)
论明清九华山佛教名山之成因 ………………………………………… 卢忠帅(12)
清代后期泰安民间信仰的世俗化
　　——基于斗母宫碑刻的考察 ……………………………………… 高　莹(35)

【社会性别】
明代老年女性的佛教信仰与生活空间
　　——以墓志铭为中心 ……………………………………………… 张　雨(50)
弱者的武器:明清时期女性诉讼策略的展开 ………………… 刘振洋　李相森(64)
拟男与风雅
　　——性别学视域下《红楼梦》女性"琴棋书画"的空间表达与生活 …… 吴若明(74)

【医疗社会史】
汉代西王母的医学形象 ………………………………………………… 杨　勇(87)
走马楼吴简疾病词语"风病""癫狂病"考辨 ………………… 陈荣杰　王亚利(96)
战争与医疗:阳夏战争中的伤员救护 …………………………………… 刘菲雯(105)

【宗族社会史】
"侨置郡望"的形成与演变
　　——以中古时期平昌孟氏为中心的考察 ………………… 孟祥科　李明明(119)
清代揭阳《德里陈氏族簿》的族产经济信息及其宗族运作 … 欧俊勇　李晓龙(133)
晚清时期的宗法调适和宗族转型
　　——以冯桂芬为例的考察 ………………………………………… 朱新屋(145)

【其他】
土汉交融:容美土司的祖先建构及其被接受 …………………………… 朱　华(156)

· 1 ·

他者之眼:清末民初西方视野中的中国形象
　　——以宜昌为例 ………………………………………… 曹大明　谢　晶(172)
苦难的言说
　　——以一项抗战口述访谈为中心 ………………………………… 罗衍军(186)

【会议综述】
"第三届南开中古社会史工作坊:中古中国的女性与社会"会议综述 ……… 贾恺瑞(204)

【书评】
走向"生命之学"的历史学
　　——《孙应时的学宦生涯:道学追随者对南宋中期政局变动的因应》评介
　　………………………………………………………………………… 何玉红(217)
《苏州通史·明代卷》的学术价值 ……………………………………… 王日根(220)
从"国家能动性"到"精英能动性":苏州国家—地方精英关系的转变
　　——评韩承贤《盛世之后:19世纪初苏州的国家与精英》…………… 喻满意(225)
"四社五村"的水文化传统
　　——周嘉《共有产权与乡村协作机制:山西"四社五村"水资源管理研究》评介
　　……………………………………………………………………………张　晋(235)
编后语 ……………………………………………………………………………(242)
英文摘要 …………………………………………………………………………(244)

CONTENTS

【Ritual Customs and Religion】

Public Sacrifice and Private Ceremony: The Female Lord's Offering in the Tang Dynasty Under the Change of Etiquette Concept ·················· Meng Xianzhi(1)

Study on the Causes of the Famous Buddhist at Mt. Jiuhua During the Ming and Qing Dynasties
·················· Lu Zhongshuai(12)

Secularization of Folk Beliefs of Tai'an in the Late Qing Dynasty — Based on the Survey of Inscriptions of Dou Mu Palace ·················· Gao Ying(35)

【Social Gender】

Buddhist Belief and Living Space of Old Women in Ming Dynasty — With Epitaph as the Center
·················· Zhang Yu(50)

The Weapon of the Weak: Operation of Women's Litigation Strategies in Ming and Qing Dynasties
·················· Liu Zhenyang Li Xiangsen(64)

Virilescence and Elegance — Feminine Space and Life of "Qin Qi Shu Hua" in *Dream of the Red Chamber* in the Perspective of Gender Studies ·················· Wu Ruoming(74)

【Social History of Medicine】

The Medical Image of the Queen Mother of Western Heavens in Han Dynasty
·················· Yang Yong(87)

Examination on the Disease Terms Fengbing and Diankuangbing in the Wu State Inscribed Bamboo Slips ·················· Chen Rongjie Wang Yali(96)

War and Medical Services: Rescuing the Wounded in Yang xia War ·················· Liu Feiwen(105)

【Social History of Clan】

The Formation and Evolution of Migration Junwang(郡望) — An Investigation Centered on the Meng Clan of Pingchang in the Medieval Times ············· Meng Xiangke Li Mingming(119)

The Economic Activities and Apparatus Within the Genealogy by Studying *Deli Chenshi Zubu* Found in Jieyang During the Qing Dynasty ············· Ou Junyong Li Xiaolong(133)

Patriarchal Adjustment and Clan Transformation in the Late Qing Dynasty — Taking Feng Guifen as an Example ············· Zhu Xinwu(145)

【Other】

Ethnic Fusion between the Tujia and Han Nationalities: Rongmei Chieftain's Construction of the Ancestors and Acceptance ············· Zhu Hua(156)

The Others' Eyes: The Image of Late-Qing and Early-Republican China in Western Vision — A Case Study of Yichang ············· Cao Daming Xie Jing(172)

Speaking out the Suffering — Centered on an Oral Interview of the War of Resislance aqainst Japanese Aggression ············· Luo Yanjun(186)

【Summary of Academic Conference】

Meeting Overview on "Nankai Middle Ancient Times Social History Workshop: Middle Ancient Times of Chinese Women and Society" ············· Jia Kairui(204)

【Book Reviews】

An Introduction on *The Scholarly and Bureaucratic Career of Sun Yingshi* by Huang Kuanchung ············· He Yuhong(217)

The Academic Value of *Suzhou General History · Ming Dynasty Volume* ······ Wang Rigen(220)

From "State Activism" to "Elite Activism": the Transformation of Relationship between State and Local Elites in Suzhou: A Review on Seunghyun Han's *After the Prosperous Age: State and Elites in Early Nineteenth-Century Suzhou* ············· Yu Manyi(225)

The Water Culture Tradition of Si She Wu Cun(四社五村) — Zhoujia's *Commons and Rural Co-operation: A Study on Water Management in Si She Wu Cun, Shanxi Province* ············· Zhang Jin(235)

From the Editor ············· (242)

Summary of Articles ············· (244)

【礼俗与信仰】

公祭与私礼：礼制观念变化下的唐代女主亚献

孟献志

【摘　要】 唐代国家祭祀中的女主亚献仅有两例，分别为高宗武后参与封禅礼以及中宗韦后参与郊祀礼。由于大祀中的亚献人员较为固定，所以出现女性参与亚献是十分独特的事情。通过研究两次亚献事件朝臣的议论以及当事人发表的言论，联系唐初礼制观念变化的背景来看，两次亚献事件不是偶然事件，而是礼制观念变化引起的必然结果。这场礼制观念变化的核心是通过"孝"的思想，把私礼渗透进公共祭祀中，这背后的根源是皇权扩张的需求。

【关键词】 亚献；封禅；郊祀；皇权

序　言

亚献，是中国古代祭祀中十分重要的环节，其内容为向供奉的神主献酒，由于处在皇帝献祭之后的环节，所以十分重要，并且"大祀的献官人选是统一规定的，中祀的献官身份却各有不同"①。到了唐代，发生了些许变化，出现了皇后②和太子③作为亚献参与郊天祭祀的事情。皇后作为大祀的亚献，是十分蹊跷的，那这种变化背后的动因为何呢？蒲慕州认为"帝国政府的宗教祭祀的对象和祭典的建立常常是由于一些个人的因素而决定的，这些个人的因素能够时常得以实行的原因，显然与整个官方宗教的性质有关。"这个性质除了一些基本原则外，并未有固定教条，所以具体实行过程中"祭祀仪节的内容则视当时的主导人物依据那些基本原则而发挥所得"④。可见，皇帝意志在这一过程中起到了十分关键的作用，本文所要探讨的便是皇帝做出这一决策背后的动因。太子作为"亚献"也出现于唐代中后期，太子在成为皇储前，多数也有亲王的爵位⑤，与"唐代中后期的皇帝亲祀中，亲王开始充当亚献和终

---

① 朱溢：《事邦国之神祇——唐至北宋吉礼变迁研究》，上海：上海古籍出版社，2014年，第52页。
② 主要有高宗武后参与封禅和中宗韦后参与郊祀。
③ "（贞元）六年十一月八日，有事于南郊。诏以皇太子为亚献，亲王为终献。"出自《旧唐书》卷二十一《礼仪一》，北京：中华书局，1975年，第844页。金子修一认为贞观十七年李治作为太子"从奠"一事也有可能为"亚献"。笔者对这一观点并不认同，因为贞元六年那次皇太子亚献是引起较大争议的，最终更改了《大唐开元礼》的誓诚文辞。但这次如果是太子作为亚献却并未看到史料中有什么反对的声音，而且整个过程进展很顺畅，这本身就是值得怀疑的。但不管太子是否是作为亚献参与郊祀，这场祭祀活动是太宗为了稳固皇太子的地位，与政治问题有着紧密的关系是毋庸置疑的。
④ 蒲慕州：《追寻一己之福：中国古代的信仰世界》，台北：允晨文化出版社，1995年，第132页。
⑤ 比如贞元六年（790）时的太子此前为宣王。

献,并且逐渐形成了惯例"①的情况具有一致性,所以不在本文的讨论范围内。而皇后亚献虽然在唐代仅出现过两次,但两次事件的间隔并不长,并且古代礼制中也有女性亚献的情况,由此可见皇后亚献在当时具有一定的可操作性,必然性因素较强。那么这种可操作性与郊天祭祀中的亚献是否一致呢?

关于这一问题,前贤们已经进行过讨论,金子修一最初关注到这一问题,他认为中宗景龙年的郊祀是以韦后亚献作为主要目的,由韦后主导祭祀,并且可以认为是受到了武后对祭祀进行政治性利用的影响。②吴丽娱认为《显庆礼》改革后武则天继续通过礼仪扩大她的权力,其中的封禅便是一例,这其实是武则天野心说的一种延伸。③李琰则认为武则天亚献一事幕后主导者是高宗,这一事件是高宗为回拢权力的仪式化表现。并且她还认为武则天亚献是淡化封禅礼中国家祭祀的意味,转而将其作为天子家礼对待。④从上述的讨论可以看到,学者们对皇后亚献呈现出两种观点,一种是皇后主导说,一种则是皇帝主导说。这两种看法均有一定合理性,但都缺少一种纵向上的比较,虽然金子修一提及韦后可能受到武后的影响,但其文章的侧重点并不在此,所以如果把两次"亚献"事件对比研究可能会有新的认识。

一、被误读的武后亚献

从上文看,吴丽娱和金子修一均认为乾封元年(666)武后亚献一事为武则天为了扩大自身影响力,在许敬宗的帮助下,作为亚献参与封禅,体现了其政治野心。此说虽然有一定合理性,并且为学界广为认同,但笔者以为李琰在文章中的表述可能更体现了历史的原貌。首先,她认为"野心说"的出现是学者们受到《资治通鉴》对于武则天夺权记载的影响,这其实是一种线性史观作祟。接着根据孟宪实对于"二圣"问题的考证,"二圣"并不能被作为二人共治天下的称呼。最后提出武则天亚献发生在乾封元年(666),距离武则天上元元年(674)以天后之名辅政有 8 年,天授元年(690)称帝有 24 年,时间相距过远。所以如果按照吴丽娱认为的《显庆礼》制作完成后不久,武则天和许敬宗等人显庆四年(659)六月开始策划封禅,时间相距也有十余年。至于武则天赞成祭祀,并且后来参与到封禅仪式中,只能说明武则天是有心扩大自身势力,但当时野心有多大还有待考量。

回溯武则天亚献一事:

> 至其年十二月,车驾至山下。及有司进奏仪注,封祀以高祖、太宗同配,禅社首以太穆皇后、文德皇后同配,皆以公卿充亚献、终献之礼。于是皇后抗表曰:
> 伏寻登封之礼,远迈古先,而降禅之仪,窃为未允。其祭地祇之日,以太后昭配,至

---

① 朱溢:《事邦国之神祇——唐至北宋吉礼变迁研究》,第52—53页。
② [日]金子修一:《唐太宗——睿宗の郊廟親祭について》,收入《中国の都市と農村》,东京:汲古书院,1992年,第235—263页。
③ 吴丽娱:《〈显庆礼〉与武则天》,《唐史论丛》第10辑,西安:三秦出版社,2008年,第1—16页。
④ 李琰:《唐高宗乾封封禅与其权力回拢——以武则天降禅亚献为例》,《北京社会科学》2015年第6期,第90—95页。

于行事,皆以公卿。以妾愚诚,恐未周备。何者?乾坤定位,刚柔之义已殊;经义载陈,中外之仪斯别。瑶坛作配,既合于方祇;玉豆荐芳,实归于内职。况推尊先后,亲缯琼筵,岂有外命宰臣,内参禋祭?详于至理,有紊徽章。但礼节之源,虽兴于昔典;而升降之制,尚缺于遥图。且往代封岳,虽云显号,或因时省俗,意在寻仙;或以情觌名,事深为己。岂如化被乎四表,推美于神宗;道冠乎二仪,归功于先德。宁可仍遵旧轨,靡创彝章?妾谬处椒闱,叨居兰掖。但以职惟中馈,道属于蒸、尝;义切奉先,理光于苹、藻。罔极之思,载结于因心;祇肃之怀,实深于明祀。但妾早乖定省,已阙侍于晨昏;今属崇禋,岂敢安于帷帟。是故驰情夕寝,眷嬴里而翘魂;叠虑宵兴,仰梁郊而耸念。伏望展礼之日,总率六宫内外命妇,以亲奉奠。冀申如在之敬,式展虔拜之仪。积此微诚,已淹气序。既属銮舆将警,莫觌非賖,辄效丹心,庶裨大礼。冀圣朝垂则,永播于芳规;萤烛末光,增辉于日月。①

首先,为了理解武则天亚献一事,我们需要先了解封禅礼仪的具体部分。周善策认为:"信史中的封禅自始便是一种复合性的大型仪式,其形式参考当时最高神祇之祭祀。"②也就是说封禅礼仪是一种复合礼,由"封"和"禅"两部分组成。"封"参考的是祭天礼仪,"禅"参考祭地礼仪,至于两种礼仪具体形式的差别,下文将详述。但这一认识对我们理解两次亚献事件的差异有重要作用。

再具体看武则天参与亚献的记载。从有司进奏的情况来看,祭天礼是由高祖、太宗配享,而祭地礼则由太穆皇后与文德皇后配享,两部分的祭礼亚献与终献的成员均为公卿。前人对这种配享模式进行过讨论,周善策认为高宗朝有意建立某种统一的配享原则,永徽初年,配享高祖和太宗,但随后在显庆初年,为了体现"尊尊"和"亲亲"的原则,做了更改,配享太祖和太宗。但此时"多祖并配"的观念并未形成,直到10年后的乾封元年(666)封禅才有了二祖、二后的并配。③可见,武后作为亚献参与封禅是在高宗有意愿改革礼仪制度的前提下完成的,作为亚献是符合高宗变革礼仪的内在逻辑的,不应解释为野心扩张的结果。并且值得注意的是,武后作为亚献的典礼是太后配享的祭地礼,这种礼仪类同方坛仪,献祭模式类同于圜丘。到了高宗封禅时,仪制则进行了改变,配享人员进行了调整,所以亚献和终献的人员做出调整也是情理之中。至于这其中的背后动因为何,下文将详细讨论。但此事毕竟是国家的最高祭祀仪式,引起大臣们反对也可以理解。有趣的是,到了后世,这种批评就变得"名不正言不顺",反驳的理由缺乏逻辑。

玄宗初以灵山好静,不欲喧繁,与宰臣及侍讲学士对议,用山下封祀之仪。于是张说谓徐坚、韦绦等曰:"乾封旧仪,禅社首,享皇地祇,以先后配飨。王者父天而母地,当今皇母位,亦当往帝之母也,子配母飨,亦有何嫌?而以皇后配地祇,非古之制也。天监孔明,福善如响。乾封之礼,文德皇后配皇地祇,天后为亚献,越国太妃为终献。宫闱接神,有乖旧典。上玄不祐,遂有天授易姓之事,宗社中圯,公族诛灭,皆由此也。景龙之

---

① 《旧唐书》卷二十三《礼仪三》,第885页。
② 周善策:《封禅礼与唐代前半期吉礼的变革》,《历史研究》2015年第6期,第69页。
③ 周善策:《封禅礼与唐代前半期吉礼的变革》,《历史研究》2015年第6期,第66页。

季,有事圜丘,韦氏为亚献,皆以妇人升坛执笾豆,渫黩穹苍,享祀不洁。未及逾年,国有内难,终献皆受其咎,掌座斋郎及女人执祭者,多亦夭卒。今主上尊天敬神,事资革正。斯礼以睿宗大圣贞皇帝配皇地祇,侑神作主。①

上述内容是玄宗时期为了消除女主政治在礼仪方面进行的措施。谏言内容有很多矛盾之处,张说明白"王者父天而母地,当今皇母位,亦当往帝之母也,子配母飨,亦有何嫌"的礼制要求,但后面却说"皇后配地祇,非古之制也","文德皇后配皇地祇……宫闱接神,有乖旧典"。从这句话来看,不知"皇后配地祇"的主角究竟是文德皇后还是现任皇后?由于此处使用了"配"字,所以笔者以为应当理解为"配享"或者"配祀"之意,有资格配享的当是前代皇后。由此,皇后应当为文德皇后而不是现任皇后。可文德皇后是高宗之母,作为配享是符合张说所说"子配母飨"的,这就发生前后说法不一致的情况。这段谏言反对"天后为亚献"一事,可论证内容并未针对此事正确与否进行讨论,所以整段话看起来不知所云。最后张说强行把观点转为"宫闱接神"造成国家混乱。可见,玄宗朝官员对于武后亚献一事虽不认可,但也实在找不出可批判的内容。

并且武则天抗表中的要求并不是无依据的,她说:"伏寻登封之礼,远迈古先,而降禅之仪,窃为未允。"说明登封之礼是不应当有变动的,就按照古礼来做即可,但降禅之仪则是有一些争议的。李琰在文章中也认为"王后行亚献之事是可以肯定的,但亚献应用的范围是祀天、宗庙通用,或只适用于宗庙,则没有明确说明。这也为后来女主亚献提供了可诠释的理论空间"。但李琰这段论述有些问题,她接着说:"直到武则天亚献,才是第一次以女性身份参与到国家祀天礼中。"②女性身份作为亚献在宗庙礼中已有不少记载③,但此处武后亚献是在祀天礼中吗?这点是区别于韦后亚献的关键之处。下文中将详细讨论。可见,武后的论证有理有据,并未违背礼制,只是在制度的空白处进行发挥,从而达到高宗意图改革礼制的目的。

二、违背礼制的韦后亚献

关于韦后亚献一事,学界讨论并不充分,多数学者从韦后控制下的中宗朝政局对这一事件进行的理解,认为该事件是韦后独断专权的一个证据。朱溢则从长时段的礼制变化角度认识这一事件,认为"正是天地合祭的形式给了韦后机会"④。这种角度的思考虽有突破性,但却缺少联系当时政治形势的分析,使得这一结论有些单薄。如果从长时段的礼制变迁联系当时政治变化来看,对这一事件或许还有新的认识。

---

① 《旧唐书》卷二十三《礼仪三》,第892页。
② 李琰:《唐高宗乾封封禅与其权力回拢——以武则天降禅亚献为例》,《北京社会科学》2015年第6期,第94页。
③ 中宗时期,祝钦明同郭山恽同蒋钦绪等人就韦后亚献进行了辩论,其中便有女性在宗庙祭祀中作为亚献的记载。(《旧唐书》卷一百八十九下《祝钦明传》,第4965—4967页。)
④ 朱溢:《事邦国之神祇——唐至北宋吉礼变迁研究》,第98页。

上文提到金子修一认为武后亚献给了韦后借鉴的案例,让其可以利用礼制达到自己的政治野心。如果站在今天的角度看待这两场亚献事件,虽然可以联系起来分析,但这却陷入后见之明的陷阱。当时的历史真相如何呢?

> 景龙三年,中宗将亲祀南郊,(祝)钦明与国子司业郭山恽二人奏言皇后亦合助祭,遂建议曰:谨按《周礼》,天神曰祀,地祇曰祭,宗庙曰享。《大宗伯》职曰:"祀大神,祭大祇,享大鬼,理其大礼。若王有故不预,则摄位。凡大祭祀,王后不预,则摄而荐豆笾,彻。"又《追师》职:"掌王后之首服,以待祭祀。"又《内司服》职:"掌王后之六服。凡祭祀,供后之衣服。"又《九嫔》职:"大祭祀,后祼献则赞,瑶爵亦如之。"据此诸文,即皇后合助皇帝祀天神、祭地祇,明矣。……<u>不言助祭天地社稷,自宜三隅而反</u>。
> ……
> <u>旧说以天子父天、母地、兄日、姊月,所以祀天于南郊</u>,祭地于北郊,朝日于东门之外,以昭事神,训人事,君必躬亲以礼之,有故然后使摄,此其义也。《礼记·祭统》曰:"夫祭也者,必夫妇亲之,所以备内外之官也。官备则具备。"又:"哀公问于孔子曰:'冕而亲迎,不已重乎?'孔子愀然作色而对曰:'合二姓之好,以继先圣之后,以为天地宗庙社稷之主,君何谓已重焉!'"又《汉书·郊祀志》云:"天地合祭,先祖配天,先妣配地。<u>天地合精,夫妇判合。祭天南郊,则以地配,一体之义也</u>。"据此诸文,即知皇后合助祭,望请别修助祭仪注同进。①

从上述的谏言内容来看,祝钦明和郭山恽是依靠逻辑推断认为皇后既然在祭祖礼仪中可以作为亚献,那祭天礼中同样也可以。但皇后在祭天礼作为亚献在当时没有制度为依据,所以需要修改"助祭仪注"。他这种观点是否合理,蒋钦绪等人已经做了辩驳,本文不再赘述,但从后续的情况看,起到主导作用的是皇帝意志,而不是观点是否合理。

延续着上文武后亚献看,如果说武后亚献直接影响到韦后的话,朝臣们在争论时引用先例应当会举出武后亚献,但事实却非如此。至于原因有两种可能。第一,武后亚献发生于乾封元年(666),韦后亚献一事发生在景龙三年(709),相距40余年,有可能中宗朝的官员对当时的情况并不十分清楚,甚至出现了遗忘,而且此时经过景龙政变,武氏的力量在朝中已没有太大影响力,所以也不会对武后亚献一事有太多回忆。但这种可能性不大,因为古代礼官基本上对于之前的故事都是比较熟悉的,有专人职掌礼仪故事,且40年前的事情也不太可能这么容易忘记。第二,武后亚献参考性不大。上文中提及武则天是在封禅礼中的禅礼作为亚献,而韦后则是要在祭天礼中亚献,这是更为重要的礼仪,致使当时人觉得武后亚献参考性不大,所以没有举例。虽不知当时人如何考虑,但后一种可能显然是符合逻辑的。可见,韦后与武后亚献应当是有本质区别。武后虽有野心,但仍保持在一个合乎礼仪的框架内,没有太多僭越。而韦后则完全僭越了礼仪,这其实是对武则天称帝后政治行为的继承,但其权势并未达到武则天的水平,联系到不久韦后在唐隆政变中被处死,这两件事有何内在逻辑关系呢?要理解这一问题我们需要对中宗朝政治局面进行一下概述。

---

① 《旧唐书》卷一百八十九下《祝钦明传》,第4967页。

神龙元年（705），张柬之等人发动神龙政变，中宗复位。此时，朝中政局出现了武则天晚年安排下的"李武政权"，该政权是"李氏为虚名、以武氏掌权的畸形政权"①。这种政权下的中宗几乎没有任何的政治主动性，所有的行为都是被动的。如果延续这种角度来看上文中提出的亚献与唐隆政变的关系，其中的逻辑便很容易理解。但这种逻辑给笔者造成了困惑，如此懦弱的皇帝是否符合历史原貌呢？武则天在选嗣过程中必然也会考虑候选人的能力问题，为何纠结多年最终选择了懦弱的李显呢？考虑到武则天是一个心思缜密且多疑的人，其选择继承者应该不会如此草率。

史书中塑造的李显形象一直影响着学界对于发生在这段时期的历史事件的看法。从叙事主义史学的观点来看，一切历史文本都是被史家根据一定目的创造出来的，人物形象便在这种塑造过程中形成。褚文哲根据这种思路对中宗形象的历史书写进行了分析，并认为唐代的笔记小说为塑造李显的形象提供了模型，两《唐史》和《资治通鉴》则把其形象定型，宋代官方与私人完成的小说集则将其形象修饰与加固，最终构成了现在我们看到的李显形象。②但这种分析仅仅局限于形象是如何建构出来的，而并未更深一步的对李显的本来面貌进行考证。仇鹿鸣在此基础上进一步深化，认为："中宗较早便有意对韦后的权势有所限制，并试图在宫廷中扮演一个政治平衡者的角色，与仅仅是受韦后操控颟顸傀儡的传统形象颇有不同。"③孟献志认为中宗试图掌握权力，并且一度平衡了朝政，但其一时的疏忽导致了政治悲剧的发生。④由此可见，中宗作为一个皇帝，有掌握权力的欲望，并且一定程度上达到了目的。在这种背景下，韦后擅权可以说是来源于中宗的纵容，以至于直逼武则天称帝后的情形。在这种逻辑下，韦后亚献可能就不是野心扩张这么简单的事情。因为作为一个处于权力核心的政治人物，其行为是受当时各种势力影响的结果，其中自然也包括中宗的影响。从中宗最初听到祝钦明等人的谏言时，还采取了怀疑的态度，并让朝臣继续讨论⑤来看，此时中宗对韦后具有一定的控制力，只是在这场争论最后，才决定让韦后担任亚献。那为何本来有掌控力的中宗却突然在这件事上由着韦后的想法了呢？周善策认为："仪式当然会受到观念的影响，政权也经常操弄国家礼仪以宣扬对之有利的权力结构，然而仪式变迁的结果并非权力所能片面决定。"⑥可见，如此重大的礼仪僭越行为其中必然隐藏着重要的原因。这一原因或许可以为我们解释上文中提到的唐隆政变与韦后亚献间的关系提供一个角度。而理解其背后的原因需要我们从一个长时段的礼制变化角度进行分析。

---

① 黄永年：《唐代史事考释》，台北：联经出版社，1998年，第93页。
② 褚文哲：《唐宋文史作家对唐中宗公共形象的塑造》，台湾中国文化大学硕士学位论文，2010年。
③ 仇鹿鸣：《碑传与史传：上官婉儿的生平与形象》，《学术月刊》2014年第5期，第165页。
④ 孟献志：《唐中宗朝的政局波动——以上官婉儿的官职升降为中心》，《河北北方学院学报（社会科学版）》2016年第1期，第8页。
⑤ 《旧唐书》卷一百八十九下《祝钦明传》，第4967页。
⑥ 周善策：《封禅礼与唐代前半期吉礼的变革》，《历史研究》2015年第6期，第77页。

三、亚献担任者变化背后的礼制演变

讨论礼制变化背后的亚献情况,需要先对古礼中皇后参与祭祀的情况做一叙述。古礼中,王后参与的宗庙祭祀过程为:

> 朝践,谓荐血腥、酌醴,始行祭事。<u>后于是荐朝事之豆笾,既又酌献</u>。其变朝践为朝献者,尊相因也。朝献,谓尸卒食,王酳之。再献者,王酳尸之后,<u>后酳亚献</u>,诸臣为宾,又次后酳盎齐,备卒食三献也。于后亚献,内宗荐加豆笾。其变再献为馈献者,亦尊相因。馈献,谓荐孰时。<u>后于是荐馈食之豆笾</u>。此凡九酳,王及后各四,诸臣一,祭之正也。①

可见,皇后参与的祭祀活动主要为荐食和献酒。而对于宗庙祭祀中的献酒实为交献的演变,"君与夫人交献,以嘉魂魄。是谓合莫"②。何谓交献呢?《正义》记:"第一君献,第二夫人献,第三君献,第四夫人献,是君与夫人,交错而献也。"③这种交献行为是夫妻二人共同向神进行献祭物与所祭鬼神相感通。皇后单独进行的荐食,与其在家庭中承担的责任一致;与男性交献则属于依附于男性进行活动。正像朱凤瀚对周代女性参与祭祀进行的论述:"祭祀祖先神等神灵无疑是宗法制度下家族成员显示其身份的最重要的活动之一。"④可见古礼中的王后参与祭祀活动主要是宗庙祭祀,其作为亚献的情况出现于朝践礼和第二次宰割礼中的献酒礼,在王后没有参与宗庙祭祀的情况下,一般由大宗伯代替行事。而在郊天祭祀中,则并未提及王后参与的情况。原因为何呢?笔者以为同先秦时期对于女性的看法有关,在上古礼制中,婚礼进行"共牢而食,同尊卑也。故妇人无爵,从夫之爵,坐以夫之齿"⑤。可见周人婚礼,女性没有饮酒器而使用丈夫的器具,有"夫妻一体"的观念在其中。"实质上,在以父权为核心的宗法制度下,女性在实质上并非真正与男性平等,而是在承担生育职能以延续家族之宗旨下,依赖于男性并将自身融化于男性意志之中。"⑥由此可见,宗庙祭祀中,因为祭祀对象是家族祖先,女性参与其中体现了家族内部的关系,是私有观念的体现。但郊天祭祀中,祭祀对象为社稷。"郊特牲而社稷大牢,天子适诸侯,诸侯膳用犊,诸侯适天子,天子赐之礼大牢,贵诚之义也。故天子牲孕弗食也,祭帝弗用也。"⑦其中体现了天子与诸侯的关系,是公的观念。可见女性在古代礼制中只能出现于私家礼制中。

接着再来看本文讨论的主题。上文提到,中宗韦后亚献一事引起大臣们的争论,其中蒋钦绪认为:"(祝)钦明建议引礼记祭统曰'夫祭也者,必夫妇亲之'。按此,是王与后祭宗庙之

---

① (清)孙诒让:《周礼正义·春官宗伯第三上·司尊彝》,北京:中华书局,2013年,第1514页。
② (清)孙希旦撰:《礼记集解》卷二十一《礼运第九之一》,中华书局,1989年,第592页。
③ (清)朱彬撰:《礼记训纂》卷九《礼运第九》,中华书局,1996年,第339页。
④ 朱凤瀚:《论周代女性祭祀》,《中国社会历史评论》(第一卷),天津:天津古籍出版社,1999年,第129页。
⑤ (清)孙希旦撰:《礼记集解》卷二十六《郊特牲第十一之二》,第710页。
⑥ 朱凤瀚:《论周代女性祭祀》,第134页。
⑦ (清)孙希旦撰:《礼记集解》卷二十五《郊特牲第十一之一》,第670页。

礼,非关祀天地之义。"①可见祝钦明认为从家礼角度来看,丈夫祭祀,夫人助祭,但这是宗庙祭祀的内容,而不是郊天祭祀。为何此处祝钦明与郭山恽要混淆宗庙祭祀与郊天祭祀的内容?其背后动因为何呢?

古代祭祀仪式作为国家的重大活动,一定程度上也算是一种政治仪式。福柯认为:"政治仪式的作用一直是造成过分的但也受到控制的权力表现。这是一种权势的炫耀、一种夸大的和符号化的'消费'。权力通过它而焕发活力。"②可见祭祀仪式的象征意义巨大,这也就是为何古人尤其是皇帝总是通过对礼制的变革达到自己的政治目的。在这种思想背景下,谁能够担任祭祀的亚献不仅仅体现了其身份地位的崇高,在一定程度上也可以反映出国家意志。李琰认为,武则天亚献"淡化封禅礼中国家祭祀的意味,转而将其作为天子家礼对待,进而弱化祭祀的等级差异,而强调内外之分"③。这种对武后亚献的解释在一定程度上说出了此事的动机,也表明高宗有意将自己扩张权力的欲望通过封禅礼仪表现出来。那这种礼制观念是如何演进的呢?

最能体现这种观念的便是郊天祭祀中以先祖配祀,这种配祀方式始自西汉平帝。王莽设置:"天地合祭,先祖配天,先妣配墬,其谊一也。天墬合精,夫妇判合。祭天南郊,则以墬配,一体之谊也。天墬位皆南乡,同席,墬在东,共牢而食。高帝、高后配于坛上,西乡,后在北,亦同席共牢。"④这种配祀方式与《礼记》中夫妇婚礼时"同牢共爵"的形式一致。可见是由"夫妻一体"的观念演化而来。"夫妻"配祀出现于南郊祭天仪式中,可视为家庭观念进入到公共礼制中。唐高宗在乾封初年的郊祀讨论中,对配祀问题进行了改革,开始以高祖和太宗配祀,"夫受命承天,崇至敬于明祀;膺图纂篆,昭大孝于严配"⑤。值得注意的是,高祖和太宗并配是利用"孝"的观念对国家公共礼制进行改革。而这种先祖配祀的方法背后的目的,渡边信一郎进行过讨论:"作为唐国始封者的太祖景皇帝李虎,被配祀于作为天地之具体表现的昊天上帝、皇帝祇,这是为扬弃天下之绝对公共性与按照血统继承王权之间的矛盾而精心准备的装置。"⑥这一转变放到整个礼制变化来看,反映了皇帝愈来愈注重让家庭的观念进入到国家公制中,把国家意识转变为家庭的意识,或者说让家庭意识进入到国家礼制当中。

同时,在祭天礼仪中越来越重视孝的观念,而孝这一观念既符合儒家祭祀礼仪,也是对家庭伦理关系的道德要求,这样便利用"孝"的观念成功地把家礼和公制有效串联起来。尤其到了高宗去世,武则天临朝,更是把"孝"的观念进一步渗透进祭天礼仪中。垂拱元年(685)有关配祀问题的讨论中,孔玄义、沈伯仪、元万顷和范履冰等人提议把高宗同高祖、太宗一起作为配祀,在陈述理由过程中,屡次言及《孝经》中的"孝莫大于严父,严父莫大于配

---

① 《旧唐书》卷一百八十九下《祝钦明传》,第4969页。
② [法]福柯著,刘北成、杨远婴译:《规训与惩罚:监狱的诞生》,北京:生活·读书·新知三联书店,2003年,第211页。
③ 李琰:《唐高宗乾封封禅与其权力回拢——以武则天降禅亚献为例》,第94页。
④ 《汉书》卷二十五下《郊祀志第五下》,北京:中华书局,1962年,第1266页。
⑤ (宋)宋敏求编:《唐大诏令集》卷第六十七《祭圆丘明堂竝以高祖太宗配诏》,北京:中华书局,2008年,第376页。
⑥ [日]渡边信一郎著,徐冲译:《中国古代的王权与天下秩序——从中日比较史的视角出发》,北京:中华书局,2008年,第138页。

天"①的观点。吴丽娱曾就这一问题有过论断:"如果就国家礼制的层面而言,也有两条线索,即一条是代表正统国家制度的儒家礼仪,另一条便是代表皇帝的私家典礼。后者是较隐蔽但是非常重要的线索,标志着专制皇权在国家礼制中的地位和发展。"②这一论断也十分符合武则天自身权力无限扩张的历史背景。可见从配祀的变化可以看到这一趋势的演进。

接着在武周时期,这种情况发生了重大变化。武则天在原来封禅模式下,创制出明堂新礼。"明堂新礼并非只是新增一项盛大的祭祀以震慑人心,而是代表唐人尝试突破传统礼制的窠臼。"③此时礼仪制度仍是延续此前变革礼制的脉络发展,只不过武则天为了昭告其统治的合法性,把此前的礼制进行了重组,并且利用频繁的亲祭表明与前代的不同。郊祀礼仪也发生了改动:"追尊周文王为始祖,后父李应公为无上孝明高祖帝,以二祖同配。"这种礼制变动仍旧是在原有的配祀框架下进行的调整,目的是提升武氏家族的地位。

武周的结束并未宣告这种礼制变革的停歇,中宗朝虽然政局比较混乱,但通过礼制的变化达到政治目的的意图并未停止。笔者以为,武则天选择中宗作为其继任者与其希望中宗继续发扬"孝"的观念,继承武周遗留下来的遗产④有重要关系。事实证明,中宗也的确做了一些符合此观念的事情,比如追赠"后父玄贞为上洛王、母崔氏为妃"⑤,这一事明显是模仿高宗册封武后父亲。再比如中宗对韦后及安乐公主的纵容,虽然朝臣们屡次反对,但中宗皆不听,其中便有中宗重视家庭观念⑥的原因。继承政治遗产主要表现在他"无意彻底改动则天为帝时期的统治原则,反而较重视政治过渡中的稳定意义,故此,他始终将政变定性为收拾二张,缩窄打击的层面"⑦。这也成为韦后一党势力增强的前提。

韦后亚献便是在这一背景下进行的。上文指出,韦后亚献于郊祀中进行,这与此前女性助祭有着本质区别。一方面女性加入祭天仪式中,不仅仅是如此前配祀中通过"孝"来扩大家庭礼仪的影响,而是通过让家庭成员作为祭祀中的二号人物加入祭天礼仪中,这种转变的意义就格外重大了。表明了私家礼仪的进一步扩张,另一方面也具有平衡朝中局势的目的。

四、礼制演变的背后权力因素分析

从上文中对初唐不同阶段祭天礼仪演变来看,皇帝有意识地在公共礼仪中扩大私家礼仪的成分。那这种做法的目的是什么呢?

---

① (唐)杜佑 撰:《通典》卷第四十三《礼三·郊天下》,第1195—1196页。
② 吴丽娱:《皇帝"私"礼与国家公制:"开元后礼"的分期及流变》,《中国社会科学》2014年第4期,第180页。
③ 周善策:《封禅礼与唐代前半期吉礼的变革》,第74页。
④ 此处的遗产并不是指制度层面,而是思想观念层面。其中便包括对"孝"观念的继承。
⑤ 《资治通鉴》卷第二百八,中宗神龙元年二月条,北京:中华书局,1956年,第6584页。
⑥ "韦后生邵王重润、长宁、安乐二公主,上之迁房陵也,安乐公主生于道中,上特爱之。上在房陵与同幽闭,备尝艰危,情爱甚笃。"(《资治通鉴》卷二百八十,中宗神龙元年二月条,第6584—6585页。)可见中宗十分珍惜与韦后的私人关系,而不是把这种关系放入公的角度进行考虑。
⑦ 赵雨乐:《文才武略:唐宋时期的国家危机与管制精英》,香港:三联书店,2014年,第61页。

讨论这一问题我们先要明确祭天礼仪的目的是什么。《通典》中记载："夫圣人之运,莫大乎承天。"①可见天是一切的源头,其中也就包括了皇权。渡边信一郎认为:"尽管皇帝权力只是个别的存在,却能够主张其权力的普遍性,正是缘于其为天所委任的、对于作为普遍政治社会的天下与生民的统治权力。因此,为了实现作为普遍性存在的自我,皇帝权力就必须以可见的形式不断实证其对于天的影响与回应,而这正是其权力根源之所在。这就是祭天礼仪,以此为中心构成了礼制上层建筑。"②有了这种权力根源,皇权便具有了统治天下的理论基础。我们可以把这种权力称为皇权的公有属性。另一方面,"郊祀礼仪与太庙祭祀是国家祭祀的两大支柱,分别象征着君主受命于天和受命于祖"③。可见皇帝的权力还有来自先祖的一面,构成了宗庙祭祀,"昔者先王感时代谢,思亲立庙,曰宗庙"④。可以看出,唐代宗庙祭祀的核心观念是"孝","孝"是家庭关系的一种呈现,比如皇帝与皇后的关系、皇帝与皇子们的关系,这便有很强的私有属性。古人认为宗庙主祭权是"贵族家族内部政治地位和权力以及财产继承的标志"⑤。上升到皇帝的宗庙也同理。尾形勇认为:"'公'的秩序(国家秩序)和'公'权(皇帝权力),是以'家'(私)的世界为基础,并且在清楚单个的'家'的地方建立起来的。"⑥这样一来,"私家"作为"公家"的基础而存在。笔者以为这种看法其实很有创建性,并对理解皇权的实质很有启发。上文讨论的皇权私有属性的来源便是宗庙祭祀,明白了祭祀礼仪同皇权属性的关系,我们便可以对上面提出的问题进行分析。

本文一直讨论的郊祀是祭天礼仪,这种礼仪按照上文的观点是皇权公有属性的来源。那在其中扩大私家观念有何作用呢?上文提到,宗庙礼仪是以"孝"为核心观念构建的礼仪模式,是皇权私有属性的来源。由此推论,在郊祀礼中不断添加"孝"的观念,一方面是为了"把'家'内的秩序形态广泛地扩大到整个国家秩序中,以实现'治国平天下'的理想"⑦。更深层次的动力便是把皇权的私有属性渗透进公有属性中,从而达到扩大皇帝自身权力的目的。在这样一种动机下,我们再来审视上文中出现的两次亚献事件。虽然两次事件均有礼制观念的变革在背后推动,但却对两人造成了截然不同的结局。究其原因还是在于两人对待祭祀中公与私两重属性的方式不同。这种不同根植于二人对于权力的认识差异。

武后抗表词中先说明前代封禅是出于私人原因,最后提到"被乎四表,推美于神宗;道冠乎二仪,归功于先德"。"被乎四表"显示出武后此时把封禅礼作为了一种公共行为,这也与其后屡次祭祀完要大赦天下的动机一致。金子修一认为武后的此种行为"是利用祭祀来遂行国政"⑧。同时武后还把这个功劳归于"先德",可见这是在公共祭祀中强调"孝"的观念。通过这种行为,其实便达到了把国家和"天子私家"结合起来的目的。而武后亲身参与的只是封禅礼中的次要部分,能够彰显公共事务的"封礼"并未参与。

---

① (唐)杜佑撰:《通典》卷第四十二《礼二·郊天上》,第1161页。
② [日]渡边信一郎著,徐冲译:《中国古代的王权与天下秩序——从中日比较史的视角出发》,第82页。
③ 朱溢:《唐至北宋太庙祭祀中私家因素的成长》,《台大历史学报》2010年总第46期,第39页。
④ (唐)杜佑:《通典》卷第四十七《礼七·天子宗庙》,第1298页。
⑤ 张鹤泉:《周代祭祀研究》,台北:文津出版社,1993年,第46页。
⑥ [日]尾形勇著,张鹤泉译:《中国古代的"家"与国家》,北京:中华书局,2010年,第177页。
⑦ [日]尾形勇著,张鹤泉译:《中国古代的"家"与国家》,第248页。
⑧ [日]金子修一著,肖圣中、吴思思、王曹杰译:《古代中国与皇帝祭祀》,上海:复旦大学出版社,2017年,第59页。

再看韦后亚献一事，韦后亚献逾越礼制的过程前文已经详述，此处解释一下上文中提到的一个问题——为何中宗在掌有对韦后的控制权的时候，突然顺从了韦后的想法了呢？笔者以为这与中宗与韦后看待这件事情的角度不同有关。中宗对韦后着眼点是他们的夫妻关系，是私有观念，从而同意让其担任亚献。但韦后却把担任亚献置于公的角度。中宗让其参与祭祀，是想在祭祀中体现家庭观念，但韦后超脱出中宗的观念，利用此事把自己的身份转化，成为与皇帝比肩的人物。此前安乐公主还要求成为"皇太女"，这些都是名实不符的延续。中宗朝延续武周而来，在统治过程中也沿用了武周时期的政治遗产，其中便包括让家人[①]参与到政治活动中来。但这种授权来自皇帝，所以当皇帝势力衰弱后，周边强大的反对势力便会对这种政权模式进行暴力反抗，神龙政变与唐隆政变均体现了这种后果。

比较武后与韦后亚献的事情，武后把国事转换成家事与国事的完美统一，这样既有助于扩大自身势力，同时把此事纳入自己的掌控范围。雷家骥认为："武后临朝的权力来源有二，一是积二十五年参政的威势，一是高宗遗诏的特别授权。"[②]武后在高宗死后并未急于登基，而是开始使用权力清除异己和树立权威，这为之后她的顺利掌权奠定了坚实基础。韦后虽然也有来自皇帝的授意，但她急于转换身份，出现僭越行为，同时在权威尚未树立的情况下，皇帝被害，使得权力没有顺利转移，韦后想要行武则天故事的行为只能是"名不正言不顺"了，这也是两人最后结局不同的根源所在。

五、结 论

上文的讨论，主要围绕着武后和韦后亚献的两件事情展开。两次亚献事件不是偶然发生的，而是在唐初礼制观念变化的大背景下发生的。这场礼制观念变化的核心便是通过"孝"的观念，把私礼渗透进公共祭祀中，这背后的动因则在于皇权扩张的需求。从性质上看，两次亚献事件也是完全不同的。武后亚献是在礼制范围内进行的调和私礼与公礼内容的事件，并且武后所参与的祭祀并不是封禅中的核心祭祀环节。韦后则不同，她逾越了礼制的规定，进入到核心祭祀环节担任助祭，造成了"名不副实"的情况。联系此时中宗朝的政权特征，皇帝意志发挥主要作用，韦后助祭是皇帝授意的结果，所以当韦后在权力尚未完全脱离中宗，自己政治根基还十分浅薄的时候贸然行事，只能落得败亡的境地。

作者简介： 孟献志，首都经济贸易大学马克思主义学院教师。

---

① 武则天让张氏兄弟参与到政治活动中便是这种观点的反映。
② 雷家骥：《隋唐中央权力结构及其演进》，台北：东大图书公司，1995年，第56页。

论明清九华山佛教名山之成因*

卢忠帅

【摘　要】明万历年间,九华山开始同五台山、峨眉山、普陀山一并被提及,中国佛教"四大名山"之说出现。至清乾隆年间,九华山作为佛教"四大名山"之一,得到社会广泛认同,佛教名山地位正式确立。九华山佛教名山的形成,是各方面因素综合作用的结果。明清时期地藏信仰的盛行、释地藏与地藏菩萨的混淆以及有关地藏信仰的"遗迹"与传说故事的盛传等,促成九华山地藏道场的形成,成为九华山佛教名山形成的重要原因。明清国家通过赐钱、优抚名僧、赐经、赐额等举措,从物质和精神两层面大力护持九华山佛教,这在肯定九华山地藏菩萨道场地位的同时,也提高了其知名度和影响力,使九华山逐步跻身中国佛教"四大名山"行列。随着九华山香火日盛,许多名僧大德、文人士大夫及普通百姓慕名而来,他们或朝拜地藏菩萨,弘扬地藏精神;或作诗著文,寄情山水;或朝山进香,祈求福报,在弘传九华山佛教的同时,也推动了九华山佛教名山的形成。明清时期九华山佛教寺院修建频繁,数量众多,总数达二百余座,形成规模效应,引发了人们的信仰热潮,促成九华山佛教名山地位的确立。

【关键词】九华山;佛教名山;成因;地藏道场;世俗化

安徽九华山与山西五台山、四川峨眉山、浙江普陀山并称中国佛教"四大名山"。早在唐代,佛教即已传入九华山,僧人檀号为九华山佛教的开山祖师。自新罗王族释地藏卓锡九华后,九华山佛教渐盛。后经宋元时期的继续发展,至明清时期,九华山正式跻身中国佛教"四大名山"行列,成为信众烧香朝拜的主要圣地之一。关于明清九华山佛教名山之成因,现有研究多从新罗国王族释地藏与九华山地藏道场的关系角度分析,而将九华山佛教放入明清佛教发展趋向的大背景中探讨的并不多见,相关研究也是要么深入但不够全面,要么全面但不够深入。①佛教名山的形成,应该是一个现实需要、感应传说、国家支持、信徒、地理、塔寺等综合历史过程。本文基于明清佛教世俗化发展的主流取向,从地藏道场的形成、国家的

---

* 本文系山东省高校人文社科研究项目"明末佛教世俗化发展趋势的当代价值"(J15WA08)、曲阜师范大学社科项目"明清佛教世俗化研究"的阶段性成果。

① 张总的《地藏信仰研究》(北京:宗教文化出版社,2003年)、严耀中的《中国东南佛教史》(上海:上海人民出版社,2005年)以及尹富的《中国地藏信仰研究》(成都:巴蜀书社,2009年)等著作,都重点探讨了释地藏与九华山地藏道场成因间的关系。潘桂明的《中国佛教思想史稿》(南京:江苏人民出版社,2009年)一书,将九华山佛教名山的成因放入明清佛教世俗化发展主流取向的大背景下加以考察。释圣凯的《明清佛教"四大名山"信仰的形成》(载《宗教学研究》2011年第3期)一文,从"经典""地理""感应传说""塔寺""信徒""国家支持"等六方面,揭示了九华山等"四大名山"信仰形成的历史过程。张高的《九华山佛教史》(北京:宗教文化出版社,2016年)一书,概述了九华山的佛教宗派、重要佛教人物和重点寺院。

护持、僧俗两界的弘传及佛寺的规模效应等方面,全面、深入地分析明清九华山佛教名山之成因。

一、九华山佛教名山形成时间考

中国佛教"四大名山"之说并不是一开始就有的,它的出现是以九华山佛教名山的形成为标志的。目前学界多将九华山跻身"四大名山"的时间定为明末,但也有学者认为明代只有五台山、峨眉山、普陀山"三大名山"之说,将九华山加入而共称"四大名山"则是在清代康熙以后。①研究明清九华山佛教名山的成因,首先要理清九华山佛教名山形成的时间,这也是确定"四大名山"之说产生时间的根本。

(一)从"五山十刹"到"三大名山"

佛教传入中国中原地区后,起初虽开辟丛林无数,修建寺院颇多,但信徒,尤其是社会大众朝拜礼佛并无固定而集中的场所。唐末以后,由于最高统治者的提倡、僧人的参访问道,逐渐形成五台山(文殊菩萨圣地)、泗州普光王寺(僧伽大圣圣地)、终南山(三阶教圣地)、凤翔法门寺(佛骨圣地)等四处名声较为显赫的丛林,也为民众朝拜礼佛所趋向。南宋时期,随着理学成为官方哲学和社会统治意识,纲常等级观念从思想上和体制上由最高统治者贯彻和推广到佛教界。其一重要举措,就是宁宗嘉定年间(1208—1224)丞相史弥远奏请制定的禅院"五山十刹"②制度。"五山十刹"显赫一时,人气兴旺,香火繁盛。明清时期,随着佛教的式微和世俗化的加强,"五山十刹"中的多数寺院渐次衰落,信徒逐渐形成了参拜名山的习惯,最终形成了"四大名山"的基本格局。

虽然"四大名山"之说的形成时间存在争议,但"三大名山"之说的形成时间已得到学界认可,即明代中后期。本来,唐代曾有佛教"三名山"之说。刘禹锡文曰:"佛法在九州间,随其方而化,中夏之人汩于荣,破荣莫若妙觉,故言禅寂者宗嵩山;北方之人锐以武,摄武莫若示现,故言神通者宗清凉山;南方之人剽而轻,制轻莫若威仪,故言律藏者宗衡山。是三名山为庄严国,必有达者,与山比崇。"③可见,当时曾将嵩山、清凉山(五台山)、衡山归为佛教"三名山"。但此说流传不广,少见他人提及。历经唐代、北宋、南宋,先后形成五台山文殊道场、峨眉山普贤道场、普陀山观音道场。三大菩萨道场虽为僧俗所朝拜瞻礼,但仍无超出其他大丛林、"五山十刹"之势,时人也很少将其并列为所谓"三大名山""三名山"。

但到了明代,这种情况有所改变。长篇神魔小说《西游记》描写唐僧师徒西天取经,路经小雷音寺,唐僧说道:"就是小雷音寺,必定也有个佛祖在内。经上言三千诸佛,想是不在一

---

① 潘桂明:《中国佛教思想史稿》卷3《宋元明清近代卷》,南京:江苏人民出版社,2009年,第790页。
② "五山"是指杭州径山(兴圣万福寺)、灵隐山(灵隐寺)、南屏山(净慈寺)、宁波天童山(景德寺)、阿育王山(广利寺);"十刹"是指杭州中天竺永祚寺、湖州万寿寺、江宁灵谷寺、苏州报恩光孝寺、奉化雪窦资圣寺、温州龙翔寺、福州雪峰崇圣寺、金华宝林寺、苏州虎丘灵岩寺、天台国清寺。
③ (唐)刘禹锡:《刘宾客文集》卷4《唐故衡岳大师湘潭唐兴寺俨公碑》,上海:商务印书馆,1937年,第34页。

方,似观音在南海,普贤在峨眉,文殊在五台。这不知是哪一位佛祖的道场?"①《西游记》形成于明代中后期的嘉靖年间(1522—1566),它将三大菩萨道场并列而举,紧接三千诸佛之后,可见当时它们已经超出其他丛林寺刹。

(二)九华山佛教名山之说的出现

通过以上《西游记》中的记载可以看出,明嘉靖时并未将九华山列入名山行列,即九华山佛教名山之说尚未出现。至万历年间(1573—1620),九华山开始同五台山、峨眉山、普陀山一并提及,"四大名山"之说出现。据《补续高僧传》记载,五台山名僧夜台秋月,于万历三十一年(1603)入京师,李太后赐钵杖及紫襕袈裟一袭,秋月"于峨眉、五台各铸幽冥钟一口,重万三千斤,又于普陀、峨眉请藏经二部,又于九华设水陆道场",并"往返四大名山,精神疋顿"②。可见,当时已将九华山与五台山、峨眉山、普陀山并提。时人周应宾也曾指出:"(普陀山)僻在一隅,不比中原巍丽,然而'四大'之一也。"③鲍应鳌则对"四大名山"做了具体解释:"万历戊申,南海僧太空持友人沈武选书来谒,曰:'将为震旦四大名山造阎浮提四大菩萨往镇焉。'询所谓四大云何?曰:'吾欲以观音大士表南海,文殊菩萨表五台,普贤菩萨表峨眉,地藏菩萨表九华也。'余讶其阔远。"④《补续高僧传》的作者释月河,是明末吴郡华山寺名僧;周应宾为万历十一年(1583)进士,官至礼部尚书,著有《九经考异》《普陀山志》等;鲍应鳌为万历二十三年(1595)进士,官至礼部祠祭司郎中,著有《明臣谥汇考》。他们所记,应是可信的。可见当时已有"四大名山"之说,九华山已位居其中。

但是,此时的九华山佛教名山之说并不盛传,以致礼部祠祭司郎中鲍应鳌向僧太空"询所谓四大云何",并"讶其阔远"。而随着普陀山观音道场的繁盛,"三大士""三大道场""三大名山"之说屡屡为时人提及。如明末"四大高僧"之一的释袾宏在抱怨时人朝礼名山却不愿念佛往生西方净土时说:"游五台者曰文殊在,游峨眉者曰普贤在,游普陀者曰观世音在。独不曰西方极乐世界有弥陀在乎?又不曰三大士者徒仰嘉名,阿弥陀佛见在说法,亲炙休光之为愈乎?又不曰跋涉三山,累年月而后到;信心念佛,一弹指而往生乎?大可叹也。"⑤监察御史傅光宅则说:"震旦国中有大道场者三:一代州之五台,一明州之普陀,一即嘉州峨眉也。五台则文殊师利,普陀则观世音,峨眉则普贤愿王。是三大士,各与其眷属千亿菩萨,常住道场,度生弘法。"⑥礼部尚书李长春也说:"盖闻震旦国中有道场三:曰峨眉,曰五台,曰普陀,鼎立宇内,为人天津梁。"⑦礼部尚书周应宾也有相同的说法:"闻震旦之国名刹有三:文殊治

---

① (明)吴承恩:《西游记》第65回《妖邪假设小雷音 四众皆遭大厄难》,上海:上海古籍出版社,2004年,第547页。
② (明)释明河:《补续高僧传》卷20《夜台秋月传》,载《卍续藏》第77册,台北:中华电子佛典协会(CBETA),2009年,第508页。
③ (明)周应宾纂辑:《重修普陀山志·序》,载《中国佛寺史志汇刊》第1辑第9册,台北:明文书局,1980年,第4页。
④ (明)鲍应鳌:《瑞芝山房集》卷3《募造南海观音大士脱沙丈六金身题辞》,载《四库禁毁书丛刊》,集部第141册,北京:北京出版社,1997年,第96页。
⑤ (明)释袾宏:《竹窗三笔·游名山不愿西方》,载《莲池大师全集》,台南:和裕出版社,1999年,第3934页。
⑥ 释印光:《峨眉山志》卷6《王臣外护》,载《中国佛寺史志汇刊》第1辑第45册,第269页。
⑦ 释印光:《峨眉山志》卷6《王臣外护》,载《中国佛寺史志汇刊》第1辑第45册,第286页。

五台，普贤治峨眉，观音治东海（普陀）。"①以上这些是有关"三大士""三大道场"的说法。而时人也经常直提"三大名山"，如同为明末"四大高僧"之一的释德清在《高邮州北海台庵接待十方常住记》中说："惟三大士现身十方，普度众生，无处不遍。在我震旦国中，以三大名山为法身常住道场。而峨嵋僻处西蜀，远在一隅。唯五台、普陀对峙南北，为十方众僧之所归宿，往来道路，不绝如缕。"②他在另一篇文章中也说："师（僧福登）素愿范渗金三大士像，造铜殿三座，送三大名山。"③这里的"三大名山"，即指五台山、峨眉山和普陀山。

可见，明末九华山虽已跻身佛教名山行列，"四大名山"之说也已出现，但并未普及，民众多不知晓，且概念模糊，以致礼部尚书周应宾既说"四大"，又言"三大"。而与此同时，五台、峨眉、普陀"三大名山"之说屡为时人提及，"三大名山"格局已经形成，而且声名显赫，远超其他寺刹。

（三）九华山佛教名山的最终形成

至清前期，随着九华山地藏信仰的繁盛，"四大名山"之说逐渐被民众普遍提及，九华山佛教名山最终形成。如清初学者黎元宽在《金光洞十方道场碑记》中说："地藏菩萨之治于九华山也，东南香火莫盛焉。视诸五台、峨眉、普陀三大士，不足四矣。"④时僧人释自融在为明末临济宗名师天隐圆修作传时提及"四大名山"，他说："闻常多菩萨，出现于四大名山，神通广大。"⑤康熙二十六年（1687），按察使曹熙衡在《峨眉山志序》中也提及"四大名山"，他说："三峨高出五岳，秀甲九州，震旦国第一山也。顾其山不入五岳，而列入四大名山之一。"⑥康熙三十七年（1698），裘琏在所编《南海普陀山志》中，对"四大名山"做了详细解释："文殊、普贤、观音、地藏，皆久成佛道之法身大士。以度生心切，遍界现身。又欲众生投诚有地，故文殊示应迹于五台，普贤示应迹于峨嵋，观音、地藏示应迹于普陀、九华也。"⑦但是，康熙四十年（1701）的《御制清凉山新志序》中，仍沿用"三大名山"之说，而无九华山。康熙帝写道："宇内称灵山佛土最著者有三：峨眉、普陀，而五台为尤盛焉。"⑧这说明，康熙年间（1662—1722），"四大名山"虽为民众提及，但仍未得到社会广泛认同，九华山佛教名山地位并未最终确立。

至乾隆年间（1736—1795），"四大名山"开始被民众普遍提及。时人许琰在其重修《普陀山志》中多次提到"四大名山"，如"普陀为四大名山之最大士现身说法之场""补陀（普陀）为海内四大名山之一""补陀（普陀）洛迦首四大名山，为普门大士示现应迹之地，较之清凉、峨眉尤为神异……然则游四大名山而指图牒所传种种祝大士灵迹，吾谓不如潮公之法言德行

---

① （清）许琰：《普陀山志》卷14《艺文》，载《续修四库全书》史部第723册，上海：上海古籍出版社，1995年，第338页。
② （明）释德清：《憨山老人梦游集》卷26《高邮州北海台庵接待十方常住记》，高雄：净宗学会印赠本，1998年，第1567页。
③ （明）释德清：《憨山老人梦游集》卷30《勅建五台山大护国圣光寺妙峰登禅师传》，第1392—1393页。
④ （清）黎元宽：《进贤堂稿》卷16《金光洞十方道场碑记》，载《四库禁毁书丛刊》，集部第146册，第303页。
⑤ （清）释自融：《南宋元明禅林僧宝传》卷15《磬山天隐修禅师》，载《卍续藏》第79册，第653页。
⑥ 释印光：《峨眉山志》卷首《旧序一》，载《中国佛寺史志汇刊》第1辑第45册，第9页。
⑦ 释印光：《普陀洛迦新志》卷11《表四大士示迹》，载《中国佛寺史志汇刊》第2辑第10册，第556页。
⑧ （清）阿王老藏：《清凉山新志》，载《中国佛寺史志汇刊》第3辑第30册，第4—5页。

为可信也"等等。①可见,至此"四大名山"之说得到社会广泛认同,九华山佛教名山最终确立。此后,九华山作为佛教"四大名山"之一,得到社会广泛认同。如山东登莱青兵备道刘含芳在《重修化城寺记》中说:"九州之域,五岳而外,九华实居四大名山之一。"②笔记小说中,九华山作为佛教"四大名山"之一,更是时常被提及。如清末小说《观音菩萨传奇》在第一回中就说:"在佛家的区分,把全世界划成四大部洲,称为东胜神洲、南瞻部洲、西牛贺洲、北俱芦洲。我们中国,是属于南瞻部洲的。南瞻部洲有四座名山,号称佛国。这四座山就是九华、五台、峨嵋、普陀。管领这四座山的就是地藏王菩萨、普贤菩萨、文殊菩萨、观音菩萨等四位大士。故九华礼地藏王,称为大行;五台礼文殊,称为大智;峨嵋礼普贤,称为大勇;普陀礼观音,称为大慈;领域也是很分明的。"③

综上,九华山跻身"四大名山"成为佛教名山,是一个渐进的过程。明万历年间,九华山开始被同五台山、峨眉山、普陀山一并提及,"四大名山"之说出现,但并未普及,民众多不知晓,且概念模糊。至清初,随着九华山地藏信仰的盛行,"四大名山"之说开始逐渐被较多提及,但仍时常出现"三大名山"之说,九华山佛教名山仍未得到社会广泛认同。直至乾隆年间,"四大名山"开始被民众普遍提及,九华山作为佛教"四大名山"之一,得到社会广泛认同,佛教名山之称正式形成。这种认同,随着时间的推移而固化在信众心中,直至今日。

二、地藏道场的形成

九华山佛教名山的形成,与其地藏道场的地位是分不开的。地藏道场的形成,是九华山佛教名山形成的重要原因之一。地藏信仰的盛行、释地藏与地藏菩萨的混淆以及有关地藏信仰的"遗迹"与传说故事的盛传等,则是明清九华山地藏道场形成的原因及表现。

(一)明清时期地藏信仰的盛行

地藏信仰产生于公元4世纪末5世纪初的印度,其思想源自婆罗门教神话中的"地天"信仰。"地天"即"地神",为十二天之一,守护着下方的大地。因大地具有养育、生长的特质,而生育是女性的本能,所以"地天"最早是以女性形象出现的,后来才转化成男性。在原始佛教时代,由于受"如来藏"④思想的影响,"地天"成为佛陀的皈依者,后经大乘佛教化,逐渐转化为"地藏菩萨",成为大乘菩萨信仰中的重要一环。

地藏信仰虽然产生于印度,但在印度本土并未得到足够发展。6世纪中叶前,地藏信仰即已传入我国。从隋唐时期开始,随着"地藏三经"《占察善恶业报经》《大乘大集地藏十轮经》《地藏菩萨本愿经》的翻译与传播,地藏信仰迅速传播开来,其内容也不断发展完善,逐渐形成了救苦大愿、地狱信仰、孝道思想等主要内容。至明清时期,地藏信仰颇为盛行,并在

---

① (清)蓝理:《重兴普陀法雨寺圆通殿疏》;缪燧:《御题普济群灵额恭纪》;王洪绪:《潮音和尚中兴普济寺记》,《普陀山志》卷15《艺文》,载《续修四库全书》史部第723册,第349、358、364页。
② (清)刘含芳:《重修化城寺记》,载《九华山志》卷7《记》,光绪二十七年(1901)刻本。
③ (清)曼陀罗室主人:《观音菩萨传奇》第1回《溯源流书生说法 警痴顽菩萨化身》,呼和浩特:远方出版社,2007年,第1页。
④ "如来藏"即众生皆有佛性,因此皆能成佛。

社会诸信仰中建立起相对的优势地位。明清时期地藏信仰的盛行主要表现在三个方面。第一，地藏菩萨"众生度尽，方证菩提；地狱未空，誓不成佛"的救苦大愿，受到民众的普遍推崇，就连乾隆皇帝也说："七宝盆内，满如意珠。大士宴坐，十王敬趋。地狱一空，岂不善妙？无奈众生，三途六道。稽首皈依，甚深愿海，誓不成佛，以众生再。"[①]第二，以"地藏"命名的寺院遍布全国各地，且大多寺院中建有地藏殿。第三，地藏信仰更加紧密地与民众日常生活联系起来，出现了地藏诞日等民俗节日。成书于明万历年间的《月令广义》中，已有要求在农历七月三十日对地藏进行崇祀的记载。至清代，地藏诞日民俗活动已非常普及，各地有各地的方式，如点地灯或地香、放河灯、朝山敬香、坐夜、造法船、盂兰盆会等。[②]明清时期地藏信仰的盛行，成为九华山地藏道场形成的外在条件。

明清时期地藏信仰的盛行，既是佛教世俗化发展使然，也是地藏信仰的内容契合中国传统文化最基本的人文精神的结果。佛教的世俗化是相对于其神圣性而言的。所谓佛教的世俗化，是指佛教日益关注此岸的人类事务，逐渐消除了它作为宗教的神圣性，即将达到彼岸的终极解脱目标转移到了当下世俗利益的满足。佛教传入中国后，为适应自身发展的需要，逐渐与中国传统文化，特别是儒家文化相融合，关注现实社会，积极入世，逐渐走向世俗化道路。至明清时期，佛教世俗化进一步加强，特别是明清国家佛教政策的实施，在使佛教一定程度上恢复发展的同时，也加速了佛教的社会化、世俗化。明代将从事世俗法事的教僧即瑜伽僧独立成类，并专业化。世人基于孝敬之心，多邀请教僧为其先人度亡，加之法事的商品化，教僧有可靠的经济收入，致使佛教内部出现了向教僧倾斜的趋势，"甚至连本应从事禅修、研究经论的禅、讲僧，欲分沾经忏之利者亦大有人在"[③]。教僧队伍不断壮大，教寺数量大增。日本学者龙池清以成化《湖州志》、明代《姑苏志》为例，统计出湖州府有教寺37所，讲寺6所，禅寺24所，所属宗派不明寺17所，总计寺院84所；苏州府有教寺71所，讲寺23所，禅寺31所，所属宗派不明寺6所，总计寺院131所[④]。他指出："教寺在寺院总数中所占比率达到四成乃至六成，由此推定，教僧占到整个僧侣总数的将近半数。"[⑤]这也表明，明代佛教日益世俗化，与百姓日常生活紧密联系起来，民间举办佛教法会比较流行。在中国佛教的"四大菩萨"中，唯有地藏菩萨以救苦大愿著称。信仰地藏菩萨，可以缓解芸芸众生对死后继续受苦的恐惧，从而得到心灵的慰藉，故而信仰者日众。

明清时期地藏信仰盛行的另一原因，则在于地藏信仰的内容深深契合了中国传统文化中最基本的人文精神。其一，地藏菩萨的救苦大愿与中国儒家伦理中积极入世的精神相一致。地藏菩萨"众生度尽，方证菩提；地狱未空，誓不成佛"的救苦大愿，与孟子"如欲平治天下，当今之世，舍我其谁也"[⑥]的平治天下的大志，如出一辙。而地藏菩萨与苦难的现实世界紧密相连的特点，也使得大乘佛教的慈悲入世思想与儒家积极入世的基本思想相融合。其

---

① 乾隆《御制文集》二集卷42，载《影印文渊阁四库全书》第1301册，台北：商务印书馆股份有限公司，1986年，第542页。
② 尹富：《中国地藏信仰研究》，成都：巴蜀书社，2009年，第343—352页。
③ 陈玉女：《明代的佛教与社会》，北京：北京大学出版社，2011年，第282页。
④ [日]龙池清：《明初の寺院》，《支那佛教史学》，1938年第2卷第4号。
⑤ [日]龙池清：《明代の瑜伽教僧》，《东方学报》，1940年第11册第1期。
⑥ 万丽华、蓝旭译注：《孟子》卷4《公孙丑下》，北京：中华书局，2010年，第71页。

二,地藏信仰所宣扬的孝道思想与儒家伦理思想相一致。地藏信仰中有关孝道思想的宣扬,特别是将对父母的孝推广到一切有情,与以孝悌、仁爱为本的儒家思想相一致。其三,地藏信仰中地藏菩萨救度亡灵的思想与儒家"慎终追远"的思想相一致。地藏信仰宣称,人生时作恶,临终时会很痛苦,地藏菩萨对此也非常关心。只要受苦人于恶道门口能念一句佛菩萨名号或经文,地藏菩萨就会救脱此人脱离苦海。"复次,地藏,未来世中,若天、若人,随业报应,落在恶趣,临堕趣中,或至门首,是诸众生若能念得一佛名、一菩萨名、一句一偈大乘经典。是诸众生,汝以神力,方便救拔。于是人所现无边身,为碎地狱,遣令生天受胜妙乐。"①此外,地藏菩萨还关怀人死后的"阴间"遭遇,并鼓励世人去关怀临终之人和亡人,如此生人也可得福。地藏信仰的这些内容,与儒家"慎终追远",重视对人的临终关怀和祭祀的传统是一致的。《论语》中的"慎终追远,民德归厚矣",即体现了儒家对祖先、亡人的追思和感恩之情。儒家又重视礼,而礼在送死、事鬼神中很重要,所以祭礼在礼义中的地位很高,如《礼记》中"礼有五经,莫重于祭"的记载。另外,儒家还认为祭祀祖先会得到福报,"贤者之祭也必受其福,非世所谓福也",并对"福"做了解释,"福者,备也……上则顺于鬼神,外则顺于君长,内则以孝于亲,如此之谓备"②。可见,中国传统儒家是极重视人的生死存亡的,因而地藏信仰中所阐述的临终关怀和救拔亡灵的思想也就得到了中国传统文化的承认,超度亡灵的佛事活动也就渐渐成为中国人的习俗。③

(二)释地藏与地藏菩萨的混淆

不同于其他三座佛教名山,九华山地藏道场的形成,并无佛经依据④,而是以新罗僧人释地藏的应化事迹为契机的,即人们将释地藏与地藏菩萨相混淆。释地藏与地藏菩萨的混淆,成为九华山地藏道场形成的内在因素。

新罗僧人释地藏于唐开元末年(740年左右)卓锡九华,于此苦修半个多世纪。释地藏圆寂九华后,随着时间的推移,人们逐渐将其与地藏菩萨混为一谈,将九华山视为地藏菩萨应化的道场。由于资料缺乏,这种混淆始于何时现已无法考证。目前大多研究依费冠卿《九华山化城寺记》中有关释地藏生时及圆寂后的种种灵异传说,认为九华山地藏道场形成于释地藏圆寂之时。但费文中并未提及释地藏即地藏菩萨化身,至今也未见时人的有关记载,所以上述说法不足为信。明人刘城撰《游九华记》载:"宋人有言,新罗王子金地藏,非佛国地藏也,按之九华碑版亦然。"⑤按其说,如果宋人真有此言,则说明宋代已有人将释地藏与地藏菩萨相混淆了。但至今并未发现宋人有关此事的记载,就连陈岩专门描写九华山的《九华

---

① (唐)实叉难陀译:《地藏菩萨本愿经》卷下《嘱累人天品第十三》,载《中华大藏经(汉文部分)》第52册,北京:中华书局,1994年,第474页。
② (汉)郑玄注,(唐)孔颖达疏:《礼记正义》卷49《祭统》,北京:北京大学出版社,1999年,第1345—1346页。
③ 叶可信主编:《九华山佛教文化研究》,合肥:黄山书社,2005年,第13—14页。
④ 有关五台山、峨眉山、普陀山菩萨显圣道场,《大方广佛华严经》(唐实叉难陀译,《中华大藏经(汉文部分)》第12册)中均有记载。该经卷45《诸菩萨住处品》曰:"东北方有处,名清凉山,从昔已来诸菩萨众于中止住;现有菩萨,名文殊师利,与其眷属、诸菩萨众一万人俱常在其中而演说法……西南方有处,名光明山(峨眉山),从昔已来,诸菩萨众于中止住;现有菩萨,名曰贤胜(普贤),与其眷属、诸菩萨众三千人俱在其中而演说法。"卷68《入法界品》曰:"于此南方有山,名补怛洛迦(普陀洛迦);彼有菩萨,名观自在。"
⑤ 释印光:《九华山志》卷7《游九华记》,载《中国佛寺史志汇刊》第2辑第22册,第304页。

诗集》中，也只字未提混淆之事，所以宋人混淆之说也不足为信。成书于明中叶的《三教源流圣帝佛祖搜神大全》、刊于万历二十一年（1593）的《新刻出像增补搜神记大全》两书，皆有"地藏王菩萨"条，所记内容完全一致："执掌幽冥教主、十地阎君……或曰今青阳九华山地藏是也。按传（《宋高僧传》），新罗国僧唐时渡海，居九华山。年九十九，忽召徒众告别，但闻山鸣石陨，俄跏趺坐于函中。泊三稔，开将入塔，颜貌如生，舁之动，骨节金锁焉，故曰金地藏。以是知传者之误。"①此为目前所知最早明确阐明释地藏与地藏菩萨混淆之误的记载，说明至少在明中叶以前，已有人将二者混淆。

此后，将释地藏混淆为地藏菩萨的记载逐渐增多。如前述刘城在述说宋人否认释地藏即为地藏菩萨后，认为"然地藏来此，在唐至德以前，其涅槃在贞元十载。使非诸佛应化之身，岂能生而地涌泉，没而山陨石，锁骨曲伸如故哉？岐地藏而二之，亦非通识"②。他认为若释地藏不是地藏菩萨化身，岂有种种异说？言外之意认同释地藏为地藏菩萨化身，而且时人也有此共识。明末史家谈迁在《北游录》中说："小九华，万历初里人周栋弃家事地藏佛，开山以代池州九华者。"③在此已将九华山视为地藏菩萨道场。清初梁熙《晳次斋稿》卷四文稿二《重修地藏殿观音堂记》也说："青阳有九子山耳，至大唐李供奉（白）题记，始改曰九华。千百年来奉为名山之一，地藏菩萨之道场实且古焉。"④而将二者混淆最为突出的表现，则是清道光年间仪润在《百丈丛林清规证义记》中，伪托《神僧传》的一段话："佛灭度一千五百年，地藏降迹新罗国主家，姓金，号乔觉。永徽四年，年二十四岁，祝发，携白犬善听，航海而来。至江南池州府东青阳县九华山，端坐九子山头七十五载，至开元十六年七月三十夜成道，计年九十九岁。时有阁老闵公，素怀善念。每斋百僧，必虚一位，请洞僧（即地藏也）足数。僧乃乞一袈裟地，公许，衣遍覆九峰，遂尽喜舍。其子求出家，即道明和尚。公后亦离俗网，反礼其子为师，故今侍像，左道明、右闵公，职此故也。"⑤在五代前后的地藏像中，只有道明之像，是出自敦煌写经《道明和尚还魂记》，并无闵公之像，也无释地藏即地藏菩萨之说。仪润记中描述的地藏像，释地藏位于中间，道明、闵公分列左右，并将闵公与道明结成父子关系，说明已将释地藏完全混同于地藏菩萨。

当然，历代也不断有人辨析释地藏并非地藏菩萨。除前述《三教源流圣帝佛祖搜神大全》《新刻出像增补搜神记大全》两书中阐明释地藏与地藏菩萨混淆之误外，钱谦益《地藏庵记》中也说，九华山之释地藏，开元初自新罗涉海而来，与地藏菩萨只是"其名偶同耳"，与僧伽为观音化身、杜顺为文殊化身"有异"。所以，"今日此为奉九华香火，则伪矣"⑥。这恰说明人们已将释地藏混同于地藏菩萨。

人们将释地藏与地藏菩萨相混淆，与人们对释地藏的崇敬是分不开的。由于释地藏生前及圆寂后的种种灵异迹象，加之修行、相貌，特别是法号与地藏菩萨的相似性，信众对其

---

① 《绘图三教源流搜神大全（外二种）》，上海：上海古籍出版社，1990年，第308、393页。
② 释印光：《九华山志》卷7《游九华记》，载《中国佛寺史志汇刊》第2辑第22册，第304页。
③ （明）谈迁：《北游录·纪程》，汪北平点校，北京：中华书局，1960年，第10—11页。
④ （清）梁熙：《晳次斋稿》卷4《重修地藏殿观音堂记》，清康熙刊本。
⑤ （清）仪润：《百丈丛林清规证义记》卷3《地藏圣诞》，载《卍续藏》第63册，第402页。
⑥ （清）钱谦益：《牧斋有学集》卷27《地藏庵记》，上海：上海古籍出版社，1996年，第1026—1027页。

倍感崇敬。有两项内容可以说明这种崇敬之情。其一，附会出"乔觉"的德号。万历七年（1579）苏万民重修《九华山志》中，出现了"金地藏，名乔觉，新罗国王子也"[1]的说法。其后，万历二十三年（1595）蔡立身重修《九华山志》、天启元年（1621）朱国祯所撰《涌幢小品》、崇祯二年（1629）顾元镜重修《九华山志》、清康熙二十八年（1689）喻成龙、李灿重修《九华山志》等，均沿用此说。但道光三年（1823）仪润编《百丈丛林清规证义记》中记载："地藏降迹新罗国主家，姓金，号乔觉。"[2]光绪《九华山志》卷五说"法名乔觉"，而卷六又说"本名乔觉"。民国《九华山志》卷首说"名乔觉"，卷一说"号乔觉"，而卷三又说"法名乔觉"。"一时间，'名''号''法名'交相混用，使人莫衷一是。"[3]我们认为，"乔觉"之名在释地藏圆寂 800 年后出现，是后世信徒赠给他的德号，是他们的一种崇拜心理和宗教感情。那么为何时隔如此长时间后出现了"乔觉"的称名呢？随着释地藏事迹的传播，为了尊崇其生前的品行业绩，信奉者赠"乔觉"作为德号，这既符合信奉者的崇拜心理，也符合他们的宗教情感。首先，从德号的含义来看，"乔"为高木、大木，寓意为"大"，因而"乔觉"之意与佛教中的自觉觉他的"大觉"相通，符合释地藏"大愿地藏"的美称。正如谢澍田所推测："'乔觉'之名在文献中出现较晚，可能是后人所立，因大师从新罗侨居九华，修得正果而成大觉者，故而名之。"[4]后人为表达对释地藏的崇敬之情而追加"乔觉"的德号，明显已将其等同于地藏菩萨。

其二，衍生出闵公施地的传说。闵公施地的传说，最早见于明弘治元年（1488）的《重建九华行祠石壁庙记》，最初为吴氏施地，记中载："昔有金地藏者，新罗国王之支庶也。唐肃宗时，浮海来青阳，至吴氏地以居。吴氏孟光父子见其神色之异，指诣城峰闵氏之寺居，以为修行之所，今化城寺是也。"[5]九华行祠，又名石壁庙，位于九华山北麓老田村吴氏宗祠东侧，建于北宋淳化年间（990—994），明弘治元年（1488）重建。在此之前的有关记载中，只有诸葛节等买檀公之地为释地藏建寺的记载，并无闵公施地之说。显然，此为吴氏后人借助诸葛节等买地施与释地藏建寺的记载，衍生而成。其目的无非是想拉近与释地藏的关系，借助他的威望来巩固、提高本族地位而已。其后，吴氏施地之说逐渐变成闵公施地，而且越来越完善并神化。嘉靖《九华山志》中，已变为闵公施地，志中载："闵氏舍□为寺，化而成之。"[6]而至万历二十三年（1595）蔡立身修《九华山志》中，闵氏则有了名字，其施地事迹也进一步完善，志中记载："闵让和，邑人，九子山系其故址，贞观间金地藏来游，卓锡东崖，让和始以地惠施，竟成丛林。"[7]稍后朱国祯所撰《涌幢小品》中，开始将此故事神化，出现了一袈裟之地"凡四

---

[1] （明）苏万民：《九华山志》卷4《人物·仙释》，据万历七年（1579）刻本拍摄，北京：国家图书馆缩微文献复制中心，1993年。
[2] （清）仪润：《百丈丛林清规证义记》卷3《地藏圣诞》，载《卍续藏》第63册，第402页。
[3] 谢澍田：《地藏菩萨九华垂迹》，上海：华东师范大学出版社，1994年，第17页。
[4] 谢澍田等：《新罗高僧金地藏证道九华的业绩及其对后世的影响》，载《金地藏研究》，合肥：黄山书社，1993年，第63页。
[5] （明）程懋：《重建九华行祠石壁庙记》，明弘治元年（1488）立，现藏于九华乡老田村吴氏宗祠东墙。
[6] （明）王一槐：《九华山志》卷2《寺观·化城寺》，据明嘉靖七年（1528）刊本拍摄，北京：国家图书馆缩微文献复制中心，1992年。
[7] （明）蔡立身：《九华山志》卷4《人物·仙释》，据万历二十三年（1595）刻本拍摄，北京：国家图书馆缩微文献复制中心，1993年。

十里"的传说,书中载:"地藏菩萨姓金,名乔觉,新罗国人。在池州东岩修习久,土人闵欲斋之,地藏谢不愿,愿得一袈裟地,闵许之。明日以袈裟冒之,凡四十里。闵即付之,举家悉成正觉去。"①不仅神化闵公施地传说,还将释地藏直接认同为地藏菩萨。而至清道光年间仪润的《百丈丛林清规证义记》中,一袈裟之地竟"遍覆九峰",更加神奇。

此外,随着明清时期佛教世俗化的加强,社会信众,特别是处于社会下层、文化水平不高的广大劳动人民,以最为简便易行的方法和最为急功近利的手段,"向膜拜对象索取当下所需",满足自己的"世俗要求"②。而仅有泥塑躯体的膜拜对象,已不能给予他们最大的安全感。他们从心理上本能地要求自己的膜拜对象"是用正常感官即可验证、交流的真实客体",并且还要凭借自己的"耳闻目睹"去巩固对膜拜对象的信念。在此情况下,下层的"造神运动"便产生了,诸色"神人"或"人神"随之降临人间。当造出的"神"能够使统治者、上层僧侣、普通信众的利益相协调时,它的地位就是稳固的、神圣不可侵犯的。③释地藏与地藏菩萨的混淆,恰属于这种情况。

(三)与释地藏有关的"遗迹"与传说故事的盛传

明清时期,围绕地藏信仰,九华山形成了一系列与地藏菩萨,或者说与释地藏有关的"遗迹"、传说故事等,成为九华山地藏道场形成的重要表现。现将有据可查的、明清时期出现过的"遗迹"、传说故事等,择其要者列举如下。

1. 白犬善听

民间传说,释地藏从新罗国渡海到中国时,携带一条神奇的白犬,名叫"善听",又叫"谛听""独角兽",同舟共济,结伴而行。地藏卓锡九华后,立志修行,因有善听昼夜相随,处处逢凶化吉,终成佛法。后人认为善听通晓佛理,并通人性,能避邪恶,将其视为吉祥物。九华山化城寺现存一座铜铸"独角兽",长73厘米,高66厘米,重250千克,似虎非虎,似狮非狮,猛然回首,造型奇特。由清康熙年间百姓募化铸造并献与九华山,是百姓依据释地藏所携善听的传说,加以想象和美化而创造出来的。

2. 九华行祠

俗称石壁庙,位于九华山北麓老田村吴氏宗祠东侧。此庙原为新城吴氏水口社庙,后改为协济行祠。相传释地藏初至九华山时,曾暂住协济行祠,受到族主吴用之接待,并指点其修行之地。据说释地藏定居山上后,常与吴氏往来。每次去老田,吴用之都亲自恭迎,临行还赠送米油接济。释地藏为此作《酬惠米》诗赠与吴用之,以表达感谢之情:"弃却金銮衲布衣,修身福海到华西。原身自是皇太子,慕道相逢柯(吴)用之。未敢叩门求他语,昨叨送来续晨炊。而今飨食黄精饭,腹饱忘思前日饥。"④北宋淳化年间,吴氏族人为纪念先祖与释地藏的结缘,特在协济行祠的旧址上建"九华行祠"。明弘治元年(1488)重建,今存《重建九华行祠石壁庙记》。相传直至1949年以前,九华山佛教每月都要派执事僧到九华行祠向吴氏族人

---

① (明)朱国祯:《涌幢小品》卷28《愿得地》,载《四库全书存目丛书》子部第106册,济南:齐鲁书社,1995年,第681页。
② 潘桂明:《中国佛教思想史稿》卷3《宋元明清近代卷》,第803页。
③ 张新鹰:《有关释地藏的断想三则》,载《世界宗教研究》,1992年第3期。
④ (明)王一槐:《池州府志》卷9《仙释·金地藏》。

象征性地领取月米灯油。①

3. 东岩晏坐

东岩，又名晏坐岩，在化城寺东，因"横截如屏"，故初名"东崖"。明弘治十五年（1502），王守仁将其更名"东岩"。正德十五年（1520），王守仁再至九华，"武宗使侦先生，见先生晏坐一室，故名晏坐岩"②。崖上有巨岩，如屋可居，相传释地藏曾栖身于此，在岩头晏坐诵经。据明嘉靖《九华山志》记载："宴坐岩，在茗地源南，自北而上极险不可行，然却有奇石。登者从东南盘折而行约二里，山顶有石岩，深入如屋可居。昔金地藏始卓锡于此。"③

4. 龙女献泉

龙女泉，旧称神女泉，在东岩西下涧沟。"龙女献泉"的故事源于费冠卿《九华山化城寺记》，记中载释地藏初入九华时，"岩栖涧汲，以示高洁。曾遇毒螫，端坐无念，有美妇人作礼奉药，云小儿无知，愿出泉补过。应视坐石，石间潺潺，时人谓之九子神焉"。后人据此演义出"龙女献泉"的故事。如明嘉靖《九华山志》载："龙女泉，在金地藏塔后。昔金地藏初结茅，绕行择居，颇渴，有女告以泉处，地藏发石果得泉，女忽不见。"④另外，在肉身宝殿西侧也有一地藏泉，相传释地藏肉身由南台迁往神光岭建塔入葬时，揭石而得泉。

5. 白墡充饥

白墡，学名"白垩"，石灰岩的一种，白色，质软，由古生物残骸集聚形成，主要成分是碳酸钙，荒年人们以此充饥，俗称"观音土"。"白墡充饥"的故事也源自费冠卿《九华山化城寺记》，记中载释地藏居化城寺后，德被四方，闻名遐迩，一时东僧云集，"本国之闻，相与渡海，其徒实众。师忧无粮，发石得土，其色青白，不掺如面"，此土即为白墡。据史料记载，九华山有三处白墡穴。其一，位于晏坐岩下，明嘉靖《九华山志》载："白墡穴，在晏坐岩下，昔金地藏学徒颇众，取以为粮，食之甘滑如面，今穴尚在。费冠卿诗'搜泥时和面'指此。"⑤其二，龙潭之侧，宋赞宁《高僧传》载："龙潭之侧有白墡硎，取之无尽。"⑥其三，地藏洞中，南宋陈岩《白墡穴》诗注云："金地藏尝居洞中，旁有白墡穴。"⑦以上这些有关"白墡充饥"的故事皆源于费文，但具体位置又各不相同。

6. 神光岭表

神光岭位于九华街西，南北走向，长约3千米。据费冠卿《九华山化城寺记》载，释地藏寂后三年，肉身不腐，僧众将其移至南台的山岭，建塔安葬，据说塔基上空曾出现"圆光"，明亮如火。后人依此名其为"神光岭"。明嘉靖《九华山志》载："神光岭，在金地藏塔前，平田岗之下，有圆山隐伏。相传金地藏有光现此。"⑧明万历蔡立身《九华山志》亦载："（释地藏）年九

---

① 谢澍田：《地藏菩萨九华垂迹》，第76页。
② （清）周赟：《九华山志》卷1《东岩图记》，光绪二十七年（1901）刻本。
③ （明）王一槐：《九华山志》卷1《岩志·晏坐岩》。
④ （明）王一槐：《九华山志》卷1《泉志·龙女岩》。
⑤ （明）王一槐：《九华山志》卷1《洞志·白墡穴》。
⑥ （宋）释赞宁著，范祥雍点校：《宋高僧传》卷20《唐池州九华山化城寺地藏传》，北京：中华书局，1987年，第516页。
⑦ （宋）陈岩：《九华诗集·白墡穴》，载《影印文渊阁四库全书》第1189册，第691页。
⑧ （明）王一槐：《九华山志》卷1《岭志·神光岭》。

十九跌坐以逝,建塔三层藏之。傍地时发光景,五色烛天,名神光岭。"①

7. 地藏足印

在天台峰西有一"古拜经台",相传为释地藏拜经处。台上有庵名"大愿庵"。庵后有一高20米的巨型峭石,造型酷似老鹰趴壁,故称"大鹏听经石"。石下有一双巨型脚印,相传为释地藏苦修磨炼的足迹。在东岩南侧舍身崖畔也有一双巨型脚印,相传是释地藏进山时留下的脚印,与拜经台上之脚印遥相呼应。清潘耒《晏坐岩》诗云:"大士潜修地,双跌尚宛然。"②此外,化城寺中原存一双麻编芒鞋,相传为释地藏的遗履。清潘耒《化城寺》诗云:"玺押金经原内赐,尘封双履未西回。"并注曰:"遗履一枚,长二尺许。"③

上述与释地藏有关的"遗迹",大都伴有后人附会的、带有神话色彩的传说故事。虽然如此,也体现了释地藏在人们心中的地位和影响,也成为九华山地藏道场形成的重要表现。

三、国家的护持

佛教的传播与发展,并非一帆风顺,而是充满了曲折。在曲折发展过程中,逐渐产生了末法思想。受其影响,佛教徒们逐渐认识到,要想使佛法长存,就需得到国君、帝王等世俗世界强有力护法者的支持,正如佛陀所说:"我之正法,可以付嘱频婆娑罗等诸大国王、四王、帝释、梵天王等。如是等众,能护我法。"④为了能让国君、帝王等护持佛法,佛经中宣称,若国君、帝王能护持佛法,则国家长治久安;反之则要遭受"谷贵、兵革、疫病"等灾祸。⑤如地藏经典《大乘大集地藏十轮经》中宣称,国君、帝王甚至平民百姓等,若能护持三宝,则会获得种种利益;反之则会"支体废缺,于多日夜结舌不言,受诸苦毒,痛切难忍,命终定生无间大狱"⑥。佛教需要依统治者的护持而存活,统治者也需要靠佛教来巩固统治。明清国家对九华山佛教的护持,也是九华山能成为佛教名山的重要原因。

(一)明清佛教政策

明清两朝的佛教政策,是明清国家护持九华山佛教的大背景。由于明太祖朱元璋(1368—1398年在位)曾出家为僧,加之对历代兴亡经验教训的总结,他深明佛教有"阴翊王度"即维护和巩固封建统治的作用,因而即位后大力保护和提倡佛教。而对历代尤其是元代由于佞佛而产生诸多流弊的了解与总结,又使他清楚必须整顿和限制佛教,才能使其更好地为明王朝服务。为此,立国后他制定了一系列相关制度和法令。明成祖(1402—1424年在位)继承了太祖的佛教政策,并对相关法令制度加以补充和完善。这样,以整顿和限制为主,同时加以保护和提倡的明代佛教政策基本形成。其后,明代各帝多沿用明初制定的佛教政策,只是执行时有所异同而已。整顿和限制政策如设置僧司衙门,严格住持选任;分类天

---

① (明)蔡立身:《九华山志》卷2《建置类·地藏塔》。
② 释印光:《九华山志》卷2《形胜门·东岩》,载《中国佛寺史志汇刊》第2辑第22册,第103页。
③ (清)陈蔚:《九华纪胜》卷7,载《四库未收书辑刊》第1辑第28册,北京:北京出版社,2000年,第57页。
④ (隋)释就合译:《大方等大集经》卷21《宝幢分·中护法品第十》,载《中华大藏经(汉文部分)》第10册,第278页。
⑤ (隋)释就合译:《大方等大集经》卷24《虚空目分·中护法品第九》,载《中华大藏经(汉文部分)》第10册,第322页。
⑥ (唐)释玄奘译:《大乘大集地藏十轮经》卷4《无依行品第三》,载《中华大藏经(汉文部分)》第11册,第34页。

下寺院,令僧各务本业;建立度牒制度,限制出家人数;控制寺院数量,抑制寺院经济等。特别是明世宗和明思宗在位期间,先后禁绝和排斥佛教,对佛教的整顿和限制尤为激烈。保护和提倡政策如举办佛教法会、修建寺院、崇奉藏传佛教及印度密教、编纂佛教著作等。

满族原来信仰萨满教,早在入关前就与藏、蒙等地的藏传佛教发生了联系。清朝建立后,几乎全面继承了明代的佛教政策,对内地佛教采取利用加限制的策略,以辅助思想统治,对藏传佛教则重在安抚。整顿和限制成为清代佛教政策的主要内容,如设置僧司衙门;实行度牒制度,禁止私自剃度;规定出家及招收门徒的具体条件;禁止私建寺院,侵占寺院田产;等等。清代统治者也明晓佛教具有"阴翊王度"的作用,因而在对佛教整顿和限制的同时,也加以扶持与利用。如拉拢、利用上层僧人;修建寺院,保护寺产;刻经、译经,编纂佛学著作;等等。

以上明清佛教政策的实施,基本有效地管理了佛教,控制了僧人数量,抑制了寺院经济,有利于生产的发展和社会的稳定,对加强民族团结和国家统一也起了很好的作用。同时,明清佛教政策的实施,对佛教存在和发展的影响也是巨大的,九华山佛教就是代表之一。

(二)国家护持九华山佛教的表现

释地藏在世之时,池州刺史张岩因仰其高风,不但施舍大量钱财,而且还上奏朝廷,请赐寺额"化成",使九华山佛教得到国家承认。此后,九华山佛教渐盛,宋王朝赐予18座寺庙匾额。明清统治者在整顿和限制佛教的同时,也极力提倡和保护,以发挥佛教"阴翊王度"的作用。对于影响渐大的九华山佛教,他们自然要大力护持。明清统治者对九华山佛教的护持,主要体现在以下几方面。

第一,赐钱。明洪武二十四年(1391),朝廷赐银重修化城寺。宣德二年(1427)、万历十一年(1583),朝廷又两次赐银重修化城寺。[①]万历三十一年(1603),化城寺遭灾被毁,僧人量远赴京奏闻,"奉皇太后赐金重建,兼修塔院"[②]。清康熙四十二年(1703),康熙帝第四次南巡,返京时驻跸江宁,时逢二月下旬,将届五旬万寿,随同护驾的两江总督阿山、安徽巡抚喻成龙、兵部侍郎胡曾恩等,"因同奏青阳县九华山为地藏王道场,灵感昭应,各建醮祝厘"。康熙帝于是下旨遣包衣昂邦赫奕、内侍李环、太仆寺少卿格尔芬,"至九华进香,并赐银三百两为供"。康熙四十八年(1709),康熙帝下旨遣内府诸臣"加礼山岳",特命内务府广储司员外郎乌尔胡,"至九华进香,并赐银百两为供"[③]。乾隆三十一年(1766),朝廷又赐银修葺九华山主要寺宇。

第二,优抚名僧。明永乐二十年(1422),成祖封妙峰寺妙光法师为"护国瑜伽大师",并赐金斓衣。正统十一年(1446),北京万寿寺戒坛宗师道本"年老不便登坛",住持道孚奏云:"今访得直隶池州府九华山化城寺住持道泰,谙通释典,道行纯真,堪补戒坛宗师。"英宗应允,道泰于是奉敕授万寿戒坛宗师。后以老归九华,天顺元年(1457)卒。英宗遣官赐祭,祭文曰:"尔以坚持梵行,擢为宗师。克振法音,化人为善。奄忽长逝,良用嗟悼。尔其有知,服兹

---

① 九华山志编委会编:《九华山志》,合肥:黄山书社,1990年,第154页。
② 释印光:《九华山志》卷4《高僧门·量远》,载《中国佛寺史志汇刊》第2辑第22册,第178页。
③ (清)周赟:《九华山志》卷首《宸翰》。

谕祭。"①景泰年间(1450—1456),朝廷敕封净居寺僧圆慧为"大度禅师"②。万历三十四年(1606),朝廷赐化城寺僧量远紫衣。③僧人海玉活至110岁,寂后肉身不腐,"颜色如生",信徒装金供养,并捐资建塔。崇祯三年(1630),思宗敕封海玉为"应身菩萨",塔为"莲花宝藏"④。

第三,赐经。明神宗及其生母慈圣李太后佞佛,特别是李太后,奉佛好施,常于天下诸名山福地建寺颁经,九华山也在其列。万历十四年(1586),明神宗颁赐化城寺新刊《续入藏经》41函、旧刻藏经637函,并敕谕曰:"朕惟佛氏之教,具在经典。用以化导善类,觉悟群迷。于护国佑民,不为无助。兹者圣母慈圣宣文明肃皇太后,命工刊印《续入藏经》四十一函,并旧刻藏经六百三十七函,通行颁布本寺。尔等务须庄严持诵,尊奉珍藏。不许诸色人等故行亵玩,致有遗失损坏。特赐护持,以垂永久。"万历二十七年(1599),神宗第二次颁赐化城寺藏经一部,并谕曰:"朕诚心印造佛大藏经,颁施在京及天下名山寺院供奉。经首护持,已谕其由。尔住持及僧众人等,务要虔洁供安,朝夕礼诵。保安眇躬康泰,宫壸肃清。忏已往愆尤,祈无疆寿福。民安国泰,天下太平。俾四海八方,同归仁慈善教,朕成恭己无为之治道焉。今特差内官监太监汉经厂表白李官,赍请前去彼处供安,各宜仰体知悉。"⑤藏经皆供奉于化城寺藏经楼。另外,清末咸同年间,太平军与清军在九华山一带激战10年之久,加之太平军的排佛行为,九华山佛教受到重创,大多数寺院毁于战火。战后,清廷对九华山佛教进行恢复,其中重要的一项措施就是赐经。光绪年间(1875—1908),朝廷先后给甘露寺、百岁宫等寺院三次颁赐《龙藏》。

第四,赐额。前文已述,明万历三十一年(1603),李太后曾赐金重修地藏塔殿。万历三十四年(1606),工程完工,朝廷赐额"护国肉身宝殿"⑥。清康熙四十四年(1705)三月,康熙帝第五次南巡回銮,驻跸江宁,安徽巡抚刘光美随侍行在,"以九华山额奏请"。康熙帝御书"九华圣境"四大字以赐,"钩摹制额,悬化城寺",真本藏于藏经楼。乾隆三十一年(1766),两江总督高晋"以九华山额"奏请,乾隆帝赐御书"芬陀普教"四大字。三月,江宁布政使普福斋奉至山,"钩摹制额,悬化城寺",真本也藏于藏经楼。⑦

上述明清统治者通过赐钱、优抚名僧、赐经、赐额等举措,从物质和精神两层面大力护持九华山佛教,目的虽为发挥佛教"阴翊王度"的作用,但由此也肯定了九华山地藏菩萨道场的地位,提高了知名度,扩大了影响力,使九华山香火日盛,逐步跻身中国佛教"四大名山"行列。

---

① 释印光:《九华山志》卷7《艺文门·谕祭道泰文》,载《中国佛寺史志汇刊》第2辑第22册,第310页。
② (清)周赟:《九华山志》卷5《营建·净居寺》。
③ 释印光:《九华山志》卷4《高僧门·量远》,载《中国佛寺史志汇刊》第2辑第22册,第178页。
④ 释印光:《九华山志》卷4《高僧门·海玉》,载《中国佛寺史志汇刊》第2辑第22册,第182页。
⑤ 释印光:《九华山志》卷5《檀施门·颁经谕》,载《中国佛寺史志汇刊》第2辑第22册,第217—218页。
⑥ 释印光:《九华山志》卷4《高僧门·量远》,载《中国佛寺史志汇刊》第2辑第22册,第178页。
⑦ (清)周赟:《九华山志》卷首《宸翰》。

四、僧俗两界的弘传

明清时期,随着地藏道场的形成和统治者的护持,九华山香火日盛,许多名僧大德、文人士大夫及普通百姓慕名而来。他们或朝拜地藏菩萨,弘扬地藏精神;或作诗著文,寄情山水;或朝山进香,祈求福报。僧俗两界的大力弘传,推动了九华山佛教名山的形成。

(一)名僧弘传

明清时期,许多名僧大德,如海玉、智旭等,受地藏精神的感召,云集于九华山,或苦修,或著书立说,弘扬地藏精神。名僧海玉(1513—1623)于万历年间到九华山,于东崖摩空岭结茅而居,学习释地藏精神,刻苦清修,戒律精严,据说终年与烟霞为伴,饥来食野果、黄精、葛根,渴来饮山涧泉水。他用舌血和金粉,费时20余年,抄写81卷《大方广佛华严经》,为后世留下"血经"珍宝。海玉110岁圆寂,临终时拈一偈:"老叟形骸百有余,幻身枯瘦法身肥。岸头迹失魔边事,洞口言来格外机。天上星辰高可摘,世间人境远相离。客来问我归何处,腊尽春回又见梅。"徒众遵其遗嘱,将遗体跏趺于缸中,三年后启缸,"颜面如生,全身不坏"①。檀信将肉身涂金供奉,并捐资建塔。崇祯三年(1630),思宗敕封其为"应身菩萨",并题额"为善为宝",赐肉身塔名"莲花宝藏"。像海玉这样的"肉身菩萨",清代又有五尊形成,即隆山(1757—1841)、德风(?—1882)、圣传(1828—1889)、法龙(1812—1909)和常恩(1818—1909)。这些"肉身菩萨",为九华山披上了一层神秘的面纱,极大提高了其佛教名山的地位。

明清时期于九华山宣扬地藏信仰最著名者,为明末"四大高僧"之一的蕅益智旭(1599—1655)。智旭对地藏菩萨的崇拜由来已久,20岁时因听闻《地藏菩萨本愿经》而发出世之志,认为地藏愿力不可思议。崇祯九年(1636),智旭来到九华山,礼地藏菩萨塔,撰《九华地藏塔前愿文》,述《梵网合注》,大力弘扬地藏信仰,劝持地藏名号,著有劝持地藏名号的作品多种,如《九华地藏塔前愿文》《化持地藏菩萨名号缘起疏》《礼地藏菩萨忏愿仪后自序》《为警心居士持地藏本愿经兼劝人序》《刻占察行法助缘疏》等。在这些著作中,智旭反复弘传地藏菩萨的神异功能,并告诫信众,"若能竭诚皈依地藏,依靠地藏慈悲本愿,便可消除罪障,规避地狱不思议之苦"②。此外,智旭还曾于九华山结坛百日,持地藏菩萨灭定业真言(唵钵啰末邻陀宁娑婆诃)500万遍,又广化僧俗,"或持十万,或百千万,共成十万万,表三千大千世界数",以此"作尽未来广化十方左券云"③。智旭还号召九华僧众捐资修铸地藏铁像,认为这是功德无量的事,同时也是地藏善根的体现。智旭对地藏信仰的宣扬和对地藏名号的劝持,使地藏信仰在佛教中的地位日益突出,九华山佛教名山地位不断提高。

除海玉、智旭外,明清时期还有一些名僧留有与九华山有关的诗篇,或表达对九华名僧的崇敬之情,或赞美九华美景。如明清之际宁国千顷山名僧了然,号天池禅隐,据说他"能训虎、鹿",世寿144岁,一生曾"五受诰封"。了然是一位诗僧,他的诗格律规整,对仗规范,用

---

① (清)周赟:《九华山志》卷6《人物·海玉》。
② 潘桂明:《中国佛教思想史稿》卷3《宋元明清近代卷》,第635—636页。
③ 释印光:《九华山志》卷5《檀施门》,载《中国佛寺史志汇刊》第2辑第22册,第224—225页。

词精炼,意境深邃。他曾作有《寄题天台峰高处次定光佛韵》一诗,诗曰:"满路喧阗作梵声,谁从山上听狮鸣。人无胜境空成佛,我有天池作化城。岂意定光寻地藏,果然太白见阳明。共遗色相原真性,儒释何尝有定名。"①此诗是作者步宋代高僧宗杲《游九华山题天台高处》诗韵而作。诗中"天池"指作者居住的千顷山上的千顷池,因池在千米高山之上,故称"天池","化城"即化城寺,"定光"指宗杲,"地藏"即释地藏,"太白"即李白,"阳明"即王守仁。这里,了然将千顷池比作化城池,表达了对九华山佛教的尊崇,同时也体现了此时九华山佛教声望已较高。而诗中提及释地藏、宗杲、李白、王守仁等名僧、名士,既突出了九华山声望之高,又加速了其佛教名山的形成。

描写、赞美九华美景的僧人如明末的释如愚,作《送僧九华山》诗:"江上望九子,如花复如黛。江心云起时,九华峰自在。"②清代僧人神驹《九华度夏》诗曰:"分的云中屋,芙蓉遍采求。携将书度夏,吟入雁来秋。身既同山住,心宁随水流。月明如积雪,天柱夜深游。"③这些诗句,都表达了对九华美景的赞美之情,利于提升九华山的声望。另外,还有些名僧,虽然没有特意赞美九华山,但诗中仍提及九华山,如同为佛教"四大高僧"之一的憨山德清,作有《题唐六如山水卷送章尹戴给谏归九华》一诗,其中有"烨烨九华芝,君归色尚紫"④之句,对提高九华名声,也能起到一定的推动作用。

上述僧人或于九华苦修,形成"肉身菩萨";或著书立说,宣扬地藏信仰;或作诗表达对九华名僧的崇敬之情和对九华美景的赞美之情,使九华山高僧云集,佛事频繁,这对地藏信仰的弘传,对九华佛教名山的形成,都具有积极的推动作用。

(二)士大夫弘传

因为地藏信仰的内容,特别是孝道思想,深深契合了中国传统儒家思想中的孝道思想,因而引起士大夫们的重视。明清时期,士大夫来九华山朝拜地藏菩萨者不在少数,"士大夫道经青阳者,无不登九华"⑤。他们在朝拜地藏菩萨的同时,也留下了不少直接或间接赞美释地藏的诗作。如明代大学士黄道周登九华后诗曰:"当年看浮图,只在地藏殿。今日地藏人,尽作浮图面。"⑥再如清代文人赵国麟诗曰:"半径白云飞作雨,满林冻雪缀成花。壑中阴雾铺银海,塔顶晴光映紫霞。一片袈裟藏佛骨,千秋溪涧长云芽。于今岩下闵公墓,名并新罗宁有涯。"⑦还有些士大夫作诗描写九华山佛国神韵。如明黄名世《夜宿九华》诗曰:"嵯峨峰岭拂天齐,宝殿烟笼五色迷。僧住上方云作幔,人于下界石为梯。时闻清唳丹霄鹤,境比飞升白昼鸡。自笑尘踪闲一宿,莲华仍在数峰西。"⑧清申櫄《九华僧院》诗曰:"寻山过竹院,习静倚绳渌。漏转莲华水,炉添柏子香。风林喧宿鸟,露井咽鸣螀。夜半闻空籁,钟声在上方。"⑨以上

---

① (清)周赟:《九华山志》卷9《诗》。
② (清)周赟:《九华山志》卷8《诗》。
③ (清)周赟:《九华山志》卷9《诗》。
④ (清)周赟:《九华山志》卷8《诗》。
⑤ (清)喻成龙、李灿等重辑:《九华山志》卷终《杂记》,康熙二十八年(1689)刻本。
⑥ (清)周赟:《九华山志》卷8《诗》。
⑦ (清)周赟:《九华山志》卷8《诗》。
⑧ (清)周赟:《九华山志》卷8《诗》。
⑨ (清)周赟:《九华山志》卷9《诗》。

两诗中,作者通过九华夜间的佛殿、烟雾、鸟鸣、炉香、钟声等,描绘出佛国特有的神韵。另外,明清时期有些士大夫围绕有关九华山释地藏的各种传说故事,创作出新故事,如《三世光目卷》《地藏宝卷》等,在社会上流传很广。士大夫创作出的这些有关九华山地藏道场的诗作和故事传说,对九华山佛教名山的形成具有极强的宣传作用。除文学弘扬外,明清地方官员还直接扶持九华佛教。如清初,九华戒坛乏人,丛林规矩尽失,"虽多来焚蓺虔诚",然"以香为市,人心尽垠"。池州知府喻成龙三登浮山(今属枞阳)请兴斧和尚到九华山宣法宏道,"发蒙振聩","渡迷于三千大众"①,促进了九华山佛教的恢复发展。

九华山对士人的吸引,除佛教因素外,优美的自然风光也是重要的原因。九华山位于安徽省池州市境内,北眺长江,南望黄山,为皖南三大山系(黄山、九华山、天目山)之一。九华山群峰竞秀,素有九十九峰之称。"九华群峰之特出者,以数十计;争峙其间者,以数百计。称九十九峰,亦好事者概成其数,不能缕悉也。"②另外,九华山地处北亚热带,属亚热带季风气候,同时受山区海拔、地形地势的影响,具有高山小气候特点。加之其水系属长江水系一、二级支流的中、上段,河谷纵剖而呈阶梯状,多裂点、陡坎,因而山间溪、泉、涧、潭、池众多。这些特点,造就九华山奇峰叠起、怪石嶙峋、清泉潺流、银瀑飞泻的美丽山水画卷。其中山水风景最著者,旧志载有"九华十景":天台晓日、化城晚钟、东崖晏坐、天柱仙踪、桃岩瀑布、莲峰云海、平岗积雪、舒潭印月、九子泉声、五溪山色。③

九华山优美的自然风光,向为士人所青睐。自从唐代大诗人李白涉登九华山,写出"妙有分二气,灵山开九华""天河挂绿水,秀出九芙蓉"等赞美佳句后,历朝文人学士慕名来山者,络绎不绝,如唐代的刘禹锡、费冠卿、杜牧、王季文、罗隐、杜荀鹤、殷文圭、张乔、许棠、郑谷等,宋元时期的梅尧臣、苏舜钦、苏辙、杨万里、王十朋、周必大、滕宗谅、范成大、萨都剌、杨少愚、曹天佑等。他们或赞叹美景,或表达游览山居感受,留有大量优美的诗词歌赋传世。

明清时期,游览九华山、赞叹美景的士大夫也不在少数,如王守仁、汤显祖、邹元标、董其昌、湛若水、王思任、施闰章、袁枚、魏源诸人,都曾登临九华,留下了大量诗词记赋。特别是王守仁,曾于弘治、正德年间,两访九华,居山数月,作诗50余首。明清士大夫所作有关九华山的诗词记赋中,有些是直接赞美九华美景的,如明董其昌《咏九华》:"岚深山影寒,樵响不知处。绿树早莺啼,千峰一家住。"清汪圣孙《九华》:"九子峰青逼九天,穿云着雾府流川。松花鸟啄香飘径,桃实猿餐叶下田。古殿梵音空法界,荒祠礼乐冷林泉。登临不尽长江水,白月孤高绝巚巅。"有些是远望九华美景的,如明湛若水《将入九华》:"九华翠色入云齐,一角青天为尔低。即欲拨云问天路,云深天路恐无蹊。"清喻成龙《雪霁江上望九华》:"暮江涌寒浪,清旦林表霁。水翼映幽灵,苍茫坐迢递。念昔登兹峰,倏焉已隔岁。况经暄和时,怀人风景丽。会当栖岩壑,投簪勿需滞。"有些是记述游览过程的,如明王岳锡《游九华》:"攀跻来仙境,烟霞几万重。石阶生薜荔,峭壁削芙蓉。瀑布千岩水,峥嵘九子峰。胜游殊未已,无奈雨蒙蒙。"清袁枚《游九华山》:"九华如屏风,好处都在外。势有龙门高,径无鹿角隘。直登天台

---

① (清)喻成龙、李灿等重辑:《九华山志》卷8《艺文》。
② (清)周赟:《九华山志》卷首《考证》。
③ (清)周赟:《九华山志》卷首《图记》。如今,又有龙池飞瀑、闵园竹海、甘露灵秀、摩空圣迹、花台春色、大鹏听经、观音慈航、神光异彩、祇园晨曦、凤凰古松等新"九华十景"。

巅,气象始觉人。霞标多远瞩,岩景近少爱。"有些是描写山居心情的,如明汤显祖《宿九华山》:"滴翠峰前天柱高,云门清醮发仙璈。不知海上金轮月,夜夜神光起白毫。"清袁启旭《宿九华僧阁》:"山楼出云际,正对东岩松。朝光以一开,照耀金芙蓉。水石有奇态,烟霞无定容。欲参向来意,廖历诸天钟。"有些是关于寺院、书堂的,如明王守仁《化成寺六首》中第一首:"化城高住万山深,楼阁凭空上界侵。天外清秋度明月,人间微雨结浮阴。钵龙降处云生座,岩虎归时风满林。最爱山僧能好事,夜堂灯火伴孤吟。"清吴介《太白书堂》:"岩悬泉激石龙嵝,书堂突兀青芙蓉。短碑剥落青莲字,阴云飞起当门松。丹书情摊天柱日,瑶琴响苔东崖钟。"①

光绪年间官修《九华山志》中,收录了以九华山为内容的历代记赋20余篇,诗词450余首,涉及作者300余人。这些诗文,特别是其中大量的名人名作,在为九华山佛教文化和自然风光增辉添彩的同时,也加大了对其的传扬,成为其跻身佛教名山的重要推动力之一。

(三)普通百姓弘传

明清时期到九华山朝拜地藏菩萨的信众中,虽不乏士大夫,但主要还是普通百姓。因为在"四大菩萨"中,唯有地藏菩萨以救苦大愿著称,信仰地藏菩萨,可以缓解芸芸众生对死后继续受苦的恐惧,从而得到心灵的慰藉。百姓对佛、菩萨的理解也被简化为"有求必应"四字,企图以最为简便易行的方法和最为急功近利的手段,"向膜拜对象索取当下所需",满足自己的"世俗要求"。②作为地藏菩萨道场的九华山,自然受到百姓推崇,朝山进香者络绎不绝。据明蔡立身描述:"(九华)山上以地藏王香火灵异得名,远近烧香者日牵连如蚁而下,每队不下数十人,无冬无春,摩肩不绝于道。"这些香客,"或南自浙江、徽郡,北自山、陕远来"③。他们以祈福为主,"四方之登山者,岁不下十万人。佛号连天,哀求冥福","祈福者多,探奇者少"④。"至今祈祷无虚日……以九华为福肆,乃相率而摇拜长号,布金毁体以哀乞之。"⑤

香客们,特别是长江下游香客,大多雇船沿江至铜陵大通镇登岸,然后步行或雇轿至九华进香。在朝拜途中,香客们有时自动组织起来,结队共同前往。如"百子会",为朝拜地藏菩萨道场,四方香客自动组织起来共同朝拜,凡满100人即可组成一会,称"百子会"。200人以上的称"双百子会",不满100人的称"小百子会"。百子会设正、副香首。香客们均身穿灰布青裤或围一黄色胸兜,上印"朝山进香",他们虔心斋食,担着香担,举旗敲锣鱼贯而行。朝山途中,香首口诵"南无幽冥教主本尊赦罪地藏王菩萨",余众接诵"阿弥陀佛",若遇穷苦残疾人便施舍钱物。白天徒步登山,沿途遇寺庙即烧香拜佛,入夜后投宿。最终都聚于肉身宝殿,请盖"地藏利生宝印"(传说持此印信,亡人在冥司有遍行无阻的特权),以祭祀亡灵,"殿下膜拜者不下千人,转佛呼号之声终夜不绝"⑥。朝山进香的百子会成员,以九华山附近地区

---

① 以上诗词,均引自(清)周赟:《九华山志》卷8《诗词一》、卷9《诗词》。
② 潘桂明:《中国佛教思想史稿》卷3《宋元明清近代卷》,第803页。
③ (明)蔡立身:《九华山供应议》,光绪《青阳县志》卷12《铭》,载《中国地方志集成·安徽府县志辑60》,南京:江苏古籍出版社,1998年,第583—584页。
④ (清)周赟:《九华山志》卷7《杂记》。
⑤ (清)周赟:《九华山志》卷1《序》。
⑥ (清)周天度:《九华日录》,载(清)王锡祺辑:《小方壶斋舆地丛钞》第4帙第4册,光绪上海著易堂影印本,第229页。

和江浙地区的善男信女居多。清人吴蔚光作诗生动描绘了无为州香客至九华山进香的虔诚以及九华山香火之盛。诗曰：

> 烧香客，烧香客，白布襞作裙，红罗缘作帼。银铃压背摇丁东，鸣金打鼓双脚赤。面目如鹄形如鸠，远来闻自无为州。一船十人又其一，老僧薙顶为香头。朝插旗，行江边；暮点灯，泊江口。叫宣佛号声咿啰，大家南无重稽首。烟青瓦炉灰气凉，隔船问客之何方。共言九华山中有菩萨地藏王，莲花宝座浮金光。青狮白象伏两旁，面前双峰蜡烛长。八九十月齐烧香，善男信女如堵墙。烧香来，烧香去，手捻念珠口持素。地藏王，保佑我，年年岁岁一家平安，有牛有羊，有鸡有鱼，有豆有麦，有瓜有黍。土音嘈杂十得五，付之不答黯凄楚。佛生西方死西土，有力不能祸福汝。汝家活佛翁与姁，望汝归兮立而偻。①

若逢地藏菩萨诞期，九华山还要举行地藏法会，以纪念地藏菩萨。农历七月三十日（月小二十九日）为地藏菩萨圣诞日，传说也是九华山僧人释地藏圆寂、成道日。因此，历年九华山僧众都要在这一天举行隆重的佛事活动，称为"地藏法会"。地藏法会是九华山最大规模的佛事活动，据说始于唐代，至今已有千余年历史。②法会期间，香客与僧人要诵《地藏菩萨本愿经》，守地藏肉身塔，通宵达旦，灯火辉煌，诵经声远扬，场面十分壮观，以此祈求地藏菩萨赦免罪孽，消灾延寿。每逢地藏法会期间，九华山香客云集，人山人海。特别是肉身宝殿，"顶礼者不远数千里而至，寮舍不能容，多席地露处。自塔殿至山门下，几无寸隙"③。僧人们也都忙于接待香客，"八月初一佛诞大会，其僧各携茶酒下山，中途邀迎。其至舍也，张筵唱戏以待"④。另外，地藏法会期间，九华山僧众还要举行"放生法会"等佛事活动。放生法会是中国佛教寺院经常举行的一种法会，九华山在唐代即于化城寺前掘有放生池，每逢地藏菩萨诞日都要举行放生法会。如每逢地藏法会期间的农历八月初一日晚上，在"放荷灯"之后都要"放生"。事先将龟、鳖、鳝等放入桶中，法师及僧众绕桶三圈，面对放生池诵经，接着向放生桶挥洒净水，再将这些水族一一放入池中，放生仪式结束。放生者有的在龟板上刻字，有的在龟甲上穿耳环，以示纪念。1958年清理放生池时发现一只龟，重逾1.5千克，背上刻有"咸丰六年"字样。⑤平日也有僧人和居士，携带鱼、鳖之类入山放生。

此外，香客们还与九华山僧人一起，经常举行一些诸如"地藏忏""地藏七"等的佛事活动，以此纪念地藏菩萨。"地藏忏"佛事活动主要依据明末高僧智旭所著《地藏忏仪轨》举行，是一种报亲恩、祈求父母冥福的法事。"地藏七"佛事活动在九华山各大寺院都经常举行，连续7天，以念《地藏菩萨本愿经》、诵地藏法号为主要内容，以此为世人祈福、为亡灵超度。随着各地朝山进香者络绎不绝而至，九华山香火日盛，逐渐成为东南佛国，这既是明清时期九华山佛教名山地位的成因，也是其重要表现。

---

① （清）吴蔚光：《烧香客》，载（清）张应昌编：《清诗铎》卷24《烧香》，北京：中华书局，1960年，第904页。
② 但据尹富考证，地藏菩萨诞生节日产生于明中后期（尹富：《地藏菩萨诞日产生的时代及其相关宗教民俗活动论述》，载《中华文史论丛》总第85辑，2007年），据此，九华山地藏法会的出现，应不会早于明中期。
③ （清）周天度：《九华日录》，载（清）王锡祺辑：《小方壶斋舆地丛钞》第4帙第4册，第229页。
④ （明）蔡立身：《九华山供应议》，光绪《青阳县志》卷12《铭》，载《中国地方志集成·安徽府县志辑60》，第584页。
⑤ 九华山志编委会编：《九华山志》，第171页。

五、佛寺的规模效应

寺院是佛教进行宗教活动的场所,是信徒顶礼膜拜的地方,也是出家僧众修行的处所。寺院最早起源于印度,称为"精舍"。在我国,寺院随着佛教的传入而始建。据传,东汉明帝时遣使西行求法,两位印度高僧摄摩腾、竺法兰应请,用白马驮着佛经、佛像来到洛阳,汉明帝在城外为其修建佛教建筑,取名白马寺。白马寺是有史可考的中国最早佛寺,后世遂以"寺"为佛教建筑的通称。唐太宗贞观年间(627—649),玄奘取经回国,政府设翻经院于寺中。此后,"院"逐渐成为佛教建筑的又一通称,且常以"寺院"之称出现。

作为佛教名山,必须具有规模效应。明清九华山佛教寺院修建频繁,其中新建寺院近180座,连同前朝遗留寺院,总数达200余座。①这些寺院主要分布于九华街、闵园、天台、后山及山下附近地区,星罗棋布,引发人们信仰热潮,促成九华山佛教名山地位的确立。明清时期,九华山佛教寺院的修建,主要分为新建、重建(对已废毁寺院重新修建)、重修(对已有寺院进行修葺、扩建)三种类型。各修建类型寺院的数量,在不同历史时期有所不同。

(一)明中前期以恢复为主

明王朝建立后,对佛教进行整顿、限制的同时,也采取了保护与提倡的政策,使佛教有所恢复和发展。受此影响,元末受战火重创的九华山佛教,也开始恢复和发展,但尚未达到鼎盛,体现在寺院修建方面则表现为新建、重建、重修寺院数量皆不多。其中,新建寺院主要有:观音庵、慕仙庵、平坦寺、祇园寺、灵应殿、宝筏庵6座;重建寺院主要有天台寺、圣泉寺、寿安寺、成德堂、广胜寺、无相寺、仙隐庵、延寿寺、永留寺、广福寺、崇兴寺、净信寺、福安院、石云庵、化城寺15座;重修寺院主要有妙音寺、化城寺、崇觉寺、广胜寺、无相寺、普光寺、仙隐庵7座。

(二)明后期至清中前期大规模修建

自明万历年间起,随着中国佛教世俗化趋势的进一步加强,加之国家的扶持,九华山佛教逐渐走向兴盛。明清易代,九华山佛教并未受到严重影响。清王朝建立后,国家对佛教仍采取扶持与利用的政策,特别是康熙帝、乾隆帝,南巡时多次临幸江南著名寺院,赐银、赐经、赐额、赐字、赐佛像及赐名等更是常有之事,如前所述,九华山也曾得到二帝赐字、赐银。这样,九华山佛教迅速发展,并达到鼎盛。这种盛势,一直延续到咸丰年间的太平天国运动前。

此时期九华山佛教的兴盛,体现在寺院方面就是大量寺院被修建,且以新建为主。各寺院,特别是大寺,规模进一步扩大,香火旺盛。以化城寺与肉身宝殿为例。开山祖寺化城寺经

---

① 有关九华山佛教寺院数量的统计以及修建情况的介绍,主要依据各版《九华山志》《池州府志》《青阳县志》,以及清陈蔚《九华纪胜》《九华山大辞典》等,范围包括山上及山下周围地区。需要说明的是,由于明清两朝时间跨度大,寺院名称不免有变,结果有数处同名、一处数名、古今一名、古今异名、古今异处之种种不同,致各书所载,也难合一致。本文各数据,是在综合分析各书所载寺院名称、位置、修建时间、修建者等各方面因素基础上得出的。虽然如此,由于人地远隔,不能一一勘察,加之时间已久,有些废寺遗址早已不存,所以遗漏重复之处,在所难免,请读者谅之。

明中前期多次重修后，至万历年间已达到一定规模。万历朝，神宗分别于万历十四年（1586）、万历二十七年（1599）两次颁经化城寺，并有颁经谕旨。万历三十一年（1603），化城寺遭灾被毁，李太后赐金重建。清康熙二十年（1681），池州知府喻成龙重修化城寺。康熙四十四年（1705），康熙帝御书"九华圣境"四大字赐化城寺。乾隆三十一年（1766），乾隆帝又御书"芬陀普教"四大字赐化城寺。至此，化城寺规模达到最盛，周赟在《九华山志》中写道："天下佛寺之盛，千僧极矣，乃九华化城寺当承平时，寺僧且三四千人。"由于寺僧数量太多，寺里难以容下，于是分成东、西两序寮房，最多时达 72 座。"寺不能容，则分东西两序；又不能容，各分十余寮至六、七十寮之多。"这 72 座寮房主要分为东、西两序，东序寮房为：九子阁、九莲庵、大定庵、千佛楼（千佛阁）、绿云庵、木莲庵、天然庵、万寿庵、万福庵、三昧庵、芙蓉阁、菩提阁、天竺庵（天竺寺）、乐山庵（乐山寺）、吉祥庵、一心庵、归云庵、东华庵、云端庵、普济庵、环翠庵、六度三房、大观楼、石芝庵、天池庵、六度庵、宝林庵、从心庵、定慧庵（立庵）、祇树庵（祇园寺）、通慧庵、聚龙庵、凤林庵、新罗庵（双峰庵）、古树庵、福聚庵；西序寮房为：准提庵、永庆庵、报国庵、海渡庵、佛陀里、宝积庵、九龙庵、雨花庵、景命阁、慈云庵、正变庵、大厦庵、万竹庵、云居庵、秀水庵、华严庵（回香阁）、水陆殿（龙庵）、长生庵、极乐庵、法云庵、白云庵、暹罗庵、铁佛庵、鹿野庵、拱金阁、华严堂、紫竹林、庆云庵、东胜庵、选佛堂（念佛堂）、万松庵、旃檀林、旧华居（旧华庵）、心斋房（心斋庵）、古佛庵、观音楼（观音庵）。①后来，这些寮房中，有些各立门户，成为独立寺院。"于是各立门户，有庵、堂、林、里、楼、阁诸名要，皆一化城寺之析居而分爨者也。"②

肉身宝殿为释地藏肉身所在，其于九华山的地位可想而知。明万历前，塔院开始建殿，以殿护塔，"塔幂（覆）以殿，俯仰以铁为之。前梯以石，凡八十四级"③。万历初，在塔殿周围先后建有玉香亭、华云深锁坊、神光楼、会仙桥等。万历三十一年（1603），李太后赐金重建化城寺的同时，也重修地藏塔殿，万历三十四年（1606）工程完工，朝廷赐额"护国肉身宝殿"④。明时的肉身殿，"南向，石阶八十四级，斗（陡）甚，引以金绳"⑤。清康熙、乾隆时，在肉身宝殿南坡下新建十王殿、洗心亭。康熙二十三年（1684），池州知府喻成龙重修殿宇，改正殿门朝北。至此，肉身宝殿的规模大增，香火也极为旺盛，平日里，"殿下膜拜者不下千人，转佛呼号之声终夜不绝"，若赶上地藏法会期间，"顶礼者不远数千里而至，寮舍不能容，多席地露处。自塔殿至山门下，几无寸隙"⑥。

除化城寺、肉身宝殿外，此时期九华山寺院被大量修建。其中，新建寺院主要有净土庵、青锁庵、文峰塔院、一宿庵、黄家庵、真如庵、百岁宫、东崖禅寺、扑云庵、白云庵（位于天台峰印信石北，明万历间僧本觉建）、清水潭庵、德云庵、考坑庵、大碧庵、宁一庵、招隐庵、福庆庵、瑞应庵、九如庵、永享庵、富阳庵、紫云庵、证法庵、三溪口庵、准提庵、大慈庵、观音堂、广

---

① 关于化城寺东西两序七十二寮房，依据（清）喻成龙、李灿等重辑：《九华山志》卷 1《图考》、（清）周赟：《九华山志》卷 1《化城寺东西两寮图》，以及其它相关史料，结合古今名称之变化整理而成。
② （清）周赟：《九华山志》卷 1《化城寺僧寮图记》。
③ （明）王一槐：《九华山志》卷 2《祠塔·地藏塔》。
④ 释印光：《九华山志》卷 4《高僧门·量远》，载《中国佛寺史志汇刊》第 2 辑第 22 册，第 178 页。
⑤ （清）周赟：《九华山志》卷 5《营建门·金地藏塔》。
⑥ （清）周天度：《九华日录》，载（清）王锡祺辑：《小方壶斋舆地丛钞》第 4 帙第 4 册，第 229 页。

福庵、大士阁、大山庵、云华庵、天华庵、旃檀林、甘露寺、海渡庵、天池庵、广济茅蓬、官禄林、金霞庵、横陪庵、古月庵、白云庵（位于青阳县南阳乡南峰尖下，清道光二十二年（1842）章姓合族建）、万福庵等43座；重建寺院主要有广胜寺、会龙庵、妙音寺、海会寺、妙峰寺、百岁宫、印月庵、大定庵、崇圣寺、净居寺等10座；重修寺院主要有印月庵、准提庵、上禅堂、瑞应庵、石云庵、净信寺、万寿庵、观音堂、妙音寺、灵应殿、崇觉寺、崇寿寺、甘露寺、祇园寺、龙庵、无相寺等16座。

（三）清后期再次以恢复为主

咸丰至同治初年（1851—1864），太平天国运动席卷大江南北，尤以长江中下游为烈。清军与太平军数次激战于九华山，加之太平天国的反佛政策，九华山佛教受到重创，寺院被毁坏殆尽，化城寺周围72寮房也"仅存十之二三"①。特别是一大批寺院，如兴教寺、道僧洞、戒香寺、九龙庙、普光寺、金霞寺、灵应殿、观音堂、福圆庵、云华庵、海慧庵、崇圣寺、崇觉寺等，战乱后便成了历史，再未复建。太平天国运动被镇压下去后，清政府决心重振九华山佛教。但由于战乱刚刚结束，经济极度困难，国家拿不出足够的钱财来恢复九华山佛教，只能通过赐经等精神手段来支持九华山佛教的恢复。仅光绪年间（1875—1908），朝廷就先后给甘露寺、百岁宫等寺院三次颁赐"龙藏"，以支持九华山佛教之复兴，足见国家对九华山佛教的重视。在朝廷重兴思想的指引下，官绅、商人及普通信士等竞相捐输，重修九华山寺院。至清末，九华山寺院获得恢复，佛教也得以重新兴盛。

此时期的九华山佛教处于恢复阶段，寺院的修建以重建、重修被战火毁坏者为主，同时也新建了一批寺院。其中，重建寺院主要有甘露寺、肉身宝殿、上禅堂、佛陀里、长生庵、天然庵、祇园寺、东崖禅寺、无相寺、菩提阁、天池庵、仙隐庵、平坦寺、万福庵、心庵、印心庵、阴骘堂、永庆庵、百岁宫、富阳庵、准提庵、慈云阁、旃檀林、九子寺、化城寺、天台寺、心安寺、会龙庵、海渡庵、拜经台、拱金阁、龙庵、伏虎洞、圆通庵、龙池庵、转身洞禅室、九莲庵、招隐庵等38座；重修寺院主要有寿安寺、妙峰寺、大士阁、绿云庵、控华庵、华云庵、宝积庵、天然庵、肉身宝殿、招隐庵、曲水禅房、甘露寺、永庆庵、真如庵、上禅堂、菩提阁、佛陀里、大定庵等18座；新建寺院主要有永胜庵、乐善寺、净慧庵、松树庵、莲花寺、佛陀岭庵、西竺庵、圣指庵、回龙庵、吉祥寺、华严洞、沙弥庵、海慧寺、石堂庵、复兴庵、百岁宫下院等16座。

综上，明清时期九华山佛教寺院的修建，可分为三个阶段。其中，明代中前期和清代后期，皆以恢复为主；明后期至清中前期，则是九华山佛教鼎盛时期，大量寺院被新建、重建或重修。综合三阶段寺院的修建情况，我们可以看出，明清时期九华山共新建寺院近180座，其中，明代新建80余座，清代新建90余座。这样，连同前朝遗留寺院，最多时共计200余座。此外，还重建寺院近60座，重修寺院近50座。"如此规模效应，才能具有名山的信仰气氛。"②

---

① 释印光：《九华山志》卷3《梵刹门》，载《中国佛寺史志汇刊》第2辑第22册，第163页。
② 释圣凯：《明清佛教"四大名山"信仰的形成》，载《宗教学研究》，2011年第3期。

六、结　语

明清时期,随着地藏信仰的盛行、释地藏与地藏菩萨的混淆及与释地藏有关的"遗迹"和传说故事的盛传,九华山地藏道场地位确立,加之国家的护持、僧俗两界的弘传和寺院星罗棋布的规模效应,九华山最终跻身中国佛教"四大名山"行列。可以说,明清九华山佛教名山地位的确立,是这几方面因素综合作用的结果。九华山成为佛教名山的时间要晚于其他三座名山,但在明清时期的发展速度却是最快的,因为九华山佛教适应了明清佛教世俗化发展的主流取向。

佛教世俗化是相对于神圣性而言的,是指佛教日益关心"此岸"的人类事务,日益深入民众的生活。明清时期,我国佛教的世俗化空前强化,佛教进一步与民间信仰、民俗节日相融合,菩萨信仰、烧香拜佛活动在信众中影响最大,四大菩萨家喻户晓,他们的道场"四大名山"成为信众烧香朝拜的主要圣地。也就是说,明清时期,中国佛教的传播广泛深入,从教理的佛教、僧侣的佛教,走向信仰的佛教、庶民的佛教。对于这种局面,长期以来,很多学者缺乏认识,对其予以强烈批判,认为明清佛教在教义、教理方面无多大创新,在中国佛教史上没有多少价值和地位,不值一提。我们认为,这在一定程度上是一种歧见和误解。毕竟,任何宗教的创立,不管其营造出的此岸世界和彼岸世界如何,终究是为了"解决"现实世界中人的需求和关切。佛教世俗化,为民众提供宗教服务,满足群众的宗教需求和关切,应是佛教创立的根本宗旨。没有世俗化,佛教很难获得更多民众信仰,从而获得发展,神圣性势必难以持久。这种世俗化的佛教与神圣性的佛教一起,构成了中国佛教史的整体,其地位、价值不应被忽视和否定。正如潘桂明所说:"'四大名山'并非明清和近代佛教的全部,但是它们代表着佛教的主流取向,不仅为专制统治者所支持,而且也受到民间信众的向往。'四大名山'对于改变佛教的传统形态及其格局,对于销蚀佛教精神、解构佛教思想,起着不可低估的历史作用。"①若用这句话分析明清九华山佛教名山的成因,也颇为贴切。

作者简介:卢忠帅,曲阜师范大学马克思主义学院讲师。

---

① 潘桂明:《中国佛教思想史稿》卷3《宋元明清近代卷》,第802页。

清代后期泰安民间信仰的世俗化
——基于斗母宫碑刻的考察*

高 莹

【摘 要】斗母宫是岱宗坊至岱顶一线登山途中的重要庙宇,斗母宫信仰是泰山民间信仰的重要组成部分。其信仰的世俗化共有三重内涵:斗母宫内除供奉主神斗母之外,还加入了观音、碧霞元君等其他神灵,唯灵验是奉;清道光后,斗母宫碑刻中商人商号的捐输比例逐渐增多,该处的信仰已经越来越多地和地方商人结合,并且碑阴中有远到福建的商人加入捐施的行列;同、光之际泰山尼姑常借助斗母宫参与娱乐宴饮活动,使清修之地有了世俗会馆化的倾向。供奉神灵的功利化、信众的商人化、庙宇功能的会馆化,三者共同促成了斗母宫信仰的世俗化。

【关键词】斗母宫;商人;商号

一、庙宇神灵的功利化

"尔来敬礼岱宗者,匪特天子为然也,下而至于庶人,善愿誓发,罔弗登泰岱而进香。"①泰山为五岳之首,由于其特殊的地理位置,受到历代天子的重视,通过封禅和其他崇祀行为,一步步抬升了泰山在五岳中的地位。对普通百姓来说,泰山是神圣和灵验之山,只要条件允许,便会到泰山登山进香,以达成虔诚心愿。"每岁春初,奉楮帛而祈福者,奔走偕来;周遍海内,命俦啸侣络绎于山巅水溪间。以故磴道左右,梵呗杂奏,佛号竞呼,百千成群,蒸云霞而动林壑,诚神仙之洞天,祷祀之福地也。"②此中描述未必没有夸张的成分,但也可以从登山时的热闹场景印证泰山信仰的影响力。斗母宫乃"泰山盘路第一精舍"③,"为泰山之胜境,登岱之冲衢"④,"是宫建登岱盘路之左"⑤,这样优越的位置使其获得了信众的关注,因此

---

* 本文为太原师范学院第四批校学术青年骨干项目"清代后期泰山民间信仰的世俗化"成果。
① 《泰山行宫碑记》,收入袁明英主编《泰山石刻》卷 3,北京:中华书局,2007 年,第 785 页。
② 咸丰五年(1855)《重修斗母大殿观音配殿暨东殿记碑》,收入袁明英主编《泰山石刻》卷 3,北京:中华书局,2007 年,第 797 页。
③ 康熙十二年(1673)《斗母宫新建白衣殿记碑》,现存于斗母宫白衣殿前。
④ 道光《重修山门碑记》,收入袁明英主编《泰山石刻》卷 3,北京:中华书局,2007 年,第 783 页。
⑤ 嘉庆七年(1802)《重修斗母宫记碑》,现存于斗母宫中院南侧。

才有了"功成上顶,特建碑于斗母宫,以志一时之诚敬"①的情况。其所供奉的主神斗母为"道教所信奉的女神,传说是北斗众星之母"②,并且"宰人之寿命"③,"求子得子,求孙得孙"④。古人最为关注的求寿和求子都能在斗母宫中得以实现,这就是斗母宫香火兴盛的初因。庙宇所在之处,亦为清幽之地。"是宫缘山起飞阁,参差如排雁翅,仰而视之,伏窗而窥者,皆少艳也。曲房邃室,雾阁云窗,备极幽雅。庭中花木萧疏,泉石清幽,入之者疑非尘境。"⑤宫中景物错落有致,花木泉石一应俱全,可谓环境优雅。"盛夏白杨风雨,□□忽下,洒然令人有出尘想。迨及秋,稍一岭丹枫参差,□映带诗思,恍若在吴江岸上。"⑥

景致虽好,但此地有一个最大的短板——没有寺田。同样作为朝山进香途中的重要庙宇,长清的灵岩寺不仅有田产25顷⑦,还有隶属于寺庙佃户所居住的村庄⑧,灵岩寺的寺田和佃户的规模不小。而泰安当地的岱庙⑨除为官方钦工重地外,还有香税及信众的捐施以补充寺庙经费之不足。在这样的情况下,斗母宫必须要想办法扩大庙宇可支配经费的来源。

表1 斗母宫及其周围创建与修缮情况表⑩

时间	性质	工程内容
康熙十二年(1673)	新建	白衣殿
乾隆四十四年(1779)	重修	前后殿、东西配殿
乾隆五十三年(1788)	新建	钟鼓楼
嘉庆七年(1802)	重修	不详
道光元年(1821)	重修	东配殿等重修
道光十七年(1837)	重修	重修山门
道光二十年(1840)	重修	高老桥
道光二十四年(1844)	重修	后殿、西厢房
民国三年(1914)	增修	不详
民国	创建	引水凿天然池

---

① 《刘义厚等捐资题名碑》,收入袁明英主编《泰山石刻》卷3,北京:中华书局,2007年,第784页。
② 赵匡为主编:《简明宗教辞典》,上海:上海辞书出版社,2006年,第420页。
③ 康熙十二年(1673)《斗母宫新建白衣殿记碑》,现存于斗母宫白衣殿前。
④ 《高恩等进香碑》,收入袁明英主编《泰山石刻》卷3,北京:中华书局,2007年,第786页。
⑤ (清)王韬:《淞隐漫录》卷11《妙香》,哈尔滨:黑龙江人民出版社,1997年,第422页。
⑥ 嘉庆七年(1802)《重修斗母宫记碑》。
⑦ (清)马大相编纂,孔繁信校点,李庶生增图:《灵岩志》卷2《封域志·田产》,济南:山东友谊出版社,1994年,第27页。
⑧ "刘李庄、第四峪庄、野老庄、小寺里,以上四庄皆隶寺,为僧家佃户所居。"(清)马大相编纂,孔繁信校点,李庶生增图:《灵岩志》卷2《建置志·村庄》,济南:山东友谊出版社,1994年,第33页。
⑨ 据陶莉考证,现存于岱庙的庙产碑刻共4通:嘉庆二十一年碑刻2通,同治11年碑刻1通,光绪10年1通,共涉及碑文6篇,《感恩复赡田碑》、《岱庙赡田复归记碑》(碑阳、碑阴)、《岱□□□田记》、《禁止私卖庙田告示碑》、《禁止私卖庙田记》。陶莉:《清代庙产碑》,收入泰安市社会科学联合会、泰山学院编的《山东社科论坛——泰山区域历史文化资源的开发与利用研讨会论文集》,2015年11月,第49—51页。
⑩ 袁明英主编:《泰山石刻》卷3,北京:中华书局,2007年,第782、783、787、788、789、790、791、792、798页。

以乾隆五十三年（1788）为分界点，此前的工程多是创修，此之后的工程多是重修，"创"是从无到有的过程，"重"是从旧到新的过程。以康熙十二年（1673）新建白衣殿为例，虽然此次创修工程对斗母宫正殿等地点也进行了重修，但最为主要的是新建观音堂并新塑观音圣像。"和尚道人，指佛吃饭。"[①]哪种神灵可以进入斗母宫也有一定的选择标准，"虽神佛之说固一虚诞杳冥之事，抑亦未常无响应也。于能响应不爽之中，碧霞元君、观音大士犹为至灵。由二神圣灵应殊常，慈心广被，则天下之民无论吉凶巨微等事莫不许之，朝礼归依，恭敬供养，以祈保焉"[②]。碧霞元君、观音大士的灵验，促成了建观音堂等工事。"庙内供神有如此之多，并且道、佛两教混合一宫，其主要原因是为了吸引各种香客，增加香火收入。庙外没有田产，只有扩大香火收入，尼姑们的生活才能富裕些。"[③]神灵灵验成为进入斗母宫的重要标准。这也印证了斗母宫在庙外确实没有田产以应对日常的开销。按照寺内住持正品的回忆，民国时期庙中的收入共有三种来源："拴娃娃"、香火钱、副业收入（详见表2）。

表2　民国斗母宫经济收入来源表[④]

来源	收入明细
拴娃娃[⑤]（祈求生儿）	拴娃娃者要交一吊至五吊钱（富宦人家交的多）；带去所拴的泥娃娃，得交五元或者更多的钱
香火钱	许愿和还愿、为神挂袍和送纸香供品等物，捐施部分香钱、供钱
副业收入	庙内卖茶水和简单的饭菜（有时还卖香纸）

表3　1920—1926年拴娃娃费用可购买到豆油等情况表[⑥]
（注：按照一吊为1000文进行计算）

年份（年）	豆油价格（文/斤）	可买到的豆油斤数（斤）	芝麻油价格（文/斤）	可买到的芝麻油斤数（斤）
1920	700	1.42—7.14	900	1.11—5.55
1921	900	1.11—5.55	960	1.04—5.2
1922	900	1.11—5.55	1100	0.9—4.54
1923	1100	0.9—4.54	1200	0.83—4.16
1924	1200	0.83—4.16	1400	0.71—3.57
1925	1400	0.71—3.57	1600	0.625—3.125
1926	1100	0.9—4.54	1800	0.550—2.77

---

① 刘涛：《山西杂字藏谈》，太原：三晋出版社，2015年，第162页。
② 康熙十二年（1673）《斗母宫新建白衣殿记碑》，现存于斗母宫白衣殿前。
③ 泰安斗母宫住持正品口述，严文圣笔记：《五十八年的尼姑生活》，收入中国人民政治协商会议山东省委员会文史资料研究委员会编：《文史资料选辑》（第15辑），南京：江苏人民出版社，1983年，第174页。
④ 泰安斗母宫住持正品口述，严文圣笔记：《五十八年的尼姑生活》，收入中国人民政治协商会议山东省委员会文史资料研究委员会编：《文史资料选辑》（第15辑），南京：江苏人民出版社，第171页，第177页。
⑤ 清末，张勋的夫人、曲阜孔家都到斗母宫拴娃娃求子，心愿得成后都向斗母宫捐施了不少钱。泰安斗母宫住持正品口述，严文圣笔记：《五十八年的尼姑生活》，收入中国人民政治协商会议山东省委员会文史资料研究委员会编：《文史资料选辑》（第15辑），第173页。
⑥ 葛延瑛、吴元禄监修：《重修泰安县志》卷4《政教志·民治二·比较表》，1929年铅印本，第24页。

三种经济来源中的最大的部分是拴娃娃。虽然斗母也有子孙缘的职能,从民间传统上讲,人们上泰山求子主要是拜观音和碧霞元君。而且拴娃娃这类求子行为可以说在泰山是碧霞元君所特有,因此可以说百姓对碧霞元君的崇奉构成了斗母宫最为主要的经济来源。豆油可以作为烹调用油使用,按照现代的成人每天摄入食用油标准25克来计算,1920—1926年拴娃娃的费用可供成人食用14~142天。至于芝麻油虽然不是每天必用的食用油,但是拴娃娃的费用若按照豆油的标准计算,同样也可以维持百余天。通过豆油和芝麻油在当时的物价标准可知,一次拴娃娃活动的费用并不算少,若是寻常百姓进行拴娃娃的活动,需要攒一段时间资金才有可能把这件事情办得妥当。拴娃娃费用较高,一方面因其地求子灵验,一方面更是因人们传统观念,尤其是富家大户对于男丁的渴望。有如此大的需求,再加上斗母宫没有地产,拴娃娃成为斗母宫的主要业务。民国时期的斗母宫中,供奉着斗母、南海观音菩萨、文殊菩萨、普贤菩萨、眼光神、斑疹神、"王灵官"、送子观音、白衣菩萨、碧霞元君、弥勒佛、地藏王菩萨等神灵。①供奉的神灵数量众多,神职也各有不同。这种多神并奉的现象从康熙时期就已有迹象,到民国时期这种现象则益为突出。可见,斗母宫供奉神灵愈发功利化。

二、庙宇信众的商人化

从康熙碑刻的"募化四方"②,到乾隆时的"共襄盛举"③,再到咸丰时的"敬募善信"④、光绪时的"广募善缘"⑤都并未出现过由斗母宫自身支付修缮费用的文字,民国时期"遇到大的困难或修缮殿宇、重塑神像等大的开支,就要出'缘布'到外地化缘(即发动募捐),较小的开支,就到泰城附近化缘解决"⑥。这表明从清康熙到民国时期,斗母宫的修缮资金完全不可能自给自足,各类工程都需要集众人之力完成。庙宇神灵的功能化吸引了更多行业的信众到斗母宫施捐,解决了女尼的生计问题,而更多信众的到来不仅为此地修缮工程的开展提供了更多的资金来源,更使得斗母宫的信众呈现出商人化的趋势。

---

① 泰安斗母宫住持正品口述、严文圣笔记:《五十八年的尼姑生活》,收入中国人民政治协商会议山东省委员会文史资料研究委员会编:《文史资料选辑》(第15辑),第173—174页。
② 康熙十二年(1673)《斗母宫新建白衣殿记碑》。
③ 乾隆五十三年(1788)《创修斗母宫钟鼓楼记碑》,现存于斗母宫院内大殿前。
④ 咸丰五年(1855)《重修斗母大殿观音配殿暨东殿记碑》,收入袁明英主编《泰山石刻》卷3,第797页。
⑤ 光绪元年(1875)《斗母宫重修山门钟鼓楼记碑》,现存于斗母宫山门外盘道西侧。
⑥ 泰安斗母宫住持正品口述,严文圣笔记:《五十八年的尼姑生活》,收入中国人民政治协商会议山东省委员会文史资料研究委员会编《文史资料选辑》(第15辑),第171页,第177页。

表 4 斗母宫康熙十二年(1673)修缮捐款碑男性信众地域分布表[①]

施捐地方	信众人数	捐施地方占总人数百分比
泰安州	9	3.33%
历城县	12	4.44%
陵县	48	17.78%
长清县	77	28.52%
齐河县城东	13	4.81%
红门官	21	7.78%
高唐州	11	4.07%
禹城	3	1.11%
平原县	1	0.37%
商河县	11	4.07%
临清州	11	4.07%
顺天府	32	11.85%
通州	2	0.74%
大名府	3	1.11%
东明县	8	2.96%
元城县	2	0.74%
清河县	5	1.85%
彰德府	1	0.37%
合计 270 人		

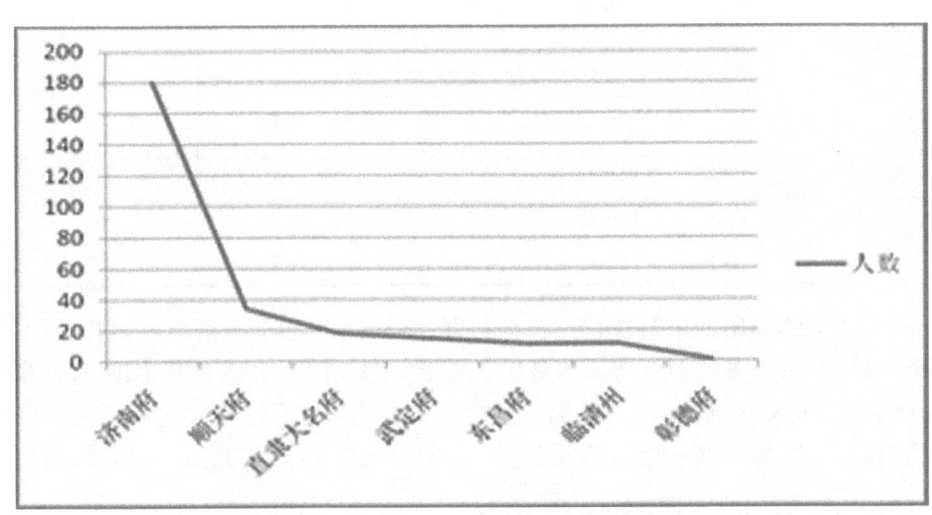

图 1 斗母宫康熙十二年(1673)修缮捐款碑男性信众府州分布对比图

---

① 康熙十二年(1673)《斗母宫新建白衣殿记碑》。

康熙十二年(1673)捐款修缮斗母宫的男性信众,人数超过 20 人地域有:长清县,77人;陵县,48 人;顺天府,32 人;红门宫,21 人(详见表 4)。因红门宫在泰安州,实际上最后泰安州的信众共有 30 人。康熙时斗母宫信众的核心地域大约为今日的泰安、济南,次核心区大约为今日的北京、聊城、滨州等地,边缘区大约为今日的河南(详见图 1)。核心区域和边缘区是基于地缘性因素,与斗母宫的距离是绝对关系。北京[①]等地之所以成为次核心区域,除女尼募化范围较远、斗母宫中神灵灵验的声名远扬外,更多是基于与泰山民间信仰联系。碧霞元君信仰是北方信仰地区广泛分布的神灵之一,作为碧霞元君的发源地,前往泰山香者不断,而斗母宫是登山盘路上的第一宫,所以通过登山主干道上山进香者在该处进行捐施的可能性极大。

康熙的碑刻可以明确捐施者的地域来源,乾隆四十四年(1779)的碑刻则在此基础上,还对他们的职业进行了标明。碑刻明确出现了"山西酒油行"、具体的商人、商号名称(详见表 5)。其中山西酒油行共有 51 家,该行业在捐款个体数中所占有的比例超过了一半,进而说明在泰安以酒油业为生的山西商人数量非常可观。

表 5　乾隆四十四年(1779)捐款信众及商号情况一览表[②]

名称		数量	共计
山西酒油行		51	51
泰安府	——	19	28
	莱芜县	5	
	平阴县	2	
	新泰县	1	
	肥城县	1	
济南府	历城县	10	19
	章丘县	5	
	齐河县	2	
	禹城	1	
	长山县	1	
曹州府	朝城县	1	1
青州府	博山县	1	1
合计			100

另外,捐款个体中出现了"公盐行、公当行"的字样。"行会是行帮组织,它以行业和地域性的传统联系,并以行规和习惯势力为凭借的封建团体。在一个城市里,固然有外乡侨居的客商建立的会馆公所,也有本地同业商人建立的会馆公所,不过前者比后者更需要建立自己的行帮组织,团结来自同一地区的同乡商人,借以维护本行帮的经营和利益,遇有意外并

---

① "在道教、国家、民间宗教家及移民等众多因素的影响下,碧霞元君信仰开始向全国扩展,形成了京师、太原、西安、辽阳等几大信仰中心,成为北方信仰地域分布广泛的神灵之一。"(王元林:《中外交通与信仰空间研究》,北京:中国社会科学出版社,2018 年,第 223 页。)
② 根据乾隆四十四年(1779)《重修斗母宫前后殿东西配殿记碑》(现存于斗母宫院内大殿前)中的资料整理所得。

能互相救济。"①山西酒油行、公盐行、公当行二者从性质上都属于商业行会,但酒油行又与其他两个不同。酒油行基于行业和地域两重因素而存在,这一行会成为以酒油为业的山西商人在泰安的联系媒介。公盐行和公当行是在泰安经营盐业和当业的商人所结成的行会,两行会并不拘泥于经营者的来源地。这两个名称的出现说明此时在泰安经营盐、当两行的商号及商铺,在规模、数量和影响力上都达到了足以组成专门行会以进行统一管理的程度。泰安的盐、当两业主要由山西人经营,晋商在此建有关帝庙及会馆。泰安当地现存最完整的关帝庙中留有"明季善信以帝君世皆晋产"②"自明季时盐、当两商捐资建"③之文字,说明了关帝庙修建者的身份就是山西的盐、当两行商人。"历年以来,凡我晋人之居于岱下者日益多。"④"以上捐银善人俱系山西各府州县人氏,见在泰安州生理寄住"⑤"大清国山西汾州府汾阳县人氏,现在山东济南府泰安州当商,禄货生理而散居住。"⑥从关帝庙碑刻来看,康熙二十二年(1683)以后,旅泰山西人呈现逐渐增多的趋势。另一块康熙年间捐款碑中的商号则全部为在泰山西商人。康熙五十年(1711)则有山西汾州府汾阳县、平阳府洪同县等处商人加入捐施队伍。康熙朝之后的碑刻中,除乾隆四十四年(1779)斗母宫的重修中可以找到公盐行与公当行外,关帝庙乾隆五十九年(1794)新建的神马殿也出现了两行捐施的记载。乾隆五十三年(1788)⑦的修缮,共有四家典当行参与其中。嘉庆七年(1802),共有官员同商人、商号共计116个,其中泰安本县公盐行和公当行仍然是位于捐款位置的前列,能确定是典当业的商号共有5家,其他商号56家,占据了一半多的比例。⑧道光元年的修缮,公晋和、公盐行、公当行的名称仍然出现。⑨从康熙三十一年到道光元年(1692—1821),百余年的时间里,两行不时地出现在斗母宫、关帝庙捐施活动中。从这些碑刻记载可见,两行在诞生之日起就有了较为有效的运作管理,以及相对稳定的经营规模。道光十七年(1837)重修山门之时,共筹集钱120千。⑩道光二十四年(1844)的兴修,共有商人、商号、普通民众、王母池、红门宫五类捐款来源,共筹集了466两1966千⑪,另有番银10圆。从明季的盐当⑫商人,到清代的酒油行、公盐行、公当行,从商人的个体捐施行为,到以商业行会为捐施主体,在泰安的商人不论是在数量上还是在经营规模上都在逐渐扩大的。

---

① 彭泽益主编:《中国工商行会史料集》(上册),北京:中华书局,1995年,第18页。
② 《康熙十年重修碑》,收入袁明英主编:《泰山石刻》卷3,第675页。
③ 《康熙壬申关帝庙地基豁粮碑》,收入许檀编《清代河南、山东等省商人会馆碑刻资料选辑》,天津:天津古籍出版社,2013年,第364页。
④ 康熙二十二年(1683)《创建关帝庙配殿碑记》,收入许檀编《清代河南、山东等省商人会馆碑刻资料选辑》,第359页。
⑤ 《康熙年捐款碑》,收入许檀编《清代河南、山东等省商人会馆碑刻资料选辑》,第364页。
⑥ 康熙五十年(1711)《重修戏楼碑记》,收入袁明英主编:《泰山石刻》卷3,第676页。
⑦ 参见乾隆五十三年(1788)《创修斗母宫钟鼓楼记碑》。
⑧ 参见嘉庆七年(1802)《重修斗母宫记碑》。
⑨ 参见道光元年(1821)《重修斗母宫记碑》,现存于斗母宫中院东侧。
⑩ 参见道光十七年(1837)《重修山门碑记》,现存于斗母宫南山门壁间。
⑪ 因为银钱换算比例是浮动的,为了保证数据的准确性,此处不对银钱数进行换算,保留原始数据。
⑫ "坐货曰贾,行货曰商。生意买卖,不可戏玩。盐店当铺,资本如山。出入经营,毫厘清算。"(刘涛编著:《山西杂字藏谈》,第173页。)这则流传于晋南的《通用杂字》,说明了盐、当两行的资本雄厚,和山西人对生意和资金来往的重视。

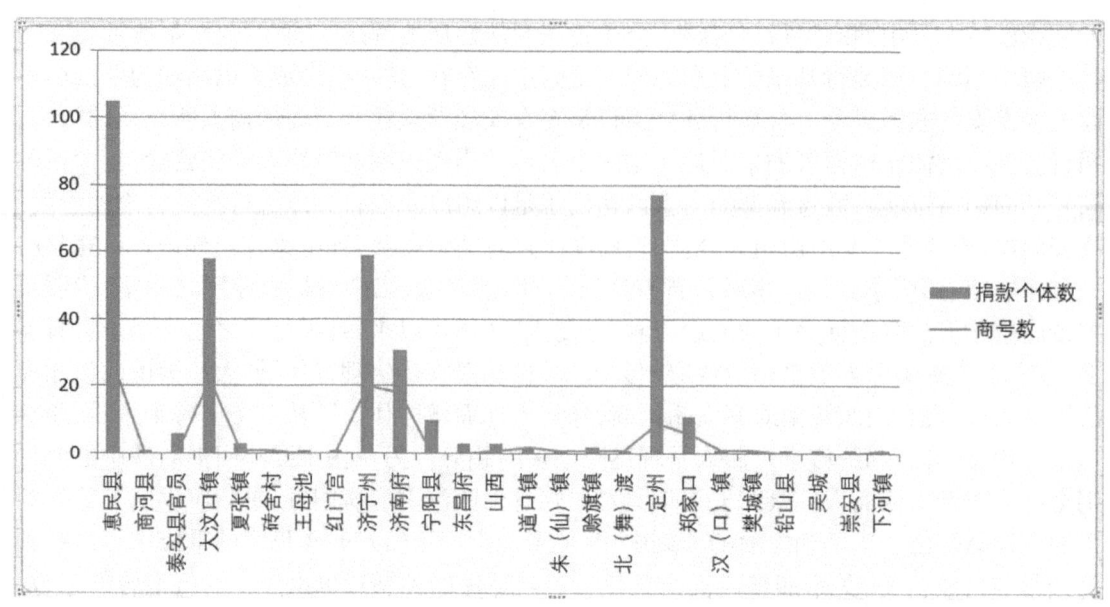

图2 道光二十四年(1844)《重修斗母宫后殿西配殿记碑》各地捐款情况图①

与康乾时的捐施款来源地相似,道光二十四年(1844)重修捐款和商号数最多的仍然是斗母宫信仰核心区山东,地缘性因素仍占有绝对性地位。与康乾时不同的是这些省份中的具体商号来源地,如朱仙镇、汉口镇等都是商业重镇。它们不仅延续了自宋代以来的泰山信仰的范围②,同时在地域上还有所扩大,交通条件的改善也成为清代信仰地理范围扩大的助力因素。

表6 道光二十四年(1844)《重修斗母宫后殿西配殿记碑》泰安府当地捐施情况表③

镇、县、村等地方名称	数量	商号数	捐钱数	商号捐银数	备注
泰安县官员	6	0	4两220千	0	
大汶口镇	58	22	260千	173千	有山西会馆5千
夏张镇	3	1	9千	5千	有财神会5千
砖舍村	1	1	12千	12千	
王母池	1	0	1千	0	
红门宫	1	0	1千	0	

---

① 此碑刻文是笔者田野调查所得,在统计时,仅按照地点对捐款进行甄别,故在"数量"一栏中,包含的是每个地区的捐款人数和捐款商号两项内容。此碑中的捐款数额仅是进行简单的加法处理,为保证数据的准确性,不做银钱的换算。

② 宋代泰山香社的信众范围为泰安本地、河南、江苏三地区。(高莹:《宋代泰山香社再研究——基于碑铭的考察》,《中国社会经济史研究》,2018年第3期,第29页。)

③ 此碑刻文是笔者田野调查所得,在统计时,仅按照地点对捐款进行甄别,故在"数量"一栏中,包含的是每个地区的捐款人数和捐款商号两项内容。此碑中的捐款数额仅是进行简单的加法处理,为保证数据的准确性,不做银钱的换算。

表7 道光二十四年(1844)河南部分商镇情况表①

名称	兴衰历程	商业路径或商业地位
朱仙镇	约兴起于明中后期,康雍年间迅速发展,乾隆年间达到鼎盛	"朱仙镇,天下四大镇之一也。食货富于南而输于北,由广东佛山镇至湖广汉口镇,则不止广东一路矣;由湖广汉口镇至河南朱仙镇,则又不止湖广一路矣。朱仙镇最为繁夥,江西景德镇则瓷器居多耳"②
赊旗镇	约兴起于康熙初年,清代中叶到达鼎盛,同光年间再度辉煌	①赊旗镇—唐河(南下)樊城—汉水—汉口 ②赊旗镇(北上)—裕州—洛阳、开封、山陕 ③赊旗镇(东北)—北舞渡—沙河—周家口—贾鲁河(北上)开封 ④赊旗镇(东北)—北舞渡—沙河(东下)安徽
北舞渡	乾隆年间成为河南重要的商业城镇之一	"拉不完的赊旗店,填不满的北舞渡"

  朱仙等三镇的兴盛期多在清代中叶。朱仙镇是南北货物交汇流通之处;赊旗镇作为交通枢纽,连接了樊城、汉口、洛阳等处;北舞渡则享有与赊旗镇相同的商业繁荣之盛名。由于商镇的行政建制较低,单独成志者甚少,所以商镇间的交通路线,更多的是从商人的行路规程中获得,"祁[县]到赊[旗]店十九站,计陆路一千三百五十五里-赊[旗店]至樊[城]计水路三百四十五里-樊[城]至汉[口]计水路一千二百一十五里"③,此条路线被记录于商人用书,足见该商路良好的路况。从福建也有路线直通于山西,"崇安县-分水关-铅山县-武昌-樊城-赊旗店-洛阳-泽州府(山西晋城)-潞安府(长治)-祁县"④。山西商人在泰安生理者多从平阳、泽潞、汾州而来,平阳泽潞商人进入泰安多是顺着卫河由西向东,汾州府商人则是沿着运河从北向南。⑤通过陆路转水路,山西、河南、湖北等地得以沟通。借助交通枢纽赊旗镇,晋豫鄂闽四省的商路得以连接。通过运河,山西人得以源源不断地进入山东,在泰安生理。福建等地人捐施的原因不外有二:第一,斗母宫位于岱阳最重要的登山盘道侧,在到达山顶碧霞元君祠之前完全可能在斗母宫驻足焚香,由于来此进香是一种传统,所以道光二十四年(1844)的施捐也只是一次巧合性的事件;第二,这部分人的主要身份不是信众,而是在泰安生理或者经商的人氏,这点在赊旗镇等商镇较为明显,虽然目前尚不能知晓这些商号具体的经营项目,但是这些来自外地的商号与泰安本地在经济上有十分密切的往来。既然商路畅通,那么信众也完全可以经此抵达泰安,上山许愿。商人较强的流动性使其在无形中成为泰山信仰的媒介载体,通过他们,泰山信仰得以传播,斗母宫信仰也被传播开来。

  再来看泰安当地的商业问题,其地的捐款可以分为官员捐款、村镇捐款、祠庙捐款三种类型。泰安县的官员是其中捐款最多的,其捐款金额以"两"进行计算。王母池和红门宫都是

---

① 根据许檀《清代河南的北舞渡镇——以山陕会馆碑刻资料为中心的考察》(《清史研究》,2004年第1期)、《清代河南赊旗镇的商业——基于山陕会馆碑刻资料的考察》(《历史研究》,2004年第2期)、《清代河南朱仙镇的商业——以山陕会馆碑刻资料为中心的考察》(《史学月刊》,2005年第6期)制成此表。
② 光绪《祥符县志》卷9《市集》,光绪二十四年刻本,第59页。
③ 史若民、牛白琳编著:《平、祁、太经济社会史料与研究》,太原:山西古籍出版社,2002年,第483—487页。
④ 王茹芹:《万里茶道》,《时代经贸》,2018年第31期,第59页。
⑤ 孟伟、杨波:《明清山西会馆个案考察系列(18):泰安地区——以泰山红门的山西会馆为重点》,收入《山东社科论坛——泰山区域历史文化资源的开发与利用研讨会论文集》,第41页。

庙宇所在,他们向斗母宫捐施,隐隐透出相互扶持之意。泰安府总的商人商号捐款数为190千,其中盐商公业隆和刘洪绪的捐款已达到了100千。泰安府的砖舍、大汶口、夏张这三个地方,除为泰安集市的所在,每个地方都有其特殊之处。"夏张(正西乡)北通京省孔道,南达兖济,冠盖络绎,商旅云集。乾隆十七年增置腰站,供亿中伙,日益繁剧矣。"①夏张是交通要地,乾隆十七年(1752)在该地新设的供打尖或换马的休息站,更是显示出其作为交通枢纽的重要地位。财神会②的出现,表明以财神为主要祭祀神明的组织已形成了一定的规模,并且已开始作为一个独立主体对外进行施捐活动。"砖舍等处,麻苎独异,他产若蜜与蜡油皆所不乏。"③砖舍④是麻的主要产地,蜡油等物的产量也不小。"大汶口(正南乡)三溪毕汇,两汶合流,南界宁阳,北依亭亭,为达兖通衢。"⑤大汶口与夏张相似,都是交通枢纽,并且还有山西会馆作为独立的施捐个体进行捐款。

表8 道光二十四年(1844)斗母宫修缮商铺类型情况一览表⑥

商铺类型⑦	数量	捐钱数	备注
典当行	19	240千	—
钱店	5	14千	—
衣店	4	9千	—
烟店	2	20千+	其中一家烟店捐款数目不详,故用"+"表示两家店的钱数肯定超过20千
缎店	3	16千	—
茶店	1	4千	—
银楼	1	5千	—
盐店	3	101千	公业隆和刘洪绪可以确定是盐业商号
酒店	1	2千	—
皮店	1	5千	—
染房	1	3千	—
其他店铺	72	28两163千5百+,另有番银2圆	—
合计	113	28两582千5百+,另有番银2圆	—

① 乾隆《泰安县志》卷2《方域志·里社》,乾隆四十七年刻本,第9页。
② 关于泰安当地的财神会,目前所知的是夏张财神会,其在道光二十四年(1844),便向斗母宫捐了5千。斗母宫中并未供奉财神,财神会在此地施捐的动因并未有明确的记载。
③ 乾隆《泰安县志》卷5《物产附》,第17页。
④ 乾隆《泰安县志》卷2《方域志·里社》,第11页。
⑤ 乾隆《泰安县志》卷2《方域志·里社》,第9页。
⑥ 道光二十四年(1844)《重修斗母宫后殿西配殿记碑》,表格所列出的商号店铺,仅是目前所能辨识出来的部分,不能排除其他人名的捐款是否是一个商号。
⑦ 由于可供参考的信息过少,此处对于商号的分类来源于商号本身所标注的"某某典""某某缎店"等直接进行分类,其他不能辨别是何类型的商号,归入"其他店铺"一项。该碑刻是官员、百姓、商人等的合捐碑刻,所以人名的部分很难区别是商人还是普通的信众,故除有直接的证据外,不对这部分人名做处理。

此次捐施的商铺多与百姓日常生活密切相关,在有确切类型的商铺中,典当行的捐款数最多,盐店其次。仅就钱数中以"两"为单位的部分进行计算,商业捐款仅占了总钱数的6%。诚然这里的商业捐款数非常的少,也存在识碑过程中未将一些潜在商号纳入的可能性。但商人刘洪绪在前后仅差四年的时间里,其商号在斗母宫捐了20千[1],在红门宫附近关帝庙捐了565千[2],斗母宫的钱数为关帝庙处的3.5%。因此笔者认为,庙宇与施捐者行业的密切程度是商人捐款需要考虑的重要问题。红门宫附近的关帝庙本身就是在明代由盐、当两行所修建的,后来也是两行的人员负责庙宇的修缮维护等。所以作为盐商,刘洪绪自然会多在关帝庙捐施。到了光绪元年(1875),捐款的数额和捐款的地域进一步扩大。[3]

表9 光绪元年(1875)斗母宫商号捐款情况一览表[4]

名称	商号数	占捐款个体数量的百分比[5] (计算方法:顺天府商号数/ 顺天府捐款个体数)	捐款数额[6]	占总捐款数的百分比[7] (例:顺天府商号捐钱数/ 顺天府捐款总数)
顺天府	6	100%	30 两	100%
泰安酒行	19	100%	125 千	100%
泰安县[7]	40	48.8%	99 千 470 吊	—
绎县	7	29.2%	85 千	40.9%
济南府	31	100%	53 千	100%
济宁州	2	10.5%	11 千	—
历城县	4	80%	10 千	—
观城县	1	7.1%	4 千	—
绍沟	2	33.3%	4 千	13.8%
齐河县	1	50%	2 千	50%
合计	113	48.3%	30 两 393 千 470 吊	—

捐施商号数量从道光二十四年的29.6%到光绪年间的48.3%,在总数上有了一定的增长。在顺天府、泰安酒行、济南府的商号捐款总额,已经占到该捐款个体数的百分百,齐河县50%的比例和绎县40.9%的比例,都说明此时斗母宫与在泰商号间的紧密的关系。清代后期

---

[1] 道光二十四年(1844)《重修斗母宫后殿西配殿记碑》。
[2] 道光二十八年(1848)《重修关帝庙碑》,见许檀编《清代河南、山东等省商人会馆碑刻资料选辑》,天津:天津古籍出版社,2013年,第367页。
[3] 光绪元年(1875)《斗母宫重修山门钟鼓楼记碑》。
[4] 光绪元年(1875)《斗母宫重修山门钟鼓楼记碑》。
[5] "占捐款个体数量的百分比"一项,不是用每个地区的商号数除以合计数113所得,而是用每个地区的商号数除以每个地区捐款个体数总合所得。"占总捐款数的百分比"一项,是用每个地区商号所捐款项除以地区捐款总数所得。
[6] 因钱数中包含两、千、吊三种单位,为了保证数据的准确性,在此不对单位不统一的数据进行换算,所有的数据,均是原始数据。
[7] 大关财神会五千并未算入其中。

的斗母宫信仰信众来源地,在延续了宋代泰山香社信众原有的地域外,其范围又有了北至今北京,南至福建的扩展。宋代信众来源地构成的主因是与泰山距离的远近,此时的信众来源地构成的主因除距离外,还有交通及商业因素。上文已经论及,山西、山东、河南、湖北、福建几个重要的行政区域间,因商人的经营活动得到良好的沟通,几大区域经济板块的交流密切。商人到泰安之后,在该地经营生理,也作为信众在泰安捐施。在商业经营的过程中,商人作为斗母宫的信众,将斗母宫信仰远播。这样,以行政区域为基础,畅通的商路为桥梁,几大区域经济板块为框架,斗母宫信仰为主要内容的斗母宫信仰圈逐渐形成。商人与商号越来越鲜明地出现在斗母宫捐施碑刻中,足以表明斗母宫信仰为越来越多的商人所接受。

三、庙宇功能的会馆化

"龙泉观:又曰斗母宫,在岳之小龙口。嘉靖二十一年,德府重建,济南陈鲖记石。"[1]"(明天启初年)因无真实主人看守香火,则百工俱废,门户萧然。"[2]两则记载提供了两个信息:一是"斗母宫"和"龙泉观"的名称在《泰山志》成书的嘉靖年间已经存在,至于二者出现的先后顺序则不详;二是嘉靖二十一年(1542)的德恭王重建龙泉观,可见当时该地可能对德府有特殊的意义。[3]但到了天启初年无人看管,时间尚不足百年,建筑破败,环境萧条。无人看守的最直接原因是香火不盛,经费匮乏。这自然使得斗母宫在当时无法修缮,缺少管理。这种无人管理、香火萧条的景象与清代兴盛时期的斗母宫形成鲜明的对比。

清代的斗母宫经历了几次兴衰,这样的兴复经历,印证了庙宇功能趋于会馆化。乾隆的登岱直接导致了斗母宫在清代的全盛。[4]红门一线是登山的首选,因此乾隆一行由此路登顶的可能性极大。虽不能确定此次皇太后是否进入斗母宫敬礼,但碑刻中留有的"自前清高宗纯皇帝奉孝宪太后东巡,而斗母宫始盛"[5]的记载,足以见证皇帝东巡对斗母宫[6]的影响。再

---

[1] 周郢校证:《泰山志校证》卷2《灵宇》,合肥:黄山书社,2006年,第242页。
[2] 康熙十二年(1673)《斗母宫新建白衣殿记碑》。
[3] "斗母宫,住持尼,明时皇宫替僧。"(清)唐仲冕编撰、孟昭水校点集注:《岱览》(上)卷11《分览二》,济南:泰山出版社,2007年,第369页。这说明明代的斗母宫已经是佛教女尼主持,且与皇宫有着密不可分的联系,这才使得德府重修此地。
[4] 《乾隆帝起居注》(第7册),桂林:广西师范大学出版社,2002年,第44—47页。乾隆帝在东巡、南巡中八次到泰安,具体的日程活动情况,参见刘兴顺的《泰山国家祭祀史》,济南:山东人民出版社,2017年,第359—360页。
[5] 《重复斗母宫增修记碑》,收入袁明英主编《泰山石刻》卷3,北京:中华书局,2007年,第798页。
[6] 关于如何从"龙泉观"变为"斗母宫",并没有非常明确的文献留存,不过有一则口述史资料可供参考:"在明朝时候,有个皇后来泰山降香,看到泰山盘路上,不是和尚庙就是道士庙,她和女眷们连个休息更衣的地方也找不到,很不方便。她建议在泰山建立一个尼姑庵,作为妇女憩息的地方。皇帝同意了,即从北京西城天仙庵选了一位名'心海'的尼僧来到泰山,把龙泉观改为斗母宫,建立了宫殿和神象,开展了香火。"泰安斗母宫住持正品口述,严文圣笔记:《五十八年的尼姑生活》,收入中国人民政治协商会议山东省委员会文史资料研究委员会编:《文史资料选辑》(第15辑),第171页。对于这则口述史资料要分两方面看,一方面反映了明代朝山进香人员的组成特征,妇女比例提升,这成为建庵供妇女憩息的社会背景。另一方面,明代没有皇后到泰山进香,所以这个传说故事可能是由诸多个事实共同构成的。

兴为绪魁、本三①时期,因其"通文字,善酬对,凡游山妇女,宦室瀛眷,皆入庙作休息地;而冠盖之往来,亦慕名而瞻礼焉。香火之盛,为群庙冠,钟声佛号,日夕无虚,而斗母宫再盛"②。

斗母宫的兴盛与皇帝东巡、神明灵验不无关系,此外由女性管理且善于经营也成为其兴盛的重要因素之一。女性是进香队伍中较为特殊的群体,从现存的明清律法中可以窥见对她们的限制。"若有官及军民之家,纵令妻女于寺观神庙烧香者,笞四十,罪坐夫男。无夫男者罪坐本妇。其寺观神庙住持及守门之人,不为禁止者,与同罪。"③清代对该条的解释更为详细:"妇女无故不外出,所以别嫌也。若于寺观神庙烧香,不独亵渎神明,亦且伤败风化,故纵容之夫男,笞四十;无夫男,即坐本妇。其住持僧道,及守门人,听妇女出入,不为禁止者,亦笞四十。……亵渎之罪,实即僭越之罪也。不能备其物则亵,不当行其礼则渎。"④单就律法而言,妇女是不被允许出现在寺观庙宇中,两者间不会发生任何关系。该条律法产生的原因不外妇女不应无故出门,到寺观庙宇有伤风化。但即便律法如此,也未能挡住妇女们进香的脚步。纵观泰山庙宇群,除了长春观⑤曾有女性主持外,明确记载由女性主持的就只有斗母宫一处。斗母宫中所祭奉的主要神明为女性,且女尼住于此地,客观上便于为女性香客服务。⑥

斗母宫兴衰有时,光绪时为最大的衰落期,这次衰落与其会馆化密切相关,而会馆化功能的表现之一是斗母宫女尼沾染俗事。当然这种现象不仅发生在清代,也不仅发生在泰安。根据衣若兰的研究,明代许多女尼不仅会佛道之法,也能书画弹琴、赋诗填词,并且举《初刻拍案惊奇》中赵尼媪之例,说明尼姑有犹如妓女之现象。只是"或许明代真有少数尼庵为风月作坊,或许只是文人的笔法,实际情形还需做进一步之研究"⑦。虽不能确定明代是否有尼庵作为风月场所,斗母宫作为宴饮场所及尼姑沾染俗事的事实在《清稗类钞》等多种资料中或多或少留有记录。上文已经提及绪魁等人主持期间斗母宫的香火兴盛,换言之,至迟在绪魁⑧主持僧务之时,斗母宫中已经有部分女尼可与往来香客信众酬对。"泰山姑子,著称于

---

① 查现存的《临济正宗比丘尼世系图》,其中并未有"本三"之名,有绪魁的徒弟"本柱"之名,另外在《泰山斗母宫与比丘尼》一文中也留有"本柱"之名。严文圣、赵玉良:《泰山斗母宫与比丘尼》,收入政协山东泰安市文史委员会资料委员会编《泰安文史资料》(第6辑),1992年,第89页。
② 《重复斗母宫增修记碑》,收入袁明英主编《泰山石刻》卷3,第798页。
③ 怀效锋点校:《大明律》卷10《礼律一·祭祀·亵渎神明》,北京:法律出版社,1999年,第89页。
④ (清)沈之奇撰,怀效锋、李俊点校:《大清律辑注》(上)卷11《礼律·祭祀·亵渎神明》,北京:法律出版社,2000年,第389页。
⑤ "在州城西北隅,女道士废绝久之,禅僧寄焉。中统碑刻元和子为女冠訾守慎刻记,丘神仙牒刻成吉思皇帝敕旨,俱存。记称祖师谓丘神仙,妙真则守慎之赐号也。"(周郢校证:《泰山志校证》卷2《灵宇》,合肥:黄山书社,2006年,第241页。)该则史料除了记录了长春观曾有女道士主持外,还记录了该处的管理者从女道士到男僧人的变更。
⑥ 嘉庆二十三年(1818)时,泰山路旁曾添建女厕十数处。参见《魏祥督修泰山碑记》,收入刘秀池主编《泰山大全》,第940页。
⑦ 衣若兰:《三姑六婆——明代妇女与社会的探索》,上海:中西书局,2019年,第68页。
⑧ 因目前并未掌握到斗母宫各住持的具体生平信息,结合侯晓琳之文与现存的《临济正宗比丘尼世系图》可知,绪魁至迟在道光二十四年(1844)已经在斗母宫生活,直到咸丰五年(1855)此处的住持还是她的师父广平,光绪元年(1875)绪魁已为住持,光绪二十九年(1903)住持换成了法霖,若此时绪魁还在世的话,她至少是年近六旬的老人了。侯晓琳:《泰山斗母宫历代尼僧初考》,《泰山学院学报》,2018年第5期,第57—58页。

同、光间。姑子者,尼也,亦天足,而好自修饰,冶游者争趋之。顶礼泰山之人,下山时亦必一往,谓之开荤。盖朝山时皆持斋,至此,则享山珍海错之奉。客至主庵之老尼先出,妙龄者以次入侍,酒阑,亦可择一以下榻。光绪末叶,泰安令某饬役查禁,逐其人,使他徙,封其庐为横舍。久之,学校亦废,仅有一老尼萧然独处矣。"①寺中有宴饮之事已属破戒,席上菜式为山珍海味与酒水,并且还有年轻的女尼作陪,诸事相加实属过分,才会有查禁之事。徐珂只知道斗母宫遭到查禁,但不知在这一过程中斗母宫所在地还有改名一事。"(邑宰)复名曰龙泉观,游者皆过门不入,不独纱橱宝幔蛛网成尘,即斗母宫之名亦灭没而不知。呜呼,衰亦甚矣。"②如果不是住持法霖一再向邑宰保证约束尼姑的行为,她们也不可能得到再次入住寺院,改回"斗母宫"之名的机会。

同光之际的泰山与其他地方一样遇到战乱、饥荒与灾害的情况,庙宇也要想办法维持生计,这成为斗母宫功能会馆化的另一原因,至于当时斗母宫姑子的行径到底如何,现借《老残游记》③中的相关记载加以说明。首先是尼姑的打扮。穿二蓝摹本缎羊皮袍子、元色摹本皮坎肩、穿挖云子镶鞋、梳一个大辫子、搽粉点胭脂④,该处的尼姑不仅穿着不够素净,还留着长辫子且涂脂抹粉,与佛门清净地格格不入。这一整套的装束,后来也在住持那里得到了证实:"年轻的尼姑不削发,留着大辫子,穿红戴绿,涂脂抹粉,致使一些城乡纨绔子弟入庙留连忘返,破坏了佛规和当地风化。"⑤其次是尼姑与香客的关系。上文已经提及,斗母宫没有自己的田产,庙宇收入自然要靠香客进行维系。这些尼姑为了能够更好地留住客源,便于与之打交道,她们往往识文断字,30岁之后才改成尼姑的装束。⑥最后是尼姑与庙宇的关系。清代乾隆以前的尼姑,应有度牒和戒牒两种身份证明,前者是政府机构证明僧尼合法剃度的凭证,代表着剃度僧尼的合法性,即他们的剃度行为是政府允许的;后者是僧官机构及传戒师签发给受戒僧尼的凭证,代表着僧尼剃度的真实性,即他们的剃度是由正规的渠道完成,并非私自剃度。⑦斗母宫的姑子是否有戒牒⑧未知,但她们在入庙时需要立字据。据民国时的住持正品回忆,她初入庙时立下了字据,入庙的整个过程:"当时庙里的住持是荣桂(又名法霖),当我父亲把我送到斗母宫时,庙里住持也摆了酒宴,参加酒宴的,除我父亲外,还有斗母宫附近的街坊。在酒宴间,住持把早已写好的字据读给大家听,字据写明入庙削发

---

① (清)徐珂编撰:《清稗类钞·方外类》,北京:中华书局,1984年,第4865页。
② 《重复斗母宫增修记碑》,收入袁明英主编:《泰山石刻》卷3,第798页。
③ 《老残游记》被称为"清末四大谴责小说之一",就文学体裁而言,其定性为小说,则其文中所述之事是"来源于生活,并高于生活"。此处引用,旨在论证斗母宫之处的各种世俗化现象。
④ (清)刘鹗:《老残游记》,长沙:岳麓书院,2014年,第152页。
⑤ 泰安斗母宫住持正品口述,严文圣笔记:《五十八年的尼姑生活》,收入中国人民政治协商会议山东省委员会文史资料研究委员会编:《文史资料选辑》(第15辑),第171、173页。
⑥ (清)刘鹗:《老残游记》,长沙:岳麓书院,2014年,第155页。
⑦ 杜成辉、马志强:《应县木塔秘藏中的辽代戒牒》,《山西大同大学学报》(社会科学版),2015年第2期,第43页。
⑧ "其合例应招生徒之僧、道,所有许其招受之人,即于伊师原发牒照上注明年貌、籍贯、譬替年月,伊师身故之日即为本人之牒照,不必另行给发。"(田涛、郑秦点校:《大清律例》卷8《户律·户役·私创庵院及私度僧道》,北京:法律出版社,1999年,第177页。)就该条史料可知,牒照在乾隆年以后便不再发放,但不意味着僧道的身份无据可查,而是将乾隆以前的牒照循环使用,当牒照的持有者去世后,他们的徒弟自然成为新的牒照持有者,几经传承的牒照,世系客观上更加明晰。

为尼,日后生死存亡概由庙方处置,原亲属不得干涉等内容。"①正品家中兄弟姐妹众多且贫困,是其出家与立字据的背景。②但是这一字据签订的过程,是否有类似于民间契约的中见人等情况也未可知。不过即便其签订是具有私密性的,但参加酒宴的街坊邻里听到了字据的内容,字据的合法性更多地借助民间力量得到认可。戒牒是僧官机构所发,是官方承认的僧尼合法凭证,但从住持对字据的处理方式看,这一字据并非戒牒是可以肯定的,根据记载该字据的性质可能更接近于卖身契。若为卖身契性质,则该字据所代表的更多的是正品和寺院间的经济关系。《老残游记》借助逸云之口说明了字据的后续问题:"我这些年替庙里挣的功德钱虽不算多,也够赎身的分际了,无论何时都可以走。"③现实中正品的描述只能说明入庙时有字据此物,而逸云的表述揭示了字据的本质就是卖身契,否则不会涉及赎身,赎身的出现表明斗母宫在清末民初时女尼和庙宇的关系,这也在侧面反映了此时民间信仰所依托的场所庙宇的世俗化倾向。

四、结　语

没有田产自始至终都是斗母宫的一个短板,为了增加收入维持生计,斗母宫的住持们想出各种举措。民间信仰哪种神,就供奉在寺院中,以增加香火钱,这促使斗母宫庙宇神灵的功利化的出现。商人和商号不仅在数量上,而且在捐施钱数上都有所增加,这表明庙宇信众的商人化现象,越来越多地域的商人及商号成为庙宇的信众。女尼留长发、涂脂抹粉与来往香客宴饮作乐,补贴斗母宫开销,并在入斗母宫之时与其签订类似卖身契的契约,如要还俗则需赎身,这反映了其功能的会馆化。综上所述,清代后期庙宇神灵的功利化、庙宇信众的商人化、庙宇功能的会馆化共同促成泰山民间信仰发生地——斗母宫信仰的世俗化。

作者简介:高莹,太原师范学院历史系讲师,主攻明清经济史方向。

---

① 泰安斗母宫住持正品口述,严文圣笔记:《五十八年的尼姑生活》,收入中国人民政治协商会议山东省委员会文史资料研究委员会编:《文史资料选辑》(第15辑),第170页。
② 泰安斗母宫住持正品口述,严文圣笔记:《五十八年的尼姑生活》,收入中国人民政治协商会议山东省委员会文史资料研究委员会编:《文史资料选辑》(第15辑),第170页。
③ (清)刘鹗:《老残游记》,长沙:岳麓书院,2014年,第179页。

【社会性别】

明代老年女性的佛教信仰与生活空间*
——以墓志铭为中心

张 雨

【摘 要】 老年女性是明代佛教信徒的重要组成部分,除去女性、老年人对佛教的天然亲近性外,她们信仰佛教多是由于自身的境遇,比如晚年守寡或者命运悲凉等。家不仅是她们的生活空间,也是她们持斋念佛的修行场所。通过外出朝圣、布施等佛事活动,女信徒也扩大了自己的活动空间。借由佛教信仰,女信徒不仅和家庭成员之间形成了新的人际关系,也在家外扩展了自己的人际交往。墓志铭对老年女信徒临终场景的描写也凸显了家庭之中儒家思想与佛教之间的张力和融合。老年女性在成为母亲或者婆婆后,在宗教信仰上拥多更多的自主权,可以更全面地展现女性的佛教信仰生活。

【关键词】 明代;老年女性;佛教信仰;生活空间;墓志铭

明代实行兼容并包、多教并存的宗教政策,因而明代民众的信仰生活是多元化的。其中,佛教"为明代中国最主要的宗教,其地位显著,流行普遍,都在道教及其他宗教之上。佛教的普世性超过道教,一切众生,都可以简单的方式从中求取寄托,适合所有信众,尤其是各种意义上的弱势人群,妇女、老人、残疾者等,都无须特别的资财、时间就可以从中得到安慰"[①]。本文拟对弱势人群中的老年女性的佛教信仰生活进行研究,分析她们信佛的原因、礼佛空间、以佛教为连接的家内家外的人际交往、佛事活动等,并试图通过临终场景揭示儒—佛张力在家庭中的表现。

女性是佛教信众的一大群体。信仰佛教的女性,按照她们是否受戒以及在何处修行,可分为接受具足戒,在寺院修行的比丘尼;接受五戒,在家修行的优婆夷以及未受戒,在家修行的俗家女信徒。学界对于明代妇女与佛教的研究也主要围绕这三大群体进行,取得了较

---

* 本文系西安电子科技大学基本科研业务费资助项目——"明代老年群体生活史研究"(编号:5008/20103206957)阶段性成果。

① 赵轶峰:《明朝宗教政策合论》,《古代文明》2007年第2期,第69页。

为丰硕的成果。①

本文讨论的老年妇女人群仅限于士庶阶层的俗家女信徒。②学界目前对俗家女信徒的佛教活动研究,大多利用通俗小说和地方志,着意于描写女性参加庙会、外出烧香或者宗教旅游活动,以及由此引发的意外及官方、社会对此的批评和限制。③通俗小说保存了大量社会下层群体的生活实态,是研究明代社会生活史的鲜活资料。小说对妇女佛教活动的呈现,大多是负面的形象。本文主要利用墓志进行研究。墓志里收入的多是中上层社会群体,而且老年人的比例比较大。通过墓志和小说的对比,可窥视中上层女性和下层女性在佛教信仰上的差异。同时,由于老年女性在成为母亲或者婆婆后,比年轻女性在宗教信仰上拥有更多的自主权,可以更全面地展现妇女的佛教生活。值得注意的是,由于墓志铭本身文体的限制,一般只记载符合社会规范的行为,所以对妇女信佛大多是积极的评价。通过小说和墓志铭的综合考察,更有助于我们了解明代妇女佛教生活的全貌。

同时,本文引入了"生活空间"这一分析工具。传统礼制强调"内外有别""男子居外,女子居内"④,然而从高彦颐等学者的研究成果中,我们已经看到"闺房不是女性唯一的生活空间"⑤。李玉珍亦指出"由宗教展开的各类活动,更为妇女涉入公共空间,甚至创造女性次文

---

① 邱仲麟:《论明世宗禁尼寺——社会史角度的观察》,收入淡江大学历史系编《中国政治、宗教与文化关系国际学术研讨会论文集》,台北:淡江大学历史系,1994年,第305—327页;苏美文:《乱象中有新生:论明末清初比丘尼之形象与处境》,《中华技术学院学报》2003年第27期;李玉珍:《戒坛沿革与妇女出家》,《宗教文化与性别伦理——国际学术会议论文集》,台北:法界出版社,2008年,第189—224页;陈宝良:《明代尼姑的恋世情结及其世俗化》,《中州学刊》2009年第1期;郭辉:《简论明代比丘尼的生存困境》,《宗教学研究》2013年第3期。Beata Grant, *Women Chan Masters of Seventeenth-century China*, University of Hawaii Press,2008;苏美文:《七优昙华——明末清初的女性禅师》,台北:全佛文化事业有限公司,2014年;衣若兰:《"三姑六婆":明代妇女与社会的探索》,台北:稻乡出版社,2006年;赵世瑜:《明清以来妇女的宗教活动、闲暇生活与女性亚文化》,载赵世瑜:《狂欢与日常——明清以来的庙会与民间社会》,北京:生活·读书·新知三联书店,2002年,第259—296页;黄一斓:《明晚期女性热衷宗教节日旅游之成因——基于同期小说的考察》,《江苏社会科学》2011年第6期;简瑞瑶:《明代妇女佛教信仰与社会规范》,台北:稻乡出版社,2007年;赵崔莉:《不向空门何处销:情迷宗教的缘深缘浅》,载赵崔莉:《被遮蔽的现代性:明清女性的社会生活与情感体验》,北京:知识产权出版社,2015年,第128—151页。此外还有对特定女性群体的研究,如李媛:《16至18世纪中国社会下层女性宗教活动探析》,《求是学刊》2006年第2期;王传满:《明清徽州节烈妇女的宗教信仰》,《中国石油大学学报》2010年第1期;陈玉女:《明代妇女信佛的社会禁制与自主空间》,载陈玉女:《明代的佛教与社会》,北京:北京大学出版社,2011年,第322—380页。

② 关于明代皇室的佛教信仰,可参见陈玉女:《明万历时期慈圣皇太后的崇佛——兼论佛、道两势力的对峙》,载陈玉女《明代的佛教与社会》,第96—146页。

③ 比较有代表性的有赵世瑜的《明清以来妇女的宗教活动、闲暇生活与女性亚文化》以及陈玉女的《明代妇女信佛的社会禁制与自主空间》。

④ (汉)郑玄注,(唐)孔颖达正义,吕友仁整理:《礼记》卷38《内则》,上海:上海古籍出版社,2008年,第1154页。李志生对唐代女性的内外之限进行过很有意义的研究,见《中门和中堂:唐代住宅建筑中的妇女生活空间》,载《中国社会历史评论》(第14卷),天津:天津古籍出版社,2013年。

⑤ [美]高彦颐著,李志生译:《闺塾师——明末清初江南的才女文化》,南京:江苏人民出版社,2004年。[美]高彦颐:《"空间"与"家"——论明末清初妇女的生活空间》,载"中研院"近代史研究所主编《近代中国妇女史》1995年第3期,后收入邓小南、王政、游鉴明主编《中国妇女史读本》,北京:北京大学出版社,2011年。邓小南对于唐宋时期女性活动空间的研究也丰富了我们对此的认识。见邓小南《从考古发掘资料看唐宋时期女性在门户内外的活动——以唐代吐鲁番、宋代白沙墓葬的发掘资料为例子》,载李小江主编《历史、史学与性别》,南京:江苏人民出版社,2012年。

化的关键媒介"①。因而本文将佛教信仰与生活空间结合起来对明代老年妇女的信仰生活进行研究。

一、信佛原因

谢肇淛曾言:"士人之好名利与妇人女子之好鬼神,皆其天性使然,不能自克。"②意即士人对名利的追逐以及妇女对宗教的崇奉是与生俱来的。其实,在明代老年人心中,老年人与佛教也有天然的亲近性,如明末方应祥(1560—1628)中举很晚,仕途不畅,写信给友人抱怨时就说道:"且老人一向皈依西方,而弟倚云精室卜筑成业,便可率妻子奉老母共作佛家眷属矣。"③"老人一向皈依西方"即道出了老人与佛教的关系。陈以勤(1511—1586)则从理论上进行了解释,他60岁致仕归田后,"间取释氏书读之,曰:'吾辈已老,还真归源毕竟在是。然少年不必观,观则机锋易入,或至遗世、忽细检,不可不慎也'。"④更是认为佛教是老人最终的归宿。

不独方应祥、陈以勤如此,周之夔父亲周仕阶(1542—1615)"素不事浮屠,至晚则别有会心",因家乡藤山故有佛教庙宇天宁寺,遂易号为"天宁子","别营精蓝,栖大士,率所知踵莲社之举"⑤。华尧卿(1562—1623)"方其壮也,颇诋诃释氏,年五十谢去帖括,而晨钟暮磬,等于荔刍,厌腥膻弗御,每食蕨笋而已"⑥。在墓志作者的笔下,这些人都是到了晚年,自然而然就对佛教产生了亲近感。

晚年皈依佛法的情况在女性身上也很普遍。黄汝亨的亲家沈孺人"晚而皈心瞿昙氏,一切饭僧、礼忏、修刹、筑庵种种诸善事,随喜而作"⑦,69岁卒。汤宾尹乡人夏母"至老皈心佛课,勤檀施"⑧。

除了因老年以及女性对佛教的天然亲近性而皈依佛法外,一些老年女性晚年信佛则是由于自身的境遇。

一些女性因晚年守寡而信佛。陆光祚(1522—1574)视学关中,积劳暴卒,其妻朱安人(1522—1583)痛不欲生,"归而坐卧一室,目未常窥户外,时或涕泣不食,日以毁削"。儿子基诚手足无措,就将伯父陆光祖(1521—1597)的建议传达给了母亲:"若徒哀苦无益,盍从西

---

① 李玉珍:《中国妇女与佛教》,载李贞德主编《中国史新论·性别史分册》,台湾:联经出版事业股份有限公司,2009年,第465页。李志生的《"立塔写经"与"内外之际":唐代妇女的佛教功德活动》(《中国社会历史评论》〔第17卷〕,天津:天津古籍出版社,2016年)一文亦指出唐代女性在操办一些佛教功德活动时,往往也会跨越"内外"的界限,走出家门。
② (明)谢肇淛:《五杂俎》卷8,上海:上海书店出版社,2009年,第144页。
③ (明)方应祥:《青来阁初集》卷7《与詹古愚》,《四库禁毁书丛刊》,集部第40册,第658页。
④ (明)申时行:《赐闲堂集》卷19《光禄大夫柱国少傅兼太子太师吏部尚书武英殿大学士赠太保谥文端陈公神道碑铭》,《四库全书存目丛书》,集部第134册,第383页。
⑤ (明)周之夔:《弃草文集》卷8《先考奉政大夫江西赣州府同知天宁府君行状》,《四库禁毁书丛刊》,集部第113册,第14页。
⑥ (明)姚希孟:《棘门集》卷4《文学尧卿华君墓志铭》,《四库禁毁书丛刊》,集部第178册,第690页。
⑦ (明)黄汝亨:《寓林集》卷12《丁母沈孺人传》,《续修四库全书》,第1369册,第171页。
⑧ (明)汤宾尹:《睡庵稿》卷12《夏母金太孺人七十寿序》,《四库禁毁书丛刊》,集部第63册,第189页。

方净业资冥福乎？"朱氏听从建议，"即茹素礼诵，且夕不辍"①。陆光祖是明代著名的护法居士，他建议守寡的弟媳通过信佛获得解脱。宋应星之母魏孺人（1555—1632），74 岁连丧仲子及丈夫，是后"乃壹意静修，朝夕惟观世音大士是念"②。

有些女性晚年将家政交给子妇，有了空闲，于是选择皈依佛法。朱察卿母亲蔡真真（1495—1560）年 39 守寡，以一己之力供养家庭，"年五十为婚嫁已毕，稍可谢蒸尝米盐事，且伤府君之早背，遂奉斋礼佛，博通梵书"③。许孚远之母沈安人早年操劳，"晚岁始以家政归诸妇，独扫一室，日焚香诵《金刚》及《心经》，久之，渐以通悟"④。陆嗣孙之母张氏待三个儿子都长大成人后，为之析生，认为"吾今可以无事事矣"，"独居一室，日唯焚香礼佛"⑤，81 岁卒。

还有些女性则是因为命苦而向佛教寻求慰藉。昆山梁九万候选时客死临淄，其妻狄氏（1487—1562）不育；九万有媵婢七人，皆无子。狄氏乃以九万侄子梁介为后。梁介出任平阳训导，死平阳。介有五女，三人出嫁后皆夭死，一人又早寡，另外一个多病且家贫。狄氏感叹："吾命之不良乃至是耶！""遂斥断荤食，日夜哀礼事佛，能出世之烦恼，而□生西方。"俞允文也认为："夫人苟非哀穷戚之极，则无以兴妄思。"⑥虽仍斥佛教为"妄思"，但也肯定了其慰藉人心的作用。

二、礼佛空间

俗家女信徒的礼佛空间主要还是在家内，有些女性有专属的礼佛空间。祝以豳之母周氏（1519—1612）"晚乃专侸佛一室，供观音大士，早起焚香膜拜，诵《般若心经》，寒暑不辍"⑦。周子义配赵氏（1531—1600）年 56 称未亡人，"扫一室奉大士像其中，顶礼持诵，若有契西方净慈之旨者"⑧。陈汲配冯氏（1560—1623）晚年丧独子，"躬自僻处一室，长斋礼佛，间损汤沐费范像、饭僧，以资冥福"⑨。王宠姨母朱氏晚岁丧夫，无子，"依季女以居，益精内典，日扫一室，焚香礼佛，口不茹荤、足不闯户，如是者数十年"⑩，77 岁卒。

---

① （明）王世懋：《王奉常集》卷 20《陕西按察副使湛菴陆公暨元配安人朱氏合葬志铭》，《四库全书存目丛书》，集部第 133 册，第 409 页。
② （明）宋应升：《方玉堂集》卷 8《先母魏孺人行状》，《四库禁毁书丛刊》，集部第 165 册，第 399 页。
③ （明）朱察卿撰、戎默整理：《朱察卿集》卷 9《先孺人行状》，上海：复旦大学出版社，2015 年，第 482 页。在卷 11《荐母疏》里又提到："（母亲）早孀居，叹尘世百千万劫，遂通释典，修善因一十六年。"
④ （明）张元忭撰、钱明校编：《张元忭集》卷 11《许母沈安人志铭》，上海：上海古籍出版社，2015 年，第 298 页。
⑤ （明）归有光著、周本淳校点：《震川先生集》卷 21《张孺人墓志铭》，上海：上海古籍出版社，2007 年，第 318 页。
⑥ （明）俞允文：《仲蔚集》卷 13《明故乡贡士梁府君孺人狄氏墓志铭》，《四库全书存目丛书》，集部第 140 册，第 733 页。
⑦ （明）祝以豳：《诒美堂集》卷 17《先太恭人行状》，《四库禁毁书丛刊》，集部第 101 册，第 618 页。
⑧ （明）孙继皋：《宗伯集》卷 7《周母赵太夫人行状》，《景印文渊阁四库全书》，第 1291 册，第 404 页。
⑨ （明）顾起元：《雪堂随笔》卷 3《皇明儒林郎光禄寺大官署署正禹门陈公暨元配勅封安人冯氏合葬墓志铭》，《四库禁毁书丛刊》，集部第 80 册，第 296 页。
⑩ （明）王宠：《雅宜山人集》卷 10《从母朱硕人墓志铭》，《四库全书存目丛书》，集部第 79 册，第 109 页。

有些专属的礼佛空间设立于楼阁中。周氏晚年夫卒后,"独处一楼,不移跬步,晨爇旃檀香礼大士毕,手敬姜绩,竟日罔倦",到80岁时"斋修静理,迹不下楼者几十年"①。王临亨妻张氏守寡后,好佛,"坐卧一小楼,非大事不出"②。楼一般都比较高,脱离地面,也象征了她们脱离尘世,在这样的环境里更能虔心礼佛。可以看出,这些人都有专门的礼佛空间,可以保障她们修行时的心无旁骛。

有些女性选择在家外别业礼佛。赵用贤家早年家贫,嫡母萧宜人(1487—1571)辛苦持家,匍匐拮据,苦撑15余年。丈夫为官后,家庭条件稍微有了改善,但仍在随夫宦游南京时,因"居京邸所僦廛下湿"而患脾泄。年67随夫归里后,萧氏"则益厌弃人事",徙居"稍远市嚣"之宅傍别业,"中为一龛奉佛,傍设一几一榻,每岁自正月若五七九月,暨朔望庚申原命三七日皆长斋蔬食,侵晓必焚香礼佛,持大悲咒百遍,食已匡坐"③。萧母早年劳苦不堪,随夫宦游亦是疲于应付,归里后,在更为清净的宅旁别业一心向佛。

除了上述专属的礼佛空间,卧室这样较私密的空间也应是老年妇女礼佛的场所。

三、人际交往

老年妇女借由佛教,和家庭成员在普通的家庭关系之外,又多了一层关系,即佛友。他(她)们或在一起诵经,或一起讨论佛法,佛教信仰俨然已经成为家庭生活的一部分。此外,有些人还和邻居、女尼甚至高僧有过交往。

(一)家内佛友

如前所论,家庭仍然是俗家女信徒的主要信仰场所。她们在该空间内进行日常修行活动,也会影响到家中的其他成员。如黄汝亨的父亲黄裳(1517—1594)"晚年稍稍厌一切,降心佛理然不佞"④,母亲王氏(1524—1586)"斋戒礼诵二十年"⑤。黄汝亨(1558—1626)耳濡目染,浸淫在这种环境中,"余少不识佛事,第见先慈严晨朝礼拜慈悲观世音,则必焚香合掌,称念《观世音普门品经》。余从耳入,以至从口而出,颇能成诵,无异诵习吾师孔孟齐鲁之篇"⑥。家中佛教氛围的熏陶在张岱(1597—1689)身上也留下深深的印记,以至于他"离母胎八十一年矣,常常于耳根清净时,恍闻我母念经之声,盖以我母年少祈嗣,许念《白衣观音经》三万六千卷也"⑦。信仰的影响可能会在家中不断延续下去。黄汝亨之子茂梧(1588—1619)27岁即病心血,药饵、导引均无效,"皈命于佛,手书《金刚》《心经》二册及云栖所选《白香山警

---

① (明)杨守勤:《宁澹斋文集》卷4《寿冯母周太淑人八帙序》,《四库禁毁书丛刊》,集部第65册,第303页。
② (明)姚希孟:《棘门集》卷5《张太恭人传》,《四库禁毁书丛刊》,集部第179册,第13页。
③ (明)赵用贤:《松石斋集》卷16《先妣萧宜人行状》,《四库禁毁书丛刊》,集部第41册,第249—250页。
④ (明)黄汝亨:《寓林集》卷18《先府君行略》,《续修四库全书》,第1369册,第294页。
⑤ (明)黄汝亨:《寓林集》卷18《先母王孺人行略》,《续修四库全书》,第1369册,第291页。
⑥ (明)黄汝亨:《寓林集》卷2《观世音菩萨普门品经备解序》,《续修四库全书》,第1368册,第641—642页。在卷6《寿询法师五帙序》里,他亦提到"少时见先慈严老而敬事佛,斋诵不辍,脈脈有动"(第1369册,第27页)。
⑦ (明)张岱著,栾保群注释:《嫏嬛文集》卷5《白衣观音赞(并序)》,北京:故宫出版社,2012年,第272页。

悟篇》,置案头披览,以是即病剧无怖畏愁苦状"①。黄汝亨一家祖孙三代都习佛,在明代当不少见。在很多墓志铭中的临终场景里,也看到不少人会让他们的子妇、孙辈诵读佛经的例子。

家内的佛友关系主要有以下几类:

1. 夫妻

像黄裳与王氏那样,夫妻都信仰佛教的,在明代绝非特例。吴宗周晚年"绝世味,茹蔬淡,日坐静室,诵佛参禅悟",朱氏"性素约,通岁持斋过半,虽不解文字,言行多合古法","公常日阅性理通鉴,孺人亦审大义。孺人日诵《心经》、念佛号,故公晚年学佛,公与孺人多相成"②。不知道吴宗周晚年学佛是否直接受到了妻子的影响,但可以确定的是两个人的确是佛友。

王学一晚年皈心净土,与其妻徐氏"焚修一室之内,以梵呗为瑟琴"③,两人还一起旃檀、朝圣。淄川韩某"晚而偕其夫人皈依佛乘,屏除腥膻,以清净为乐"④。沁水刘某晚年精研竺典,其妻李氏(1535—1608)"从之礼大士像"⑤。宋应昌(1536—1606)致仕后,"从云栖师法席证无生之旨,作流水长者",配顾氏(1537—1611)"斋居事佛,亦时时欢喜助之","人称淑人非惟贵匹,亦道侣也"⑥。郑鄤之母吴氏(1573—1631)颇信浮屠⑦,父亲郑振先(1572—1628)"晚年长斋绣佛",两人"时坐对论道,白首相庄三十年如一日也"⑧。

2. 母女、母子

母女、母子关系是家庭中最为亲密的关系,母亲的信仰对孩子也会有重要的影响,如黄汝亨、张岱对佛教的接触,都和母亲离不开关系。郭子章的外祖母喜佛,每诫子章母"当佛现日,严持律藏、绝茹脂腥"⑨。母亲在女儿习佛道路上起着引领、督促的角色。

沈朗倩之母"六时持诵,皈依净土,日坐对瞿昙",朗倩依母命,"长斋奉佛,伊蒲为馔,鲐鲍之属绝不入口"⑩。钱塘张氏"晚年嗜佛,尝默坐一室,时令家人赎放鱼鸟",四个儿子"入莲池老人放生社,亦孺人意"⑪。冯梦祯即在西湖放生社结识张氏四子。

儿子和女儿受母亲的影响信仰佛教的出发点不太一样。女儿和母亲同为女性,有更多相似的生命体验;儿子则多是出于孝顺母亲、悦母心而信佛,如朱祺甫之母"晚年笃信佛道,

---

① (明)黄汝亨:《寓林集》卷15《亡儿茂梧圹志》,《续修四库全书》,第1369册,第212页。
② (明)张采:《知畏堂诗文存》卷8《思乔吴公暨配朱孺人行状》,《四库禁毁书丛刊》,集部第80册,第647页。
③ (明)马世奇:《澹宁居文集》卷7《王次公暨配徐孺人合传》,《四库禁毁书丛刊》,集部第113册,第262页。
④ (明)娄坚:《学古绪言》卷5《勒封广西道监察御史淄川韩太公七十寿序》,《景印文渊阁四库全书》,第1295册,第59页。
⑤ (明)李维桢:《大泌山房集》卷98《刘司空元配李淑人墓志铭》,《四库全书存目丛书》,集部第152册,第757页。
⑥ (明)黄汝亨:《寓林集》卷15《明兵部左侍郎经略桐冈宋公配淑人墓志铭》,《续修四库全书》,第1369册,第230页。
⑦ (明)郑鄤:《峚阳草堂诗文集》卷14《亡妣吴安人行状》,《四库禁毁书丛刊》,集部第126册,第452页。
⑧ (明)郑鄤:《峚阳草堂诗文集》卷14《亡考象斋府君行状》,第450页。
⑨ (明)郭子章:《蠙衣生粤草》卷3《外王母刘太孺人七十序》,《四库全书存目丛书》,集部第154册,第522页。
⑩ (明)邹迪光:《石语斋集》卷15《寿沈母五十序》,《四库全书存目丛书》,集部第159册,第231—232页。
⑪ (明)冯梦祯:《快雪堂集》卷16《江母张孺人墓志铭》,《四库全书存目丛书》,集部第164册,第268页。

却肥熏而屏尘虑",祺甫"善承其意,斋心供佛、斋心供母,母悦其供而尤悦其敬佛"①。吕焕之母晚事佛,吕焕"承志父母","亦佹事之,若受戒弟子"②。韩廷干之母好礼佛,廷干"焚拜以悦其心"③。

3. 婆媳

婆媳关系是由婚姻关系形成的,较之母女关系,缺乏天然的亲密感,也较难处理。加之传统礼制要求媳妇顺从婆婆,所以媳妇随婆婆信佛,对于调和婆媳关系也有所助益。如钱家卞氏姑与顾氏妇,卞氏"以贞嫠抚其子""课子严,驭妇未必独宽",然而顾氏仍"事严姑如慈母也。姑奉竺乾教、却膻香而饱伊蒲,则安人亦共饱伊蒲;姑之于竺乾教也好檀度,则安人亦斥其明玑翠钿之饰以佐檀度"。姚希孟为顾氏辩解:"夫奉佛固明智妇人所时有,乃安人之奉佛也,实以成姑志也。"④可见顾氏信佛是出于婆婆的因素。顾起东之母郁氏和其妻华氏(1534—1603)亦如此。"郁孺人常扫一阁,龛大士像,事之惟谨;孺人亦龛大士像,事之惟谨。郁孺人不忍途之人寒饥,好施予;孺人亦不忍人寒饥,好施予。六时净土、方寸福田垂老不倦修,然犹韬懿逊烈,言必溯吾姑。"⑤也是媳妇跟着婆婆礼佛。

媳妇的佛教信仰也会影响到婆婆。周乾南配薛氏(1530—1587)"素好佛家言,厌离尘网,求生西方,赡养弥陀,而迫于姜夫人未获遂。久之乃饬一室供观音大士,室忽有异香郁勃不散,太孺人爇沈檀以继之,烟积而脂忽成一莲花,枝叶如画若可摘也,姜夫人故不信佛,至是亦信佛,而太孺人得渐专其志矣"⑥。薛氏守寡后开始信佛,但是婆婆不信,薛氏也不敢好好礼佛,后来发生灵异事件,婆婆也开始信佛。

明代著名的护法居士屠隆(1544—1605)的母亲和妻子也是佛友,屠隆在给王锡爵的一封信里提到母亲和妻子的信仰生活:"老母奉佛数十年,久断酒肉。荆人萧然荆布,不爱繁华。今姑、妇日向太师莲座前,焚香燃烛而学诵《金刚》《心经》,都无所事事。"⑦

4. 姐妹

周之夔的侄女周敬(1615—?)8岁许聘王巽,年16,王巽卒。周敬立誓前往王家守贞。18岁,姑陈氏没,周敬"闭户尤严,间诵佛经,知大意而不近女尼,但有中表姊刘氏年六十,亦孀守三十余载,家贫无子,长斋念佛,女延为严友而已"。年轻的贞女周敬和守寡多年的表姐一起习佛,相互慰藉。周之夔在宦邸还专门"驰书勖以专意净土"⑧。

(二)家外佛友

除了家庭成员间的佛友关系,有些人还和女尼、僧人或者同样信仰佛教的邻居结成朋友。倪晓妻吴氏"晚而好佛,择比丘尼、优婆之勤修者与修西方之业"⑨。杭州闻汝东妻朱氏

---

① (明)赵南星:《赵忠毅公文集》卷10《寿朱母□孺人七十序》,《四库禁毁书丛刊》,集部第68册,第264页。
② (明)冯梦祯:《快雪堂集》卷9《吕先生传》,《四库全书存目丛书》,集部第164册,第176页。
③ (明)吕维祺:《明德先生文集》卷17《嵩台韩长公墓志铭》,《四库全书存目丛书》,集部第185册,第266页。
④ (明)姚希孟:《响玉集》卷3《钱母顾太安人七十寿序》,《四库禁毁书丛刊》,集部第178册,第447页。
⑤ (明)孙继皋:《宗伯集》卷9《顾母华孺人墓志铭》,《景印文渊阁四库全书》,第1291册,第520页。
⑥ (明)王世贞:《弇州续稿》卷114《周母薛太孺人塔铭》,《景印文渊阁四库全书》,第1283册,第609页。
⑦ (明)屠隆:《屠隆集·白榆集》卷7《奉王宗伯元驭先生》,杭州:浙江古籍出版社,2012年,第327页。
⑧ (明)周之夔:《弃草文集》卷3《贞女周敬传》,《四库禁毁书丛刊》,集部第112册,第611页。
⑨ (明)黄汝亨:《寓林集》卷14《处士凤池倪公暨配吴孺人合葬墓志铭》,《续修四库全书》,第1369册,第193页。

"年五十即皈依云栖,长斋念佛,口可数万声,饮食抽解,悉无间断,转经数部,木槵军持,日有常度;所过尊宿如憨山云门、真寂桐坞诸老,皆肃心悲仰,稽首发愿"①。朱氏和高僧有过接触。

不过,有些在家女信徒拒绝和女尼、僧人接触。如屠应埈之女、吴鹏之妇——屠睦,"读书通大义,兼明佛理,独不喜巫媪、比丘尼出入房闼,日诵《心经》一卷,间书佛偈,随命侍婢火之,曰'不宜以手迹示人也'"②。年60,因照顾生病的母亲过劳而死。王临亨妻张氏"晚年好佛,未尝一至招提,亦不与除馑女往还。闻云栖道行高,遣瓣香遥礼而已"③。

嘉定李文邦妻子程氏(1499—1585)晚年纺绩之余,"偕邻媪焚香礼佛,泊如也"④。沈一贯的母亲洪桂馨,雅信佛,临终时,"召所与治佛者诸妪斋供终日"⑤,这些平日一起治佛的人大概也多是邻居。

四、佛事活动

俗家女信徒的日常修行活动大多是在家内进行的。不过,她们也得以走出家门布施、朝圣等。女性花费一定的精力从事佛事活动,势必会和处理家事形成矛盾,故而也需妥善处理二者之间的关系。

(一)日常修行

1. 持斋蔬素

持斋蔬素,是佛教徒必须遵守的戒律规范。时偕行之母沈氏"晚而事佛,遂断荤血,见之则作呕,必持去而后已"⑥。王之陛母"性清静无它喜顾,独喜浮图法,常日斋居蔬素,每有超悟"⑦。安希范母亲吴氏生平笃信西竺家言,晚尤酷嗜。不仅平时持斋素,过生日给亲朋也用斋菜。60岁生日时,"豫命小范'姻属称觞,必好为伊蒲塞供,慎毋击鲜而毁我尸罗',旦暮迎接,旁午焚诵膜拜不废","病革时谆谆戒小范'申约三党,毋以牲牷祭'"⑧。

2. 念佛

念佛主要包括诵佛号、咒语、佛经三种形式。

佛号,即佛的名号,如"南无阿弥陀佛"等,对于不识字的老年女性来说,诵佛号是最为简便的修行方式。梁可养妻刘氏(1554—1632)"晚亦皈心释典,诵梵天名号,动满万数,诸子虑其□而索气长跽谏止之,则曰:'吾自乐此不为疲',即正绵惙时口犹默诵不辍也"⑨。程氏

---

① (明)谭元春著,陈杏珍校:《谭元春集》卷21《闻母传》,上海:上海古籍出版社,1998年,第572页。
② (明)王世贞:《弇州续稿》卷79《吴宜人传》,《景印文渊阁四库全书》,第1283册,第171页。
③ (明)姚希孟:《棘门集》卷5《张太恭人传》,《四库禁毁书丛刊》,集部第179册,第13页。
④ (明)徐学谟:《归有园稿》卷8《明诰封太宜人李母程氏墓志铭》,《四库全书存目丛书》,集部第125册,第558页。
⑤ (明)沈一贯:《喙鸣文集》卷19《先妣封孺人洪太夫人状》,《续修四库全书》,第1357册,第453页。
⑥ (明)唐时升:《三易集》卷15《时守愚室沈孺人行状》,《四库禁毁书丛刊》,集部第178册,第195页。
⑦ (明)赵用贤:《松石斋集》卷22《王母俞孺人墓志铭》,《四库禁毁书丛刊》,集部第41册,第342页。
⑧ (明)瞿汝稷:《瞿冏卿集》卷9《安母吴孺人传》,《四库全书存目丛书》,集部第187册,第229页。
⑨ (明)郑二阳:《郑中丞公益楼集》卷3《太学生梁乐轩暨元配刘孺人墓志铭》,《四库未收书辑刊》,第6辑第22册,第670页。

"晚年修西方之教,朝夕礼佛,诵佛号不辍"①。刘母张氏(1519—1593)"信鬼神报应之说,不吝施予,日焚香拜天者三,暇则诵佛号以为常,盖数十年不倦也"②。

明代老年女性诵读较多的佛教经典是《金刚经》《观音经》这些篇幅较小的经典。文徵明姑祖母文素延(1438—1513)读书知大义,"尤归信佛果。晚岁目失明,日犹默诵内典不辍。俄得异人治之复初,人以为善征"③。陆深母吴氏(1461—1520)"平生喜诵《金刚经》,无间朝夕"④。邵圭洁之配张氏"晚而事佛,能暗诵《金刚》诸经"⑤。黄端伯之母李氏"晚岁长斋事佛,日诵《金刚》《地藏》诸经,虽溽暑祁寒奉持无替"⑥,76岁卒。那些文化水平较高的女性,在诵经之余还会抄写佛经,如赵叔宝(1464—1524)不仅能读《小学》《孝经》《内则》《列女传》及《考古图》《论语》诸书,而且"属辞造语,宛若士流,左右手皆能运笔,字法亦遒劲","晚岁,日闭户诵《法华》《楞严》《观音》诸经,又手写数帙以自娱"⑦。

持咒也是修行的方式,江阴夏带湖之妻"晚奉佛,晨起诵诸经、诸咒为忏悔,近午甫罢,谆谆戒杀生、劝放生"⑧。

(二)布施朝圣

老年女性的礼佛并不仅仅限于家内的日常修行,还有布施以及前往佛教圣地朝圣。沈啟南母亲(1523—1583)年50,不理家政,"期以三岁,岁一谒大士像于西湖之天竺上方,至再登业,中寒,小苏强自力以上,复中寒,几殆而愈,遂尪弱不能起",临殁时"唯呼'登舟''登舟'者再,盖若叩西方津者"⑨,最终因朝圣而卒。杭州闻母"所谓佛地如普陀、双径皆两三至其处,去来洒然、巾瓶无迹"⑩。

布施也是女性常见的修行活动。周氏晚岁始礼佛,"性喜施予,届七帙时艘粟斛千计,之洛迦饭衲子及海堧穷民无算"⑪。陆光祖妻陶氏(1520—1594)"习闻太宰公竺乾内典之旨,庄严佛事,虽洗橐勿吝,太宰之名题遍大雄,咸夫人檀施"⑫。陶氏受到丈夫的影响,开始奉佛,并以丈夫之名檀施。遗憾的是,我们无从知晓陶氏檀施的细节。⑬

---

① (明)李维桢:《大泌山房集》卷40《吴母程孺人寿序》,《四库全书存目丛书》,集部第151册,第368页。
② (明)余继登:《淡然轩集》卷7《明封太孺人刘母张氏墓志铭》,《景印文渊阁四库全书》,第1291册,第920页。
③ (明)文征明著,周道振辑校:《文徵明集》卷29《赵硕人墓志铭》,上海:上海古籍出版社,2014年,第659页。
④ (明)陆深:《俨山集》卷81《先孺人吴母行实》,《景印文渊阁四库全书》,第1268册,第520页。
⑤ (明)赵用贤:《松石斋集》卷19《北虞邵先生暨元配张孺人墓志铭》,《四库禁毁书丛刊》,集部第41册,第287页。
⑥ (明)黄端伯:《瑶光阁集》卷12《先母李孺人圹记》,《四库全书存目丛书》,集部第193册,第280页。
⑦ (明)吕柟著,米文科点校:《吕柟集·泾野先生文集》卷24《杨节妇赵氏墓志铭》,西安:西北大学出版社,2014年,第785页。
⑧ (明)李维桢:《大泌山房集》卷76《夏母赵太君家传》,《四库全书存目丛书》,集部第152册,第312页。
⑨ (明)王世贞:《弇州续稿》卷108《沈母潘孺人墓志铭》,《景印文渊阁四库全书》,第1283册,第527页。
⑩ (明)谭元春著,陈杏珍标校:《谭元春集》卷21《闻母传》,上海:上海古籍出版社,1998年,第572页。
⑪ (明)杨守勤:《宁澹斋文集》卷4《寿冯母周太淑人八帙序》,《四库禁毁书丛刊》,集部第65册,第303页。
⑫ (明)陈懿典:《陈学士先生初集》卷14《吏部尚书五台陆公元配陶夫人墓志铭》,《四库禁毁书丛刊》,集部第79册,第236页。
⑬ 李志生在《"立塔写经"与"内外之际":唐代妇女的佛教功德活动》(《中国社会历史评论》〔第17卷〕,天津:天津古籍出版社,2016年)中给出了许多唐代妇女佛教功德活动的细节。

(三)佛事与家事之间

尽管在明代,女性的活动空间已经得以扩展,但"女主内"仍然是儒家的行为规范,女性不仅要相夫教子,还要操持家务。对于信仰佛教的女性来说,操持家务与修行之间似乎形成了矛盾。如前揭薛氏(1530—1587)早年碍于婆婆,只得在家务之余礼佛。一日,婆婆梦大士开示:"岁尽如驰,毋揩揩逐轮转为也。"遂交代子妇:"外事诸子任之,内事则诸妇在,吾自此而修净业,不复问家。"①乃得以虔心礼佛,还曾两度闭关修行。像薛氏这样将家事交与子妇、自己一心修行的,亦不少见。如李仲良配阮氏(1531—1587)甫50,"睹家政井井就绪,诸子学向成,乃敕断琐细,斋心礼佛,以思所谓西方净业者"②。尤茂先之母陆氏,"晚节谢女红,及授茂先妇政,所好礼佛诵内典"③。沈氏(1494—1581)则是在丈夫何鳌(1497—1559)卒后,将家政付与妾室周氏,"惟净室焚香,祝诸郎惕励,以光宗祐而已"④。墓志的作者都强调了她们是在家事安排妥当的前提下才一心礼佛的。

而有些女性无法将家事割舍得如此干脆,不得不在家事和佛事之间来回转换。如吴氏晚而好佛,"以余闲理家务,若毫不经意而事俱集"⑤。吴氏把主要精力放在礼佛上,家事不用花很大工夫即能妥善处理好。瞿卿成之母殷氏晚年尤信佛,"女工之隙即庄诵内典,晨夕膜拜,鲜浓之味一切不入口"⑥。殷氏在家务之际,找到功夫就诵佛。

朱察卿母亲蔡真真50岁后始礼佛,"犹念门祚将落,力不能支,日不谢纺织事,白发垂肩,自旦至暮,堂上车声不息也"⑦。赵用贤嫡母萧氏年67始奉佛,然"夏则具筐绩,冬则治布缕,盖终岁仆仆不少休也"⑧。两人尽管礼佛,但仍要承担繁重的家务劳动。

五、临终场景

弥留之际对死亡的不惧、对现世的淡漠,在儒、道文化中会被视为洒脱、达观,而这些也是佛教对信众的要求。净土宗即强调"临终正念",净土宗大师云栖袾宏(1535—1615)云:"《经》言人欲终时,闻钟磬声,增其正念"⑨。临终正念即要求信徒以平静的心态接受死亡。如前揭黄汝亨之子黄茂梧,因病归心于云栖,"即病剧无怖畏愁苦状"⑩。汪伯美的岳母张氏,

---

① (明)汪道昆著,胡益民、余国庆点校:《太函集》卷38《周母传》,合肥:黄山书社,2004年,第822—824页。
② (明)焦竑著,李剑雄点校:《澹园集》卷32《李仲良继室阮令人墓志铭》,北京:中华书局,1999年,第502页。
③ (明)王世贞:《弇州续稿》卷104《故封征仕郎户科右给事中居素尤公暨配陆孺人墓志铭》,《景印文渊阁四库全书》,第1283册,第484页。
④ (明)王畿著,吴震编校:《王畿集》卷20《诰封何母沈夫人行状》,南京:凤凰出版社,2007年,第608页。
⑤ (明)黄汝亨:《寓林集》卷14《处士凤池倪公暨配吴孺人合葬墓志铭》,《续修四库全书》,第1369册,第193页。
⑥ (明)叶向高:《苍霞草》卷13《殷孺人墓表》,《四库禁毁书丛刊》,集部第124册,第262页。
⑦ (明)朱察卿撰,戎默整理:《朱察卿集》卷9《先孺人行状》,上海:复旦大学出版社,2015年,第482页。
⑧ (明)赵用贤:《松石斋集》卷16《先妣萧宜人行状》,《四库禁毁书丛刊》,集部第41册,第249—250页。
⑨ (明)云栖袾宏撰,明学主编:《莲池大师全集·竹窗随笔·临终正念》,上海:上海古籍出版社,2011年,第1408页。
⑩ (明)黄汝亨:《寓林集》卷15《亡儿茂梧圹志》,《续修四库全书》,第1369册,第212页。

"中年皈依佛乘,精进持戒,摄心净土,属纩之际,神识不乱,问以后事,皆无所言"①。王祖嫡的祖母和母亲都信佛,"二母俱卒于仲冬,手足和软,颜色不变,若睡未觉者"。妻子高氏(1536—1589)年 19 嫁入王家,即随二母礼佛,亲历二母逝去的全过程,常向祖嫡"艳羡净土之说不诬也"②。高氏病终时也是神识不乱,翛然而逝。郑鄤之母吴氏(1573—1631)"易簀之际神色不乱"③,并亲自起来盥漱。

要做到临终时神识不乱,平日修行的功力非常重要。如何良俊的兄长何良佐(1496—1563)"平生好观内典,晚年尤加笃信……老疾垂半年而应事如平时,临革之日犹危坐正寝,至晡时,觉身中微热,遂扶凭至寝室,迨半夜而绝,无恐怖亦无痛苦,此则正定之力持之有素",何良俊也感叹:"佛氏澄汰之功真不可诬也。"④张元忭为理学家许孚远之母作志铭,提到许母临终前,"语凿凿可佩,至死不少乱,岂诚于内典有得,而能倏然于去来若此邪?"⑤也将临终时的神灵清明归功于佛教信仰。

除了平日修行的功力之外,临终之际的环境也是尤为重要的,所以逝者也会极力为自己塑造一个可以让心神安宁的环境,主要包括诵经和诫家人勿哭。明末梅村居士张守约即强调:"人于临终时,甚勿相爱恋,亦不宜悲哭,恐使其心乱。心乱神识迷,三途去如箭,念佛助往生,第一好方便。"⑥事实上,临终时勿哭也是儒家的要求,吕坤即强调:"将死未死之时,形气欲离,病者百种困顿,何如其为身?生者何如其为情?而纷纷问若,怛化乱神,或属纩之际,群扰杂哭,皆非所以安死者。仁人孝子,强制其情,不可作儿女态。"⑦

很多老年女性在临终之际都会命家人诵经、勿哭。张元忭母亲刘氏(1516—1583)平生礼佛持斋,疾革时,元忭建议母亲:"母向仗佛,此正其时也。"母乃连念"弥陀","又命诸孙和以《心经》,诸孙仓皇诵之,母更为正其舛谬",又叮嘱:"此事人人不免,若我则欣然往矣,无挂碍、无痛苦,若曹毋为我悲。"⑧江阴黄友上之母(1518—1604)病革,交代友上:"吾年八十有七,复何所恨,素持斋奉佛,明于生死之故,勿嚎啕以怛化者,床头遗五金,召僧尼诵经,开吾所受藏录,殡三年然后葬。"⑨黄汝亨母亲临殁时令汝亨招故所善比丘尼忏引,又诫汝亨及诸妇女"慎勿哭,哭乱我"⑩,在比丘尼的诵经声中倏然而逝。会稽叶应扬妻钱氏方疾大渐,命二尼诵《心经》,间和之,曰:"以宁吾神。"⑪吴用先之母(1536—1585)晚尤笃事佛,"修净土,诀之日与一老媪合掌诵,目垂下嗫嗫犹强举佛号,端坐而终"⑫。安希范母亲吴氏临终前,遗

---

① (明)程嘉燧:《松圆偈庵集》卷下《祭张孺人(代汪伯美)》,《续修四库全书》,第 1385 册,第 787 页。
② (明)王祖嫡:《师竹堂集》卷 21《诰封淑人亡妻高氏行状》,《四库未收书丛刊》,第 5 辑第 23 册,第 240—241 页。
③ (明)郑鄤:《峚阳草堂文集》卷 14《亡妣吴安人行状》,《四库禁毁书丛刊》,集部第 126 册,第 453 页。
④ (明)何良俊:《何翰林集》卷 25《兄光禄寺署丞五山何君行状》,《四库全书存目丛书》,集部第 142 册,第 203—204 页。
⑤ (明)张元忭撰,钱明编校:《张元忭集》卷 11《许母沈安人志铭》,第 299 页。
⑥ (明)张守约拟,(明)陆光祖订正:《拟寒山诗》,《四库未收书辑刊》,第 6 辑第 27 册,第 687 页。
⑦ (明)吕坤撰,王国轩、王秀梅整理:《吕坤全集·四礼翼·侍疾礼》,第 1370 页。
⑧ (明)张元忭撰,钱明编校:《张元忭集》卷 5《先妣刘安人行状》,第 330 页。
⑨ (明)李维桢:《大泌山房集》卷 102《黄母沙孺人墓志铭》,《四库全书存目丛书》,集部第 153 册,第 65 页。
⑩ (明)黄汝亨:《寓林集》卷 18《先母王孺人行略》,《续修四库全书》,第 1369 册,第 290—291 页。
⑪ (明)张元忭撰,钱明编校:《张元忭集》卷 11《乡进士赠工部主事会稽叶公合钱太安人志铭》,第 287 页。
⑫ (明)汤宾尹:《睡庵稿》卷 17《旌节吴母方宜人墓志铭》,《四库禁毁书丛刊》,集部第 63 册,第 226 页。

言诸子:"吾生不受贺,死那可受祭,了女勿哭,败吾意。"①在诸妪的诵佛声中安然辞世。这些人在临终前,都自己或者要求家人诵经、念佛号,可见诵经是佛教徒临殁前必不可缺的仪式,"因为佛教相信人的生死轮回,是由个人生前的业力使然,心识转,业力亦转,所以诵经是为了帮助死者的心识不生颠倒想,不转生恶道"②。

对丧葬礼仪的选择,也是临终之际非常重要的内容。信仰佛教,按理说应该会倾向于佛教丧礼,可是不尽然。有些士人家庭的女性,可能怕子孙为难,或者迫于压力,主动要求丧葬不做佛事。如徐阶之继配张氏(1516—1583)晚而奉佛,临殁遗言诸子:"我死殓毋帛,祭毋牲,毋从俗做佛事,一遵文贞公遗法。"③张氏信佛,但丧葬不做佛事,可能也是士大夫阶层反对佛教丧礼的反映。④有些即使明确表示举行佛教丧礼,也会遭到子孙的反对,如永乐时期的翰林院编修杨珙,其祖母蔡氏临终时,遗言"用浮屠法火葬。"杨珙不同意,最终没有按照祖母的遗言办理,而是"棺殓如礼"⑤。

屠应埈母亲(1475—1542)临终前和应埈的对话,更能反映出佛教信仰和儒家理念之间的冲突。母亲临终前,呼应埈曰:"尔知有佛乎?事死者礼佛以资福,其然欤?"应埈默不作声。母亲见状,估计也心知肚明,反而安慰儿子:

> 嗟乎!予之于佛至矣,舍施无论财,尊礼无惮力,予无所用于祷矣。夫死者贵安,予妇人也,即死而群僧披缁诵译,喧咻于予侧,予魂魄有知,将长窜不暇,非所以求福也。⑥

屠应埈出于对儒家礼制的坚持,用回避来拒绝母亲想要采用佛教丧礼的遗愿。相较而言,黄汝亨对此的态度更明确。他在母亲卒后,给苇航法师的书信里如是写道:

> 不孝某罪通于天,以祸老母,而殁于九月之三十日也,一日九死恨不足赎。儒者之礼,不做佛事,顾念老母生平尊奉三宝、修持六时,岂忍悖之而应俗?凡僧浮口作诵,无资净土,只具戏场,不揣仰仗佛慈俯思夙好,恳我师登坛宏开济渡,并请介如师辈一力同援,三七、四七之间惟师指示,至期焚片香以迎也。⑦

屠应埈的母亲和女儿都信佛,屠应埈本人不信,故而排斥佛教丧礼。而黄汝亨家庭成员全部信仰佛教,尽管黄汝亨也以儒者自居,但他不愿违背母亲的信仰,主动请高僧为母亲做佛事。陈献章母亲林氏(1405—1495)年24即守寡,"颇信浮屠法,及病,命以佛事祷",一代

---

① (明)李维桢:《大泌山房集》卷76《安母吴孺人家传》,《四库全书存目丛书》,集部第152册,第311页。
② 蒋义斌:《宋代的葬俗——儒家与佛教的另一战场》,收入《国际宋史研讨会论文集》,台北:中国文化大学,1988年,第617—618页。
③ (明)申时行:《赐闲堂集》卷33《诰封一品夫人徐母张氏墓志铭》,《四库全书存目丛书》,集部第134册,第686页。
④ 何淑宜:《以礼化俗——晚明士绅的丧俗改革思想及其实践》,《新史学》11卷第3期(2000年)。
⑤ (明)焦竑:《国朝献征录》卷21《翰林院编修杨公珙传》,《续修四库全书》,第526册,第134页。
⑥ (明)屠应埈:《屠渐山兰晖堂集》卷12《诰封一品夫人母牛氏行状》,《四库全书存目丛书》,集部第132册,第142—143页。
⑦ (明)黄汝亨:《寓林集》卷23《与苇航法师》,《续修四库全书》,第1369册,第378页。

硕儒陈献章（1428—1500）"从之"。王鼎认为："此见先生变通处也。"①而"修身明道之儒"吴用先也在其母丧后，"每逢佛事精心赴之"②，因为他觉得做佛事时，仿佛能看到母亲。在黄、陈、吴看来，他们尊重母亲的遗愿——尽管这一遗愿有违儒礼，但也是在践行孝道，而孝道也是儒家较为核心的观念。总之，对为母亲做佛事这一行为可以自圆其说。

吕妙芬在《妇女与明代理学的性命追求》一文中梳理了晚明理学家庭中女性信仰佛道的情况，认为像罗汝芳、张元忭、王畿、陶望龄、刘宗周这些"著名理学家至亲的母亲、妻子、女儿如此认真地学佛，并没有受到强烈反对……让我们看见在晚明三教融合的时代里，理学和佛教可以如此密切地在同一个家庭中被实践着"③。明代士大夫之家信仰的复杂大概非王锡爵家莫属。王锡爵的父亲王梦祥（1515—1582）和母亲吴氏（1515—1594）都是虔诚的佛教徒。父亲以噎膈卒，临终时，"意扬扬不乱，顾我母：'吾欲闻《金刚经》'，语我母为诵之，且听且瞑"④。母亲对佛教的信仰亦非常坚定，"至老呗诵益勤，自创作道冠道服，为图命工制之，祈寒暑雨私居，对亲戚未尝易冠，惟孙妇入门，为就床设锦衣"⑤。王锡爵自称"予最不喜佛家因果之说"⑥，却也是女儿昙阳子——"一个同时浸淫于佛教和道教传统的年轻宗教导师"⑦的信徒。这说明了佛教、道教、儒家学说可以同时并存在一个士大夫之家，甚至一个士人身上，也说明了晚明三教合流之深。⑧

信仰佛教但不做佛事，以及儒家知识分子是否愿意为父母举行佛教丧礼，亦反映出了儒—佛之间的张力。这种张力不仅表现在朝堂之上士大夫反对大兴寺院以及各种排佛言论、政策上，也体现在家庭生活中。如李维桢记载，海盐李元祉之母（1533—1607）信佛，李元祉读经史习举业，"时命说大义，欣若有会，每焚香合掌诵四方氏书，元祉间语及之，责曰'非尔所学也，儒生自有本业'"⑨。母亲并不愿意儿子了解佛教。吴甘来（1599—1644）母亲刘氏（1582—？）60寿诞时，"愿从本诞日做佛事，俗云预修也"。吴甘来劝说母亲："所谓预修者，修善事耳。男将置疏籍一册，凡所为赒恤济应之资，逐事计费期尽佛事之数而止。"吴甘来"生平尊尚正学，不徇二氏之异"⑩，故而反对母亲生日时做佛事，建议母亲用做佛事的钱进行赈济。一个是母亲反对儿子了解佛教，一个是儿子反对母亲做佛事，说明儒佛之间的张力依然存在。

---

① （明）张诩：《白沙先生行状》，载（明）陈献章著；孙通海点校：《陈献章集》，北京：中华书局，1987年，第873页。
② （明）汤宾尹：《睡庵稿》卷17《旌节吴母方宜人墓志铭》，《四库禁毁书丛刊》，集部第63册，第226页。
③ 吕妙芬：《妇女与明代理学的性命追求》，载罗久蓉、吕妙芬编：《无声之声（Ⅲ）：近代中国的妇女与文化（1600—1950）》，台北："中研院"近代史研究所，2003年，第173页。
④ （明）王锡爵：《王文肃公文集》卷11《诰封詹事府詹事兼翰林院侍读学士先考爱荆府君行实》，《四库全书存目丛书》，集部第136册，第416页。
⑤ （明）王锡爵：《王文肃公文集》卷11《诰封一品太夫人先母吴氏行状》，《四库全书存目丛书》，集部第136册，第418页。
⑥ （明）王锡爵：《王文肃公文集》卷4《王母何孺人传》，《四库全书存目丛书》，集部第135册，第273页。
⑦ ［美］王安（Ann Waltner）：《生命与书简：对昙阳子之再思》，载胡缨、季家珍主编《重读中国女性生命故事》，南京：江苏人民出版社，2012年，第220页。
⑧ 陈宝良：《明代儒佛道的合流及其世俗化》，《浙江学刊》2002年第2期。
⑨ （明）李维桢：《大泌山房集》卷100《李母洪太孺人墓志铭》，《四库全书存目丛书》，集部第153册，第26页。
⑩ （清）漆嘉祉编：《庄介公苇庵先生年谱》，《明代名人年谱续编》第16册，北京：国家图书馆出版社，2012年，第41—42页。

张元忭(1538—1588)个人思想的转变也说明了儒佛之间的融合与张力。张元忭母亲去世前,他亲自建议母亲诵佛号。据朱赓为张元忭之父张天复(1513—1573)所作行状,张天复去世时,张元忭"如不欲生,叹越俗居丧燕宾、崇佛非制,于是一遵古礼,著为家法"①。其实在父亲去世之前10年,他就已经在倡导改革葬俗。他在《与朱金庭亲家议丧礼书》中称赞亲家"治丧一循古制,不饮酒茹荤,此尤卓有定见",是士大夫转移风俗的楷模,并且一再肯定"浮屠之教,禁绝不用,毋为俗说纷纭动摇,反古之见,此挽回风俗一大机括也"②。张元忭晚年对佛教的态度也有所转变,他的文集里不再出现诸如"尽删佛氏之言,以正人心、息邪说,于世教有大赖焉"③这样的言论,而是多了和僧人往来唱和的诗作④,张元忭的名字也赫然出现在袾宏的弟子德清为师傅所作的塔铭里:"师道风日播,海内贤豪,无论朝野,靡不归心,闻名而感化者,若大司马宋公应昌、太宰陆公光祖、宫谕张公元忭……"⑤张元忭在其母临终时的表现应是他晚年对佛教思想转变的一个反映。

六、结　语

女性在历史书写中发出的声音非常微弱,就明清两代而言,保存下来的女性诗人、词人的作品⑥是研究女性的宝贵资料,然而也仅限于在女性群体中占极小比例的才女。墓志铭中保存了大量普通女性的史料,墓主也多为社会中上层阶层,而且以老年人居多。以上利用墓志铭对明代老年妇女的信佛原因、礼佛空间、人际交往空间以及佛事活动做了初步的探索,并且通过临终场景中丧事活动的安排,剖析了家庭中儒家思想和佛教信仰的张力和融合。可以看出,与小说中的描写相比,墓志铭中妇女信佛的形象多是积极正面的。对小说和墓志铭的综合考察,有利于揭示出明代女性信佛的更多面相。

作者简介:张雨,现为西安电子科技大学人文学院讲师。

---

① (明)张元忭撰,钱明编校:《张元忭集》附录朱赓:《明奉直大夫左春坊左谕德兼翰林院侍读阳和张公行状》,第10页。
② (明)张元忭撰,钱明编校:《张元忭集》卷3《与朱金庭亲家议丧礼书(嘉靖甲子)》,第71页。
③ (明)张元忭撰,钱明编校:《张元忭集》卷4《寄冯纬川》,第91页。
④ (明)张元忭撰,钱明编校:《张元忭集》卷15《赠无弦和尚》,第384页;卷16《法光上人见访将辞归戏赠》,第464页;《无弦和尚移居法藏庵》,第499页等。
⑤ (明)释德清:《古杭云栖莲池大师塔铭》,载(明)云栖袾宏撰,明学主编:《莲池大师全集》,第1917页。
⑥ 王力坚:《清代才媛文学之文化考察》,台北:文津出版社,2006年;[美]曼素恩:《张门才女》,北京大学出版社,2015年;魏爱莲:《清代中期江南的女性传记传记作家》,收入胡缨、季家珍主编《重读中国女性生命故事》,南京:江苏人民出版社,2012年;等等。

弱者的武器:明清时期女性诉讼策略的展开*

刘振洋　李相森

【摘　要】 明清时期,作为"弱者"的女性在诉讼过程中,充分利用自身的性别角色和社会法律地位,采取身体策略、道德策略和法律策略以博取诉讼优势,表现出了一定的主动性和能动性。在男权社会之下,女性诉讼策略的选择既与女性的生理性别有关,又与其社会性别以及围绕着性别所形成的伦理道德规范、法律规范、诉讼文化有关。被视为"弱者"的女性在诉讼中并非毫无对抗(或反抗)男性主导的司法制度的能力。但是女性诉讼策略的运用效果取决于具体诉讼中的男性司法裁判者,她们为这种诉讼对抗(或反抗)付出了极高的代价。

【关键词】 明清;女性;诉讼策略;司法;性别

在传统中国,女性往往被视为"弱者"。相对于男性,女性在身体上是天然的弱者,在知识上是"愚昧无知"的,在法律地位上是从属于男性的权利受限者。女性在社会性别秩序中的弱者地位,投射于男性主导的司法领域,影响了男性司法主体对涉讼女性的态度及应对措施。而作为弱者的女性在涉讼时,亦采用了一些带有性别色彩,甚至是女性独有的诉讼策略,表现出了与男性不同的诉讼行为。女性诉讼策略的选择既与女性的生理性别有关,又与其社会性别以及围绕着此种社会性别所形成的伦理道德规范、法律规范、诉讼文化有关。① 明清时期,女性参与诉讼虽受到法律的严格限制,但仍有大量女性主动或被动地参与到诉讼中。以明清时期女性涉讼案件为样本探讨女性诉讼策略,不仅可以较为全面地了解传统中国社会中女性在司法场域中的行为表现,破除现代人对传统中国女性无知、柔弱的一般刻板印象,还可以由此深入检讨传统中国女性社会的地位、女性自我性别意识的觉醒及对自身性别角色利用、女性对男权社会的反抗诸问题。

一、明清女性诉讼的身体策略

女性与男性的性别差异首先是身体上的、生理上的不同。在传统中国社会,男女两性在

---

* 本文系司法部 2017 年度国家法治与法学理论研究青年项目"性别视野下明清女性诉讼行为研究"(17SFB3007)的阶段性成果。

① 在女性主义理论中,生理性别(sex)是指一个人生来为男或为女等的生物学事实;而社会性别(gender)体现出社会与文化对于不同性别的价值观念与价值期待。

服饰、发式、妆容等方面差异明显,并且存在对男女两性行为举止的约定俗成的不同期待或要求。在男女两性的社会交往及互动中,外在的体貌身姿、言谈举止成为影响双方彼此之间认知、态度及关系的重要因素。具体到诉讼场域,男性司法官与涉讼女性遭遇时,首先呈现在眼前的是女性的身体样态及行为举动。女性的音容笑貌、举手投足等都可能会对男性司法官产生直接或间接的影响。在某种意义上,可以说女性的身体是一种可资利用的诉讼资源。征之史料,明清时期涉讼女性的确表现出了极富性别色彩的身体行为,以获取诉讼优势。

(一)外示柔弱以博取同情

在传统中国社会,女性被视为天然的"弱者"。古人用阴阳来解释世界万物的源起和属性,认为男性为阳,女性为阴。相对于阳刚的男性,女性的品性被定义为阴柔。女性是"天地之阴气所凝结也"①,是柔弱、顺从的。女性的柔弱符合男性对女性的角色期待,而柔弱的女性往往能够引发男性的"父爱"之情,而得到男性的怜爱和宽恕。故部分涉讼女性会恰当地表现自身的柔弱,以博取男性司法官的同情、怜悯,从而获取于己有利的诉讼结果。

眼泪是女性外示柔弱博取同情的有力武器。②明清判牍中多有涉讼女性以哭泣打动司法官的案例。明代李清在其《折狱新语》中记载"首奸事"一件,被告人艾氏即充分利用了眼泪这一武器。艾氏为养活自己及被判处死刑等待处决的丈夫,不得已嫁与另一男子周全。周全的族弟周党垂涎艾氏美色,希望与周全共同占有艾氏,被艾氏拒绝。于是周党以艾氏与人通奸为由控告于官府。司法官传唤艾氏到庭询问,艾氏"两泪垂颊,若不胜情"③。艾氏在诉讼中一出场,未曾言语已垂泪滴,令司法官顿生怜惜同情之心。明朝崇祯年间曾任广州府推官的颜俊彦在《盟水斋存牍》"人命谭国鼎等"一案中记载,控告人翁氏以痛不欲生之哭泣博取诉讼优势。翁氏之子廖成祖身亡,翁氏认为是谭国鼎因廖成祖窥破其奸丑情事而将自己的儿子打死,遂控告。审讯之时,翁氏由女儿搀扶着进入衙门,"呼天抢地,几不欲生"④。在此,女性控告人通过自己的眼泪、形体动作表达悲痛、不平的情绪,博取司法官的同情。清代张我观在《覆瓮集》中记载了其在浙江会稽任上所审理的"挟仇霸陷等事",亦有"张王氏赴辕泣诉"之语。⑤

除了眼泪,女性表达柔弱的方式还有多种,恰当地展示自己的贫苦、无知等弱势的一面,也可能会获得诉讼中的优势。清代蓝鼎元在任广东普宁知县时,遇有两妇人告状,"余方理堂事,见仪门之外,有少妇扶老妪,长跪其间,手展一楮戴头上"⑥。蓝鼎元命令吏役将二人唤进,取其所呈状纸,却发现状纸是"空楮",即无字之白纸。两妇人的"长跪""空楮"等行为表现引起了司法官的关注。蓝鼎元问她们为何拿空白的状纸告状。老妪郑氏曰:"不识字,又

---

① (明)谢肇淛:《五杂俎》,上海:上海书店出版社,2001年,第52页。
② 与之相对,"男儿有泪不轻弹",男性的眼泪和哭泣更多得会遭受社会的否定性评价,男性哭哭啼啼是"无能""窝囊"的表现,不仅不会招致人们的同情,反而会遭到嘲笑,引起人们的反感。
③ (明)李清:《折狱新语》,上海:中央书店,1935年,第139—140页。
④ (明)颜俊彦:《盟水斋存牍》,北京:中国政法大学出版社,2002年,第690页。
⑤ (清)张我观:《覆瓮集》卷7,"庶务",雍正四年(1726)刻本,第9a页。
⑥ (清)蓝鼎元:《鹿洲公案》卷上,"没字词",载(清)蓝鼎元著,蔡炳剑、王钿点校《鹿洲全集》(上册),厦门:厦门大学出版社,1995年,第385页。

短于财,代书者为李阿梅所阻,莫我肯代。"①老婆婆郑氏简短的语言表达了丰富的内容:"不识字"是"妇人无知","短于财"是贫苦无依,想请代书又被阻挠表明自己备受欺凌,在诉讼中是彻底的"弱者"。在此后的案件审理过程中,二妇人又获得了司法官的信任,"郑氏妇姑不类狙诈之人",其诉讼请求得到实现。两位女性控告人虽不识字又贫苦,但却成功地将自身的"弱势"转化为了诉讼中"优势"。

(二)撒泼涂闹威胁司法官

外示柔弱并非女性在诉讼中的全部和唯一面相。明清司法诉讼中,部分涉讼女性外示强悍而撒泼涂闹,试图用哭闹、叫骂、打滚儿、拼命等方式"闹堂",威胁男性司法官,试图以此取得诉讼优势。清代樊增祥在其判牍中即称:"世之听讼者,每见一泼妇上堂,则畏之如虎。"②可见当时女性在审讯中的撒泼涂闹确实对司法官产生了很大的影响。

揆诸明清司法实践,确有不少女性于公堂之上撒泼涂闹的案例,轻者咆哮喊骂,重者则以自杀相威胁。明代李清在其判牍中曾告诫:"胡氏不得咆哮公庭,自取罪责。"③反映了当时女性在诉讼中有咆哮公堂的行为。清代徐士林在其谳词中记载了诉讼中陈氏"喊辕割颈"的泼闹行为。④清代端方则在其判牍中记载,周氏于审讯之时"袖藏利刃,伪作刺颈闹堂"⑤。

与女性应有的柔顺品性相反的撒泼涂闹,为何会成为女性的一项诉讼策略?表面上非理性的无理取闹,其实正是女性的一种理性的诉讼策略。可以说,撒泼是女人的"专利"。如果男性撒泼,往往会被取笑和轻视,更有甚者会遭受大刑伺候。而女性的撒泼涂闹一般不会招致社会舆论的谴责。女性不需要负担起"明事理"的角色,相反,女性恰恰被认为是"无知"的。撒泼涂闹是与社会对女性的"无知"认知相契合的。同时,撒泼涂闹在面对男性司法官时往往又是行之有效的。所谓"好男不跟女斗",男性司法官背负着沉重的道德、法律"枷锁",使其不可能降格为"泼男"而与不讲理的女性"斗"。若与撒泼的女性讲理,则如秀才遇到兵根本讲不通;若动用暴力,反而落得"欺负妇女"的恶名。因此,司法官畏泼妇如虎也就不奇怪了,而女性选择泼悍以博取诉讼优势亦理所当然。

(三)以性吸引力获取优势

所谓性吸引力在通常情形下是指成年异性之间的能够引发对方爱慕、喜欢,甚至是激发性欲的吸引力。在特定条件下,性吸引力可以成为成年人之间交往互动中的一种优势或资源。在由男性职掌司法权力的中国传统社会,部分涉讼女性会选择利用自身的性吸引力来影响男性司法官吏,从而博取诉讼中的优势地位。

女性主动以性吸引力来博取诉讼优势的案例在明清判例判牍中虽不多见,但仍不乏其例。明代,松江府华亭县姚可成的男仆李显思诱拐其婢女采莲逃跑,被司兵朱禄、曹成所获。朱禄、曹成将采莲视为奇货,为纵欲宣淫之资。而采莲亦迎合其需以酣众淫。⑥司兵有图奸之

---

① (清)蓝鼎元:《鹿洲公案》卷上,"没字词",载(清)蓝鼎元《鹿洲全集》(上册),第421页。
② (清)樊增祥:《樊山政书》,北京:中华书局,2007年,第284页。
③ (明)李清:《折狱新语》,第78页。
④ 陈全伦、毕可娟、吕晓东主编:《徐公谳词——清代名吏徐士林判案手记》,济南:齐鲁书社,2001年,第492页。
⑤ (清)端方:《端午桥判牍》,上海:中央书店,1937年,第45—46页。
⑥ (明)毛一鹭:《云间谳略》,载杨一凡、徐立志主编《历代判例判牍》(第3册),北京:中国社会科学出版社,2005年,第473页。

心,而采莲为之迎合,亦难免有以自身的性资源博取诉讼优势之心。

清代樊增祥在其《樊山政书》中记载:"兰英以及笄之女无人管束,而且屡涉公庭,胆粗颜厚。当涉讼之始,早与司书唐鸣雁有瓜田之疑。"①司书是衙门中专管文书起草的吏员。兰英与司书唐鸣雁发生暧昧关系,即是她意图通过性吸引力对诉讼施加影响。在樊增祥审理的另一起案件中,韩治海奸拐陈黄氏,被巡役何德盘获。据何德供词称,陈黄氏央求何德将其释放,并愿意与自己同睡一夜。何德竟然含糊应许。②该供词被樊增祥认定是何德诈赃图奸的证据。但何德有所图,陈黄氏甘于以自身的性资源相迎合,可以合理推论陈黄氏亦有所图。

清代道光年间,河南巩县孀妇陈李氏不能自洁,与陈法科私奔。李氏之兄李黑汉前去寻找,结果被陈法科用刀划伤。于是,李黑汉赴县控诉。李氏在城候讯,住在代书武肃谋家中,并认武肃谋之母为义母。武肃谋为之出谋策划,架词妄讼。县审时,判令李氏由其翁陈士禄领回。但下堂之后,李氏即为武肃谋掠去。李氏以结亲为名,委身他人,以致司法官有"假兄妹欲作真夫妇"的猜测,并有"杨花飘荡,真所谓鸳鸯出处飞矣"③的评判。显而易见,此案中李氏是意图以自身的性吸引力应对诉讼。

在以上案例中,司兵、巡役、司书、代书等掌有国家权力或诉讼资源,是诉讼场域中的优势一方。但除去其权力身份,他们还有其性别身份——男性,是具有男性生理需求的生物意义上的人,有其"天然的弱点"。而处于权力弱势地位的女性则具有可以与男性权力掌有者交易或抗衡的性别资源。因而,部分涉讼女性会有意识地以自身的性吸引力与男性司法官交易或抗衡,以获取诉讼中的优势。

(四)以命相搏

身体是生命的载体,惜身保命的求生欲是人的本性。但人在特定情形下,也会选择毁灭身体来实现某种诉求或目的。身体之生死也就成了一种手段。明清时期,部分女性选择以自杀的方式来应对诉讼。以死相搏,付出生命,是作为弱者的女性对抗控告,洗雪冤屈,争取自身权利的最后的无奈选择。

明代毛一鹭在任松江府司理时,审理了一起发生在华亭县的案件。张念祖卖身于陆耀,去世时遗妻卫氏及二子。张念祖之弟张应祖偷偷将卫氏以及他的两个侄子领回家。陆耀控诉于府,并讼之于巡厅。"逮者至乡啰唣,而卫氏情极,赴耀家悬梁死矣。"④卫氏之死是为对抗陆耀的起诉和压迫。但最终司法官判决陆耀与卫氏有主仆名分,难以以威逼致死之条定罪处罚,张应祖想要将自己的两个侄子领回,仍应交付二两银子给陆耀。

清代谈迁在其《枣林杂俎》中记载了一位以死洗冤的女性。吴江陈氏之夫张士柏去世后,夫兄张士松强行将其嫁给徐洪义子张程。陈氏不从,徐洪等人强抢。陈氏誓死不从,但最终还是被掳往徐宅。6天之后,陈氏赴县控诉。徐洪亦赴县控诉,称徐氏为其儿媳。县令章日炌认为陈氏在徐宅待了数天,无可辩白,施以拶指之刑,但陈氏紧握拳头,不肯受刑。于

---

① (清)樊增祥:《樊山政书》,第127页。
② (清)樊增祥:《樊山政书》,第312页。
③ (清)李钧:《判语录存》,载杨一凡、徐立志主编《历代判例判牍》(第10册),第61—62页。
④ (明)毛一鹭:《云间谳略》,载杨一凡、徐立志主编《历代判例判牍》(第3册),第419页。

是,县官将陈氏收监囚禁。陈氏出狱后,气愤异常,丙子三月,诉于按台,按台不予受理;四月,又向松江蘧台控诉。蘧台欲将此案发交吴江县令审理。陈氏自觉申冤无望,自刎而死。后来,郡人认为陈氏坚贞,将其安葬,并予以祭祀。最终,吴江县令章日炌因忧而死,徐洪等人服罪。①陈氏先是拒受刑讯,在多次上诉无果之后,终于以自杀的方式进行反抗,以实现自己的诉求。

通过自杀的方式应对诉讼并非仅是女性性别群体的选择,但以笔者目力所及,相较于男性,女性的此种诉讼应对方式较为多见。这与传统社会女性的"社会化"程度较低,缺少足够的知识和能力应对诉讼有关。当然,这并不是女性自身的原因导致的,而是男权社会禁锢、压迫女性的结果。

二、明清女性诉讼的道德策略

在传统中国社会,因"男女有别"而设"男女之大防",围绕男女两性形成了种种的伦理道德规范。男权社会对女性赋予很高的道德期许,科以严格的道德规范,要求女性具备"忠贞""服从"等品行,并通过司法审判对女性进行道德评判和道德规训,以维护男女有别、男尊女卑的社会性别秩序。明清时期,部分涉讼女性通过自我道德美化、道德责任推卸等手段,努力塑造符合男性期待的自身形象来影响司法官对自己的品行评判,并对司法官施加道德压力,以赢得最有利的裁判结果。

(一)自我道德美化

自我道德美化是指主体突出强调或者宣称自身具有社会普遍认可的良好道德品质,从而实现美化自我,赢得社会肯定性评价的一种道德策略。明清时期,涉讼女性往往强调自己的坚贞不二、良好节操、贤惠善良等道德品质,以占据道德制高点,赢得司法官的肯定性评价。

前举明代李清《折狱新语》所载"首奸事"一案中的艾氏,不仅用眼泪外示柔弱,同时用言语为自己进行道德上的辩护:"恩莫深于夫妇,而痛莫切于饥寒,嫁人不可洁己,不能直是心,苦以致身辱耳。"艾氏声称自己知道夫妇之恩深重,再嫁有违忠贞,致身不洁,但这并不是自己的本心,只是饥寒之痛深切,不得已才辱身降节。闻此,司法官亦"惨然色动。"②最终,司法官判决将艾氏的遭遇写在衣服上,作为她乞讨的凭据,刑罚免予执行。艾氏虽然身属二男,但仍表明自己内心对"从一而终""忠贞不二"等男权社会主流道德观念的认同,从而扭转了一开始司法官对自己"以淫闻"的道德认知,赢得了司法官的同情与肯定,并最终获得了于己有利的诉讼结果。

清代蓝鼎元知广东潮阳县时审理一案,林贤娘诬称自己被刘文实及刘文实的母亲马氏欺骗嫁卖。马氏辩解称:"我二十孀居,苦守二子,今行年七十,足不履户庭,非礼之言不出诸口。岂有劝人改嫁作伤风败俗之事?若有此举,则从前守节皆虚矣。"③在此,马氏即是以自

---

① (清)谈迁撰,罗仲辉、刘明校点校:《枣林杂俎》,北京:中华书局,2006年,第280—281页。
② (明)李清:《折狱新语》,第139—140页。
③ (清)蓝鼎元:《鹿洲公案》,卷下,"忍心长舌",载(清)蓝鼎元《鹿洲全集》(上册)第421页。

己孀居守节的道德品行来为自己辩诬,从而赢得了司法官的信任。

清代道光年间,沈衍庆署江西兴国县时审理一件"忤亲休弃事"。钟周氏禀送其儿媳王氏迭次忤逆,并令其儿子钟士燡休妻。庭审之时,王氏"自悔改过,矢志不嫁,并以生甫五月之婴孩令永无人乳哺,情愿带回抚养,泣涕哀陈"①。王氏的"自悔改过""矢志不嫁"及难舍幼儿,表达了自己对于男权社会正统道德规范的认可,努力塑造自己明事理、有母性的形象。最终,司法官认为王氏情有可原,做出了有利于王氏的判决。王氏带幼儿归父家,钟家每年给谷五石以供养赡,若王氏守志不嫁,又得到婆婆原谅,可与丈夫复合。

(二)道德责任推卸

道德责任推卸是指主体在不道德行为发生时推卸自己应承担的责任,并将其归之于他人。诉讼当事人在诉讼过程中的道德责任推卸与自我道德美化在目的上一致,都是为了赢得司法官的肯定性道德评价。但道德责任推卸在手段上是消极的,主要采用贬低他人道德或强调自身行为的被动性等方式进行。明清女性在诉讼中的道德责任推卸策略,在女性与人通奸的案件中表现得尤为明显。犯奸女性在供词中往往称自己被调戏而与男性相奸,强调自己"不当行为"的被动性和不得已。

清代乾隆三十三年(1768)四川巴县杨亮衢与舒杨氏通奸被杀一案中,舒杨氏供称:"小妇人年三十二岁,舒德是小妇人丈夫,房主杨亮衢原常到小妇人家走动。上年五月,丈夫没在家,杨亮衢来调戏小妇人,与他通奸起来,后来乘丈夫外出,他就与小妇人奸宿。"②

在乾隆三十四年(1769)二月四日巴县赵大淮通奸败露自杀案中,赵林氏供称:"乾隆三十三年六月初二日,丈夫不在家,赵大淮与小妇人调戏成奸……本年正月初七日上午,丈夫走出门去,赵大淮又要与小妇人行奸。"③女性的此种供述虽然承认自己有与他人通奸的行为,但却强调自己是被动的、被引诱调戏的"受害方",从而有意无意地将通奸的道德责任归于男性,推卸自身应承担的道德责任。

(三)施加道德压力

在传统中国的司法场域中,诉讼参与者不仅受到法律规范的约束,同时也笼罩于道德规范之中。在"妇人尤以不出闺门为女德""内言不出于阃"的性别秩序之下,女性在诉讼中的出场本即对司法裁判者形成了道德压力。④部分涉讼女性通过各种手段对司法官施加道德压力,以期博得有利于己的诉讼结局。

对司法官施加道德压力会以夸赞、奉承司法官的方式出现。例如,清代四川綦江县孀妇吴罗氏禀状中称赞县官曰"仁廉德沛汪洋,无日不以子民为念,恩布九州,谁不歌功颂德",

---

① (清)沈衍庆:《槐卿政迹》,载杨一凡、徐立志主编《历代判例判牍》(第10册),第164页。
② 四川省档案馆:《清代巴县档案汇编》,北京:档案出版社,1991年,第78页。
③ 四川省档案馆:《清代巴县档案汇编》,第87页。
④ 清代官箴书一再告诫司法官在审判女性时要"务须庄重严肃,色厉言正""庄词肃容",与犯妇在空间上保持足够的距离,不得有过多的语言、目光交流,"不得唤近案前,低声悄问","不可铃令跪近堂前,频频斜窥",在妇女"退去时,不得定睛目送"。参见(清)褚瑛:《州县初仕小补》卷上,"审理奸情",载官箴书集成编纂委员会编《官箴书集成》第8册,合肥:黄山书社,1997年,第749页;(清)方大湜:《平平言》卷3,"审讯妇女宜庄重",载官箴书集成编纂委员会《官箴书集成》第2册,第677页。

并"泣恳青天磨齐城之悬镜,拨云岭之烟雾"①,查明案情,为自己洗雪沉冤。当然,这些诉讼修饰语词并非女性所独用,甚至是男性授意之下的行为。但在具体司法诉讼过程中,"德沛汪洋""恩布九州"等赞颂之词以及"只求为小妇人做主"等话语出于女性之口,对男性司法官所产生的道德影响当与男性涉讼者有所不同。

有的女性甚至将道德压力施加到最高统治者皇帝那里。明代成化年间,山西平阳府蒲州河东驿驿丞王仁妻李氏上书皇帝请求代夫受刑。其言称:

> 妾闻为人臣则当死君之难,为人子则当死父之难,为人妇则当死夫之难。为臣而不死君之难是为不忠,为子而不死父之难是为不孝,为妇而不死夫之难是为不义,此古今之常经,乃天下之大道也。……臣幸遇圣明,遭逢尧舜,心即天地之心也,德即好生之德也,谅雷霆无非意之怒,知天地无终弃之才。如蒙圣慈,伏望哀怜恻怛臣公姑老病饥寒之苦,饶夫一死,俾得归侍以全其父母之恩,却将臣身斩首抵罪,用彰国家大义,则夫不失其孝,臣得全其义,亦陛下教天下以孝以义之心也,岂特臣之幸甚,臣之夫之幸甚,臣之夫之父母幸甚哉!②

首先,李氏立于道德的制高点,将妻子为丈夫而死与臣为君死、子为父死相等同,令倡导"三纲五常"的统治者无可辩驳。然后,李氏又称自己代夫而死,可令丈夫存活以侍养老人,符合君主以孝治天下的倡导。最后,又将皇帝与上古圣君尧舜相比拟,有好生之德。句句言辞,在道德上无懈可击,最终皇帝也只能认可。而且皇帝也正好借此机会宣扬以德礼教化天下,笼络人心,展现皇恩浩荡。于是,皇帝宽宏大量地批道:"是,都饶死罢,钦此。"

涉讼女性所采用的一些身体策略也会对司法官产生或大或小的道德压力。女性用眼泪外示柔弱或者撒泼涂闹,"呼天抢地""极口喊冤""鸣鸣不止""匍匐公堂"等行为,皆是利用了社会对男女两性强弱悬殊的性别认知以及同情弱者、"好男不欺女"等道德伦理规范。而涉讼女性以性命相搏,付出生命,更是对司法官形成强大的道德压力。所谓"人命关天",司法官必须对人命做出合理合法的处置,以对死者有所交代以免遭到舆论责难。

清末,陕西商州许祚考引诱方世才之女方引女为奸,被方世才夫妇于奸所戳毙。许祚考之兄许祚仁捏控谋财害命。方引女赴商州公堂受讯时,行至中途,坠崖身死。方引女是自杀还是失足意外而死?司法官推测方引女"目视其祖若父若母,因杀奸之故破家倾产,而身不得脱,其死也殆愧愤所激,有意投崖,而非由于失足也"③。在此,司法官有意将方引女之死赋予道德意义,认为引女有羞愧之心,并以死来洗门户之羞。方引女之死既是为对抗许祚仁的捏控诬告,也是因失身羞愧而无颜存世。这便对司法官形成了一种道德压力,必须要对人命之事有所交代,还要对引诱为奸做出道德评判。最后,司法官认定许祚考是"诱胁"幼而无知之方引女,肯定了方引女的道德品行,认为许祚考被戳毙命是罪有应得,判决许祚仁负责方引女的丧葬费,并对许祚仁予以"笞四百板,锁系五年"的严惩。

---

① 四川省档案馆:《清代巴县档案汇编》,第82页。
② (明)祝允明:《前闻记》,北京:中华书局,1985年,第32、35页。
③ (清)樊增祥:《樊山政书》,第288页。

三、明清女性诉讼的法律策略

在传统中国社会,尽管相对于男性,女性的法律地位低下、诉讼权利受限,但法律也赋予女性某些"特权"。明清时期,女性的普通犯罪可以收赎免罚。《大明律》规定:"(妇人)若犯徒流者,决杖一百,余罪收赎。"(《大明律·名例律·工乐户及妇人犯罪》)清代法律继承了明律的相关规定,如《大清律例》规定"(妇人)若犯徒流者,决杖一百,余罪收赎"(《大清律例·名例律·工乐户及妇人犯罪》),"妇女有犯奸、盗、不孝者,各依律决罚,其余有犯笞杖并徒流充军杂犯死罪,该决杖一百者,与命妇、官员正妻俱准纳赎"(《大清律例·名例律·赎刑》)。在具体的司法过程中更是形成了针对女性的一系列特殊应对措施,或者可以说"优待"措施,例如女性涉讼不轻易令其出庭对质、尽量避免羁押女性、审慎刑讯女性等。[1]因此,部分女性充分利用法律赋予的"特权"及司法"优待"博取诉讼优势。

(一)恃妇兴讼

明清时期,女性依仗自己的特殊性别身份而出头兴讼、呈控的案件屡见不鲜,甚至成为某些地方的社会风气。明代,利用女性兴讼的社会现象已为官方所关注并禁止,毛一鹭曾颁布《禁牵告妇女约》,其中有言:"近见奸棍,或借孀妇出告为奇货,或籍闺女词内为诈局……唆妇女者与告妇女者一概反坐,仍枷号痛责。"[2]清代张我观亦言:"今会邑无论大小事件,每多妇女呈诉,甚至沿路喊冤。"[3]不管女性是主动兴讼,还是受人唆使而出头呈控,都是利用了女性的性别优势及在法律中的特权。明清时期的案例显示,部分女性滥用诉权,一告再告,不断上控,或者越诉,甚至京控。

据明末张肯堂《𧦬辞》记载,黄氏之夫萧士元被张学文、杨得运等八人殴死。张学文、杨得运为王用才之佣工。张学文、杨得运等八人被王用才设计捉获,并被判处死刑。王用才也被判处"不应为"罪而受杖刑。但黄氏仍"屡讼不休",一定要王用才赔偿。[4]黄氏无休无止地控诉即是恃其女性之身份,借丈夫之死图赖钱财。

清康熙五十七年(1718),秦集之将其弟秦弘模所置而由其婶秦张氏照料粮务的田亩出卖,秦张氏遂与秦集之讦控于县。第二年,秦集之又卖地,秦张氏再次控诉。待秦弘模病故,秦张氏与秦集之复造端具控。司法官认定"张氏实未立继,而以侄产屡控屡悬,认为己业。其中自有乐讼者掇唆之,以收渔人利也。免究可耳。"[5]此案中,秦张氏与侄子屡次起讼,企图将侄子的田产据为己有,在诉讼中表现出极强的积极性和主动性,也与女性在法律上享有的"特权"有关。

清光绪年间,湖北嘉鱼县民妇曾袁氏之夫曾国钦去世。堂伯曾凤林欲立己孙为曾国钦

---

[1] 李相森:《限制与保护:清代司法对涉讼女性的特别应对》,《妇女研究论丛》2015年第6期,第66—74页。
[2] (明)毛一鹭:《云间谳略》,载杨一凡、徐立志主编《历代判例判牍》(第3册),第602页。
[3] (清)张我观:《覆瓮集》刑名卷1,"条告",雍正四年(1726)刻本,第6a页。
[4] (明)张肯堂:《𧦬辞》,载杨一凡、徐立志主编《历代判例判牍》(第四册),第359—360页。
[5] (清)张我观:《覆瓮集》刑名卷5,"田土"第7b页。

嗣子,袁氏不允。之后,二人又因钱债、田土买卖等互控。曾凤林觊觎遗产,遂将袁氏嫁卖于彭开会,结果事败。袁氏主使其三个女儿出名京控。①在此,袁氏积极运用法律手段维护自身权益,甚至不惜京控,亦表现出了很强的诉讼能动性。

在清末"杨乃武小白菜案"中,亦有女性奔走上控的身影。同治十三年(1874)四月,杨乃武因涉嫌与毕秀姑谋杀毕秀姑之夫葛品连而被判处死刑收监待决。杨乃武亲为控状,"捏称何春芳在葛家玩笑,余杭县长子刘子翰令阮德索诈等情,嘱其胞妹叶杨氏具呈,遣抱王廷南赴都察院衙门呈报"②。结果,被咨解回浙。杨乃武之妻詹氏又以前情于六、七月间赴巡抚、臬司衙门具控。九月,詹氏又遣抱告姚士法赴步军统领衙门续控。③

(二)恃妇妄告及添词、添情

明清时期,女性为耸动官厅受理词状或者获取不正当利益,在控告时往往添加不实情节妄控,甚至诬告。明末广州府李氏之女陈氏先是嫁给谈遇,后又与冯维节相奸而婚。李氏向谈遇索要陈氏奁田39亩,并盗取谈遇自置71亩田产的田契,妄称为自己所有。李氏自恃老妇,妄告不已,架词不休,被司法官称为"裙裾中之神棍"。但最终仅惩治报告人结案。④清朝雍正三年(1725)五月,张我观于会稽任上审理"势豪灭命事",洪楚珩为扮旦优童,与戴良辰相往来,游荡失业,被班主钟铣责骂并笞打。洪楚珩之母洪俞氏遂以"势豪灭命"喊控,其中"蛮刑私杖,勒为卖身之说洵属诬妄"⑤。

女性恃妇妄控正是利用了法律所赋予女性的犯罪收赎的特权。在司法实践中,司法官对于女性在诉讼中的"添词""添情"行为往往免予追究。例如,"冼氏女流之添词,免究"⑥;"周氏告婿添情,以其茕茕未亡也,亦贳之"⑦;"简氏词虽添涉,女流免究"⑧;"周氏等控词失实,姑念妇女无知,概免置议"⑨。若女性控告所添之词或所添之情过重,则依不应得为之罪处罚,但仍收赎,不实际执行刑罚。在前揭袁氏三个女儿京控案的诉状中,除控诉嫁卖之事外,还添叙了曾凤林之子逼卖曾国钦之妾曾杨氏、刑书唐步升及差役王大祥受贿等情节。最终袁氏因添叙无据空言,依不应得为之律,被处以杖八十的刑罚,但因系妇人,照律收赎。⑩

四、结　语

在传统中国的男权社会中,男性掌握国家权力,将自身性别定义为一种优势性别,并试图利用手中的权力规训女性,使其服从于男权社会的伦理道德及法律规则。女性在权力配

---

① 《清臬署珍存档案》(第2册),全国图书馆文献缩微复制中心,2004年,第647—656页。
② 朱寿明辑,陈尚凤整理:《杨乃武冤狱》,长沙:岳麓书社,1986年,第16页。
③ 朱寿明辑,陈尚凤整理:《杨乃武冤狱》,第17页。
④ (明)颜俊彦:《盟水斋存牍》,第173页。
⑤ (清)张我观:《覆瓿集》刑名卷7,"庶务",第14a页。
⑥ (明)颜俊彦:《盟水斋存牍》,第413页。
⑦ (明)颜俊彦:《盟水斋存牍》,第416页。
⑧ (明)颜俊彦:《盟水斋存牍》,第413、416、690页。
⑨ (清)李钧:《判语录存》,载杨一凡、徐立志主编《历代判例判牍》(第10册),第21页。
⑩ 《清臬署珍存档案》(第2册),第647—656页。

置中处于弱势,并被社会定义为"弱者"。但弱者亦有其对抗强者的武器及策略,被视为"弱者"的女性并非是诉讼中实际上的弱者,也并非毫无对抗及反抗的能力。

首先,表面上"强势"的男性司法者亦有其"天然的弱点",而作为"弱者"的女性亦有其有力的武器。司法场域中的男女首先是生物意义上的人,会受到两性之间的性吸引、七情六欲等人之情性的影响。在此一层面上,不存在绝对的强者或弱者,男性会被女性的眼泪打动,被女性的姿色吸引,也会被女性的撒泼涂闹、以命相逼所震慑。

其次,在泛道德化的社会中,女性固然受种种礼教规范的束缚,而男性同样需要正视、遵循社会伦理道德规范,这也为涉讼女性利用道德策略,对男性司法官施加道德压力,博取诉讼优势提供了可能。在传统中国社会,女性与男性的性别不同而具有不同的社会角色,并且围绕男女不同的社会角色形成了一套伦理道德规范以及法律规范。在司法场域中,有关女性"天然弱者"的认知以及"男女有别""严男女礼教之大防""同情弱者""矜恤孤寡"的观念笼罩于女性涉讼案件的处理过程中,男性司法官同样被男女之别的种种礼教规范所捆缚。

最后,传统法制基于"保护"女性的目的,限制女性的诉讼权利,但也确立了女性的种种"特权",此种优容宽待就为女性利用法律策略变诉讼中的弱势为强势提供了空间与可能。传统中国男权社会视女性为"弱者",是男性的"附属物",是"无知"的,故对女性加以"保护"。诉讼中,"保护"女性的方式主要有两种:一是限制,限制女性的行动自由,限制其在诉讼中的出场;二是宽待,"妇人无知"而对女性的不实控告免究,"妇人无刑"而对女性的轻微犯罪行为收赎。此种限制确实对女性的诉讼行为造成了阻碍,但立法及司法给予女性的特殊宽待又使得"恃妇兴讼""恃妇妄告"成为可能,一定程度上鼓励了女性的积极诉讼。

综上所述,明清时期部分涉讼女性对自身的性别及社会地位认知清楚,自愿认同男权社会的性别伦理秩序及规则,在接受男性的权力规训的同时,亦利用自身的性别角色以及社会伦理道德规范、国家法律规则赋予的特殊地位,博取于己有利的诉讼结果,甚至有部分女性利用自己的身体及生命、"滥用"法律赋予的特权对抗男权社会既有的价值观念和道德、法律规范。但应当指出的是,女性诉讼策略的运用是在男性主导的社会性别秩序及国家法律框架之中,其效果取决于具体诉讼中的男性司法裁判者,她们为这种对抗及反抗付出了包括生命在内的极高的代价。

作者简介: 刘振洋,南京大学法学院博士研究生;李相森,南京审计大学法学院副教授。

拟男与风雅

——性别学视域下《红楼梦》女性"琴棋书画"的空间表达与生活*

吴若明

【摘　要】琴棋书画,即古琴、对弈(特指围棋)、书法(或诗书)、绘画,又称"文人四友",是中国古代文人生活中常见的休养方式,也是文人理想化的雅集交流方式。明清时期,女性以"琴棋书画"为综合才艺的风尚渐为世人所提倡,在相关小说文本和器物图像中都有描述。本文以经典文学著作《红楼梦》为对象,结合书中女性生活的公共区域与私人空间,综合探讨琴棋书画相关概念和中国清代才女观的表现方式,以及书中不同于世俗文本琴棋书画的普遍描绘方式。旨在从性别学视域探究书中"琴棋书画"所反映的拟男之风与风雅所附,及其在生活空间、文人交游、社会层次、女性角色影响下的社会意义与时代局限。

【关键词】琴棋书画;红楼梦;女性;性别学

琴棋书画,又称"文人四友",为中国古代文人士大夫阶层所好。明清之际,琴棋书画也为仕女所擅,是才女综合能力的表达,反映了社会中仕女对文人的拟男之风和风雅之尚。在《红楼梦》的文本中,琴棋书画不仅与大观园内仕女才艺性情相关,又融入其生活起居场所,以复调表达的方式成功塑造明清仕女形象。

一、琴棋书画绪论

在传统文人领域的音乐活动中,琴渐渐具有了超出乐器本身的文化蕴涵。弹琴,不仅仅是技能的体现,更是托物言志的体现。琴的核心部分当属对恬淡冲和境界的向往,对知音的渴望,对人格的坚守,这较多通过士人的诗文表现出来。[①]棋者,是为对弈,其流传亦久,南北朝时期,随着玄学兴起,文人学士尚清谈,弈风尤盛。更以棋设官,建立"棋品"制度,女性也多有弈棋图卷传世。关于"书"的理解,可分为两类。一者为书法,即书写的方法。书法又不

---

* 本文系 2019 年教育部人文社会科学研究青年基金项目"德国藏中国明清瓷器的调查与研究"阶段性研究成果之一,项目编号:19YJC760121。

① 陈洪:《不同文学书写中的中华琴文化》,《文学与文化》2017 年第 1 期,第 4—9 页。

等同于写字,字为常态,书法是为精髓。书法是中国艺术和文化的中心和基础,也是中国最为广泛的一种艺术形式。中国古代的大部分人会书写,尤其是士大夫阶层。书写,是中国古代文人仕途必须借由的途径,从实用的书写中产生,又逐渐成为艺术。①书法既包括字体,也涉及风格,其发展具有连贯性,东晋时期形成的一些经典风格,此后数千年仍被摹写。②另一类为读书,读书为古代文人取仕必经之途,而对宦官家族女性或其他以才情著称的女性来言,读写诗书则是个人修养的提升。结合文本和图像,明清女性的琴棋书画中的书更多偏向于对诗书的阅读。在画的方面,传统绘画种类繁多,有宗教画、水墨画等各种类别;从其发展来看,早期以功用性为主,既包括为宗教服务,也包括为宫廷所用;内容以记录、宣传等为主,画家的个人情感流露不多。宋代以来,中国文人画兴起,明清时期成为文人寄情于景的表达方式。在艺术家追求画笔自由的同时,一些兰竹山石等绘画母题也随画谱传播,绘画得以更为广泛地普及。③明清文人墨客赏画作画,闺房女性中也多有赏画之风,并有少数画作传世。

在文人阶层的提倡和遵循中,这四艺渐渐成为社会中对于文化精髓、才艺德能的感性认知。自明清以来,琴棋书画被相联,并开始从对男性文人的寄托情志转向对女子才能的综合赞赏。女性阶层在对拟男和风雅的推崇中,以此四艺为能,如明代毛晋辑《六十种曲》中《焚香记》第五出"允谐"篇章中提及:

> 近来取一义女,年方二八,叫名桂英。谁知他是宦家之女,琴棋书画、针黹女工,无所不晓。④

同期其他载体的物质媒介中,也盛行相关主题,如明清时期的瓷器装饰,人物图像日趋丰富,女性题材在装饰中也日益繁多,表达多样,并出现了琴棋书画的组合性图像装饰。

二、"琴棋书画"和女性二重空间

琴棋书画在明清小说中常用于对女性的描述,相较于其他文本而言,《红楼梦》的琴棋书画不局限于简单的才能描述,还在作者的情节描述中具有一定的叙事性功能。⑤在《红楼梦》大观园这相对独立的女性空间中,琴棋书画与女性为主的人物主体研修和日常生活紧密结合,从庭院和闺房等不同角度展示了女性在二重空间与琴棋书画的关联。

---

① [德]雷德侯(Lothar Ledderose)、吴若明:《雷德侯教授访谈录》,《南方文物》2015年第3期,第15页。
② [德]雷德侯(Lothar Ledderose)著,许亚民译:《米芾与中国书法的古典传统》,杭州:中国美术学院出版社,2008年,第41—47页。
③ [德]雷德侯(Lothar Ledderose)著,张总等译:《万物:中国艺术中的模件化和规模化生产》,北京:生活·读书·新知三联书店,2005年,第268—269页。
④ (明)毛晋辑,章培恒主编:《四库家藏:六十种曲》(第6册),济南:山东画报出版社,2004年,第306页。
⑤ 袁宪泼:《琴棋书画的叙事及其价值——兼论〈红楼梦〉的艺术史价值》,《明清小说研究》2019年第2期,第74页。

(一)大观园中的女性二重空间

晚明江南一带园林盛行,这些场所大部分与男性的退隐或在职的文人官员紧密相关,呈现出一个个私人控制的社会空间,也是园林主人避开公众压力、行使道德权威的场所。① 至清代,晚明的园林被陆续易主,新的皇家或私人园林也在不断地兴建。相较于这些园林,《红楼梦》大观园体现了不同的女性视角,不仅是其兴建源于贾元春,园林的命名等也是由林黛玉等贾府女性参与,并最终由贾元春——贾府中与皇权相连、地位崇高的女性来确定完成,甚至亲笔题名。大观园建筑也在这一书法净化过程后,最终确立为女性世界。②《红楼梦》多次论及清代仕女生活的各方面,并随着特定人物的代入,反映出"闺阁中历历有人"及"山川日月之精秀只钟于女儿"等主旨。③ 这样的一个女性世界也成为一个相对于外界而独立存在的女性空间(feminine space),即被认知、想象、表现为女性的真实或虚构的场所。④ 以中国国家博物馆藏清人所绘《大观园》为例,画卷纵137厘米,横362厘米,绘画了大观园内的百余名女性群体。其所处的画面背景建筑中既包括凹晶馆、凸碧山庄等女性在庭院中吟诗、赏月等相互交流的公共空间,也有蘅芜院、蓼风轩即以薛宝钗和贾惜春为代表的女性闺房私人空间(图1)。

图1 清代《大观园》及局部(中国国家博物馆藏)

(二)庭院之乐与琴棋书画

随着经济发展,世风渐奢,园林风格渐精致化,与早期园林相比更加世俗化。园林成为女性生活的重要居所。明清时期,园林,尤其是住宅中的后花园是社会上层女性成长与生活

---

① Joana F. Handlin Smith, "Gardens in Ch'i Piao-Chia's Social World:Wealth and Values in Late Ming Kiangnan", Journal of Asian Studies Vol.51,No.1,1992,pp.755—81.
② [澳]李木兰(Louise Edwards)著,聂友军译:《清代中国的男性与女性——〈红楼梦〉中的性别》,北京:北京大学出版社,2014年,第19—23页。
③ 王宗英:《中国仕女画艺术史》,南京:东南大学出版社,2009年,第1页。
④ 巫鸿:《陈规再造:清宫十二钗与〈红楼梦〉》,《时空中的美术:巫鸿中国美术史文编二集》,北京:生活·读书·新知三联书店,2009年,第257—298页。

的主要场所,《红楼梦》大观园本是为皇妃省亲而建,后来成为其家中姊妹的居所。①庭院,是深闺里的后花园,仕女不仅仅生活在庭院之中,也是这些园林的管理者。②明清仕女生活大部分都是在不同大小的庭园中度过的。庭园是中上层社会女性,尤其是官宦、贵族、商贾家庭中女性日常生活的重要场所,也是她们日常生活的室外之处。以《红楼梦》为例,大观园庭院之中,闺房林立,其塑造的十二金钗经典仕女人物均各有自己的闺房住所。庭院作为明代仕女的主要生活场所,庭院之中的生活也多与琴棋书画有关。《红楼梦》通过典型人物突出仕女琴与画的修养,对弈之趣,并以诗词彰显书写之才。

以四艺之首"古琴"为例,书中第八十六回《寄闲情淑女解琴书》,以黛玉之言,向宝玉先释古琴琴谱与技法:

> 琴者,禁也。古人制下,原以治身,涵养性情,抑其淫荡,去其奢侈。若要抚琴,必择静室高斋,或在层楼上头,或在林石里面,或是山巅上,或是水崖上。再遇着那天地清和的时候,风清月朗,焚香静坐,心不外想,气血和平,才能与神合灵,与道合妙。所以古人说:知音难遇。若无知音,宁可独对着那清风明月,苍松怪石,野猿老鹤,抚弄一番,以寄兴趣,方为不负了这琴。还有一层,又要指法好、取音好。若必要抚琴,先须衣冠整齐,或鹤氅,或深衣,要如古人的仪表,那才能称圣人之器。然后盥了手,焚上香,方才将身就在榻边,把琴放在桌上,坐在第五徽的地方儿,对着自己的当心,两手方从容抬起,这才身心俱正。还要知道轻重疾徐,卷舒自若,体态尊重方好。③

《红楼梦》中借黛玉之口探讨的琴学要论,源于明代琴家杨表正的《重修真传琴谱》,全称《重修正文对音捷要真传琴谱》,又名《西峰琴谱》。《西峰琴谱》,初刊于万历元年(1573),共六卷。后增订重刊于万历十三年(1585),增至十卷,前二卷为琴论,文中提道:

> 琴者,禁邪归正,以和人心。是故圣人之制,将以治身。凡鼓琴,必择净室高堂,或升层楼之上,或于林石之间,或登山巅,或游水湄,或观宇中;值二气高明之时,清风明月之夜,焚香静室,坐定,心不外驰,气血和平,方与神合,灵与道合。如不遇知音,宁对清风明月、苍松怪石。④

从古琴曲《流水》及宋徽宗的《听琴图》画作等可知,古琴自古与高士相关,是男性闲暇生活的重要部分。至明清,古琴亦成为仕女生活的重要部分。清代戏剧家李渔在《闲情偶寄》卷三声容论及女子与丝竹:"丝竹之音,推琴为首。古乐相传至今,其已变而未尽变者,独此一种,余皆末世之音也。妇人学此,可以变化性情,欲置温柔乡,不可无此陶熔之具。然此种

---

① [美]高居翰(James Cahill)、黄晓、刘珊珊著:《不朽的林泉——中国古代园林绘画》,北京:生活·读书·新知三联书店,2014年,第229页。
② 刘珊珊、黄晓:《深闺里的后花园——绘画中的女性园林世界》,《大匠之门》第17辑,2017年,第16—35页。
③ (清)曹雪芹:《红楼梦》,乾隆祖本(程甲本),北京:北京师范大学出版社,2012年,第1388页。
④ 高莹:《红楼梦与古琴文化考论》,《红楼梦学刊》2009年第1期,第97—98页。

声音,学之最难,听之亦最不易。"①《红楼梦》中也多处提及古琴,不仅成为书中仕女才德的表现,更具有情感的寄托。如《红楼梦》第八十七回《感秋深抚琴悲往事》中提到黛玉"将笔砚拿来,濡墨挥毫,赋成四叠。又将琴谱翻出,借他《猗兰》《思贤》两操,合成音韵。又叫雪雁向箱中拿短琴,调上弦,又操演了指法"②。《猗兰》又名《幽兰》,相传为孔子所作,是最早的古琴谱,存世有唐抄本。③曲调伤感悲愤,有高士怀才不遇之情愫。④在《红楼梦》此段,亦为仕女所弹,并将此情与女性之秋愁乡思之情相依。弹琴与此章中闺怨诗词相符:"风萧萧兮秋气深,美人千里兮独沉吟。望故乡兮何处?倚栏杆兮涕沾襟。"

棋琴书画在《红楼梦》中皆有所提及,书中棋指围棋,除了明言的"围棋""大棋"外,其他如下棋、着棋等也指围棋。⑤金陵十二钗为主的年轻仕女们多谙习围棋之道。书中共有18处提及下棋,除贾政、宝玉外,大多表现宝钗、黛玉、迎春、探春、惜春等闺阁女性日常闲暇,书中第四章回《薄命郎偏逢薄命女 葫芦僧判断葫芦案》中提到"宝钗日与黛玉、迎春姐妹等一处,或看书下棋,或做针线,倒也十分相安。"这与同一章回提到的贾府男性代表人物贾政"每公暇之时,不过看书着棋而已"的文人日常闲暇生活极为相近。此外,对弈也体现了书中仕女们与宝玉的交流。书中第二十三回《西厢记妙词通戏语 牡丹亭艳曲警芳心》"宝玉每日只和姊妹丫鬟们一处,或读书,或写字,或弹琴下棋,作画吟诗"。值得注意的是,在书中第八十七章回《感秋声抚琴悲往事 坐禅寂走火入邪魔》,妙玉和惜春的对弈后,惜春提及棋谱:

自己静坐了一回,又翻开那棋谱来,把孔融王积薪等所着看了几篇。内中"荷叶包蟹势","黄莺搏兔势",都不出奇;"三十六局杀角势",一时也难会难记;独看到"十龙走马",觉得甚有意思。⑥

其所提到棋谱和人物,孔融曾以棋喻政,但未见棋谱传世;王积薪在唐代以棋技著称,著有《棋诀》《金谷园九局图》等,但也失传。"荷叶包蟹势"接近角部定式图,即"三十六式局杀角式","黄莺搏兔势"或为"黄鹰搏兔"("苍鹰搏兔"),"十龙走马",也称"十王走马",此三者均出于元代棋谱《玄玄棋经》。⑦

相较于琴、画、诗书等,棋的技艺描述仅此处略提一二,下棋与饮茶更多为书中人物间的闲暇交流。相较于其他游艺活动,围棋活动更具有广泛性,参与者众多。⑧

文中对女性作画也著以笔墨,曹雪芹在《红楼梦》曾提及贾府四姑娘惜春尤擅绘画。书中第四十一回,贾母令惜春绘制全园景致,在第四十二回《蘅芜君兰言解疑癖 潇湘子雅谑

---

① (清)李渔:《闲情偶寄》,康熙十年(1671)刊本,北京:作家出版社,1996年,第158页。
② (清)曹雪芹:《红楼梦》,乾隆祖本(程甲本),第1388页。
③ (明)曹昭:《新增格古要论》古琴论,《四库全书》1039册,上海:上海古籍出版社,1991年,第97页。
④ 高莹:《红楼梦与古琴文化考论》,《红楼梦学刊》2009年第1期,第101页。
⑤ 章琦:《〈红楼梦〉里的围棋文化》,《红楼梦学刊》2009年第5期,第316页。
⑥ (清)曹雪芹:《红楼梦》,乾隆祖本(程甲本),第1389—1340页。
⑦ 章琦:《〈红楼梦〉里的围棋文化》,《红楼梦学刊》,2009年第5期,第324页;另见曲江:《八龙走马、十龙走马和黄莺搏兔势》,《红楼梦学刊》,1992年第2期,第316—318页。
⑧ 章琦:《〈红楼梦〉里的围棋文化》,《红楼梦学刊》,2009年第5期,第314—316页。

补余香》中以贾惜春和薛宝钗之言谈,专门提及作画方法及各类画材。对于贾母所提的全园景色,宝钗建议惜春借大观园建造图纸,布景并添人物。并对于所需画材逐一列出:

> 头号排笔四支,二号排笔四支,三号排笔四支,大染四支,中染四支,小染四支,大南蟹爪十支,小蟹爪十支,须眉十支,大著色二十支,小著色二十支,开面十支,柳条二十支……箭头朱四两,南赭四两,石黄四两,石青四两,石绿四两,管黄四两,广花八两,蛤粉四匣,胭脂十片,大赤飞金二百帖,青金二百帖,广匀胶四两,净矾四两。"①

对用色之细致、笔之型号等均通晓其中。薛宝钗的这段绘画理论也多与画论相关。如上文所述画材,均与清代沈宗骞的《芥舟学画编》相符。书中"笔墨绢素琐论"载:

> 今之作人物者,大都皆用狼毫蟹爪。虽巨障长幅,亦以此为之。不知笔身细,必多贮水,则不能紧敛,而腕力何由得著,遂无爽飒意思矣。如作二三寸人物,而极细致者,则用蟹爪笔落墨;稍大者,则笔亦如之。纯羊毫兔毫两种不可用,他毫兼成者皆可,但量其大小,酌其刚柔,用之既服,不必更易他种矣。②

书中也提及"设色琐论",对各类颜料均有介绍。值得注意的是,尽管《红楼梦》里的仕女中,惜春擅绘画,但此处薛宝钗的详细答疑,则表明薛宝钗等其他园中仕女也通晓绘画,并备有相应画材。有意思的是,惜春的大观园全图在书中并没有完成。薛宝钗也指出其中的难点,因为大观园似画,但在绘画中如要真实反映,则需用"界画"(boundary painting)的专业方式,这一术语也可译作"格线画"(ruled-line painting),是宋元十三科之一,或以大观园外男性复制原来画工描绘的建筑图样,再加上人物。但业余的贾惜春,并不能熟练掌握这些专业透视技法,也很难以脱离所在女性空间外的视角客观描绘。③贾惜春的绘画才能,更趋于男性文人业余的写意绘画,以陶冶性情为主,而非追求画工之能。这种绘画活动也存在于书中薛宝钗等其他仕女们日常生活之中。

清代,江南是女性文学的核心地区,精英阶层的女性普遍接受教育。④《红楼梦》中的女性大多读得诗书,女性的吟诗赋词文中也多有描述。元妃省亲章节中,曾命园中姐妹各赋五言律一首。庭院仕女还专门创立诗社,结社雅集。清代女性结社有多种形式,如家门血缘型、地域型、师门型和社交型等,其中早期女性诗社多为家族血缘型,带有明显的家庭化倾向,红楼梦中的海棠诗社也是如此。⑤文中提及探春曾邀请姐妹们创立诗社,结社文中便有"孰谓莲社之雄才,独许须眉;直以东山之雅会,让余脂粉"等。第七十回另有《林黛玉重建桃花

---

① (清)曹雪芹:《红楼梦》,乾隆祖本(程甲本),第663—664页。
② (清)沈宗骞撰,李安源、刘秋兰注释:《芥舟学画编》,济南:山东画报出版社,2013年,第138—141页。
③ [澳]李木兰(Louise Edwards)著,聂友军译:《清代中国的男性与女性——〈红楼梦〉中的性别》,北京:北京大学出版社,2014年,第29—30页。
④ [美]曼素恩(Susan Mann)著,定宜庄等译:《缀珍录——十八世纪及其前后的中国妇女》,南京:江苏人民出版社,2005年,第257页。
⑤ 赵崔莉:《被遮蔽的现代性——明清女性的社会生活与情感体验》,北京:知识产权出版社,2015年,第67—72页。

社》。明清时期江南地区经济稳定,文化繁荣,家族中的女性与兄弟们同样接受父母或塾师们的教育,文学素养远超前朝闺秀,并以诗会友。①当时的女性正努力希望进入曾经对于她们来说封闭的男性世界,这一时期大量描绘女子雅集的画作出现,糅和了女子的品位,也描绘其理想生活。《红楼梦》中的闺秀结社以家族亲缘为基础,而清代初期江南地区闺秀结成的蕉园诗社,郊园游赏,脱离对血缘关系的依托,进一步成为地域关系的新社交网络,其活动和文人雅集相近。②

书中不仅多次提及仕女的诗词吟赋,第四十八回《慕雅女雅集苦吟诗》中还专门描写了林黛玉教香菱学诗之事,叙述了仕女学诗之道。书中提及,香菱道:"我只爱陆放翁的'重帘不卷留香久,古砚微凹聚墨多',说得真切有趣。"黛玉道:

> 断不可看这样的诗。你们因不知诗,所以见了这浅近的就爱,一入了这个格局,再学不出来的。你只听我说,你若真心要学,我这里有《王摩诘全集》,你且把他的五言律一百首细心揣摩透熟了,然后再读一二百首老杜的七言律,次之再李青莲的七言绝句读一二百首。肚子里先有了这三个人做了底子,然后再把陶渊明、应、刘、谢、阮、庾、鲍等人的一看,你又是这样一个极聪明伶俐的人,不用一年工夫,不愁不是诗翁了。③

可见仕女习诗,从唐代王维的五言律、七言律开始,然后是唐代杜甫的七言律、李白的七言绝句等熟读理解后,再广泛阅读多家诗词,方得要领。

(三)闺房景致与琴棋书画

明清仕女生活的户外与室内,正是从庭院空间走向闺房之中。闺房之中是女性独自居所,也是其生活的主要场所。较之同期的文本,《红楼梦》提供了关于室内设置相当详细的描述,描绘了雍正年间到乾隆早期的室内布置。④和传统意义上的女性闺房比较,《红楼梦》中的仕女闺房更突出了清代仕女琴棋书画的综合修养。以《红楼梦》为例,十二钗正册均有独自闺室及室名,如潇湘馆、蘅芜苑、稻香村、秋爽斋等。以贾探春秋爽斋为例,书中第四十回《史太君两宴大观园 金鸳鸯三宣牙牌令》提及探春:

> 当地放着一张花梨大理石大案,案上磊着各种名人法帖,并数十方宝砚,各色笔筒,笔海内插的笔如树林一般。那一边放着斗大的一个汝窑花囊,插着满满的一囊水晶球儿的白菊。西墙上当中挂着一大幅米襄阳《烟雨图》,左右挂着一副对联,乃是颜鲁公墨迹,其词云:烟霞闲骨格 泉石野生涯。案上设着大鼎。左边紫檀架上放着一个大观窑的大盘,盘内盛着数十个娇黄玲珑大佛手,右边洋漆架上悬着一个白玉比目磬,旁边挂

---

① 史梅:《地域文化、家族文化与清代江苏女学的繁荣》,《古典文献研究》第6辑,2003年,第420页。
② [美]高居翰(James Cahill)、黄晓、刘珊珊著:《不朽的林泉——中国古代园林绘画》,北京:生活·读书·新知三联书店,2014年,第244页。
③ (清)曹雪芹:《红楼梦》,乾隆祖本(程甲本),第756—766页。
④ [美]乔迅(Jonathan Hay)著,刘芝华、方慧译:《魅感的表面——明清的玩好之物》,北京:中央编译出版社,2017年,第275页。

着小锤。①

可见秋爽斋的布置,所设几案、字帖、笔筒、方砚皆与书画相关,汝窑花囊、大观窑大盘、玉磬等皆为博古之物,"既彰显官宦家庭收藏,也显示仕女的个人修养与鉴赏才能。从唐代颜真卿的书法,到米芾的山水图画,均强调闺阁主人探春书画雅好,及性情的洒脱高雅"。②在其他女性闺房中,也不乏相关景致,如以奢华为名的秦可卿闺房中,还挂有一幅明代唐伯虎画的《海棠春睡图》和宋代秦观写的"嫩寒锁梦因春冷,芳气袭人是酒香"对联,案上设着传自宫廷的唐代铜镜、汉代金盘等博古之物。③《红楼梦》在描写闺房景致的同时,也注重诗情画意之营造,又具有叙事性情节表现的关联,更在书画内容中衬托闺房主人的性情。④

三、拟男之风与风雅所附

"拟男"一词,早期多见于戏曲研究,指女作者将自我剧作化,成为剧中主角时,保留女性身份,却以男子外形出现,由生角主演,用男子身份来抒情与叙事的表现形式。⑤"拟男"这一文化现象,体现出明清时期女性意识已经觉醒。她们不愿意被圈定在封建社会规定的角色中,而要描绘真实的"自我形象",是女性对封建礼教突破性的叛逆与挑战,意义极其深远。⑥拟男在《红楼梦》女性形象的表达中,具有代表性的是王熙凤。《红楼梦》的女性人数众多,但在其中作为权力的主导方,主要是由在贾府中年龄居长的贾母表现,而王熙凤是其中具有权力的年轻女性代表。在书中的人物刻画中,既有对其权力的运筹帷幄,也有具体化的男子气概。⑦同时,《红楼梦》中女性人物的名字也有拟男之处,书中第二回《贾夫人仙逝扬州城 冷子兴演说荣国府》中在介绍人物名称时,贾雨村曾道,"甄家女儿之名亦皆从男子之名",并以此为雅,反之为俗。即便是王熙凤的姓名,也在书中第五十四回《史太君破陈腐旧套 王熙凤效戏彩斑衣》中提到戏文《凤求鸾》中的公子与之重名。也正是在这样通俗戏文中,才将琴棋书画描写为女子才能:"小姐芳名叫作雏鸾,琴棋书画,无所不通。"⑧这也是明清时期社会常见的才子佳人小说中,对于女性才能最常见的描绘方式,但在《红楼梦》中,类似的描写仅出现此处,且文中连贾母亦觉俗套。⑨《红楼梦》对于主要仕女的描述中,琴棋书画并非仅停留在这样的一种世俗表象,而是交叉描写,以融入性的文笔展开,结合仕女庭院闺房等多重生活空间,突出其与男性文人风雅的共性。特别是在江南一带经济文化较发达

---

① (清)曹雪芹:《红楼梦》,乾隆祖本(程甲本),第650页。
② 李希凡、李萌:《孰谓莲社之雄才,独许须眉——贾探春论》,《红楼梦学刊》2006年第2期,第105页。
③ (清)曹雪芹:《红楼梦》,乾隆祖本(程甲本),第90—91页。
④ 袁宪泼:《琴棋书画的叙事及其价值——兼论〈红楼梦〉的艺术史价值》,《明清小说研究》2019年第2期,第66页。
⑤ 华玮:《明清妇女之戏曲创作与批评》,台北:"中研院"中国文哲研究所,2002年,第101页。
⑥ 郝昭军:《明清女性戏曲创作中"拟男"手法的原因探析》,《北方文学》2015年第8期,第73页。
⑦ [澳]李木兰(Louise Edwards)著,聂友军译:《清代中国的男性与女性——〈红楼梦〉中的性别》,第8页。
⑧ (清)曹雪芹:《红楼梦》,乾隆祖本(程甲本),第650页。
⑨ 章琦:《〈红楼梦〉里的围棋文化》,《红楼梦学刊》2009年第5期,第321页。

地区,这一时期女性的生活空间已从传统的闺门,拓展到结社雅集、书画创作等各方面。参照男子的蒙学教育形式,不同层次的女性经私学——"义学""乡学"(含乡馆和家塾两种形式)等方式,都得以接触诗书文字,也即"女学"开展的启蒙阶段。[1]传统的"琴棋书画、吟诗赋词"是中国古代文人士大夫生活的主要部分,而在清代仕女日常生活中也渐成主流。《红楼梦》文本中仕女们对琴棋书画的日常研习也是"拟男"时风的反映,更接近文人儒士对琴棋书画的赏学之态。

女性"琴棋书画"四艺盛行之风,形成于晚明时期,发展于清代。主要来自三方面的影响。其一,宫廷中女性代表人物,如明代崇祯皇帝之田贵妃擅书法,"幼习钟王楷法,善于临摹","凡书画卷轴,帝每论妃签题之"[2]。至清代海山仙馆版陈维崧《妇人集》中,多记载吴越才女轶事诗文,其中在卷首二记载田贵妃,称其明慧、沉默寡言,深得帝宠。[3]可见,晚明宫廷中具有典型性后妃对周围女性的影响,世人对其才艺的推崇,并在清代为世人所颂。其二,来自名门闺秀、名妓,特别是江南地区的典范人物影响。晚明以来,江南一带已形成一个跨血缘、家族和地域的女性文学网。既以诗文结社为名,也有以书法见长,又或以绘画而被知晓,如秀州姚元瑞之女日读汉魏以来诸集,摹晋诸家书法;嘉兴徐海门善书,其女徐范亦习之,且能摹诸家体。[4]这些女性之间也具有一定的交游关系,如黄媛介的闺秀群体包括商景兰、沈宛君、柳如是等,涵盖江南浙、苏、皖三地,人物身份也多有不同,影响颇深。[5]其三,男性文人进一步推动对女性才艺的重视,女子识字,成为儒风,能阅书画,是闺中学识。如明末赵世杰、葛征奇等名人,积极赞颂女性才学,为女诗人提拔作序,招收女弟子。[6]清代文人袁枚也有严蕊珠等多名随园女弟子,举办诗词雅集。[7]这些相互的交游关系,显示了男性群体对这一时期女性琴棋书画兼备者的赞同。随着江南地区经济的发展和文人活动的区域繁荣,寄情书画渐成为明清两代上流社会、文士家庭中的常见的生活方式。书画和古董等风雅之物不仅是简单的兴趣所致,更随着社会文人、士绅等阶层的欣赏及复杂的社会交往馈赠等而进一步繁荣。[8]男性文人的风雅爱好也影响了女性群体,才女的形象不仅是世俗小说文本中的描述,也根植于社会生活之中。《红楼梦》中女性群体对于琴棋书画在生活中的融入,与书中男性人物的论诗谈琴,既是对男性士大夫阶层日常生活所好的追拟,也是当时社会文人风雅所附。

---

[1] 陈芳:《晚明江南女子的艺术教育》,《艺术设计研究》2017年第4期,第125—126页。
[2] (明)朱权:《明宫词》,北京:北京古籍出版社,1987年,第92页。
[3] (清)陈维崧:《妇人集》,北京:商务出版社,1936年,第1页。
[4] 赵崔莉:《明代女性的休闲生活》,《中国社会经济史研究》2009年第1期,第54页。
[5] 宋清秀:《十七世纪江南才女文学交游网络及其意义》,《浙江社会科学》2011年第1期,第103页。
[6] 赵崔莉:《被遮蔽的现代性——明清女性的社会生活与情感体验》,北京:知识产权出版社,2015年,第63页。
[7] 林子雁:《袁枚的心机:17世纪女性诗会雅集图——〈十三女弟子湖楼请业图〉研究》,《中国书画》2018年第2期,第4—9页。
[8] 叶康宁:《风雅之好——明代嘉万年间的书画消费》,北京:商务印书馆,2017年,第167—171页。

四、"琴棋书画"女性形象与层次的复调表达

女性的琴棋书画在书中除了在上述仕女的生活空间中阐述外,同时还在不同社会层次、不同年龄的女性中,以才能、姓名、叙事情节转承等多方面加以描绘。不同女性对琴棋书画的表达既有偏重,又不乏交融相会。复调(polyphony)是18世纪之前在欧洲巴洛克中盛行的一种形式。没有主旋律和伴声之分,所有声音都按自己的声部行进,具有相对独立的旋律线,有机结合,相互层叠,构成复调体音乐。①《红楼梦》中女性形象塑造正具有多重性复调表达方式,女性在情节叙事中的主体性较其他同期作品都更为突出。

书中女性人物的设置多样,根据其所处的地位高低可分为四个不同层次。首先是在具有一定权势的已婚妇人阶层,年迈的贾母、代表皇权的贾元春,以及年轻的贾府正妻们,如王夫人、王熙凤等都属于这一层次;第二层次是被理想化的闺阁女性,即书中重点描绘的年轻未出阁的仕女们,如薛宝钗、林黛玉以及贾府探春、迎春和惜春等;第三是依仗男性的侍妾,如尤二姐、赵姨娘等;第四是处于底层,在大观园中各司其职的丫鬟与婆娘们。琴棋书画在文中的描述,大抵与处在第二层次这些未出阁的仕女相联,熟知的十二正钗也大多出于这一层次。也正是贾宝玉(曹雪芹)所极为推崇的女性群体。《红楼梦》中的未婚女性因美德而受到赞扬,而已婚女性被置于相反的位置。②

各层次之间并非完全独立,也会出现一定的交融。作为皇权代表具有特殊地位的贾元春,虽处于第一层次,但书中也不乏对其诗词书法等才能的描写,与备受推崇的第二层次闺秀们描写中多有交融。另一位处于第一层次的李纨,也极有别于其他第一层次的女性,书中极力描写其性格的恬淡无争,居所稻香村地处偏僻等,与第一层次或者第三层次这些或注重权势,或生活奢靡的已婚妇人们都极为不同。李纨的"琴棋书画"侧重于"书"的表现,即读书的学识和诗词吟诵等。尽管在整本书中,已婚女性都处在一个对子女家庭教育的重要方面,但李纨在教子方面成为书中的楷模,也深得长辈认可。李纨在诗词读书方面的才能,虽是在与第二层次的闺阁女性的诗词学习、诗社等活动中得以体现,但更倾向于对子嗣的教育影响中,而非和男性的交流。这样儿子与博学母亲的教子图,也在清代成为经典图像。才女出阁前的诗词读写、绘画弹琴,在婚后促进家庭子嗣教育也是书中对女性"琴棋书画"意义的一种表达。这既是一种社会普遍推崇的形式,也具有真实的典范。如明末清初才女商景兰,善于诗文,在其夫殉国后抚养子嗣,教导有方,更成为清代女性典范,并在清代流传的《于越先贤像传赞》中有"明巡抚忠惠公妻商妇人景兰"的妇人教子图(图2)。③

---

① 林华、叶思敏:《复调艺术概论》,上海:上海音乐出版社,2010年,第16页。
② [澳]李木兰(Louise Edwards)著,聂友军译:《清代中国的男性与女性——〈红楼梦〉中的性别》,第63页。
③ (清)王龄撰,任熊绘:《于越先贤像传赞》养和堂刊本,载傅惜华《中国古典文学版画选集》,上海:上海人民美术出版社,1981年,第1018页。

图2 "明巡抚忠惠公妻商妇人景兰"教子图(王龄撰、任熊绘:《于越先贤像传赞》养和堂刊本)

明清瓷器中尝试将此类女性才学主题和传统"女妇婴儿"结合,成为课子主题图像,展示了和版画中相近的饱读诗书的母亲教导男童场景。在表现女性学识情怀的基础上,更体现了从传统婴戏走向诗词书写与教子场景的结合。①除女性"琴棋书画"中单一主题场景的体现外,清代同期瓷器中还体现了女性"琴棋书画"综合主题,也与男性儿童共同组成"女妇婴童"的装饰图案,如湖北省武汉博物馆藏康熙五彩笔筒上,即组合描绘这样的场景(图3)。事实上,清代时期,众多母亲在丈夫为考取功名而远行或在外为官时,都负责对儿子的教育。而李纨寡妇的身份,也和商景兰有相近之处。类似的还有清代女诗人张藻,也是在丈夫去世后承担教育儿子的责任,其子在1760年科举中仕,乾隆赐书"经训克家"。此类题材在清代乾隆时期的珐琅彩瓷器装饰中达到鼎盛。②

---

① 吴若明:《寄寓之真实:清代外销瓷"女妇婴童"图考与元素解读》,《美术观察》2019年第2期,第46页。
② [美]曼素恩(Susan Mann)著,定宜庄等译:《缀珍录——十八世纪及其前后的中国妇女》,第130—133页。

图3　康熙五彩笔筒(武汉博物馆藏)

尽管在书中处于底层的婆娘被置予极差的评价,如夏婆子、何婆子等,在书中都承担了情节中煽风点火的反面角色。但处于底层的丫鬟则是可以和第二层次闺秀们紧密相连。在《红楼梦》的丫鬟设置中,贾元春与贾迎春、探春、惜春的丫鬟分别命名抱琴、司棋、侍书、入画,又呼应了第二层次女性群体与琴棋书画的关联。[①]年轻的丫鬟还可以通过与闺秀学诗而提高学识地位。如在前文仕女学习诗词的吟诵章节,曾讨论到香菱随林黛玉学习诗词。香菱名列《红楼梦》金陵十二钗副册,初为丫鬟,后嫁薛蟠。值得注意的是,相较于其他丫鬟,香菱出身又略有不同。《红楼梦》提其本名甄英莲,甄士隐独女,只因幼年被拐,辗转为奴。其本身当属书香门第,即第二层次闺阁仕女。随林黛玉学诗后,亦作出"精华欲掩料应难,影自娟娟魄自寒";"博得嫦娥应借问,缘何不使永团圆"等诗句,赢得众人赞赏,被补为"海棠诗社"的社员。另一位同样赋予才气的丫鬟晴雯,在书中第五十二回《勇晴雯病补雀裘》章节中突出其传统女红才能。处于第二层次的闺秀们与书中男性文人闲暇相近的琴棋书画,既不同于已婚妇人中王熙凤在事务能力上的拟男性格,又不同于处于丫鬟中女性的传统女红之才表现。这种闺秀琴棋书画的"拟男"受到世风中男性文人的风雅影响,彰显女性的学识之能,但在事实上,《红楼梦》中闺秀琴棋书画"拟男"之风与风雅的表达,最终回归到李纨等教子的角色。与戏曲中拟男的动机抒写相近,而与弹词中的主人公不同,"她们并不出将入相,到头来依然是贤妻良母。她们只是发发牢骚,描摹悬想一些男人们有的、能做的、快意的事"[②]。而这些处于社会不同阶层的群体身份,也在琴棋书画中得以表达,难以逾越。

---

① 张一民:《〈红楼梦〉中贾府四春与琴棋书画》,《满族研究》1998年第1期,第73页。
② 严敦易:《元明清戏曲论集》,北京:中州书画社,1982年,第30页。

五、结　语

明清女性的"琴棋书画"来自对男性文人群体附庸风雅的时风,多是指抚琴、对弈、读书、吟诗、书写绘画等综合文艺修养。既有男性文人的推崇,也有女性彼此间的交游影响。在拟男之风、社会审美和江南一带趋附风雅的影响下,琴棋书画成为明清女性生活中的一部分,文人所好的"琴棋书画"也成为女性群体的才艺表现,广泛出现在各类文本及艺术图像中。从明代盛行的才子佳人小说中对女性"琴棋书画"的概括性描述,到清代《红楼梦》文学中与主要描述对象在叙事性、命名、才能、社会功能等多方面的综合性表达,体现了性别学视野下明清女性群体的生活空间和个人情感才能。除文本外,明清时期的绘画和瓷器等艺术品中,也同样体现了女性琴棋书画主题,特别是在明清瓷器装饰中,还出现了"琴棋书画"结合的装饰主题,反映时风。从书中描述的不同层次女性来看,"琴棋书画"主要与未出阁的闺秀群体相联,但这些才能并非是对琴棋书画中某一门类技能的追求,而是跟随男性文人群体的抚琴对弈,吟诗赋词,写意绘画的特质,以不同闺秀等人物间的交流,及所处的公共或私人二重空间,反映彼此在琴棋书画的综合修养。但在时代的局限性中,这些琴棋书画的拟男之风,最终沉寂于清代女性的妇人日常模式和家庭教育功能。

作者简介:吴若明,南开大学文学院副教授。

【医疗社会史】

汉代西王母的医学形象*

杨 勇

【摘 要】西王母是战国秦汉时期一个重要的神祇,学界已多有研究,但其与医疗的关联一直为学界所忽视。《山海经》中西王母掌管致病之鬼,首次被赋予了与医疗相关的职能。其后,西王母的医疗职能进一步扩大。时人认为,西王母拥有、掌管着与得道成仙相关的长生之药,是当时的药神;西王母通晓房中和生育之道,是时人祈求生殖的对象,充当了生育神的角色;此外,西王母还掌管着疾病的诊疗。西王母的医学形象总是与神仙、方仙道术密切相关。东汉以后,西王母的医疗功能日渐弱化。西王母在医疗史上地位的变迁,也反映了上古至中古时期,中国医疗观念的一大变化。

【关键词】汉代;西王母;医学形象

西王母是古代神话传说中一位重要的神祇。从先秦到汉魏,西王母从面目狰狞的人兽合体演变为道教诸神中容貌瑰丽的女仙之首,这一点已为学界所熟知。但是西王母形象复杂多变,曾经呈现出诸多不同的面相。除了上述身份之外,西王母在相当长的时期内被当作或想象成精通长生之术,掌管不死之药,通晓房中与生育之道,而又善于治病救人的吉神。过去学界对西王母与医疗相关的职能未能给予充分关注,本文拟对西王母的医学形象进行探讨,以求教于方家。

一、西王母与长生之药

西王母信仰在汉代最为盛行,但其源头则相当久远。有学者认为西王母信仰源于本土的宗教神话,其源头可上溯至红山文化时期的女神系统。①战国以前,直接描述西王母形象的文字材料几乎未见。目前关于西王母原始形象的最早记载见于《山海经》,如《海外北经》记载西王母居于昆仑虚北,梯几戴胜,有三青鸟为之取食;《大荒西经》也记载西王母居于昆仑之丘,戴胜,虎齿,豹尾而穴处。其中《西山经》的记载直接与西王母的医疗职掌相关:

---

* 本文是中央高校基本科研业务费资助项目、贵州省 2018 年度哲学社会科学规划国学单列课题"出土材料所见战国秦汉数术与医疗关系研究"(项目编号:18GZGX31)、国家社科基金项目"出土简牍与战国秦汉医疗研究"(项目编号:17CZS055)的阶段性成果。

① 饶宗颐:《中国宗教思想史新页》,北京:北京大学出版社,2000 年,第 109 页。

> 又西三百五十里,曰玉山,是西王母所居也。西王母其状如人,豹尾虎齿而善啸,蓬发戴胜,是司天之厉及五残。①

西王母居住在玉山,状如人,豹尾虎齿、蓬发戴胜、善啸,是典型的人兽合体,与《海外北经》《大荒西经》所记大同小异。上引这段文字中,值得特别注意的是关于西王母职掌的叙述。西王母"司天之厉及五残",郭璞云:"主知灾厉五刑残杀之气也。"②"厉"在文献中有多重含义。第一,指厉鬼。《左传·成公十年》:"晋侯梦大厉,被发及地,搏膺而踊。"《左传·昭公七年》:"鬼有所归,乃不为厉。"第二,指瘟疫与疾灾。《左传·襄公三十一年》:"盗贼公行,而夭厉不戒。"《管子·五行》:"旱札,苗死,民厉。"《礼记·檀弓下》:"古之侵伐者,不斩祀,不杀厉,不获二毛。"厉鬼与疾病联系紧密,在古人的病因观中,疾病即由鬼神所致,甲骨文、《左传》、出土战国卜筮祭祷简中有大量的卜问致病之鬼神的材料。西王母"司天之厉"正是掌管致病之厉鬼,有学者已经指出,神话故事中"掌管驱瘟祛病之神,往往又是医药之神"③。因此,至少在战国时期,西王母已经被赋予了与医疗相关的职能。

汉代崇尚神仙方术,追求长生不死,在汉代文献记载中,西王母便以掌管着不死之药的形象出现。郭璞注《山海经》时曾记载,殷帝太戊使王孟从西王母采药至丈夫山而绝粮。④此药当与不死之仙药有关。传说故事中,嫦娥因有灵药而得以奔月,这种灵药便来自西王母。《淮南子·览冥训》:"譬若羿请不死之药于西王母,姮娥窃以奔月。"⑤《续汉书·天文志》注引张衡《灵宪》也云:"羿请不死之药于西母,姮娥窃之以奔月,将往,枚筮之于有黄。"⑥可见,西王母确实是神药的拥有者。那么后羿所请的这种不死药是什么药呢?方诗铭认为,后羿从西王母处所请的不死之药即为玉英。⑦据《山海经》记载,西王母所居之山即为玉山,由她掌管不死之药玉英,理所当然。西王母有青鸟为之送食,虽然西王母所食不一定即是玉英,但玉英作为一种长生之药,一直被认为是神仙之所食,确是汉代颇为普遍的一种观念。

在古代祭祀天、地、日、月、山、川诸神的活动中,玉的使用较为普遍,用途也多种多样,但享神是玉的基本功能之一。换句话说,玉是作为神之食物而被荐享的,与宗庙祭祀荐牲等是同样的道理。文献中也有关于神以玉为食的记载。如《山海经·西山经》:"又西北四百三十里曰峚山……其中多白玉,是有玉膏,其原沸沸汤汤,黄帝是食是飨。"⑧显然,黄帝以玉为食物。另外,《山海经》关于玉的记载也特别多,几乎每山必有玉。根据张光直的统计,《山海经》中关于玉的记载一共有137处,其中127处与山相结合。⑨山为神之所居,又是玉之所出,神

---

① 袁珂:《山海经校注》,上海:上海古籍出版社,1980年,第50页。
② 袁珂:《山海经校注》,第51页。
③ 韩高年:《〈山海经〉西王母之神相、族属及其他》,《西北民族研究》2013年第2期,第180页。
④ 袁珂:《山海经校注》,第217页。
⑤ 何宁:《淮南子集释》卷6《览冥训》,北京:中华书局,1998年,第501页。
⑥ (晋)司马彪:《续汉书·天文志》,载(宋)范晔《后汉书》,北京:中华书局,1965年,第3216页。
⑦ 方诗铭:《西王母传说考》,《东方杂志》第42卷第14号,1946年,第34—43页。
⑧ 袁珂:《山海经校注》,第41页。
⑨ [美]张光直:《中国青铜时代(二集)》,北京:生活·读书·新知三联书店,1990年,第74页。

以玉为食,多玉之山自然是神的理想居所。玉为神之所食,自然是因为食玉能够使其长生。屈原《楚辞·涉江》:"登昆仑兮食玉英,吾与天地兮比寿,与日月兮齐光。"①这里明确讲到登昆仑山,食玉英,可以长生不死,能与天地同寿,日月齐光。

上引文献中关于神食玉及食玉能够长生的观念,也多见于出土材料。汉魏时期的铜镜铭文中有大量关于"食玉英,饮澧泉"的记载。一枚新莽时期的四神规矩镜云:"驾蜚龙,乘浮云,上大山,见神人,食玉英,饵黄金,宜官禄,锦子孙,乐未央,大富贵。"②在洛阳西郊汉墓出土的铜镜中有一段铭文为:"福憙进兮日以萌,食玉英兮饮澧泉,驾文龙兮乘浮云,白虎□兮上泰山,凤凰舞兮见神仙,保长命兮寿万,周复始兮八子十二孙。"③在银雀山出土的一枚汉魏六朝时期四神规矩镜也有相似的铭文:"上大山,见神人,食玉央[英],饮澧泉,驾文龙,乘浮云,宜官秩,保子孙,贵富昌乐未央。"④这些铜镜的年代大致在西汉后期到魏晋南北朝之间,铭文的内容有许多相同、相似之处,都基本涉及神人、玉英、澧泉、文龙、长生、富贵、子孙等因素,是当时人们较为普遍的愿望和追求,其中"食玉英、饮澧泉"总是与神人和长生紧密联系在一起。玉英既是神人之食,也为大山之上神人所独有,食玉英也是维系长生不死的要法之一。

除玉英外,另一个与西王母直接相关的长生之物便是蟠桃。《博物志》记载了西王母会汉武帝并以蟠桃五枚相赠的故事:

> 王母索七桃,大如弹丸,以五枚与帝,母食二枚。帝食桃,辄以核著膝前。母曰:"取此核将何为?"帝曰:"此桃甘美,欲种之。"母笑曰:"此桃三千年一生实。"⑤

传为班固所撰的《汉武帝内传》对蟠桃的记载更加详细:"又命侍女索桃,须臾,以盘盛桃七枚,大如鸭子,形圆,色青,以呈王母。母以四枚与帝,自食三枚。桃之甘美,口有盈味。"⑥蟠桃三千年一生实,不但表明此桃为长生之物,而且暗示西王母长生不死。这是文献中关于蟠桃最早的记载,蟠桃在后世成为西王母的典型形象之一,甚至取代了玉英,成为西王母所拥有的神丹妙药中最著名的,乃至西王母所居之宫殿都被命名为蟠桃宫。

以上所举的玉英以及蟠桃均与长生不死的仙人有着密切关系,也是汉代仙道思想的反映。除玉英和蟠桃外,史籍中还记载了其他许多和西王母有关的药物。《汉武帝内传》记载西王母教汉武帝服食之法时将药物分为三类,分别为太上之药、次药、下药。这些药物分布极为广泛,其分类方法与《神农本草经》将药物分为上、中、下三品颇有相通之处。

出土的画像砖中也保留了不少西王母与药物相关的材料。这些画像砖中,经常可见西王母与东王公的形象,与之相伴出现的常有三足乌、九尾狐、瑞草、蟾蜍、玉兔、羽人等灵异之物。其中特别值得注意的是绘有瑞草、玉兔捣药形象的画像砖。如出土于山东嘉祥县城东

---

① (宋)朱熹撰,蒋立南校点:《楚辞集注》,上海:上海古籍出版社,2001年,第77—78页。
② 崔新社:《湖北襄樊近年拣选征集的铜镜》,《文物》1986年第7期,第87页。
③ 中国科学院考古研究所洛阳发掘队:《洛阳西郊汉墓发掘报告》,《考古学报》1963年第2期,第24页。
④ 银雀山汉墓竹简博物馆:《山东临沂银雀山发现古代铜镜》,《考古》1990年第11期,第1017页。
⑤ (晋)张华撰,范宁校正:《博物志校正》卷8《史补》,北京:中华书局,1980年,第97页。
⑥ (汉)班固撰,钱熙祚校:《汉武帝内传》,上海:商务印书馆,1937年,第3页。

北洪村的东汉早期"西王母、作坊、胡汉交战画像"最上一层,刻有西王母画像,西王母端坐几前,身旁左右各有一人持草药跽坐,该层的右边有蟾蜍,有玉兔正在捣药和调药。①又如山东沂南县北寨村东汉晚期墓葬墓门西立柱画像,下部刻有西王母,戴胜,肩部有翼,拱手端坐于山字形高几上,西王母两侧则有玉兔执杵捣药。②在汉代画像砖中,同时有玉兔捣药和西王母形象的画像砖数量较多,在时间上几乎覆盖了整个东汉时期。玉兔所捣之药,据文献记载,应为虾蟆丸,《太平御览》引《乐府诗》:"采取神药山之端,白兔捣成虾蟆丸。"③虾蟆即蟾蜍,又为月精,这里借蟾蜍之名以命名药丸。由于西王母与药物关系之密切,后世医书中,以西王母命名的药方及药丸不断出现。如《医心方》中记载的药丸便有"西王母四童散"、"西王母玉壶赤丸"等,甚至有些禁咒术也需要借助西王母的神力。④

总之,传世文献和出土材料均表明,在汉代西王母与药物之间有着密切的关系。西王母是药物的制作者、拥有者和掌管者,而且这些药物大多与长生不死有关。材料还显示,对西王母与药物关系的认识和想象,已经不局限于汉代社会的某一阶层,而为汉代社会所普遍认同,甚至可以说是一种"集体意识"。

二、西王母与生育

"不孝有三,无后为大",浓厚的家族观念,崇尚多子多福是两汉时期人们主流的家庭伦理。因而从观念到实践,秦汉时期的人们都对生育极为重视。比如在技术层面,人们通过选择术择取利于生育的良辰吉日,出土秦汉《日书》对此有大量的记载,在出土病方中,有关求子的医方、药物也多有发现,出土的房中书也有部分内容是教导男女如何通过正确的行房而达到孕育后代的目的。而在宗教层面,则是通过祠祀生育神以达到生育子嗣的目的。

高禖神是汉代受到广泛祭祀的生育神,但与此同时西王母也被当作求子之神。文献常有关于人们向西王母请求多子多孙,或赐予子嗣的记载。如《焦氏易林》卷13《鼎》卦"萃"条下:"西逢王母,慈我九子,相对欢喜,王孙万户,家蒙福祉。"⑤同书卷2《坤》卦"噬嗑"条下:"稷为尧使,西见王母。拜请百福,赐我喜子。"⑥稷为尧使向西王母求福、求子,固为神话,而将之放入汉代的历史背景中,不难发现这种神话故事的形成,是以时人认为西王母能赐人子嗣的观念为基础的。

汉代民间确已将西王母塑造成了掌管生育之神,从而使西王母与高禖之神具有了相同的功用。以往关于西王母的研究中,注重对有关图像的解读,而忽略了相关文字资料的使用。在汉代铜镜铭文中,有大量文字涉及西王母与生育之关系,如西汉早期的西王母铭文镜

---

① 中国画像石全集委员会编:《中国画像石全集》第2册,济南:山东美术出版社,2000年,第87页。
② 中国画像石全集委员会编:《中国画像石全集》第1册,济南:山东美术出版社,2000年,第135页。
③ (宋)李昉等:《太平御览》卷908《兽部》,北京:中华书局,1960年影印本,第4023页。
④ [日]丹波康赖撰,高文柱校注:《医心方》,北京:华夏出版社,2011年。
⑤ 徐传武、胡真校点集注:《易林汇校集注》卷13《鼎》,上海:上海古籍出版社,2012年,第1863页。
⑥ 徐传武、胡真校点集注:《易林汇校集注》卷2《坤》,第63页。

"受如山,西王母,榖光意,宜系(孙)子"明确将西王母与子孙并提。①有学者搜集了两汉有关西王母的镜铭,并根据这些铭文指出西王母在汉代已经具有"宜子孙"的功能,而且在有关西王母的镜铭中,提及西王母"宜子孙"的铭文数量占总数量的79%之多。②应当说,铭文中西王母的宜子孙功能与传世文献西王母能赐人子嗣的观念正相契合,都将西王母视作掌管人间生育之神。

汉代有关西王母的画像石以及铜镜图像中,西王母也常常作为生育之神而出现。在这些图像中,作为西王母附属神灵的瑞兽、瑞草、神人等与西王母组合在一起,共同点出了与生殖相关的主题。西王母图像中与生殖相关的最常见的瑞兽有九尾狐和蟾蜍。九尾狐的生殖意象最为明显,《白虎通·封禅》:"九尾狐何?狐死首丘,不忘本也。明安不忘危也。必九尾者何?九妃得其所,子孙繁息也。于尾者何?明当后盛也。"③九尾容易使人联想到天子九妃的生育制度,在阐释儒家正统学说的官方文本中,用九尾狐来象征"九妃得其所,子孙繁息",足见这一观念在东汉已经成为一种不言自明的阐释依据。

汉画像石中,作为时人生殖崇拜对象的伏羲、女娲,也常与西王母共出。汉代部分画像砖中,西王母居于画像的最中间或最上端,伏羲、女娲往往分立东西两侧。从构图上看整个画面是以西王母为中心,而伏羲、女娲居于从属地位,在时人的观念中,二者也应属于西王母的附属神灵。出土于微山县两城镇的东汉中、晚期"伏羲、女娲、西王母画像"就是如此。该画像有榜题"西王母"三字,西王母于正中端坐,头上栖一鸟,伏羲、女娲分立两侧,下体为蛇身作相互缠绕状,蛇尾分别与两朱雀相连。④还有一类画像砖与之类似,但画面中的西王母被东王公所取代,是东王公与伏羲、女娲的组合。如"伏羲、女娲、东王公画像"中,上部正中央刻东王公拱手端坐,两侧分立伏羲、女娲,手举日轮,日中有三足乌,蛇尾作缠绕状。⑤这两类画像砖可以结合起来考察,伏羲、女娲是汉代典型的生育神,在这些画像砖中,蛇尾均作缠绕状,其生殖的主题不言自明。东王公与西王母相配,分理阴阳,二者均可以作为"主神"与属于从属地位的伏羲、女娲相组合。也就是说,伏羲、女娲作为生育神的部分职能已经被东王公和西王母所分担。伏羲、女娲成为西王母、东王公的附属神灵,其执掌和功能自然应从属于后者。从伏羲、女娲在画像砖中的从属地位来看,西王母、东王公对人间生育的掌握应当是通过伏羲、女娲来完成的。

房中术除了是男女秘戏之道外,还对如何获得子嗣具有指导作用,有着重要的生殖功能,汉代人也将西王母与房中术联系起来。四川荥经石棺画像上,西王母端坐右侧室内,左侧为男女亲吻之图,不少研究者认为是秘戏图,还有学者认为画像中右侧室内的西王母充当了高禖神的角色。⑥该画像石的中间有一板门,门半开且立有一仆人面向右侧,右侧西王母双手笼袖,凭几席地而坐,将其解释为秘戏图恐有不妥。但这些意见中认为此图与性、生殖有关则非常值得关注。从其性和生育的主题来看,这一画像砖还可以从房中术的角度来

---

① 清华大学汉镜文化研究课题组:《汉镜文化研究(下)》,北京:北京大学出版社,2014年,第85页。
② 张清文:《由两汉镜铭看汉代西王母"宜子孙"功能》,《民俗研究》2017年第1期,第65—66页。
③ (清)陈立撰,吴则虞点校:《白虎通疏证》,北京:中华书局,1994年,第287页。
④ 中国画像石全集委员会编:《中国画像石全集》第2册,第32页。
⑤ 中国画像石全集委员会编:《中国画像石全集》第2册,第77页。
⑥ 周静:《两汉时期的西王母信仰》,《四川文物》1998年第6期,第18页。

进行理解。在古代的医学文献,除了将西王母与病方、禁咒术等相联系,还将房中之术也归结到西王母名下。《医心方》卷28《养阴》引《玉房秘诀》云:"西王母是养阴得道之者也,一与男交,而男立损病,女颜色光泽,不著脂粉,常食乳酪,而弹五弦,所以和心系意,使无他欲。"同篇还提到:"王母无夫,好与男童交,是不可为世教,何必王母然哉?"①养阴即女子通过与不同的男子交接而达到养生之目的。根据《玉房秘诀》,西王母精通于房中养阴之术,通过与男交而使自己颜色悦泽,肌肤如初,延年不老。《医心方》虽晚出,但其所引《玉房秘诀》却有着古老的渊源,与马王堆帛书中的房中书关系密切。《玉房秘诀》认为西王母好与男童交,有违伦理道德,"不可为世教",对西王母的行为进行了批评。西王母的这一形象,显然不是西王母成为道教仙班女神之首后应有的形象。总的来说,《玉房秘诀》中反映的西王母形象大体可以置于两汉的时代背景中进行考察。在古代房中知识和技巧的传授谱系中,女性被认为是房中术的拥有者和传授者。房中书中经常提到素女、玉女、玄女,都是女性以师者的身份向男性传授房中知识。西王母的女性身份,很容易使人联想到其与房中术的关系。需要指出的是,中国古代房中术不仅仅只是男女享乐的戏道,更重要的是在一夫多妻的制度下寻求子孙绵延的生殖之道。西王母善于房中养阴,至少在时人看来,其对房中术中的生育之道应相当谙熟。这也是时人将西王母与房中术以及生殖联系起来的原因。

作为生育神的西王母,还与慈育幼子联系起来。《中原藏镜聚英》中收录有一枚东汉时期"西王母孕育婴儿画像镜",该镜半球形钮,圆钮座,座外四连弧纹乳丁将镜面分为四区。西王母在第一区正身端坐,上身左倾,头戴护冠,双手交合怀抱婴儿,前有一侍女;东王公在第二区中侧身端坐,头戴三山冠,双手前伸,前有二侍者。铜镜上有41字铭文:"龙氏作竟街心有。尚有东王父、西王母,仙人子乔、赤松子,三足乌,伐骍耶,骐骥、骆骈天所使,服此竟宜孙子。"该铭文中提到的东王父、西王母、王子乔、赤松子、三足乌、骍耶、骐骥、骆骈等形象均能在铜镜纹饰中找到,二者十分吻合。②在该铜镜中,西王母与东王公同时出现,且怀抱婴孩,铭文中的"宜孙子"恰如其分地描述了西王母的形象。

后世文献中,西王母作为生育神的形象变得更加明确。直至清代,两广地区仍将西王母作为生育神而加以祠祀。屈大均《广东新语》卷六《神语》"西王母"条载:

> 广州多有祠祀西王母,左右有夫人,两送子者,两催生者,两治痘疹者,凡六位。……相传西王母为人注寿注福注禄,诸弟子亦以保婴为事……壁上多绘画保婴之事,名子孙堂,人民生子女者,多契神以为父母,西王母与六夫人像,悉以红纸书契名帖其下,其神某,则取其上一字以为契名,婚嫁日乃遣巫以酒食除之。③

很显然,在清代西王母作为掌管生育之神,其执掌和功能已经今非昔比,送子、催生、保婴均在其列,几乎涉及了有关生育和婴幼儿保健的各方面。值得引起注意的是,共有六位使者供西王母驱使,其中两人送子、两人催生、两人治小儿痘疹。这也表明,西王母通过其附属

---

① [日]丹波康赖撰,高文柱校注:《医心方》,第581页。
② 王趁意:《中原藏镜聚英》,郑州:中州古籍出版社,2011年,第208页。
③ 屈大均:《广东新语》卷6《神语》,北京:中华书局,1985年,第214页。

神为人间生育保驾护航。从汉代至清代,在一千多年的历史演进中,中国古代的生育神几经变化,尤其是在后世其他生育神流行的时候,西王母仍能作为生育神而在民间享受祠祀,足见其影响之深远。

三、西王母与疾病诊治

汉代画像石中,时常有一种人首鸟身的动物,也就是常说的"人面鸟"与西王母相伴随。在关于西王母的文献资料中,也曾有一位人首鸟身的女仙作为她的随从而出现。《古今图书集成·神异典》引《西王母传》曰:"佩符既毕,王母乃命一妇人,人首鸟身,谓帝曰:'我九天元女也。'"①这种"人面鸟"当是西王母身边的女仙,供其驱遣。西王母与这种"人面鸟"的关系,传世文献少见。但在汉代画像砖中,这种"人面鸟"却常与西王母同时出现。如在嘉祥县满硐乡宋山出土的东汉晚期的一块画像砖中,最上一层西王母坐于正中矮榻上,左侧便有一个人首鸟身者面向西王母。②该地出土的另两个画像砖中也有类似的情况,只不过画中的端坐者变成了东王公,其左侧也有一个人首鸟身者面向东王公。③那么这种"人面鸟"究竟是何物?与西王母、东王公的关系又是什么呢?

山东出土的画像石中,这种"人面鸟"有时也以手持砭针的形象出现。如在嘉祥县城南南武山出土的东汉晚期的"东王公、孔子见老子、庖厨画像"上便能见到东王公和人首鸟身者同出的现象。④该画像石中的"人面鸟",人面人手,左手所持为芝草,右手握一大针,针的一端刺入一披发人的发际。受表现手法的影响,披发人仅头、肩部分可见。另外,在微山县两城山也出土了四块刻有"人面鸟"手持砭针的画像石。其中一块画像石的右上角上,刻有一"人面鸟",在"人面鸟"的左侧有两妇人和一儿童跪坐,"人面鸟"右手托一妇人之手,左手持一长针,作针灸状。另几块画像石中的"人面鸟"的形象也多涉及疾病诊治。关于这些画像石中"人面鸟"的内涵,叶又新认为这种"人面鸟"一种类似神鸟"仓生",是汉代医者仓公的神话形象,另一种或是扁鹊的神话形象。⑤关于"人面鸟"手中所持的砭针,刘敦愿认为应是金属针。他还指出,这种半人半鸟的神物,当由鸟图腾演化而来,这个人面鸟所代表的神话人物即是扁鹊。⑥以上这两种意见均将"人面鸟"与针灸治疗术和医者相联系,从画像石来看,这种"人面鸟"确与医者、医术有关。值得注意的是,分别与东王公和西王母同出的"人面鸟"在形象上略有差别,主要体现在尾部上:与东王公同出的"人面鸟"尾巴很长,呈弯曲钩状;与西王母同出的"人面鸟"尾巴则显得短而平直。这些差别所反映出的应是同一神异的两种类别,或是雌雄异体。结合东王公和西王母来看,应是同一种动物的雌雄异体的可能性较大

---

① 李莹:《西王母文化研究集成·文献资料卷》,桂林:广西师范大学出版社,2009年,第747页。
② 中国画像石全集委员会编:《中国画像石全集》第2册,第88页。
③ 中国画像石全集委员会编:《中国画像石全集》第1册,第65页;中国画像石全集委员会编:《中国画像石全集》第2册,第125页。
④ 中国画像石全集委员会编:《中国画像石全集》第2册,第90页。
⑤ 叶又新:《试释东汉画像石上刻划的医针——兼谈九针形成过程》,《山东中医学院学报》1981年第3期,第60页。
⑥ 刘敦愿:《汉画像石上的针灸图》,《文物》1972年第6期,第47—51页。

一些。这种"人面鸟"不但与西王母和东王公相伴出现,也有单独出现的情况。有时这种人面鸟手持砭针,或正在对人施以针灸,以明确的医者形象单独出现;有时手上并无砭针,仅以西王母、东王公附属神灵出现。在前人的研究中,叶又新认为这种"人面鸟"分别是"扁鹊"和"仓公"的代表,显然是已经注意到了两块画像砖上的"人面鸟"形象有所差别。根据《史记·扁鹊仓公列传》的记载,扁鹊和仓公本为东方人,其早期活动范围大致在齐鲁一代,这也与画像砖中所见的"人面鸟"多见于今山东地区相吻合。但是这些画像砖上并无榜题,这些"人面鸟"是否即是文献中的扁鹊、仓公仍有待深究。

不过,我们认为,微山县两城山出土的画像砖上的"人面鸟"和与西王母、东王公同出的"人面鸟"均属于同一性质的神异,其真实身份,也应当与汉代西王母信仰联系起来进行考察。具体而言,这种"人面鸟"即是西王母医治百姓疾病的使者。换言之,西王母是通过驱遣"人面鸟",利用人面鸟所掌握之医技,来发挥其在疾病诊疗方面的功用。

西汉时期,西王母是不死之仙药的掌管者,是长生不死的仙人,因而成为汉代神仙信仰和追求长寿者的崇尚对象。随着时间的推移,西王母形象被不断放大,诸如掌管民间生育的职能也被时人赋予了西王母。山东地区出土画像石上广泛出现的"人面鸟"即是对西王母医学形象的又一次放大,赋予了西王母掌管民间疾病与医药的职能。很显然,西王母对民间疾病与医药的掌管并不是其本身所固有的,而是通过这种"人面鸟"来完成的,这与西王母对民间生育的掌管有着异曲同工之妙。

值得注意的是,从画像石来看,作为西王母使者的人面鸟,为人治病时手持砭针,所使用的医术当是针灸术。针灸术与人面鸟、西王母之间的内在联系,或与地域文化相关。《素问·异法方宜论》言及导引、按摩、九针、方剂、砭石等医疗术的来源问题时,便将之与不同的地域相联系,砭石被认为起源于东方,说明砭石疗法在东方之域颇为流行。前文已经指出,带有人面鸟的画像砖多出于今山东地区,人面鸟以手持砭针的形象出现,或与该地区盛行砭针疗法有关。有不少学者将画像石中的人面鸟与扁鹊联系起来,认为人面鸟即是扁鹊的原始形象。如杨金萍认为,扁鹊实为鹊之类的鸟类,又或为半人半鸟的鹊人,山东出土的画像石上的人面鸟即是扁鹊,早期扁鹊是以鸟图腾为代表的擅长于针砭术的东夷氏族,进而以此来解释画像石中人面鸟持针施术之现象。①人面鸟与扁鹊之关系,尚待深究。而从东夷所居之处流行针砭术的角度来解释人面鸟与针灸术之关系,则极富启发性。

总之,至少在东汉时期,西王母已经不仅仅只是掌管仙药之神,她同时也是掌管生育、疾病与医药之神。西王母的医学形象经过了一个从掌管长生不死之药到掌管生育、疾病诊疗的转变。这一转变,使西王母与医疗的关系更加具体,形象也更加丰满。

四、结 语

疾病与生死,是人类面临的终极问题。古代各民族,对能够解除病痛的自然或超自然的力量,都存在不同程度的崇拜,有些民族甚至发展出了专司疾病与治疗的医神,但在不同地

---

① 杨金萍:《汉画像石与中医文化》,北京:人民卫生出版社,2010年,第145—146页。

域与时代中,呈现出很大的差别。从出土甲骨、简牍及传世文献来看,先秦时期人们认为疾病是鬼神作祟所致,天地上下之神祇,主宰着人间祸福,疾病与生死也受其制约。除了用药物、针灸等方法以外,主要的治病之法是用祈禳、攻解之术取悦或者驱除鬼神,这些神灵扮演了医神的部分角色,但此时尚未出现一个专司疾病与医疗的神灵。

  随着时间的推移,医神的职掌与角色日益固定下来,并集中到数个或某个神话传说或者历史人物身上。如战国时期则出现了专司人生死的司命神,西王母则执掌人之疾病,具体而言便是"司天之厉及五残"。从《山海经》的记载来看,这应当是当时西王母的主要职能。从战国到汉魏,西王母的医疗职能被逐渐放大,在掌管抽象的疾病之外还拥有和掌握着长生不死之药,以及掌管着人间的生育,成为时人祈求子孙的对象。此外,西王母还被认为与针灸治疗术有着密切的联系。

  汉代社会崇尚仙道、追求长生不死及多子多福的观念是西王母掌管不死之药和人间生育的思想基础。而西王母与疾病诊疗之间的关系,则可能是汉代医学的发展,尤其是针灸治疗术的发展在宗教领域的反映。汉代西王母医学形象有着鲜明的时代印记,西王母的医学形象总是与神仙、方术相联系,反映了当时民间对医疗的共同理解与体认,这对于深化西王母以及秦汉医疗史研究都大有助益。东汉以后西王母的医疗功能日渐弱化。西汉时期以仓公淳于意等为代表的名医,虽拥有高超的医技,但遗世独立,未能在社会上产生广泛的影响,故而未能被时人当作医神来崇拜。东汉末期以降,渐有名医被引入宗教行列,成为被尊崇的医神。诸如华佗、张仲景、孙思邈等掌握着医技的真实的历史人物,逐渐成为医神之主流。方技之术的功用得到了社会的普遍认可,人们所崇尚的医术由巫术、神药等内容,而逐渐转移到方技与本草之上。西王母在医疗史上地位之变迁,同时也反映了上古至中古时期,中国医疗观念的一大变化。

作者简介:杨勇,湖南大学岳麓书院副教授。研究方向为出土文献与秦汉医疗史。

走马楼吴简疾病词语"风病""癫狂病"考辨*

陈荣杰　王亚利

【摘　要】吴简"风病"患者的年龄主要集中在老年段,以60~69岁者最多,结合传世文献,"风病"是由风寒、风邪引起的中风、半身不遂类疾病。吴简"癫狂病"患者以青壮年为主,以10~29岁者最多,与医学上癫狂病的高发年龄相合。

【关键词】吴简;风病;癫狂病;考辨

1996年,在湖南长沙五一广场走马楼建设区域J22号古井中发现了数量惊人的三国孙吴纪年简牍(下称"吴简"),这批简牍共14万余枚,有字简约8万枚,主要内容为账簿和户籍。户籍简记录了孙吴时期长沙郡临湘侯国各乡里吏民的姓名、性别、年龄、亲属关系及疾病情况等信息。记录疾病情况的"刑手足""肿足""腹心病"学界关注较多,"风病""癫狂病"则仅有少数学者在相关研究中偶有涉及,且尚未达成定论。时贤研究"风病""癫狂病"所依据的材料主要是早期刊布的吴简材料,随着吴简新材料的不断公布,有必要对之进行进一步的探讨。

一、风　病

现刊布吴简"风病"凡58见。①简文如:

义成里户人公乘李城年七十,盲两目,风病。(壹·9506)②
龙男弟郆年十五,筭一,风病。(柒·1756)
恒男弟知年十五,筭一,风病。(柒·1895)

---

* 本文为国家社科基金青年项目"走马楼三国吴简词汇研究"(13CYY055)、中央高校重大培育项目"走马楼吴简异体字整理与研究(SWU1909024)"的阶段性成果。

① 据整理报告吴简"风病"共58见,其中简捌·234"客男弟□年九岁苦风　病　客死主子得年四岁",图版"苦"下有竹节墨痕,"风病"二字很不清楚,谨慎起见,暂不将之列入统计范围,实际考察的"风病"简册共57例。

② 本文所引简文简号前用"·"隔开的汉字"壹""贰""叁""肆""伍""陆""柒""捌"分别表示竹简册数。例句均来自走马楼简牍整理组编著:《长沙走马楼三国吴简·竹简·[壹][贰][叁][肆][伍][陆][柒][捌]》,北京:文物出版社,2003年、2007年、2008年、2011年、2018年、2017年、2013年、2015年。原整理者释文未加标点,所引简文均试予标点。

孝男侄常帅年卅,苦风病。(柒·4978)
富贵里户人公乘烝樵年五十七,风病。(捌·1874)
常迁里户人公乘陈到年六十三,风病。(捌·1996)
高从兄赵转年七十三,苦风病;妻大女⬚耳年五十一。(捌·3549)

此外,现刊布吴简还有两例"风矢病"简:

子男惊年卅三,苦风矢病。(壹·9365)(注:"矢"似为"湿"之通假。)
子男□年十一,风矢病。(柒·1867)

 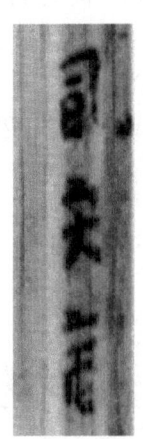

图1 简壹·9365"风矢病"　　图2 简柒·1867"风矢病"

竹简[壹]整理者认为,"矢"似为"湿"之通假,"风矢病"即"风湿病"。①今核图版,这两简释文"矢"当有误。简壹·9365"风矢病"三字图版(见图1)左侧残损,"风"的左侧残一撇,图版"矢"的左侧也应有残损。简壹·5336"疾"图版作"⬚",其左侧亦有残损,与简壹·9365"矢"字字形相同,故"矢"当为"疾",简壹·9365"风矢病"当为"风疾病"。吴简"腹心病"又称"腹心疾病",如简壹·5336"东阳里户人公乘乐龙年十八,素苦腹心疾病"亦可证。简柒·1867"风矢病"图版(见图2)上端一字似为"三"字,中间一字不很清楚,下端二字为"一死",此简"风矢病"应释为"三□一死"。综上,现刊布吴简未见"风矢病"这一病名。

关于吴简"风病",学界有以下几种观点:

陈顺成认为,"风病"为"中医泛指由外感风邪而引起的各种疾病",并同意整理者的意见,"矢"通"湿",认为"'风湿'本就是中医痹症一类病名,指风和湿两种病邪结合所致的病症"。"'风病'与'风湿病'均为慢性而反复发作的全身性疾病,多见于较冷而潮湿的地区,符合孙吴地理环境。"②

周祖亮根据"风病"病名与传世文献病名的对应关系认为:"'吴竹简'中的风病就是指

---

① 竹简[壹]指走马楼简牍整理组编著:《长沙走马楼三国吴简·竹简·[壹]》(文物出版社,2003年)。下同,不另出注。
② 陈顺成:《走马楼吴简词语研究》,北京语言大学博士学位论文,2010年,第109页。

麻风病。在历史文献中,麻风病被称作'疠''疠风''大风'等。"①

巩镭认为"风病"有下面几种可能:其一,"疯病",和今天的癫痫相似;其二,"风湿病",长期生活在卑湿地区的百姓容易得骨关节病;其三,"麻风病","从同时期的考古发掘还能推测'风病'有可能是麻风病,主要从秦汉时期已经存在大量的麻风病实例可以推理"②。

我们认为吴简"风病"既不是风湿病,也不是麻风病、癫痫,而是由风寒、风邪引起的中风,半身不遂类疾病。试加阐述如下。

现刊布吴简未见"风矢病",将"风病"解释为风湿病就失去了其论证的基础,这里不再讨论。

关于"麻风病"的观点证之吴简是不能成立的。众所周知,麻风病是一种非常厉害的传染病,又称"疠",患这种传染病是需要隔离的,秦简中就有隔离麻风病人的记载。如《睡虎地秦简·法律答问》简122:"甲有完城旦皋(罪),未断,今甲疠,问甲可(何)以论?当䙴(迁)疠所处之;或曰当䙴(迁)所定杀。"又简123:"城旦、鬼薪疠,可(何)论?当䙴(迁)疠䙴(迁)所。"简文写明要把"疠"人送到"疠所""疠䙴(迁)所",这说明至少在秦代就已经认识到"疠"即"麻风病"为传染性疾病,患这种传染病的病人要进行隔离以免传染给他人。然在吴简中却看不到患"风病"的人进行隔离的迹象,患者是和其他家庭成员一起居住的,且有些患"风病"者还要缴纳筭赋。如:

上乡里户人谢盎(?)年五十三,风病;妻紫年卅二,子男恭年十二。(柒·481)
从兄衾(?)年六十七,踵足,风病;衾(?)妻思年五十一。(柒·484)
富贵里户人大女□□年□九,子男党年十三,风病;子女姑年七岁。(柒·510)
嘉禾五年绪中里户人公乘逢㔷年卅二,筭一,风病。(肆·799)
龙男弟郚年十五,筭一,风病。(柒·1756)
恒男弟知年十五,筭一,风病。(柒·1895)

这些和家庭成员一起居住,缴纳筭赋的"风病"患者显然不能理解为麻风病患者。

据我们对57例"风病"简的全面考察(详见表1)发现,除2例无法确定性别外,其余51例均为男性,尚未发现为女性的患者。从年龄上看,10~19岁7例,20~29岁7例,30~39岁10例,40~49岁5例,50~59岁8例,60~69岁14例,70~79岁6例。通过以上分析可知,"风病"患者的年龄主要集中在老年段,以60~69岁患者最多,其中,40岁以上的患者占一半以上,这与"麻风病感染者以青少年发病较多"③相矛盾。

---

① 周祖亮:《长沙走马楼三国吴简疾病词语略考》,《广西社会科学(语言学)》2011年第3期,第140页。
② 巩镭:《汉末三国时期疾病研究》,郑州大学硕士学位论文,2011年,第14页。
③ 高凯:《从吴简蠡测孙吴初期临湘侯国的疾病人口问题》,《史学月刊》,2005年第12期,第27页。

表1 吴简"风病"患者年龄等情况表

简号	姓名	性别	年龄	病症	住址	算赋
壹·4477	□□	男	32	苦风病	□都里	算一
壹·9054		男	25	苦风病	大成里	
壹·9365	惊	男	33	苦风疾病		
壹·9387	胡	男	68	风病		
壹·9462	高□	男	62	苦风病	义成里	
壹·9465	彭光	男	50	风病	平乐里	
壹·9506	李城	男	70	盲两目,风病	义成里	
壹·9778	盖	男	65	苦风病		
叁·1989	□	男	77	苦风病		
叁·5791	李志	男	45	苦风病	东阳里	
肆·689	刂	男	21	苦风病		算一
肆·799	逢刂	男	32	风病	绪中里	算一
肆·2982			18	苦风病		
陆·1443	区布	男	54	风病	春平里	算
陆·1518	五京	男	64	风病	春平里	
陆·1633	□□	男	72	苦风病		
陆·1709	李□	男	46	苦风病		
柒·481	谢盘(?)	男	53	风病	上乡里	
柒·484(?)	袭(?)	男	67	肿足,风病		
柒·510	党	男	13	风病		
柒·875	常张	男	61	苦风病	常迁里	
柒·1732	□	男	13	风病		
柒·1756	邽	男	15	风病		算一
柒·1765	□亘	男	64	风病	□□里	
柒·1792	李政(?)	男	67	风病	进渚里	
柒·1895	知	男	15	风病		算一
柒·4870	高	男	50	风病		算一
柒·4978	常帅	男	20	苦风病		
柒·4996	郑玻	男	35	苦风病		算一
柒·5004	张乔	男	50	风病	变中里	
柒·5158	李朋	男	57	苦风病	变中里	
柒·5252	唐光	男	48	风病,刑(?)左手	富贵里	
柒·5479	刘伻	男	66	风病	富贵里	
柒·5784	牵(?)	男	22	风病		算一
捌·429	稠	男	16	苦风病		算一
捌·633	区松	男	49	风病		

续表

简号	姓名	性别	年龄	病症	住址	算赋
捌·987	壬	男	32	苦风病		算一
捌·1034	威	男	56	风病		
捌·1164	陈	男	36	苦风病	□中里	
捌·1303	追	男	13	雀佐足风（病）		
捌·1462	吴硕	男	71	苦风病	高迁里	
捌·1545	黄㗨	男	61	风病	浦里	
捌·1732	黄谢	男	26	风病		算一
捌·1762	陈櫖	男	61	苦风病	常迁里	
捌·1874	烝樵	男	57	风病	富贵里	
捌·1996	陈到	男	63	风病	常迁里	
捌·2007	黄客	男	30	风病		
捌·2036	刘常	男	32	苦风病	变中里	
捌·2040	胡南	男	60	苦风病		
捌·2202	孙	男	25	苦风病		算一
捌·2295	李朋	男	46	苦风病		算一
捌·2328		男	60	苦风病		
捌·2355	苌	男	25	苦风病		
捌·2506	区胜	男	36	苦风病	吉阳里	
捌·2592	逢（？）	男	36	苦风病	宜阳里	
捌·3525	诵孟	男	72	风病		
捌·3549	赵转	男	73	苦风病		

因此，把"风病"解释为"麻风病"放在吴简中是讲不通的。

关于"疯病"和癫痫相似的观点也有不妥。首先，吴简已有"狂病""慧病""慧狂病"等来表示"疯病"。如：

> 望女弟进年十四，苦慧狂病。（壹·5537）
> 平阳里户人公乘黄□年卅八，算一，苦狂病。（壹·10327）
> 冥男弟拾年十三，慧病；□侄子男胳年十岁□□（捌·3558）

其次，据《常见病中医临床手册·癫狂》之"诊查要点"，癫狂"发病年龄多在青壮年"①。而吴简"风病"的高发年龄段在60~69岁之间，与疯病、癫狂病的高发年龄段不同，故吴简"风病"不应为"疯病""癫痫"。

吴简"风病"应是由风寒、风邪引起的中风，半身不遂类疾病。文献中常见"风疾"，如《后汉书·袁安传附袁闳传》："封观者，有志节，当举孝廉，以兄名位未显，耻先受之，遂称风疾，

---

① 江苏新医学院第一附属医院编：《常见病中医临床手册》，北京：人民卫生出版社，1972年，第214页。

暗不能言。"①《旧唐书·张建封传》："时河东节度使李说、华州刺史卢征皆中风疾,口不能言,足不能行,但信任左右胥吏决遣之。"又《旧唐书·王徽传》："徽托以风疾,不能步履。"②根据史书的记载可知,"风疾"即"风病",其显著症状是"口不能言,足不能行"。

文献中又称"风病""风疾"为"痱"。《说文·疒部》："痱,风病也。"《史记·魏其武安侯列传》："魏其良久乃闻,闻即恚,病痱,不食欲死。"司马贞索隐:"痱,风病也。"③《汉书·贾谊传》："非亶倒县而已,又类辟,且病痱。夫辟者一面病,痱者一方痛。"颜师古注："痱,风疾。"④"风病"多是由风寒、风邪引起的疾病,而长沙地区自古就是卑湿之地,有产生风病的地理环境。

中风的发病常与年老体衰、劳倦内伤等因素有关,每由恼怒、劳累、酗酒、感寒等诱发。⑤据魏江磊对中风患者验证组的分析发现,患者平均年龄为 62.98±9.71 岁。⑥贾文魁统计其院收治的 786 例中风病例中,男 476 例,女 310 例,发病年龄在 40 岁以下 43 例,41~50 岁 140 例,51~60 岁 253 例,61~70 岁 271 例,70 岁以上 79 例,其发病年龄以 51~60 岁及 61~70 岁两组居多。⑦吴简"风病"的高发年龄段与贾文魁统计的中风高发年龄段基本吻合,吴简"风病"患者以男性占绝大多数也与贾文魁统计的中风患者中男性占多数相合。故吴简"风病"不太可能是风湿病、麻风病、癫痫,而应是中风类疾病。

二、癫狂病

现刊布吴简有一组与精神疾病相关的词语。为便于讨论,本文统称为"癫狂病"。现将其简文分别胪列如下:

1. 狂病,凡 15 见

  □□年卅八,筭一,苦狂病。(壹·7692)
  东阳里户人公乘张□年廿,苦狂病,(壹·9740)
  子男春年廿七,苦狂病。(壹·9744)
  毛(?)子男□年十,苦狂病。(壹·10154)
  平阳里户人公乘黄□年卅八,筭一,苦狂病。(壹·10327)
  □惠(?)弟鹿年廿七,狂病;鹿妻姑年廿七。(贰·2304)
  □□男弟主年十二,苦狂病,□(叁·1022)
  子男□年八岁,狂病;卿侄子男政年十三。(叁·6230)
  州男弟福年七岁,福男弟武年五岁,狂病。(伍·5096)

---

① 《后汉书》,北京:中华书局,1965 年,第 1527 页。
② 《旧唐书》,北京:中华书局,1975 年,第 3831、4643 页。
③ 《史记》,北京:中华书局,1959 年,第 2853—2854 页。
④ 《汉书》,北京:中华书局,1962 年,第 2240—2241 页。
⑤ 韩冰主编:《中医病症诊疗全书》,天津:天津科学技术出版社,1999 年,第 80 页。
⑥ 魏江磊:《中风先兆症候的性别年龄及证型特征考辨》,《中医药学刊》2004 年第 9 期,第 1603 页。
⑦ 贾文魁:《中风的发病年龄与病因病机》,《山西中医》2002 年第 3 期,第 62 页。

烝男弟强年三岁,烝男侄赵年五岁,狂病。(伍·5331)
东阳里户人公乘烝□年七十四,苦狂病。(伍·6461)
宜都里户人公乘烝柴(?)年…,苦狂病,訾五十。(柒·3937)
□男弟长年十七,腹心病;长男弟客年十二,苦狂病。(柒·4024)
专男弟湘廿一狂苔(捌·365)(注:"廿一"上应脱"年"字。又,按吴简格式,"狂苔"下应脱"病"字。)
毛男弟众年四岁狂病(捌·451)

2. 蒽病,凡9见

□,苦蒽病。(壹·5517)
□子女象年廿三,苦蒽病。(壹·9488)
男弟头年八岁,蒽病;□子男主年七岁。(柒·337)
富贵里户人陈□年卅九,蒽病;妻思年卅一;从兄收年五十五,踵足。(柒·547)
□□男弟……□子男□年六十五,蒽病。(柒·784)
耳妻男弟生年十七,筭一,苦蒽病。(柒·1055)
□男弟伯年六岁,蒽病;伯男弟腾年四岁,强病。(捌·3550)
冥男弟拾年十三,蒽病;□侄子男胳年十岁□□(捌·3558)
大男番象年卅九,蒽病;妻归年卅二,象从兄林年五十一。(捌·3605)

3. 懃病,凡2见

妻大女曾年廿三,筭一;子男涤年十五,苦懃病。(柒·3918)
从男侄赵张年卅,苦懃病。(捌·835)

4. 瘨病,凡2见

常侄子男见年廿,苦瘨病。(叁·1789)
□□□□□年廿七,苦瘨□。(叁·1803)

5. 寅病,凡1见

□杖(?)子男溺年廿寅(癫)病,□(伍·7320)

6. 蒽狂病,凡1见

望女弟进年十四,苦蒽狂病。(壹·5537)

7. 廙(癲)狂病,凡1见

　　进(？)男弟㽒年十一,苦廙(癲)狂病。(贰·4427)

8. 瘨狂病,凡1见

　　……足,苦瘨狂病。(叁·165)

9. 真狂病,凡2见

　　移(？)寡嫂捎年七十八,捎子男穆年廿六,苦真(颠)狂病。(伍·5086)
　　知子男董年十,苦真(癲)狂病;董妻堂年廿。(伍·6704)

上揭"狂病""慎病""憼病""瘨病""真病""慎狂病""廙(癲)狂病""瘨狂病""真狂病"的最大问题在于辨识"慎""憼""瘨""真"。胡平生认为:"'慎'字,应当视为从心、真声,乃是俗写,通'瘨',字或作'颠',亦作'癲'。"①"慎""瘨""真"和"颠"四字皆从真得声,故可通假。胡平生利用《说文解字》《说文解字注》《广雅》《急就篇》《说文通训定声》《说文解字义证》等文献材料证明"颠"和"癲"相通。本文认为其所论当确。"慎""瘨"同"癲","憼"乃换疒旁为心旁,突出其与精神思想有关,亦同"癲"。

"廙",《竹简[贰]》整理者释同"癲",当确。"廙"应是"瘨"的简省。文献中"疒"旁省写为"广"旁比较常见,如《张家山汉简·引书》简66把"瘚"写作"厥",《张家山汉简·脉书》简15把"瘸"写作"𠆢"。吴简也有把"疒"旁省写为"广"旁的情况,如简壹·8649将"病"写作"庌"。"古代经常为了医学方面的用途,专门造出区别字来,而音义没有改变,这样做的目的,可以直接从字形上看出表达的意义,收到望文知义的效果。比如疾病一类的字,就可能会加以病旁,以示其归属,像痒字,即是惊悸之悸字,《广韵》有此字。"②吴简"慎"与"瘨"亦如此。

"寘"和"真",《竹简[伍]》整理者分别释作"寘(癲)"和"真(颠)(癲)"。"寘""真"和"癲"应是通假关系。吴简"慎""廙""瘨""癲"和"憼"应是一词多形即异体关系,如此,则吴简"狂病""慎病""憼病""瘨病""真病""慎狂病""廙(癲)狂病""瘨狂病""真狂病"实为"狂病""慎病""憼狂病"。③

关于吴简"狂病""慎病""慎狂病",学界主要有两种观点。

一是认为吴简"慎病"和"狂病"是两种不同的疾病。高凯认为,"慎病"或为因怒而生的心脏病之类;"狂病"从字面上便可大致认定其为精神系统的疾病,或为精神失常,也可以是癫痫。如是癫痫,又有部分可归结为脑型血吸虫病影响所致。④巩镛认为,"慎病"可能是心脏

---

① 胡平生:《〈长沙走马楼三国吴简〉第二卷释文校证》,载《出土文献研究(第7辑)》,上海:上海古籍出版社,2005年,第115—116页。
② 陈增岳:《隋唐医用古籍语言研究》,广州:广东科技出版社,2006年,第196页。
③ "狂病""慎病""憼狂病"即"狂病""癲病""癲狂病",因吴简以写作"慎"者居多,故下文统一用"慎"。
④ 高凯:《从吴简蠡测孙吴初期临湘侯国的疾病人口问题》,《史学月刊》,2005年第12期,第28页。

病之类的疾病,颠病有可能是癫痫;"狂病"依照字面意思可以推测为神经系统疾病,可能是精神病或者是癫痫,患病者一般年纪较轻。[1]

二是认为吴简"𢙣病"与"狂病"可能是一名而异称。如胡平生认为,"癫病"与"狂病"可能是一名而异称,也可能是既有"癫病",又有"狂病"[2]。陈顺成认为,"𢙣病""狂病""𢙣狂病"均为精神、言语行为失常类疾病。[3]

高凯据《篇海》"𢙣,恚也"认为"𢙣病"或为因怒而生的心脏病之类,实际上,吴简"𢙣"同"瘨",与"恚"义无涉,且查字典、辞书及相关文献,未见称心脏病为"𢙣病"者,故"𢙣病"应和心脏病无关。

张纲认为,先秦至西汉之所谓"狂"包括今人所称之"癫"和"狂"。先秦两汉以至于隋,癫均指间而发作之暴仆筋挛之病(即今之痫疾),张揖《广雅》"瘨,狂也"为特例,乃唐后之人所增。癫于唐时,转指心神颠倒错乱之病(即今之癫疾)。[4]查文献,三国魏人张揖《广雅》"瘨,狂也"并非如张纲所云"前无古人,后无来者",时代相近的梁顾野王《玉篇·疒部》谓"瘨,狂也",亦将瘨解释为"狂也"。《玉篇·犬部》:"狂,癫痴也。"则《玉篇》已狂、癫互训。《素问·腹中论》:"石药发瘨,芳草发狂。"王冰注:"多喜曰瘨,多怒曰狂。"《中医内科学讲义·癫狂》云:"癫与狂,都是属于神志失常的疾病。癫病表现为沉默痴呆,语无伦次,静而多喜;狂病表现为喧扰不宁,躁妄打骂,动而多怒。故《难经》有'重阴者癫''重阳者狂',王太仆有'多喜为癫,多怒为狂'的说法。"[5]癫病和狂病浑言义同,指精神失常类疾病,析言有别,根据临床实践发现,"癫病"多静,"狂病"多动;"癫病"多喜,"狂病"多怒;"癫病"其脉多沉伏细弦,"狂病"其脉多洪盛滑数。"癫症"以痰气为主,表现为抑郁多静,情感淡漠,沉默痴呆,喃喃自语,语无伦次,不知秽洁,性质属阴。"狂症"以痰火为主,表现为动而多躁,歌笑不休,妄言声高,毁物打骂,逾垣上屋,力大倍常,性质属阳。[6]

吴简"狂病""𢙣病""𢙣狂病"共34例,可确定年龄者31例,分别为1~9岁者6例,10~19岁者9例,20~29岁者10例,30~39岁者3例,40~49岁者1例,60~69岁者1例,70~79岁者1例。从发病年龄来看,以10~29岁者最多,达19例,占可确定年龄总数的61%,可见其发病者以青壮年为主。这与《常见病中医临床手册·癫狂》之"发病年龄多在青壮年"相合。[7]吴简既有狂病,又有𢙣病,又有𢙣狂病,𢙣狂合言指称一种疾病,则此时长沙地区已开始出现𢙣病、狂病混称为𢙣狂病。

作者简介:陈荣杰,西南大学汉语言文献研究所、出土文献综合研究中心教授;王亚利,深圳第二外国语学校教师。

---

[1] 巩镭:《汉末三国时期疾病研究》,郑州大学硕士学位论文,2011年,第22—24页。
[2] 胡平生:《〈长沙走马楼三国吴简〉第二卷释文校证》,载《出土文献研究(第7辑)》,上海:上海古籍出版社,2005年,第115页。
[3] 陈顺成:《走马楼吴简词语研究》,北京语言大学博士学位论文,2010年,第111—112页。
[4] 张纲:《中医百病名源考》,北京:人民卫生出版社,1997年,第155、163页。
[5] 上海中医学院编:《中医内科学讲义》,上海:上海科学技术出版社,1964年,第151页。
[6] 江苏新医学院第一附属医院编:《常见病中医临床手册》,北京:人民卫生出版社,1972年,第214页。
[7] 江苏新医学院第一附属医院编:《常见病中医临床手册》,第213—214页。

战争与医疗:阳夏战争中的伤员救护

刘菲雯

【摘 要】 中国近代陆军军医制度始于清末新军。在武昌起义引发的阳夏战争中,交战双方军事医疗工作的不同情形,反映出湖北新军与北洋新军制度运作的差异。清末,湖北军医组织与机构长年简设,饱受批评。革命爆发后,伤员救护的需求与困境凸显。原有军医均上阵救伤,专业性有限而人才稀缺。湖北军政府竭力调动武汉地方资源,与红十字会紧密合作。与此相反,北洋军的军医制度落实较为充分。荫昌领兵南下,颁布战地医疗规则,军医大队随军奔赴湖北。袁世凯复出令救护工作进一步拓展。清军在京汉铁路沿线设立兵站及野战医院,医药及伤员通过火车运送,并不断调派军医学生南下支援。伤员救护工作还受到政治斗争的深刻影响。清军对双方伤员的非人道行为,加速了外界对清廷的疏离,反映了战争实践与制度条文的渐行渐远。

【关键词】 伤员救护;军医;阳夏战争;辛亥革命;红十字会

引 言

1911 年 10 月,武昌起义爆发。清廷令北洋军队南下,长江舰队溯江而上,共同镇压革命。革命军与清军在汉口、汉阳展开血战,共历 41 日。此役伤亡惨烈程度为清末庚子年后罕见,是辛亥革命期间持续时间最长、战况最烈的大战,被称为"阳夏战争"①。这场战争尚有大量史实值得发覆,比如革命军、清军双方对战时医疗资源的竭力调动,就引起了时人的广泛关注。据英国记者丁乐梅(Edwin John Dingle)在其武汉战地笔记中记载:"在中国战争史上,受过专门训练的医疗服务是一件新鲜的事情。不仅有外国医务人员的帮助及组织红十字会,对立双方也各有其军医团和设备精良的战地医院。"②近年来,学者已注意到来自上海、

---

① "阳夏战争"也称"阳夏战役",除辛亥革命通史著作必有章节叙述外,相关代表性专文还包括:冯天瑜、贺觉非《阳夏战争述评》,《江汉论坛》1981 年第 6 期;苏全有《阳夏战役中的黄黎关系》,《史学集刊》1993 年第 2 期;苏全有《关于阳夏战役研究中若干问题的辨析》,《中州学刊》1997 年第 3 期;陈光远《武昌起义和阳夏战役述评》,《军事历史》2001 年第 6 期;陈九如、苏全有《关于阳夏战役三个问题的辨析》,《清史研究》2002 年第 1 期;苏全有、买文兰《阳夏战役期间黄兴登坛拜将问题》,《江汉大学学报(人文科学版)》2004 年第 1 期;冯天瑜《阳夏战争后果论析》,《湖北社会科学》2011 年第 1 期等。
② [英]埃德温·J.丁格尔(Edwin John Dingle)著,陈红民等译:《1911—1912 亲历中国革命》,杭州:浙江大学出版社 2011 年,第 213 页。作者的中文名是丁乐梅(见该书译后记)。

日本的红十字组织在阳夏战场进行的救伤行动①,但叙述的重点是慈善活动本身,相对忽视作为第三方组织——红十字会的参与原是为弥补两军军医系统的不足。实际上,来自西方的新式军医制度同样创行于清末,主要内容是为军队建立专门的医疗机构,培养和设立具有定额编制与晋升等第的专职军医,重视引入西医,并在战时开展有计划的伤员救护。②此一制度的建立,是中国近代军事后勤体制变迁的题中之义,也是中国近代医疗史的重要组成。因资料极为零散,先行研究对此关注较少,列举制度章程有之,而极少探析新制运作的实际情形。③1911年的阳夏战争,交战双方为清末新军两大主力的北洋与湖北,也恰好是中国军队第一次运用近代军医组织进行战时救护的实践。本文在清末新式军医组织这一制度背景的基础上,对阳夏战争期间革命军、清军双方组织开展的伤员救护进行考察与比较,对照中外文记载,将医疗活动的策划与开展置于辛亥革命的实际环境中,希望能进一步丰富辛亥革命史的研究面相,并对中国近代医疗史与军事后勤史研究有所补益。

一、革命军的战前准备

清末湖北的军医制度建设较早。1896年成立的湖北护军已有专门的医疗组织,而这一组织很可能承袭自1895年张之洞创建的江南自强军。④在清末编练新军的时代氛围中,湖北常备军以北洋经验为蓝本,设立军医机构。⑤1909年,留日医学生叶于兰(1877—1928)被鄂督任命为新军第八镇正军医官,主管全镇军医事务。⑥

湖北的军医教育开展亦早,受日本影响较大。1898年张之洞派姚锡光等赴日考察军事,姚氏在所呈报告中称军医学校为"陆军中最有关系之事"⑦。湖北将弁学堂首设军医、卫生二课目,随后专设军医学堂,由鄂督聘请日本军医授课。军医学堂学生后来升入陆军小学

---

① 相关研究参见周秋光《晚清时期的中国红十字会述论》,《近代史研究》2000年第3期;池子华《中国红十字会辛亥战时救护行动》,《民国档案》2004年第1期;池子华《辛亥革命中留日医学生的救护行动》,《徐州师范大学学报(哲学社会科学版)》2004年第2期。对辛亥革命期间红十字会在其他地区进行战地救护的研究,参见池子华《辛亥革命中红十字会的江苏战场救护》,《史学月刊》2008年第9期;曾桂林《辛亥革命与两湖地区红十字会的战地救护》,载饶怀民等主编《湖南人与辛亥革命——纪念辛亥革命100周年学术研讨会论文集》,长沙:湖南师范大学出版社,2013年。
② 晚清军医新制的初创过程是笔者关注的重点,将另文详析,这里仅作为阳夏战争伤军救护的背景进行简述。
③ 涉及晚清军医新制的论著,参见陈崇桥、张玉田主编《中国近代军事后勤史:公元1840—1927》,北京:金盾出版社1993年;朱克文等主编《中国军事医学史》,北京:人民军医出版社1996年;《清末陆军部兴办军医学堂》,《历史档案》1999年第1期;郑红飞《清代军队医疗保障制度研究》,兰州大学硕士学位论文2009年;魏国栋:《北洋军医学堂到陆军军医学堂历史沿革》,《河北理工大学学报(社会科学版)》2004年第4期;杨善尧:《抗战时期的中国军医》,台北"国史馆"2015年。
④ [美]鲍威尔著,陈泽宪、陈霞飞译:《1895—1912年中国军事力量的兴起》,北京:中国社会科学出版社,1979年,第111—112页;李细珠《张之洞与清末新政研究》,上海:上海书店出版社,2003年,第220页。江南自强军与天津新建陆军是中国最早引入西方军事医疗制度的陆军,张之洞回任湖北后,带去自强军500人为班底,组建湖北护军。
⑤ (清)张之洞《拟编湖北常备军制摺》,载《张之洞全集》第4册,武汉:武汉出版社2008年,第193页。
⑥ 《陆军部奏遵议护鄂督奏请将学部小京官叶于兰留充军医摺》,《政治官报》1910年第840期,第13—14页。
⑦ 姚锡光:《东瀛学校举概》,载王宝平编:《晚清中国人日本考察记集成:教育考察记》上册,杭州:杭州大学出版社,1999年,第9页。

堂军医班,1909年毕业分派各标营任军医。①军医乙班招收在营士兵,培养负责裹扎换药、看护、抬送架兜等事的"医兵"②,成为新军卫生队的基础。所谓"卫生队"是清末新军中的医药组织,按制每镇需设一队,"专隶于镇统,而授指挥于正军医官"③,平日分派各营看护病兵,战时合为一队,负责伤兵的搜寻、急救、运送与医药筹备。卫生队在清末数次军事会操演习中均有出现,湖北、江苏等省新军设立卫生队,就是为筹备会操而始。④鲜为人知的是,清末新军卫生队首次履行战时救护职能,就是在1911年10月10日武昌起义当夜。当晚的实际组织者为日知会会员、工程营军医陈雨苍(1889—1947)。起义当夜"设医院三所,疗治受伤同志。派担架队收殓各街道遗尸,运往通湘门外梅家山掩埋,紫阳桥一处,即有尸身百具"⑤。革命党人章裕昆评价,"此为中国卫生队救护之第一次试验"⑥,确实如此。

武昌起义次日,湖北军政府成立,清廷急调大军南下镇压革命。从10日起义爆发,到18日阳夏战争开始,革命军在这期间的备战,都由大小成员自行商议开展。在革命党人与立宪党人博弈的过程中,先后推出两个条例:《军政府暂行条例》与《中华民国鄂军政府改订暂行条例》。从16日颁布的《军政府暂行条例》可见,军务部下设总务、军事、人事、军需、经理、执法、医务七科。医务科所掌事项有三:"一、关于卫生及饮水用水事项;二、关于医疗病院及各营疗养事项;三、关于卫生材料及恤兵团体之组织事项。"⑦虽然革命党人随后又出台《中华民国鄂军政府改订暂行条例》,军务部下设的医务科消失,但实际的机构设置并未完全按照这个新的章程。军务部医务科作为军医指挥机关,是一直存在、运转的。该科科长是湖北新军第八镇正军医官叶于兰,他留学日本时已入同盟会,也是湖北共进会的发起人之一,是湖北当时少有的能以丰厚收入支持革命的人。⑧

实际上,清末湖北新军的医疗建设极为薄弱,与清末新军"两大重镇"的地位不符。直到1909年,第八镇及二十一混成协马炮各队,每营只有医士一名,更未形成稳定的就职、升迁程序。报章披露,第八镇军医多为市井医生改充,药室原有西药而不知使用,疗治漫不经心,

---

① 《医学将兴》,《申报》1903年7月8日;《晴川日丽》,《申报》1904年7月16日;《鄂省官场纪事》,《申报》1904年8月1日;苏云峰:《中国现代化的区域研究——湖北省(1860—1916)》,"中研院"近代史研究所,1987年,第250页;《札饬陆军小学附设军医班》,《申报》1907年9月22日。
② 《讲习所传知兽医、医兵班毕业考试》,《汉口中西报》1909年4月11日;《陆军将校讲习所医兵补习》,《汉口中西报》1910年3月8日;《测绘学堂辛亥武昌首义纪实》,载全国政协文史和学习委员会编《亲历辛亥革命:见证者的讲述》中卷,北京:文史出版社,2010年,第654页。
③ 《北军秋操卫生队编制章程》,《卫生学报》1906年第7期。
④ 《筹设陆军卫生队》,《北洋官报》1908年第1753册,第11页;《伤编秋操卫生队》,《北洋官报》1908年第1862册,第12页。
⑤ 张难先:《湖北革命知之录》,北京:商务印书馆,2011年,第283页。
⑥ 章裕昆:《文学社武昌首义纪实》,载蒋漫征主编《蒋翊武研究资料汇编》,长沙:岳麓书社,2013年,第562页。
⑦ 冯天瑜、张笃勤:《辛亥首义史》,武汉:湖北人民出版社,2011年,第346—347页。
⑧ 湖北省地方志编纂委员会:《湖北省志人物志稿》(第一至四卷),北京:光明日报出版社,1989年,第1793页;冯自由:《革命逸史》下册,金城出版社2014年,第924页;李白贞:《共进会从成立到武昌起义前夕的活动》,载《辛亥革命回忆录》第1集,北京:中国文史出版社2012年,第409、413页。

"以故每年夏季死亡狼藉"。有人将湖北军医之腐败告陆军部,中央问罪后,才仓促整顿。①陆军病院为一镇应设之医疗场所,虽经黎元洪、张彪等人多次倡设,都因财力困窘而无力开设。②1911年春夏之交,陆军部大员到鄂检阅新军,各营医长、医官等职仍有空缺,为迎接检阅匆忙填设。实际检阅后,军医一项仍最受批评。检阅大员不仅认为新军卫生队形同虚设,更"以病院未成立系鄂军一大缺点",严词指摘。鄂督瑞澂这才饬令属下共商对策,款项东拼西凑,将陆军病院勉强开设。③湖北新军在医疗资源方面的需求与困境,在武昌起义爆发后迅速凸显。

日本报纸披露,10月16日,革命军已派人秘密前往上海购置了大量医疗器械、绷带与药品,经外国人之手运回汉口。由于此前湖北新军卫生顾问、军医教员几乎全为日本军医,日本早知湖北的军医资源极为缺乏。武昌起义爆发后,日本曾数次表示可以为革命军提供军医及经费,但革命军考虑到自身面临的国际关系而予以了谢绝。④

原有的军医基础"先天不足",又不愿依赖日本以授人口实,革命军政府采取的补救方式是竭力调动地方社会资源,在武昌、汉口创设红十字组织。武昌红十字会从动议到创立,时间虽短,但牵涉人脉极广,为政治立场、国籍身份不同之人彼此合作的结果。军政府诸人在10月14日最初倡设红十字会,初衷是收埋城中被杀的旗人,以防瘟疫流行。由杨霆垣等人前往昙华林,访美国圣公会文华大学附中校长余日章。⑤他们亦考虑到为接下来的战争救护做准备,由余日章联系到圣公会同仁医院院长、美国人马谷良(John Mac Willie)医生,请他担任红十字会会长。15日,赵俨葳、李国镛等谒见黎元洪,将此事报告给军政府。⑥16日,武昌红十字会正式成立,到会者70余人,"皆武昌知名之士"。马谷良担任会长,士绅柯逢时担任名誉会长,"闻教会医士及看护妇皆愿入会"⑦。在汉口,红十字会的组织由革命党人、商人团体与教会医院共同完成。最初筹议者是革命党人李伯桢(即李白贞),他在阳夏战前"联合汉口商界崔世瑞、陈凤池、周承训、王琴甫、刘子敬等,分途协商成立红十字会,并联系仁济医院、中西医院,准备救护伤兵、掩埋尸体等工作"⑧。汉口红十字会也以教会医院为依托,由商会推举普爱医院医生濮福华(Robert T.Booth)担任会长。不久,汉口红十字会与武昌红十字会联合起来,由马谷良担任主席,濮福华和另一位外国医生担任副主席。教会医生积极

---

① 《添设军医长》,《汉口见闻录》1909年4月22日;武汉大学历史系中国近代史教研室编:《辛亥革命在湖北史料选辑》,湖北人民出版社,1981年,第352页。
② 《育婴学堂改建病院》,《申报》1909年1月10日;《改造陆军病院》,《汉口见闻录》1909年4月20日;《北洋官报》1910年第2498期,第10页。
③ 《陆军现委军医一览表》,《汉口中西报》1911年6月9日;《陆军部员校阅之讲评(续)》,《汉口中西报》1911年8月14日;《鄂省陆军病院实行开办》,《申报》1911年8月29日。
④ 《不完全なる清军医》,《朝日新闻》1911年10月30日;《上海より来れる支那人》,《朝日新闻》1911年10月26日。
⑤ 杨霆垣:《记鄂军政府的初期外交活动》,载全国政协文史和学习委员会编《亲历辛亥革命:见证者的讲述》中卷,北京:文史出版社,2010年,第853页。
⑥ 民间不老人:《黎元洪年谱资料》,《北京图书馆藏珍本年谱丛刊》第189册,北京:北京图书馆出版社,1999年,第553页。
⑦ 《汉口战报(三)》,《申报》1911年10月22日。
⑧ 李白贞:《我所参加的辛亥革命工作》,载全国政协文史和学习委员会编《亲历辛亥革命:见证者的讲述》中卷,第547页。

组织红十字会,也是希望借此提升在当地的传教影响力。①

二、交战初期与清军救护机制的启动

  原有新军军医与武昌、汉口红十字会的成立,为革命军应战做了重要的医疗准备。10月18日,革命军向驻扎在汉口刘家庙一带的清军出击,阳夏战争开始。炮火之下,受伤的革命军不断被抬入医院。据西人观察,在前哨接触战中死伤可能不超过100人。午后再战,"革命军向跑马场撤退,运回了很多伤兵,有的由教会医院收容"②。双方激战至天黑后,"大批革命军伤兵送入租界,安置在供他们自由使用的各个医院治伤。红十字会的工作人员立即忙开了,尽可能地把他们安排舒适。值得注目的是,尽管这些人身负枪伤,但精神毫不颓丧"③。为协助革命军卫生队,武汉红十字会还大量招募民间夫役在战地搬运伤者。④

  与此相比,最先到汉作战的清军却几乎没做任何战时救护的准备。武昌起义次日,清廷虽急调北洋军二、四两镇各一部赶赴武汉,由陆军大臣荫昌总理武汉战事,但阳夏战争开始时,北洋大军尚未抵达汉口,前线作战的清军主要为张彪残部及湖南、河南的地方步队,作战、后勤能力均不佳。据观战外人评价,如果以19日的战斗来衡量,"十年来形成的中国在军事上有进步的看法,就完全站不住脚了……无论从什么角度看,我们认为清军的行为,无论在战场或是后方都是不能宽恕的"⑤。清军的伤员没有专人抬救,而革命军参与组织的红十字会又没有得到清军的承认。许多西人记载,交战过后,大批革命军伤员被送回城,而清军伤员却躺在战场无人抬回,许多伤员甚至被憎恨满人的当地百姓杀死。⑥时任邮传部大臣、大清红十字会会长的盛宣怀也接到了同样的报告。⑦考虑到清军面临的不利环境,盛宣怀在18日开战当天就电告上海的红十字会董事沈敦和等人,请其组织红十字会速去战地救援伤兵。⑧沈敦和随后迅速组织"万国红十字会"医队赴汉救援,开启声势浩大的红十字行动,普救双方。只是沈敦和为了另立门户,在宣传时有意隐去了北京方面先期的指派与规划。⑨

---

  ① W.Arthur Tatchell, Booth of Hankow: A crowded hour of glorious life, London: Charles H. Kelly.1915.pp.85—86.
  ② 中国近代经济史资料丛刊编辑委员会主编:《中国海关与辛亥革命》,中华书局,1983年,第369—370页。
  ③ [英]计约翰著,余绳龄等译:《辛亥武昌战守闻见录》,载刘萍、李学通主编:《辛亥革命资料选编》第2卷,北京:社会科学文献出版社2012年,第201页。
  ④ 《赤十字会招募夫役》,《中华民国公报》1911年10月22日。
  ⑤ 章开沅等编:《辛亥革命史资料新编》第7卷,武汉:湖北人民出版社,2006年,第218页;中国近代经济史资料丛刊编辑委员会主编:《中国海关与辛亥革命》,北京:中华书局,1983年,第371—372页。
  ⑥ [英]计约翰著,余绳龄等译:《辛亥武昌战守闻见录》,载刘萍、李学通主编:《辛亥革命资料选编》第2卷,第203页;[英]苏古敦著,周秋光译:《辛亥革命在汉口》,《国外辛亥革命史研究动态》第7辑,华中师范学院辛亥革命史研究室,1989年,第171页。
  ⑦ 上海图书馆编:《盛宣怀档案选编》第1册,上海:上海古籍出版社2014年,第141—142页。
  ⑧ 上海图书馆编:《盛宣怀档案选编》第1册,第139页、第141—142页。
  ⑨ 有关辛亥革命期间沈敦和与"万国红十字会"的现有研究,基本没有发掘"万国红十字会"与北京方面的盛宣怀、吕海寰等人的复杂关系,此一节将另文论述。

清军战时救护机制的启动，是在北洋军主力出动之后。北洋新军的军医制度承袭自1895年成军的天津新建陆军，最先将军医一项写入兵制，按兵员人数分配军医名额，还最早设立军医局收容伤病军士，并出台相关管理制度。①随着袁世凯政治、军事实力的上升，他在1903年奏设练兵处，引入北洋新军的相关制度、机构，并将北洋军的军事近代化经验纳入1904年的练兵处条陈。《练兵处奏拟定营制饷章折》首次系统提出建立西式军医制度。简要言之：平时、行军、战地均应注重卫生，每营设养病室，每镇设养病院；战时应设卫生队以抬送伤兵，设裹伤所、随营医院等机构为战时救护场所；一军两镇应设军医局，在军中建立总办官—正军医官—军医长—医生的官制等级，另设医兵、护兵多人，将北洋新军已经实行或希望实行的经验向各省推广。②

清、革两军最初在汉口交战之时，荫昌刚刚在湖北孝感停车督战，组建行营。③北洋军主力随后由信阳开赴武汉，其中除作战部队外，还包括专门的军医队、司法队等④，具有明显的西方军队组织特征。荫昌行营司令处中的主要幕僚均为陆军部高级军官。陆军部军医司长何守仁担任军医处长，总理前线医疗事务。他是天津北洋医学堂第三期毕业生，1907年曾赴美国参加世界军医大会，又赴欧洲各国考察军医。⑤陆军部军法司长丁士源担任军法处长，他在南下汉口了解战况后，亲拟战时军令三种，其中包括《陆军大臣行营司令处颁布关于处理战地死伤规则》。这个规则在10月22日正式发布：

> 第一条，每次战斗后，应由战斗部队酌派官兵若干名，搜集我军及乱党之死者或伤者，分别办理。
> 第二条，对我军及乱党之死者，应各聚一处，或分为数处，或以芦席及其他物料掩蔽之，一面速派夫役择地埋葬。
> 第三条，埋葬地点及方法，由战斗部队之军医官指定之，应注意左列各项：
> （一）不可使因风雨致埋葬后之尸体暴露。（二）择离村落道路较远为人目所不易见之地。（三）不可使尸体腐水流入水源，及臭气融和空气，致他日发生疫病。
> 第四条，对我军伤者及乱党伤者，应一律抬送野战病院，分别医治。其乱党伤者，愈后应报告总执法处，听候处置。⑥

军医队的启程与《处理战地死伤规则》的颁布，表明清军已正式将伤员救护工作纳入战

---

① 袁世凯编纂，端木留标点校：《新建陆军兵略录存》，载来新夏主编《北洋军阀（一）》，上海：上海人民出版社，1988年，第21—27、34、123—124页。
② 上海商务印书馆编译所编纂，韩君玲等点校：《大清新法令（1901—1011）》第3卷，上海：商务印书馆，2011年，第668—669、681—682页。
③ 丁士源：《梅楞章京笔记》，北京：中华书局，2007年，第312—315页。
④ 《专电》，《申报》1911年10月22日。荫昌在17日停留河南信阳，随后全体人员南下孝感。
⑤ 哈恩忠：《清末军医何守仁考察美欧军医史料》，《历史档案》1999年第1期；《陆军部司长派定》，《申报》1907年8月14日。
⑥ 丁士源：《梅楞章京笔记》，北京：中华书局，2007年，第318—319页。这个规则亦刊登于1911年11月8日的《大公报》，内容与丁士源记载完全一致。

时行动中。该规则较好地吸收了近代卫生防疫学知识,葬亡与治伤均面向两军士兵,具有明显的西方人道主义色彩。笔者推测,这个规则可能是丁士源与何守仁共同拟定的,因为二人均有留洋或出国考察的经历,还准备在次年一同前往美国参加万国红十字大会。①

此后,清军的军事医疗工作逐步运转。10月27日,南下到汉的冯国璋率北洋第四镇、第三混成协部队展开进攻,时人记载,清军约6000人,革命军2600余人,"为民军与北军开战以来所未有之大战也"②。当日就有外人观察到,清军的救护队抬着许多担架,忙碌地开展救护工作。③到29日,日本情报称武昌、汉口红十字医院中的两军伤员已达900人。④至此,有多个红十字会医队先后从外地赶来支援,包括上海的张竹君赤十字医队、万国红十字会医队、日本留日学生医药团及日本赤十字会、北京红十字医队等,为日渐激烈的战事提供了宝贵的医疗资源。

三、两军救护工作的拓展

(一)清军伤员救护

袁世凯的复出,令清军的战时救护工作进一步拓展。在荫昌奉命督师时,接到清廷谕旨的袁世凯虽托病不出,却已开始通过电报安排北洋军的煤米、弹药、交通、医疗等后勤事务。袁世凯向来对军事医疗极为重视,他在10月22日致电大清红十字会会长盛宣怀,以"此次战事拟设医院,款极难筹",问盛宣怀日俄战时所办红十字会有无存款剩余。盛宣怀告知将派沈敦和带医生去武汉,又派美国人福开森赴鄂合办红十字会,将到彰德谒袁。⑤10月27日,袁世凯电奏清廷筹办前敌行军医院,将军医学堂总办徐华清从天津调往河南彰德,"就近组织办理"⑥。10月31日,袁世凯正式出山,与荫昌在信阳接洽,前敌军事大权移交给袁氏,荫昌率全体幕僚返京。⑦袁氏在孝感以北之花园设司令部,军医事务由徐华清接办。徐华清(1861—1924)早年在教会习医,"后复负笈美洲,专究军医之学"。1902年,袁世凯奏设中国第一所专门培养军事医疗人员的学堂——北洋军医学堂时,就委任徐华清为总办。徐氏同时总理北洋军医局,是北洋新军医疗事务的总负责人。民国初年,徐氏成为陆军军医总监,后被称为"民国军医之父"⑧。

---

① 《京师近事》,《申报》1911年7月12日。
② 章开沅、罗福惠等编:《辛亥革命史资料新编》第1卷,武汉:湖北人民出版社,2006年,第248页。
③ 《革命日记》,载中国近代经济史资料丛刊编辑委员会主编《中国海关与辛亥革命》,北京:中华书局,1983年,第382页。
④ 李少军编译:《武昌起义前后在华日本人见闻集》,武汉:武汉大学出版社,2011年,第544页。
⑤ 骆宝善等主编:《袁世凯全集》第19卷,郑州:河南大学出版社,2013年,第24页。
⑥ 该电奏《袁世凯全集》未收录,笔者是从吕海寰与陈夔龙的来往电文中得知此事。见《吕海寰往来电函录稿》,台北:文海出版社,1990年,第722页、第602页。
⑦ 丁士源:《梅楞章京笔记》,北京:中华书局,2007年,第328页。
⑧ 中国第一历史档案馆标点:《长庚、徐世昌考验北洋三镇陆军日记》,载来新夏主编《北洋军阀(一)》,上海:上海人民出版社,1988年,第909页;政协广东省五华县文史研究委员会编:《五华文史》第25辑,2013年,第58—59页。

随着战事的开展,清军围绕京汉铁路建立起较为独立的后勤系统。京汉铁路于1906年全线通车,在阳夏战争期间成为清军的交通生命线。①前线北洋军队的粮饷、军火、伤兵与战地医药,都是通过火车来往输送,这同样是中国战争史上前所未有的景象。10月下旬就有西人观察到,革命军想夺取的铁路桥"仍然被滠口山下清军阵地的火力牢固地防卫着。几乎整夜都有列车来往于谌家矶与汉口之间,把少数伤兵和疲劳的士兵运回来,再把增援部队运去补充"②。从汉口沿京汉铁路北上,滠口、祁家湾、孝感、信阳等车站均设立清军兵站,还设立许多野战医院。③一名记者沿途记录,清军死伤已超过100人,"野战医院在祁家湾,前天即29日,送来伤员一百二十人,目下收容负重伤者一百人以上,负轻伤者送到孝感,伤更轻者从孝感送到信阳州"④。湖北孝感是袁世凯行营所在地,据参观过孝感野战医院的西人记载,那里有7名华人西医正在竭力工作。清军不仅对自己的伤兵极为关注,许多革命军伤兵也被送来治疗,享受与清兵相同的待遇。⑤可见这是对前述《处理战地死伤规则》的认真执行。不过,清军在战场上未必遵守这一规定,战争中后期甚至反其道而行之。到11月中旬,革命军竭力反攻汉口,两军连日激战,死伤惨重。11月17日的西人观察:"清军伤兵被送回到大智门铁路线……据报道上午已有三百名清兵阵亡。"运送工作一直持续到夜晚,"伤兵人数之多证实了当天战斗之残酷"⑥。次日,清军报告陆军部,"官军小胜,死七十人,伤三百人,已由专车运北医治"⑦。

阳夏战争后期,清军已在鄂省兵站总处设立行营军医总机关,在河北保定、河南彰德、湖北沔阳、孝感、祁家湾等处设立军医分机关。⑧值得注意,清军多次将伤员大批运往保定医治。保定为直隶省垣,为南下镇压革命之清军第二镇驻扎地,也是北洋军医局所在。1905年长庚、徐世昌考察北洋三镇陆军编练情形时,就以保定军医条件最佳,手术室、养病室、药室一并俱全,"美备宏敞,非他镇所能及。各镇正医官均系天津军医学堂高等毕业生,造诣精卓,副医官、军医长亦由该学堂学生轮派更换……实开中国军医之先声"⑨。

随着前线及后方兵站伤员的增加,清军不断调派军医南下支援,这些新的救护人员大

---

① 武昌起义次日,清廷就电谕数省,以"京汉铁路为转运机关,至为重要。著陈夔龙、宝棻、瑞澂加派军队,认真保护。所有桥梁山洞,尤须加意防守,勿稍疏虞",见严昌洪主编《辛亥革命史事长编》第8册,武汉:武汉出版社,2011年,第49页。

② 《革命日记》,载中国近代经济史资料丛刊编辑委员会主编的《中国海关与辛亥革命》,第376页。

③ 野战医院是战时救护体系中的重要环节。按照通制,战地卫生队将伤员抬送到裹伤所(或称绷带所)进行简单处理后,再将伤员抬入野战医院,由军医对伤员进行进一步救治,再等待后送。同时期的相关知识可见《余晋龢意见书(负伤者输送方法及器具)》,载南洋劝业会研究会编《南洋劝业会研究会报告书》,中国图书公司,1912年,第215页—221页。

④ 李少军编译:《武昌起义前后在华日本人见闻集》,武汉大学出版社,2011年,第600页。

⑤ 《革命日记》(连载之五),载《辛亥革命史丛刊》第9辑,中华书局,1997年,第147页。

⑥ 《革命日记》(连载之五),载《辛亥革命史丛刊》第9辑,第154—155页。

⑦ 《抄送京汉铁路局狄地埃报告战事电报》,《清宫辛亥革命档案汇编》第68册,北京:九州出版社,2011年,第320—323页。

⑧ 《分派军医》,《大公报》1911年11月20日。

⑨ 徐世昌:《退耕堂政书》,台北:文海出版社,1968年,第62—63页;中国第一历史档案馆标点:《长庚、徐世昌考验北洋三镇陆军日记》,载来新夏主编的《北洋军阀(一)》,第909页。

多来自徐华清总理的陆军军医学堂（由天津北洋军医学堂改名）。该学堂设在天津,聘日本军医授课,实行全面的西医教育。学生的课业、考核均极严格,学生需到陆军各镇实习,经重重考核方可毕业,分配到军营或军事机关。①日俄战时,袁世凯曾派遣该学堂学生数十人,赴营口疗治日俄士兵。彰德会操时,也有该学堂学生组编卫生队进行演习,受到各国军医好评。②阳夏战时,许多军医学生也参与了伤员救护。10月21日,陆军军医学堂派出学生20名,从津进京,再赴汉口。25日又遣学生25名及教员4人,并从陆军部调医官6人,乘专车直达湖北、信阳等处兵站医院。③30日续派头班学生数人前往湖北。11月11日,前线军医仍不敷用,计划再调二班学生南下应援。20日再调军医学生数十人,以备军用。④

阳夏战争期间,清军所用医药材料主要来自两处。一为清军自身的医药供应系统。清末,北洋及近畿陆军各镇医药基本来自天津北洋军医局及近畿军医局,1910年移设北京,改组为军药局,隶属陆军部。武昌起义爆发后,军药局改名陆军卫生材料总厂,"专司行营各军队所用军兽医药品"⑤。一为从商业公司购买。阳夏战起后,沪上报纸连续刊登医药器械广告,如中国第一制厂有限公司广告云:"本药厂药材丰富,器具精良,专供军用医院、红十字会及学堂所用化学器具。昔年日俄争战,极承该军用医院、红十字会,欢迎购办大宗药材布卷等品……另备各种军医院及红十字会临时所需之药料布卷等品,倘蒙惠顾,自当克己,格外廉让。"⑥可见突如其来的战争也为许多人提供了商业机遇。

清军军医的救护能力,可在一位军医长进京所呈递报告中有所反映。据言,从11月15日到11月24日,清军军医所治受伤军士,痊愈者共计580名,因伤愈急请作战而"失养身故"者79名,医治无效身死者35名。不论数字准确与否,这样的效率,至少在一定程度上体现出北洋军对伤员救护的重视与实际效率,这是清末新式军医制度初创带来的直接结果。

（二）革命军伤员救护

与清军较为独立、有序的军事医疗工作相比,迅速增长的战地伤员带给革命军的困境更加明显。除了前文提到的湖北新军军医制度建设较为薄弱外,西医人员的缺乏也是一大障碍。主管军事医疗工作的军政府医务科在征募人才时就遇到了难题:清末武汉的华人西医素来稀少,又值革命之际,原有新军军医均上阵救伤,军政府甚至难以招募到新的医务人员。10月下旬,军政府的机关报《中华民国公报》就告称:"军务部之医务科早已组织成立,各项职员亦经完备,惟娴习泰西医术者,尚阙焉无人。昨经该科长函请集贤馆,征求此项人

---

① 郭秉琮:《从北洋军医学堂到陆军军医学校》,载全国政协文史资料委员会编《文史资料存稿选编·军事机构》下卷,北京:中国文史出版社,2002年,第686页。关于该学堂的创立与沿革,可见魏国栋:《北洋军医学堂到陆军军医学堂历史沿革》,《河北理工大学学报（社会科学版）》2004年第4期。

② 《北洋大臣袁派麦道信坚总办营口医院遇有伤病士兵随时施治札》,《大公报》1904年7月7日;郭秉琮:《从北洋军医学堂到陆军军医学校》,载《文史资料存稿选编·军事机构》下卷,第685页。

③ 《车站纪事》,《大公报》1911年10月22日;《调派军医之续闻》,《顺天时报》1911年10月26日;《医学生派赴信阳》,《顺天时报》1911年10月26日。

④ 《军医添人》,《大公报》1911年10月30日;《军医有人》,《大公报》1911年11月11日;《分派军医》,《大公报》1911年11月20日。

⑤ 张侠等编:《北洋陆军史料 1912—1916》,天津:天津人民出版社,1987年,第364页。

⑥ 《军学两界注意》,《申报》1911年10月21日、25日、28日、31日。

才送考,以凭任用。"①时光流转,没有一位西医前来。11月9日再登告示,请"能知西医者"前往投效。②有西医专门赶赴武汉支援,受到重用。留日医学生王琨芳即为其一,黄兴任命他为总司令部军医部长,此后"亲率医生及卫生队,于枪林弹雨之中,往来战线。计所救护负伤及濒死战士,不下四千余人"③。

阳夏战争初期,革命军没有自己的军事医疗场所,往往借教会之地。武昌学生朱峙三记载,革命军将武昌圣公会医院与汉口天主堂作为红十字区域,还用昙华林工业学堂安置伤员,"盖交战数次,尚无住伤兵之地"④。随着战事开展,鄂军政府努力筹备自己的陆军医院。湖北新军原设的陆军病院衰败不堪,革命军就在武昌组织起"陆军第二病院",10月底成立。病院院长为王紫栋,是此前湖北陆军第八镇副军医官。医院设在三佛阁内银元局街,以便伤病军士就诊。⑤

10月28日,黄兴、宋教仁等革命党人乘红十字船秘密抵达汉口,主持军事大局。时人记载,"黄兴到鄂后,始有临时野战病院设立"⑥。湖北新军多年不曾作战,野战病院可能只存在于新制条文与仅有的会操经验中。⑦黄兴有多年留日经历,对日本军事体制较为熟悉,到汉后又被推为总司令,拥有相关知识、经验与权力。11月中上旬,黄兴在总司令部下设野战病院。病院设在汉阳城外演武厅内,最初委任陈新猷为院长,随后改委胡襄阳担任院长。军政府还在《中华民国公报》连续公示数日,以告知各协标营。⑧胡襄阳为原湖北新军军医、共进会员,他率卫生队连日穿行于战地,曾到钢药厂、琴断口、桥口、灰面厂等处救护伤员,"并同看护等阻止退逃兵士。旋随队赴汉阳三眼桥、十里铺、七里庙等处诊治伤军"⑨。从相关零散记载推知,野战病院应不止一处,且会随着革命军主力而迅速移动。据江汉关税务司苏古敦记载,整个阳夏战争中,革命军的野战医院总共收容了约3000名伤员。⑩

主持伤员救护的革命军军医,大都是清末湖北军医学堂毕业生。张皋乐,同盟会员,军医毕业生,阳夏之役时为炮兵第八标军医长。⑪又如出身中医药家庭的卢敏斋,在军医学堂

---

① 《军务部征求西医》,《中华民国公报》1911年10月28日。
② 《医务科聘请西医》,《中华民国公报》1911年11月9日。
③ 《王琨芳事略》,载《武昌起义档案资料选编》中卷,武汉:湖北人民出版社,1982年,第194—195页。汉阳失守后,王琨芳到上海组织军医团,又与黄兴赴南京组织陆军部军医局。南北统一后,王氏赴日本考查军医科,回国后被袁世凯任命为陆军部一等军医正。
④ 朱峙三:《辛亥武昌起义前后记》,载《亲历辛亥革命:见证者的讲述》中卷,第647—648页。
⑤ 《陆军第二病院成立》,《中华民国公报》1911年10月31日。
⑥ 朱峙三:《辛亥武昌起义前后记》,载《亲历辛亥革命:见证者的讲述》中卷,第647—648页。
⑦ 如1908年太湖秋操,以湖北新军、江苏与江北新军为南北两军进行对抗演习时,两军各有卫生队及多所野战病院。参见《光绪三十四年秋操报告》,天津市历史博物馆馆藏《北洋军阀史料:徐世昌卷》第1册,天津:天津古籍出版社,1996年,第631页。
⑧ 湖湘文库编辑出版委员会编:《黄兴集(一)》,湖南人民出版社,2008年,第150页;《野战病院成立》,《中华民国公报》1911年11月17日。
⑨ 《胡襄阳事略》,《武昌起义档案资料选编》中卷,第543页。
⑩ [英]苏古敦著,周秋光译:《辛亥革命在汉口》,载《国外辛亥革命史研究动态》第7辑,武汉:华中师范学院辛亥革命史研究室1989年,第171页。
⑪ 陈文学:《旅台名人录(湖北卷)》,北京:中国文史出版社1990年,第82页。

学习西医毕业后,任第八镇辎重营军医长。革命爆发后,任鄂军第七师军医院院长。①不过,此时军医的专业性极为有限,职能不断变动,从医疗救护、药品采买到政治斗争,甚至上阵作战。如军医学生彭国屿,原为炮兵,后学习军医。武昌起义时,他与同学武装举事;军政府初建时,他参与内外稽查。"复见屠杀满人之尸首遍路,即与同学董正纲、郭抚辰组织卫生队,国屿即任疗养所所长,清理街道,收埋尸首,兼预备出战之计划。"他曾率队作战数日,后又负责军需。②彭国屿的军医同学张宗,先是渡江苦战;后奉命办理汉阳兵工厂;汉阳失守后,任军医科副科长;和议告成,他又担任兵工、钢药厂会计长。③可见其大部分工作都与医务无关,反映出军事专门人才的缺乏与战争形势的动荡。

由于战地医疗组织设施的缺乏,革命军一开始就极力寻求社会力量的帮助,尤其是形形色色的红十字会组织。参与救护的汉口教会医生巴利(Howard. G. Barrie)总结说:"外国医生在战地进行的救护工作,主要是有益于革命军的。好处显而易见,除了一般的教会医院外,有七到十个临时建立的红十字医院在满足他们的需要。"④随着战局推进,汉口、汉阳相继被清军攻陷。任务繁重而危险的伤员转移工作,主要由红十字会人员与招募夫役共同完成。汉口大火期间,不同组织的红十字人员合力将火海中的伤员和盲童转移到安全地带,大约300人得到了及时救助。⑤革命军退出汉口后,与清军在汉阳反复血战。11月下旬,汉阳告急。教会医生的工作报告显示,在汉阳陷落前的3个小时,红十字人员收到了革命军指挥部发来的秘密消息,称革命军即将撤离汉阳,请他们将医院中的数百名伤员提前转移。红十字人员在人满为患的医院中竭力工作,革命军总部还派了200名担架夫抬送伤员,最终转移工作被艰难而迅速地完成了。⑥尤其令时人印象深刻的,是从上海带医队前来协助革命军的女医生张竹君。清军进逼汉阳十里铺时,许多医生都回汉口暂避,张竹君毅然渡江至战地,借用小轮一艘,将百余名伤员运回汉口。⑦救死扶伤的中外红十字会人员,为革命军的伤员救护发挥了巨大作用。

四、困境:政治斗争的干预

阳夏战争的持续时间虽然不长,但战势变化迅速,一发可动全局。在复杂的战争与革命形势下,伤员救护工作难以独善其身,而是受到政治斗争的深刻影响。

---

① 赵先玉:《鄂西名医卢敏斋》,载《宜昌市文史资料》第5辑,1986年,第178页。
② 《彭国屿事略》,《武昌起义档案资料选编》中卷,第654页。
③ 《张宗事略》,载湖北省博物馆编《武昌起义档案资料续编》,北京:中国文史出版社,1991年,第243页。
④ Howard. G. Barrie, Notes on red cross work at Hankow and Wuchang, The China Medical Journal. Vol.26 No.3, May, 1912, p.156.
⑤ W.Arthur Tatchell, Booth of Hankow: A crowded hour of glorious life. London: Charles H.Kelly.1915, p.95; The destruction of Hankow. The North-China Daily News, 1911-11-06.
⑥ Howard. G. Barrie, Notes on Red Cross work at Hankow and Wuchang, The China Medical Journal. Vol.26 No.3, May, 1912, pp.152-153.
⑦ 《赤十字会会长张竹君女士演说词(续)》,《申报》1911年12月30日。

众所周知,各个红十字组织在阳夏战场发挥了重要作用,取得了革命军与清军的公开承认与支持,普救双方,以中立身份通行于战场。然而时人记载,清军常常对武汉的红十字医院敬而远之。海关税务司苏古敦观察到:"帝军禁止他们的人去当地红十字医院,而是沿铁路线往上送他们去设在孝感的医院。他们单独就送了2500名。"①英国医生亨特利(George A. Huntley)记载,汉阳激战时,"双方的死伤都很惨重。清军所有的伤员都被带往了孝感,他们的军官害怕自己的士兵一接受红十字医院的治疗,就会反叛——这是极有可能的"②。实际上,红十字医院的中立性质让各方人士均可自由出入,成为各种政治势力的潜在活动空间。许多革命党人在此对清军伤员进行反清宣传,颇有成效。一名日本情报人员就在万国红十字医院看到,有人在清军军官病房演讲,并分发"灭满兴汉"传单,而听过演讲的军官显然被打动了。③教会医生则发现,清军对送入红十字医院的己方伤兵,经常安排军官陪同监视,"表面上看是为确保伤兵供应无虞,实际上却是尽可能地避免他们受到共和主义思想的侵染"④。但效果极其有限,许多清兵对阳夏战争的背景所知甚少,一入红十字医院,脱离原先信息隔绝的环境,立场往往迅速转移。一名女传教士在家书中写道,一些被送来的清军官兵在红十字医院中得知了战争的真相,说早知如此绝不参战。"他们的话恰恰表明了清政府在他们的中国士兵中不得人心。"⑤清军机关枪队排长林逢春的经历也有代表性,在他被送入红十字医院后,机关枪队的清兵纷纷借着探病之机投入革命军一方,有的还成为黄兴的督战员。⑥清军的应对方式直接而粗暴。苏古敦就多次观察到,清军伤员在被抬进红十字医院时被军官看见,就被立刻拖出去。直到12月初停战后,清军将医院里的伤兵大量撤出,运往北方,可能是为防止其与革命军或外侨接触。根据他的记载:"清军方面对他们的伤兵是漠不关心的,巴不得红十字会的人滚蛋。他们不管伤势如何,把伤兵一律撤离医院,听说许多伤兵在火车上死了。"⑦从这些在华外人的评述,可见清军即使有着当时中国最为先进的军事医疗体系,在现实斗争面前,依然保持着对普通士兵生命的极端漠视。

军事医疗让位于政治斗争,还体现在负责搜救伤兵的卫生队常常对革命军伤员进行屠杀。清末新军编练卫生队之初,就以防御为由,卫生队各成员均佩带武器,"自分排长以上均携带手枪,各兵均备刺刀"⑧。这与欧美通行的卫生队制度不同。从清军卫生队的实际行为来看,杀死革命军伤员的行为越到战争后期越是频繁。许多外国人都记载,他们遇到过很多拿

---

① 《武汉闻闻见见》,《申报》1911年11月26日;[英]苏古敦著,周秋光译:《辛亥革命在汉口》,载《国外辛亥革命史研究动态》第7辑,武汉:华中师范学院辛亥革命史研究室,1989年,第171页。

② George A. Huntley. Revolutionary experience in Hankow. Selections from a dairy faithfully kept during days of turmoil and strife. p.4.(该日记只有8页,无出版日期、出版社等信息)。

③ 李少军编译:《武昌起义前后在华日本人见闻集》,武汉:武汉大学出版社,2011年,第552页。

④ Howard. G. Barrie, Notes on red cross work at Hankow and Wuchang, The China Medical Journal. Vol.26 No.3, May, 912, pp.156-157.

⑤ [英]埃米莉·尤因斯著,阙维民、沈昌洪译:《辛亥家书·上》,《文献》2002年第3期,第281—282、284页。

⑥ 《武汉之闻闻见见》,《申报》1911年11月28日;陈良佐:《辛亥武汉前线反正回忆》,载《亲历辛亥革命:见证者的讲述》中卷,第691页。

⑦ 《江汉关税务司与总税务司的往来文件》,载中国近代经济史资料丛刊编辑委员会主编《中国海关与辛亥革命》,北京:中华书局,1983年,第39—40页。

⑧ 《北军秋操卫生队编制章程》,《卫生学报》,1906年第7期,第22页。

着武器的北洋军卫生队成员,他们的职责是营救北洋军伤兵,同时杀死待救的革命军伤员。①报章亦称:"北军野蛮无人道,战后见有民兵伤卧,必拔佩刀刺死之。即有未刺死者,亦不许红十字队前往援救,听其伤毙道左而已。"②数日后,一名英国传教士发现赫山附躺着许多革命军伤员,没人敢去救助他们,唯恐触怒清军。而清军"毫不隐瞒他们见到革命军伤兵就全部打死"③。清军对待敌方伤者的残暴行为也让其内部分化。一名受过西医训练的清军军医就是因此抗议,随后他逃到了武昌,成为一名红十字人员。④

人心大势的迁移与革命形势的变化,让清军逐渐背离了战争初期遵循的人道主义原则,采取了非常态的应对方式。清军卫生队对革命军伤兵的无条件杀戮、对红十字工作的阻止,不仅反映出近代军事医学中的人道精神尚未在中国落地生根,也在现实意义上加速了外界对清廷的日渐疏离。

五、结 语

19世纪末20世纪初,清末新军首次在中国建立较为制度化的西式军医组织。制度初创,各军差异明显。一旦战争爆发,如何在短时间内救护、转运大量伤员,最能检验军医制度的实际运作效果。武昌起义促发的阳夏战争,恰是中国军队第一次运用近代军医组织进行伤员救护的实践。以湖北新军为班底的革命军,与南下镇压革命的北洋军,二者的伤员救护工作差异明显,反映出新政时期军队医政水平的不同。湖北新政,虽办学与练兵一度成为各省模范,但仍因财政困窘与社会动荡而难以为继。⑤湖北护军早设有医疗组织,军医教育开展较早,但程度不高。军医组织长年简设,全镇陆军病院迟迟未开,受到陆军部与社会舆论批评。武昌起义爆发后,革命军政府西医人才稀缺,原有新军军医均上阵救伤。在紧迫的战局中,许多军医的职能变动不定,从后勤事务、情报,到直接作战,反映出军医的专业性极为有限。面对军医资源的短缺,军政府模糊政治立场分别,联络社会各界,提前组织红十字会,实现革命政权对地方资源的有效调动。

阳夏战争初始,作战的清军为湖南、河南的地方步队,基本不存在伤员救护组织。北洋军主力到汉后,伤员救护机制正式启动。北洋新式军医制度的实行相对有效,往往成为同时

---

① [英]埃德温·J.丁格尔著,陈红民等译:《1911—1912亲历中国革命》,杭州:浙江大学出版社,2011年,第126—128页。
② 《武汉闻闻见见(汉口归客谈)》,《申报》1911年11月26日。
③ [英]计约翰著,余绳龄等译:《辛亥武昌战守闻见录》,载刘萍、李学通主编《辛亥革命资料选编》第2卷,北京:社会科学文献出版社2012年,第249—250页。
④ Howard. G. Barrie, Notes on red cross work at Hankow and Wuchang, The China Medical Journal. Vol.26 No.3, May, 1912, p.157.
⑤ 1911年,湖北财政赤字超过500万两。谘议局仍在规划新政。相比其他各省新军普遍的财政困难,北洋军则宽裕得多。见(澳)冯兆基著,郭太风译:《军事近代化与中国革命》,上海人民出版社1994年,第182—184页。周锡瑞引日本领事报告指出,1910—1911年湖北新军的开支占一省支出的50%~60%之多。参见[美]周锡瑞:《改良与革命:辛亥革命在两湖》,南京:江苏人民出版社,2007年,第139—142页。

期各省仿效的模范。荫昌领队南下时,颁布战地医疗规则,军医大队随军奔赴湖北。清军以京汉铁路为后方腹地,在各车站附近设立野战医院,用火车运送伤员及药品,并不断调派军医南下支援,此为中国战争史上前所未有之行动。据参与红十字工作的教会医生评价,清军"拥有不错的医疗组织,虽然不能完全满足需求,但他们的工作质量还是远远超过革命军医务人员"[①]。不过,伤员救护工作受到政治斗争的深刻影响。在武汉战地,清军将领竭力维护独立的医疗系统,对普救双方的红十字医院十分警惕,极力防范己方伤员进入。负责战地救护的卫生队,常常残杀革命军伤员。此类行为加速了外界对清廷的日渐疏离,可见战争实践与制度条文的渐行渐远,体现出军医新制中的人道主义原则在中国落地生根有待来日。

作者简介:刘菲雯,中山大学历史学系博士研究生。研究方向为晚清民国史。

---

① Howard. G. Barrie, Notes on red cross work at Hankow and Wuchang, The China Medical Journal. v.26 no.3 (May, 1912), pp.156—157.

【宗族社会史】

"侨置郡望"的形成与演变
——以中古时代平昌孟氏为中心的考察

孟祥科　李明明

【摘　要】 东晋以降,于姓名前冠以郡望成为时人的通行做法,但郡望为历史演变的产物,众多姓氏郡望在唐代已失去了其根本内涵,演变为世人争相攀附的地域符号。唐代孟氏多以"平昌孟氏"自居,但关于"平昌"地望所在,唐人并有"平原平昌"和"琅琊平昌"两种观点。事实上,平昌郡望始自东晋侨置于京口一带的"南平昌郡",其类型当属"侨置郡望",最早以平昌孟氏自居者为东晋末孟怀玉家族。唐代孟氏群体不察"平昌郡望"历史渊源,误将西汉设置的平原平昌及琅琊平昌作为其地望所在,并通过祖源建构等手段强化了此观念,该错误认知在《元和姓纂》等官修谱书中亦有所反映。

【关键词】 平昌；孟氏；郡望；侨置政区

中古时代,门阀士族群体为区分政治等级与社会地位,无不以"郡望"作为出仕、联姻的重要标尺。郡望不仅能够"明厥氏所从出",还是区分不同地域同姓群体的重要参照,正如唐代高俭所言"每姓第其房望,虽一姓中,高下悬隔"①。由此,为凸显自我"地域姓氏群体"归属,在中古时代于名前冠以郡望就成为时人的通行做法,"盖自六朝,门第争标郡望,凡称名者,不用其人所居之本贯,而惟以族姓著望冠于题名"②。士族群体以郡望相称,寒门庶族亦未能免之。在唯郡望是从的中古时代,个人为攫取政治利益、社会声望,通过"攀援名门""伪冒士籍"等手段来跻身巨室著望的现象在两晋时期即已出现,隋唐以降,攀附郡望更成为世人自我标榜的虚饰。此类现象早已为时人所关注,唐代刘知几在《史通》中曾对此大加挞伐,"且自世重高门,人轻寒族,竟以姓望所出,邑里相矜……至于碑颂所勒,茅土定名,虚引他邦,冒为己邑。姓卯金者,咸曰彭城。氏禾女者,皆云钜鹿"③。比其稍早的颜师古还对"兰陵萧氏"以西汉萧何后裔自居的观点提出质疑,并得到后世学者的普遍认同。当今学界如仇鹿鸣、范兆飞、陈鹏等通过对渤海高氏、南阳张氏、太原王氏、虏姓于氏等士族个案的考察,揭示了部分士、庶群体利用攀附先贤、建构谱系等方式跻身名门著姓,从而实现其利益诉求的

---

① (宋)欧阳修、宋祁：《新唐书》卷95《高俭传》,北京：中华书局,1975年,第3842页。
② (清)章学诚著、仓修良编注：《文史通义》,杭州：浙江古籍出版社,2005年,第162页。
③ (唐)刘知几著、张振珮笺注：《史通笺注》卷5《因习下第十九亦曰邑里》,贵阳：贵州人民出版社,1985年,第185页。

达成及政治身份的转变。①不过,学界对郡望的研究多集中于新旧高门士族,众多寒门庶族则处于"失焦"状态。

发迹于东晋时期的"平昌孟氏"群体,其发展仰赖于家族成员与宋武帝刘裕的深交厚谊,然而作为以军功起家的"次等士族"②,平昌孟氏在众多士族林立的环境中并未成长为名门望族,反而迅速淹没于历史长河中。但"平昌"一名却被隋唐孟氏群体所沿用,并成为该姓氏争相攀附的郡望。唐代柳冲在《氏族论》中曾将全国氏族按地域分布区分为"侨姓""吴姓""郡姓""虏姓"四种类型。③平昌孟氏虽崛起于东南,但却以"平昌安丘人"自居,显然应视作南迁之"侨姓",犹如寓居江南的兰陵萧氏,不过该姓氏郡望得名与"兰陵萧氏"并不相同。唐代孟氏群体不察该郡望渊源,误将"平昌"地望标于他处,并通过人为"迁徙"孟氏先贤籍贯等手段强化了该认知。

一、平原平昌与琅琊平昌:平昌地望之争

平昌郡望最早见载于东晋太元元年(376)的《孟府君墓志》,"泰(太)元元年十二月十二日,晋故平昌郡安丘县始兴相散骑常侍孟府君墓"④。此后东晋、南北朝以"平昌孟氏"自居者于史籍中多次出现,且其中不乏名宦显贵。如孟怀玉"平昌安丘人也。高祖珩,晋河南尹。祖渊,右光禄大夫。父绰,义旗后为给事中,光禄勋,追赠金紫光禄大夫。世居京口"⑤。怀玉本人累官至江州刺史,督西阳等六郡诸军事。⑥其弟孟龙符官至广川太守,卒赠青州刺史。⑦怀玉族兄平昌人孟昶,随刘裕讨桓玄有功而官至丹阳尹。⑧孟昶弟孟顗历任吴郡、会稽、丹阳太守、太子詹事,孟顗子孟劭尚宋武帝刘裕第十六女南郡公主,其女适武帝第四子彭城王刘义康、文帝第十九子巴陵哀王刘休若。⑨平昌安丘人孟次阳累官至辅师将军、兖州刺史。⑩孟保同"字德会,平昌人。祖粲之,仕梁武帝,为通直散骑常侍。父智略,仕梁宣帝,为开远将军、上

---

① 仇鹿鸣:《"攀附先世"与"伪冒士籍"——以渤海高氏为中心的研究》,《历史研究》2008年第2期。仇鹿鸣:《制作郡望:中古南阳张氏的形成》,《历史研究》2016年第3期;范兆飞:《中古郡望的成立与崩溃——以太原王氏的谱系塑造为中心》,《厦门大学学报》(哲学社会科学版),2013年第5期;陈鹏:《嫁接世系与望托东海——北周隋唐房姓于氏谱系建构之考察》,载《民族史研究》(第12辑),北京:中央民族大学出版社,2015年;陈鹏:《中古士族的姓望溯源与同姓联结——以清河崔氏与博陵崔氏为中心》,《人文论丛》2018年第1期。

② "次等士族"的说法由陈寅恪提出,该类型群体出身行伍,与以文化显著的高门士族相对应,东晋"北府"军将均属此类型。详见陈寅恪:《述东晋王导之功业》,载《金明馆丛稿初编》,北京:生活·读书·新知三联书店,2000年,第65—66页。

③ (宋)欧阳修、宋祁:《新唐书》卷一百九十九《儒学中·柳冲传》,第5677—5678页。

④ 《孟府君墓志》,载赵超:《汉魏南北朝墓志汇编》,天津:天津古籍出版社,2008年,第20页。

⑤ (梁)沈约:《宋书》卷47《孟怀玉传》,北京:中华书局,1974年,第1407页。

⑥ (梁)沈约:《宋书》卷47《孟怀玉传》,第1407页。

⑦ (梁)沈约:《宋书》卷47《孟怀玉传附孟龙符传》,第1408页。

⑧ (梁)沈约:《宋书》卷1《武帝本纪》,第5页。

⑨ (梁)沈约:《宋书》卷66《何尚之传》,第1737页。

⑩ (梁)沈约:《宋书》卷94《阮佃夫传》,第2314页。

明太守、山阴县侯"①。孟保同本人"出仕梁孝明帝,为开府漳川太守,袭封山阴侯,梁渡江南,入陈为临川郡太守"②。

隋唐以降,士族旧望虽已呈衰颓之势,但各地孟氏在标榜门第归属时仍争相攀附平昌郡望,该郡望几为孟氏唯一地域符号。③笔者梳理了《唐代墓志汇编》《唐代墓志汇编续集》及《五代墓志汇考》所载唐代、五代时期孟氏人物墓志资料,发现众多孟氏族人均被记为"平昌人"。④

关于平昌地望所在,所见唐代诸种孟氏墓志并未详述,而是多以"平昌人"或"平昌孟氏"一笔带过。部分孟氏墓志虽指出了其具体地望,但未能形成统一观点。《大唐故渭州刺史将作少匠孟府君墓志铭并序》载墓主孟玄一"字味真,琅琊平昌人也"⑤。但《唐故上柱国左武侯骠骑将军左武侯长史清淇公墓志铭并序》却载墓主孟孝敏"平原平昌人也"⑥。两处"平昌"均非墓主实际占籍,而是"攀附平昌郡望"之举。更有甚者,父子两代竟然出现平原、琅琊两平昌郡望并存的现象。《唐故都水监舟楫令孟君墓志铭并序》载墓主孟普"字玄德,琅琊平昌人也"⑦,其兄孟枢墓志亦载为"琅琊平昌人"⑧。然而其父孟公行的墓志却记作"平原平昌人"⑨。

---

① 《前梁开府漳川郡太守山阴县开国侯孟府君墓志》,载周绍良编《唐代墓志汇编》,上海:上海古籍出版社,1992年,第54页。

② 《前梁开府漳川郡太守山阴县开国侯孟府君墓志》,载周绍良编《唐代墓志汇编》,第54页。

③ 唐代孟氏还有武威郡望,但攀附武威郡望的孟氏群体较少。《唐代墓志汇编》及续集仅有4例,而攀附平昌郡望者则有16例,如果加上《太平御览》、《文苑英华》等史籍所载平昌孟氏案例,其数目多达20余例。

④ 《前梁开府漳川郡太守山阴县开国侯孟府君墓志》载"君讳保同,字德会,平昌人"(第54页);《唐故都水监舟楫令孟君墓志铭并序》载"君讳普,字玄德,琅琊平昌人也"(第305页);《大唐故越州会稽县令孟君墓志》载"君讳枢,字玄机,琅琊平昌人也"(续集第181页);《唐故郑滑节度十将孟府君墓志铭》载"公讳维字,其先平昌人也"(第2029页);《大唐故渭州刺史将作少匠孟府君墓志铭并序》载"公讳玄一,字味真,琅琊平昌人也"(第1163页);《大唐故幽府士曹参军孟府君墓志铭并序》载"其惟平昌之一宗也。公讳裕,字敬祖,太子中允颢之孙,将作少匠玄一之子"(第1164页);《故青州千乘县令孟公墓志铭并序》载"君讳晟,平昌人也"(第1231页);《大唐故徵士平昌孟君墓志铭并序》载"君讳俊,字光宣,平昌人也。永嘉南徙,因官流转,故为扬州江都人"(第1333页);《唐故上柱国左武侯骠骑将军左武侯长史清淇公墓志铭并序》载"公讳孝敏,字至德,平原平昌人也"(第36页);《平昌孟公祖母吴郡陆氏墓志铭并序》载"(陆氏)适庆州刺史平昌孟氏讳孝敏"(第1063页);《大唐故左威卫录事参军事孟府君妻刘氏之铭并序》"夫人彭城刘氏,左威卫录事平昌孟君之元妃"(续集第452页);《唐故上柱国李府君墓志铭并序》载"(李起宗)夫人平昌孟氏"(第888页);《唐故和州历阳县令孟君墓志铭》"君讳公行,字遵道,平原平昌人也"(续集第11页);《唐故太中大夫行虢州长史上柱国赐鱼袋李府君墓志铭并序》载"府君娶夫人孟氏,封平昌县君"(续集第978页);《唐开府仪同三司试太常卿秦公夫人平昌孟氏墓志》载"夫人姓孟氏,平昌人也"(续746页);《大唐魏博节度随军勾当南院孔目事朝议郎行魏州大都督府南乐县丞故河南阎公及故夫人平昌孟氏墓志铭并序》(续集第1097页)。以上见周绍良编《唐代墓志汇编》《唐代墓志汇编续集》,上海:上海古籍出版社,2001年。《孟弘敏及妻李氏合葬墓铭》载"公讳弘敏,字修远,其先平昌人也"(第95页),见周阿根《五代墓志汇考》,合肥:黄山书社,2012年。

⑤ 《大唐故渭州刺史将作少匠孟府君墓志铭并序》,载周绍良编《唐代墓志汇编》,第1163页。

⑥ 《唐故上柱国左武侯骠骑将军左武侯长史清淇公墓志铭并序》,周绍良:《唐代墓志汇编》,第36页。

⑦ 《唐故都水监舟楫令孟君墓志铭并序》,载周绍良编《唐代墓志汇编》,第305页。

⑧ 《大唐故越州会稽县令孟君墓志》,载周绍良编《唐代墓志汇编续集》,第181页。该墓志载"君讳枢,字玄机,琅琊平昌人也"。

⑨ 《唐故和州历阳县令孟君墓志铭》,载周绍良编《唐代墓志汇编续集》,第11页。该墓志载"君讳公行,字遵道,平原平昌人也"。

父子三人郡望出现如此大的分歧,恐怕不能仅仅用撰写错误来解释。

唐人林宝在《元和姓纂》中亦持"琅琊平昌"之说,"平昌安丘县:孟敬子生滕伯。伯生廖。廖生轲,居高密,置平昌郡,因为郡人"①。此处"安丘县"即汉代所置琅琊郡平昌县县治所在,然孟子实为"邹人",林宝将其置于平昌高密(高密与安丘相邻)显然有悖于史事。虽然孟子曾为齐国卿士,但其居地应为齐都临淄,而非高密。林宝此说或为添附平昌孟氏俊贤之举。《中国移民史》(第二卷·先秦至魏晋南北朝时期)一书虽未直言平昌地望所在,但该书根据《宋书·孟怀玉传》的记载,将孟怀玉家族籍贯置于今山东安丘②,实际上承认了该郡望位于琅琊平昌。宋初乐史在《太平寰宇记》中将平昌郡望置于邹鲁之地,该书"河南道兖州条"载"平昌郡三姓:管、孟、牟"③。或许在他看来,孟氏姓源出自春秋时期的"鲁国孟孙氏",故平昌亦当在邹鲁地区(宋代邹县、曲阜皆隶属于兖州)。今人魏峰在《褒崇圣裔与世系重建——简论唐代以来的颜回、孟子后裔世系》一文中同样将平昌郡望标注于今山东兖州④,其说当直接采自《太平寰宇记》。然邹鲁一带历史上并无"平昌"地名,不过却有"昌平"一地,该地因"昌平山"而得名。昌平山位于今曲阜东南与邹县交界处,汉至清在此均设有昌平乡,传为孔子诞生地⑤,此山距孟子诞生地邹县亦相去不远。唐代刘知几在《史通》中还曾将"昌平"误记作"平昌","是则孔父里于平昌,阴氏家于新野"⑥。由此可见,后人将平昌与昌平混为一谈也未可知。

早在唐代,平昌郡望就已出现分歧,以致明清之际山东安丘(琅琊平昌)、德平(平原平昌)两地均将平昌孟氏郡望置于当地县域之内,在两地所修县志中"世居京口"(今江苏镇江)的东晋、南朝孟怀玉、孟昶家族成为青州府安丘县望族⑦;而自称平昌郡望,实则占籍汝州(今河南汝州)的孟诜、孟简祖孙二人却被记作济南府德平县人。⑧清代浙江松阳孟振台等人在编修族谱时亦注意到此问题。

> 孟氏诸姓谱载为"平陆郡",而吾族独曰"平昌",心窃疑焉。按《史记·列传》曰:"孟子,驺人也。"邹同驺,古邾国,今属兖州府之南界。……以平陆名郡者,亦以孟子曾之平陆而名欤。考平昌县,《汉书·地理志》有二,一属平原郡,一属琅琊郡。平原郡今之德州,平昌隶焉,汉名平昌,东汉曰西平昌。今青州府,秦亦曰琅琊,则属琅琊之为东平昌欤。晋有孟昶为平昌安邱人,唐孟简为德州平昌人……臆谓济南、青州,战国时并属齐。兖州府,春秋时为鲁中地,隋唐始名兖州,齐鲁毗连,邹间其中,或俱在邹之域内欤。及考《太平寰宇记》,兖州姓氏门载有"平昌郡三氏,曰管、孟、牟",又载孟子为此地人物,则

---

① (唐)林宝著,岑仲勉校记:《元和姓纂》,北京:中华书局,1994年,第1336页。
② 葛剑雄等:《中国移民史》(第二卷·先秦至魏晋南北朝时期),福州:福建人民出版社,1997年,第365页。
③ 乐史撰、王文楚点校:《太平寰宇记》卷21《河南道二十一·兖州》,北京:中华书局,2007年,第433页。
④ 魏峰:《褒崇圣裔与世系重建——简论唐代以来的颜回、孟子后裔世系》,《浙江社会科学》2011年第3期。
⑤ (汉)司马迁:《史记》卷四十七《孔子世家》,北京:中华书局,1956年,第1905页。
⑥ (唐)刘知几著,张振笺注:《史通笺注》卷五《因习下第十九亦曰邑里》,第184页。
⑦ (明)熊元修、马文炜纂:《安丘县志》卷27《杂见传》,万历十七年(1589)刻本。
⑧ (清)王赠芳修,城燿纂:《济南府志》卷47《人物·孟简》,道光十二年(1840)刻本。

平陆之郡或因孟子之流寓而称,姑不深究。而吾族之称平昌郡,为孟子之后无疑也。①

松阳孟振台虽指出历史上曾存有两处平昌县,但该文最终的目的不过是证明"平昌郡孟氏"同其他孟氏族谱所载的"平陆郡孟氏"一样,同为亚圣孟子"裔胄"。且作者本人似乎并不熟谙中古郡望形成及演变历程,故未能指出平昌孟氏郡望真正的地理位置所在,而是采用了《太平寰宇记》的错误观点。

"平昌"作为县级政区名,各类史书中记有九处,其中今山东两处、山西三处、河南一处、浙江一处、海南一处、四川一处。②以上诸处"平昌县"中,设置最早、建置最久者当首推山东"平原平昌"和"琅琊平昌"。汉高祖曾于今山东西部置平原郡,下辖19县,其中即含平昌县。该县初治今临邑县东北古城,东汉时移县治于今临邑县北德平镇西南,改称"西平昌县",北魏永熙二年(533),复还旧治,仍名平昌县。在北齐天保七年(556)各地裁并郡县之际,又移治于今临邑县北德平镇。隋开皇三年(583)属沧州,开皇十六年(596)改属德州,唐属德州(原隋平原郡),五代后唐时更名为"德平县"。"琅琊平昌"位于今山东东部安丘、诸城等地,亦设置于西汉时期,汉文帝四年(前176)曾封齐悼惠王之子刘卬于此设立侯国,隶属于琅琊郡,东汉时改属北海国,曹魏时始置平昌郡,寻废。西晋置城阳郡,平昌县属之,晋惠帝元康十年③(或为永康元年,300)复置平昌郡,又割城阳郡之平昌、安丘等11县置高密国。北魏时期平昌县改属平昌郡,延昌(512—515)中辖于高密郡,北齐省。而西晋末所置平昌郡则于隋开皇初年废罢,改置胶西县。④(见图1)

---

① (清)孟振台:《平昌郡考》,载孟振民编《桮松簧源孟氏宗谱》(浙江松阳),清同治十一年(1872)木活字本,上海图书馆藏。
② 史为乐主编:《中国历史地名大辞典》,北京:中国社会科学出版社,2005年,第661页。
③ 西晋惠帝元康年号仅有九年,"元康十年"或为"永康元年"。
④ 关于"平原平昌"及"琅琊平昌"的地理沿革,参见(汉)班固《汉书》卷28《地理志上》,北京:中华书局,1964年,第1579、1586页;(唐)房玄龄:《晋书》卷14《地理志上》、卷15《地理志下》,北京:中华书局,1974年,第423、450页;沈约:《宋书》卷35《州郡志一》,第1045页;魏收《魏书》卷106《地形志中》,北京:中华书局,1974年,第2546—2547页;(唐)魏征等:《隋书》卷30《地理志中》,北京:中华书局,1973年,第845、862页;乐史撰、王文楚点校《太平寰宇记》卷24《河南道二十四·密州》,第492—503页;卷64《河北道十三·德州》,第1306—1311页;史为乐主编《中国历史地名大辞典》,第661页。另,《中国历史地名大辞典》(第661页)认为平昌"晋惠帝置,治所在安丘县",其说不知何据。

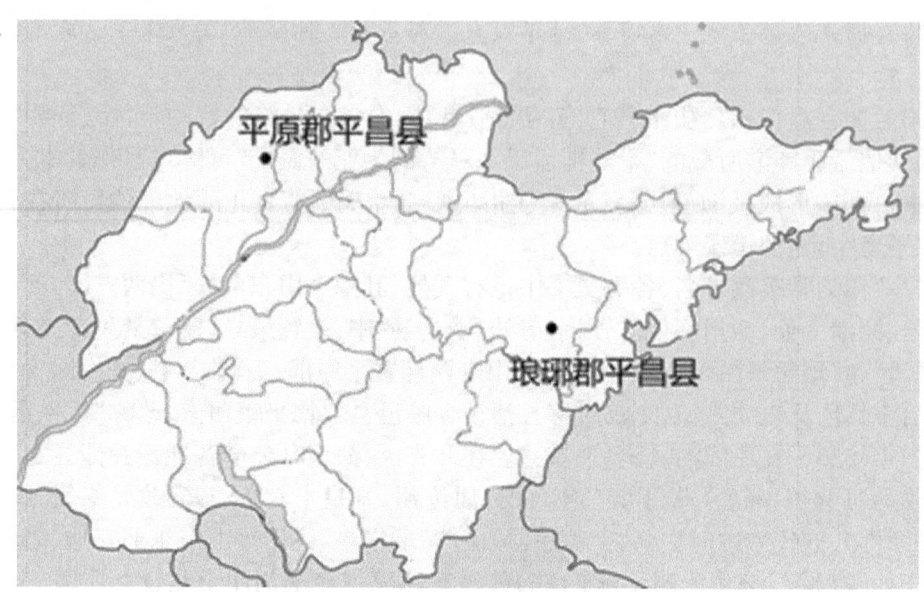

图 1　西汉所置平原郡、琅琊郡两平昌县在今山东省位置示意图
（两地位置根据谭其骧：《中国历史地图集》第 2 册《秦、西汉、东汉时期》第 19—20 页。）

从平原平昌、琅琊平昌两地行政沿革不难看出，"平昌县"虽早在西汉就已存在，但"平昌郡"则在曹魏时期才首次出现，且不久就遭废罢。长久而稳定的"平昌郡"建置则要晚至晋惠帝时期方才再次设置，置后不数年又因东莱刘伯根、王弥起义而逐渐失去控制，后为曹嶷所据，并最终于东晋太宁元年（323）被后赵攻取。且"平昌县""安丘县"等地均不隶属于该郡，而是先后被划入"城阳郡"[①]"高密国"。因此，最早以"平昌孟氏"自称的东晋"孟府君"、孟怀玉、孟昶等人又何来"平昌（郡）安丘（县）人"之说。即便以旧籍相称，也当记作"城阳安丘人"或"高密安丘人"。且孟怀玉家族"世居京口"，就"世居"一词而言，孟氏家族在该地至少应居住三代以上。孟怀玉生于太元九年（384）[②]，古人以"三十年为一世"，纵使孟怀玉先祖由青州安丘县迁居京口，其迁居之时平昌郡恐怕也尚未设置。

二、侨置郡县与侨置郡望：平昌孟氏郡望由来及其演变

检阅《宋书》不难发现，与孟怀玉情况相似者即郡望（或旧籍）、占籍并称的现象并不稀见。刘康祖"彭城吕人，世居京口"[③]；刘穆之"字道和，小字道民，东莞莒人。汉齐悼惠王肥后

[①] 《晋书》卷 15《地理志下》，第 451—452 页载，西晋太康元年（280）分琅琊郡置东莞郡，安丘县隶属于东莞郡。同卷 450 页又载西晋惠帝分城阳之安丘、平昌等十一县置高密国。笔者以为安丘县在西晋初曾短暂隶属于东莞郡，后改属城阳郡，故有西晋末割城阳之安丘隶属高密国之说。具体调整时间及原因不详，待考。

[②] 《宋书·孟怀玉传》载："（义熙）十一年……未去任，其年卒官。时年三十一。"义熙十一年为 415 年，由此可知孟怀玉生于太元九年（384）。

[③] （梁）沈约：《宋书》卷 50《刘康祖传》，第 1446 页。

也,世居京口"①;檀韶"字令孙,高平金乡人也,世居京口"②。成书于南宋嘉定年间(1208—1224)的《镇江志》认为此现象与东晋、南朝政府"侨置政区"有关。由于"夷狄乱华,司、冀、雍、凉、青、并、兖、豫、幽、平诸州一时沦没,遗民南渡"③,为吸纳、安顿北方流民,东晋政府在南方原来的政区内特设州郡县政区予以安置,并侨置牧司管理,其名称多采用北方旧土之名。其中南徐州部分郡县侨置于京口及其周边地区。

> 按《宋志》(即《宋书·州郡志》)南徐州刺史领郡十七:南东海、南琅琊、晋陵、义兴、南兰陵、南东莞、临淮、淮陵、南彭城、南清河、南高平、南平昌、南济阴、南濮阳、南泰山、济阳、南鲁郡,皆晋南渡后侨置,并隶徐州,宋因之。除晋陵、南东海二郡可以详考治所实在丹徒。如南泰山郡虽曰寄治丹徒境界,亦不明白。余郡惟南琅琊明在古之江乘,义兴郡明在古吴兴之阳羡、丹阳之永世,临淮郡明在古之广陵外,余皆不可详其治所。④

文中所提"南平昌郡"见于《宋书·州郡志》及《晋书·地理志》相关记载。⑤该郡于东晋明帝时期(323—325)设置,初置时辖县不详,后在刘宋时期辖有安丘、新乐、东武、高密四侨县。⑥关于南平昌郡治具体地望所在,由于史料阙如,已难以详述。不过该郡位于京口一带当属无疑,《关康之传》中对此亦有所提及,"关康之,字伯愉,河东杨人。世居京口,寓属南平昌"⑦。而且晚至南宋时,镇江(京口)地区仍有"高平乡""平昌乡"等地名,《镇江志》的作者、南宋人卢宪认为:"今丹徒县有高平乡、平昌乡,安知非晋宋间侨立南高平郡、南平昌郡至今犹为乡名乎?《六朝事迹编类》于'琅琊郡城'之下引《南徐州记》云:'江乘南岸蒲州津有琅琊城,今句容县有琅琊亦其地也。'按此,则高平乡、平昌乡与琅琊乡实相类焉。"⑧可见,南宋时期的丹徒县平昌乡或许就是东晋、南朝侨置南平昌郡治所在。

东晋、南朝在侨置郡县时,往往根据北方流民原居地设置与之相对应的郡县,如淮南郡内置有襄垣县,襄垣原为太行山西侧的上党郡属县,由于西晋末"上党民南过江",东晋政府遂在芜湖境内侨置上党郡、襄垣县,后省上党郡为上党县,刘宋元嘉九年(432)该县并入襄垣县。⑨仔细考索"南平昌郡"不难发现,该郡所辖四县(安丘、新乐、东武、高密)亦存有省并沿革历程。

---

① (梁)沈约:《宋书》卷42《刘穆之传》,第1303页。
② (梁)沈约:《宋书》卷45《檀韶传》,第1372页。
③ (梁)沈约:《宋书》卷35《州郡志一》,第1028页。
④ (宋)史弥坚修,卢宪纂:《镇江志》卷1《地理》,道光二十二年(1842)丹徒包氏刻本影印本,见中华书局编辑部编《宋元方志丛刊》,北京:中华书局,1989年,第2332页。
⑤ (梁)沈约:《宋书》卷35《州郡志一》,第1045页;(唐)房玄龄:《晋书》卷15《地理志下》,第450页。
⑥ (唐)房玄龄:《晋书》卷15《地理志下》,第453页;(梁)沈约:《宋书》卷35《州郡志一》,第1045页。
⑦ (梁)沈约:《宋书》卷93《关康之传》,第2296页。
⑧ (宋)史弥坚修,卢宪纂:《镇江志》卷1《地理》,道光二十二年(1842)丹徒包氏刻本影印本,中华书局编辑部编《宋元方志丛刊》,第2332页。
⑨ (梁)沈约:《宋书》卷35《州郡志一》,第1034页。

南平昌太守,平昌郡别见。领县四。户两千一百七十八,口一万一千七百四十一。
安丘令。别见。
新乐令,二汉无,魏分平原为乐陵郡,属冀州,而新乐县属焉。晋江左立乐陵郡及诸县,后省,以新乐县属此。
东武令。别见。
高密令,别见。江左立高密国,后为南高密郡。文帝元嘉十八年,省为高密县,属此。①

由南平昌郡及其属县行政沿革不难看出,南平昌郡初置时似乎并无太多属县,其辖下的高密、新乐(原侨置乐陵郡属县)之前都曾为侨郡。可见,西晋末北民南迁之初,由北方高密国、乐陵郡南迁者当为数不少,故东晋政府才会为之设立侨郡。北方的安丘、东武二县本为汉代琅琊郡属县,西晋时期二者并属城阳郡,后在晋惠帝时期划归高密国。由于东晋初侨置的高密国(郡)曾辖有淳于、黔陬、营陵、夷安四侨县②,并不包括安丘、东武二侨县,可知二者在南平昌郡侨置伊始就作为该郡属县一同被设置。《宋书·列传》所载南迁"侨姓"传主的"籍贯"均为其家族南迁之前的居地,《孟怀玉传》当亦不例外。不过如前文所言,孟怀玉家族在南迁之前,其原居地即北方安丘县隶属于城阳郡或高密国,而其传记却记其为"平昌(郡)安丘(县)人"。此种矛盾表述或与侨置南平昌郡有关。孟怀玉先祖南迁后当寓居于侨置"安丘县",其上级政区为"南平昌郡"。而侨置之高密国又不曾辖有安丘县,故其家族或许就此改以"平昌安丘人"自称,而不再沿用迁居前的"城阳安丘"或"高密安丘"旧号。不唯孟怀玉家族,同时代的伏滔家族也自称为"平昌安丘人"③,该家族应和孟怀玉家族一样,在南迁前后分别居住在北、南两"安丘县"境内。

作为南朝齐梁皇室的"兰陵萧氏"亦与之类似。"(西汉)侍中(萧)彪免官居东海兰陵县中都乡中都里。晋元康元年,分东海为兰陵郡。中朝乱,淮阴令(萧)整字公齐,过江居晋陵武进县之东城里。寓居江左者,皆侨置本土,加以南名,于是为南兰陵(郡)兰陵(县)人也。"④萧氏在南迁前后居地均为"兰陵郡",与孟怀玉家族南迁前后居地"安丘县"并无二致。不过,"兰陵萧氏"自西汉萧彪免官后即居"东海兰陵县中都乡中都里","兰陵"郡望得名源自先祖所居的北方"兰陵县"(西晋末为兰陵郡)。但"平昌孟氏"得名却源自东晋侨置之"南平昌郡",与西晋末年北方的"平昌郡"并不相干。

被后世孟氏族群攀附的"平昌郡望"既然源于东晋侨置的"南平昌",那么延至唐代,孟氏族人为何对其只字不提,反而将郡望定为北方的"平原平昌"或"琅琊平昌"呢?笔者以为该现象与唐人不识"平昌孟氏"郡望之来龙有关,也与入唐后南方士族群体整体衰颓密不可分。

侨置郡县对后世郡望的演变产生了重大影响,清代洪亮吉曾指出:"侨州郡县之设始于

---

① (梁)沈约:《宋书》卷35《州郡志一》,第1045页。
② (梁)沈约:《宋书》卷35《州郡志一》,第1053页。
③ (唐)房玄龄:《晋书》卷92《文苑·伏滔传》,第2399页。
④ (梁)萧子显:《南齐书》卷1《高帝本纪》,北京:中华书局,1972年,第1页。

东晋,而侨州郡县之与实上相混则莫若初唐……遂使方州之志、郡国之书,遇荆扬之土著,皆疑并冀之流人,谱楚越之名区,悉改燕秦之郡望。喧客夺主,以假乱真。"①张振也认为"自汉魏以降,士人多以望族相矜,而自晋迁江左,侨立州县,南人北籍,虚引旧号,致使版籍混乱,邑里难详"②。唐代众多孟氏群体不详"平昌郡望"缘何而来,径以"平昌孟氏"相称,加之"南平昌"为时较短、名气不大,入唐之前即不复存在。③而平原(德州)平昌却一直延续至五代时期,且平原平昌周边地区在唐代之前已涌现出不少孟氏先贤,如东汉位列三公的孟敏为巨鹿杨氏人④;曹魏时期中书监孟康为安平广宗人⑤;西晋积弩将军、上谷郡公孟观为渤海东光人⑥;后凉沙州刺史孟敏先祖为赵郡人⑦;北魏车骑大将军、太子太傅孟信为广川索卢人⑧;北魏散骑常侍、光禄大夫孟表为济北蛇丘人⑨;北齐东郡太守孟业为巨鹿安国人。⑩平原平昌周边地区为孟氏俊贤渊薮,唐代孟氏族群将其视为平昌郡望所在自然也就在情理之中。琅琊平昌虽在北齐时省并入他县,但安丘县尚存,且有东晋孟怀玉、孟昶"平昌安丘人"的例证载于史册,时人不察此"安丘"为东晋侨置之"安丘",仅根据"安丘县"在古琅琊郡的史实,将该郡望定位于"琅琊平昌"也就不足为奇了。因此,正是唐人不识"平昌"真面目,误将西汉所置东、西两平昌县视为平昌郡望所在,才导致"平原平昌"与"琅琊平昌"同时存在于唐代墓志中。

另一方面,唐人不以"南平昌"为郡望亦与东晋、南朝时期"南平昌孟氏"家族迅速衰败以及入唐后南方众多士族群体在新朝丧失话语权有关。

如前文所引,最早以"平昌郡望"自居者为东晋"孟府君"以及孟怀玉、孟昶等人。根据出土于今安徽马鞍山的《孟府君墓志》铭文仅知其为"平昌郡安丘县人",曾仕官"始兴相""散骑常侍",卒于太元元年(376),墓主名讳及家族成员均一无所知。不过此人或与孟怀玉、孟昶等人属同宗族人。

孟怀玉家族崛起于何时已不得而知。孟怀玉高祖孟珩曾仕官"河南尹",太康十年(289)晋武帝封其孙司马遹为广陵王之际,又以"刘寔为师,孟珩为友,杨准、冯荪为文学"⑪辅导司马遹。作为司马遹的"师友",刘寔致仕归乡得以善终⑫,冯荪在"八王之乱"中因反叛长沙王司马乂而遭诛杀⑬,杨准出自弘农杨氏,与嵇绍、刘谟、山简等齐名。⑭较之以上三人,孟珩并

---

① (清)洪亮吉:《东晋疆域志》卷1,北京:中华书局,1985年,第1页。
② (唐)刘知几著,张振笺注:《史通笺注》卷5《因习下第十九亦曰邑里》,第181页。
③ 《隋书·地理志》、《旧唐书·地理志》均不载"南平昌",可知该郡在唐代之前就已经省并。
④ (南朝宋)范晔:《后汉书》卷68《郭符许列传》,北京:中华书局,1965年,第2229页。
⑤ (晋)陈寿:《三国志》卷16《魏书·杜恕传》,北京:中华书局,1982年,第506页。
⑥ (唐)房玄龄:《晋书》卷60《孟观传》,第1634页。
⑦ (北魏)崔鸿著,汤球辑补:《十六国春秋辑补》卷92《西凉录一·李暠》,《二十五别史》,济南:齐鲁书社,1999年,第628页。
⑧ (唐)李延寿:《北史》卷70《孟信传》,北京:中华书局,1974年,第2433页。
⑨ (北齐)魏收:《魏书》卷61《孟表传》,第1376页。
⑩ (唐)李百药:《北齐书》卷46《孟业传》,北京:中华书局,1972年,第641页。
⑪ (唐)房玄龄:《晋书》卷53《愍怀太子》,第1457页。
⑫ (唐)房玄龄:《晋书》卷41《刘寔传》,第1197页。
⑬ (唐)房玄龄:《晋书》卷59《长沙王乂》,第1613页。
⑭ (唐)房玄龄:《晋书》卷43《山涛传》,第1228页。

无任何事迹存世,或许与该家族在"八王之乱"时南迁有关。孟怀玉祖父孟渊为右光禄大夫,其父孟绰在刘裕高举反桓玄"义旗"后,得官给事中、光禄勋。①在此之前,平昌孟氏在京口一带不过是普通庶族而已②,家族成员代表孟昶在桓玄主政时也仅是镇北主簿。③元兴三年(404),孟昶、孟怀玉等人参与到刘裕"反桓玄"军事活动中④,且颇为刘裕重用。此后,孟怀玉、孟龙符在抗击卢循叛军、北伐南燕等战争中表现极为活跃。⑤孟氏家族正是依靠与刘裕的深交厚谊以及诸族人军功,才得以在东晋末、刘宋初年快速崛起,以致出现了孟昶胞弟孟顗子女与宋武帝刘裕子女"双重联姻"的现象。⑥不过由于孟昶、孟怀玉、孟龙符等家族核心人物皆英年早逝⑦,且后嗣乏人,加之袭爵者孟慧熙、孟微生因罪夺爵⑧,孟氏家族不免由盛而衰。虽然怀玉之孙宗嗣仍任职竟陵太守、中大夫⑨,龙符弟仙客之孙系祖入隶羽林,为殿中将军⑩,同宗孟次阳官至(南)兖州刺史⑪,但其家族在刘宋一朝始终未能跻身阀阅著姓行列。萧齐建立后,家世愈加不振,连始自孟龙符的爵位都被强行褫夺。⑫此后在齐、梁、陈三朝,虽有同宗孟景翼(一说吴兴人)在萧梁天监年间任职"大道正"⑬,孟粲之在梁武帝时期官拜通直散骑常侍⑭,但并无值得称道的宦迹,孟粲之家族甚至在官方史书中都未曾留下只言片语。较之东晋、刘宋时期,萧齐之后平昌孟氏再无显赫人物,不免有门庭衰落之感。

　　家世过早的衰落导致"南平昌孟氏"后继乏力,迅速淹没于众多士庶著姓中,更不能像兰陵萧氏那样在隋唐一统后仍活跃于政坛。而且入唐后"关中""山东"(崤山以东,非今山东省地区)两"郡姓"构成了士族阶层的主体,南方众多"侨姓""吴姓"中除兰陵萧氏、陈郡袁氏等极少数家族外均于新朝不显,呈全面颓败之势。在此背景下,南朝中期即已黯淡无光的"南平昌孟氏"家族就更不为世人所知悉了。"平昌"郡望虽为唐代多地孟氏所攀附,但正如仇鹿鸣所言"唐代尽管也以郡望为标榜,但对于郡望的内涵并不十分在意。'称袁则饰之陈郡,言杜则系之京邑,姓卯金者咸曰彭城,氏禾女者皆云巨鹿',在此情形下,郡望只剩下文

---

① (梁)沈约:《宋书》卷47《孟怀玉传》,第1407页。
② (宋)司马光:《资治通鉴》卷113《晋纪三十五·安帝元兴三年》,北京:中华书局,1956年,第3558页载:"桓弘使(孟)昶至建康,玄见而悦之,谓刘迈曰:'素士中得一尚书郎,卿与州里,宁相识否?'"由此可知,孟昶及其家族在东晋末出身庶族寒门。
③ (梁)沈约:《宋书》卷1《武帝本纪》,第7页。
④ (梁)沈约:《宋书》卷1《武帝本纪》,第5页。
⑤ (梁)沈约:《宋书》卷47《孟怀玉传》,第1407—1409页。
⑥ (梁)沈约:《宋书》卷66《何尚之传》,第1737页。
⑦ 孟怀玉于义熙十一年(415)31岁卒,孟龙符于23岁卒,孟昶为孟怀玉族兄,虽不知其生年,但他于义熙六年(410)因卢循逼近建康,仰药自杀,时年或三四十岁。参见《宋书》卷47《孟怀玉传》,1407、1408页;卷25《天文志三》,第734页。
⑧ (梁)沈约:《宋书》卷47《孟怀玉传》,第1407—1409页。
⑨ (梁)沈约:《宋书》卷47《孟怀玉传》,第1407页。
⑩ (梁)沈约:《宋书》卷47《孟怀玉传》,第1409页。
⑪ (梁)沈约:《宋书》卷94《阮佃夫传》,第2314页。
⑫ (梁)沈约:《宋书》卷47《孟怀玉传》,第1409页。
⑬ (宋)李昉:《太平御览》卷666《道部八·道士》,北京:中华书局,1960年,第2973页。(梁)萧子显《南齐书》卷54《高逸传》,第934页载孟景翼为吴兴人。
⑭ 《前梁开府漳川郡太守山阴县开国侯孟府君墓志》,周绍良:《唐代墓志汇编》,第54页。

化上的象征意义,其内涵已日益虚化"①。唐代孟氏并不在意也无暇考证平昌郡望始自东晋"南平昌"的历史渊源,而代之以名气更大、延续时间更久的"平原平昌"或"琅琊平昌"来标注其地望所在,何况以上两地还处于"山东郡姓"的范围内,占孟氏人口主体的北方孟氏群体或许从心理层面也更倾向于以上两地。

三、"家自为说":《元和姓纂》所见唐代平昌孟氏的祖源建构

虽然唐人在攀附"平昌郡望"时不察该郡望源自"南平昌"的史实,但仍将孟怀玉家族列入攀援附会的先贤行列,《元和姓纂》中列入孟怀玉高祖"孟珩"即是很好的例证,只是关于孟珩"祖父"孟观的记载却也有着颇为矛盾的表述。而此"矛盾"却为我们提供了观察平昌孟氏建构始祖、追溯世系的绝佳窗口。

> 平昌安丘县:孟敬子生滕伯。伯生廖。廖生轲,居高密,置平昌郡,因为郡人。汉孟观,二十二代孙说(诜之误)。说生倕,刑部郎中;孙简,常州刺史。观孙珩,又居相州。珩十一代孙唐礼部尚书温(礼),子晧、晓、晅、曋。晧本大令,生遂。晓左补阙。晅生迢,河阴令。曋右丞京兆尹,生通、述、逢、迪。述。逢司农少卿,迪大理少卿。②

该书称孟观为汉代人,然而岑仲勉根据孟珩与唐代孟温礼③的世代间隔,认为"二十二代孙说(诜)"当为"十二代孙说(诜)"之误,此"孟观"并非汉代人,而应为西晋积弩将军孟观。④西晋孟观为渤海东光人,曾平定"齐万年之乱",后在"八王之乱"中因党附赵王司马伦而被夷三族。⑤不过,东汉确有名"孟观"者。王充《论衡》曾言"周长生者,文士之雄也,在州为刺史任安举奏,在郡为太守孟观上书……长生家在会稽,生在今世"⑥。《论衡》约成书于汉章帝元和三年(86),可知孟观亦活动于公元1世纪后半叶。东汉孟观早于唐初孟诜(约7世纪中前期至8世纪前期)600年左右,其间相隔"二十二代"并无不妥。不过,这又与唐代孟温礼为"孟珩十一代孙"(即孟观十三代孙)相抵牾。如此大相径庭的表述出自同一条史料中,既与《元和姓纂》成书仓促、考订粗疏不无关系,亦与该史料采摘自不同的"源文本"有关。

《元和姓纂》作为官修谱书,其所据材料部分来自官方所藏百官族姓的"家状"(行状)。南宋郑樵在《通志·氏族略》中曾指出"历代并有图谱局,置郎、令史以掌之,仍用博古通今之

---

① 仇鹿鸣:《"攀附先世"与"伪冒士籍"——以渤海高氏为中心的研究》,《历史研究》2008年第2期。
② (唐)林宝著,岑仲勉校记:《元和姓纂》,第1337—1338页。
③ 岑仲勉认为当为"孟温礼",见(唐)林宝著,岑仲勉校记:《元和姓纂》,第1338页。
④ 岑仲勉认为"《晋书》有孟观,惠帝时人,被夷三族。又旧书(《旧唐书》)卷163《孟简传》:'天后时同州刺史诜之孙。'知'说'为'诜'讹。但由晋初迄天后时不过四百年,焉能传二十二代?倘别有孟观,则下文'观孙珩之十一代孙'(即观十三代孙)亦已仕唐,故知'二十二代'之前'二'字为衍文,实十二代孙也"。见(唐)林宝著,岑仲勉校记:《元和姓纂》,第1337页。
⑤ (唐)房玄龄:《晋书》卷60《孟观传》,第1634页。
⑥ (汉)王充:《论衡》卷13《超奇篇》,上海:上海人民出版社,1974年,第214—215页。

儒知撰谱事。凡百官族姓之有家状者则上之,官为考订翔实,藏于秘阁,副在左户"①。清代孙星衍在校补《元和姓纂》时认为该书"引《姓苑》《风俗通》及《新说》,间引当时家状耳"②。《元和姓纂》中也多次提到"状云""状称"等,如"冯翊吕氏"条载"状云,本望东平,后居冯翊蒲城"③;"苑氏"条载"状云,殷武丁子受封苑,因氏焉"④;"濮阳杜氏"条载"状称与京兆(杜氏)同承杜赫之子威,世居濮阳"⑤。此外,中央所修"全国氏族谱"还大量参照了地方"州郡谱",而"州郡谱"则根据该州郡众多家族所修"私谱"写就。此类官谱的编纂流程早在北魏太和年间即已成型,"魏太和时,诏诸郡中正,各列本土姓族次第为举选格,名'方司格',人到于今称之"⑥。此种方式唐代亦沿用之。池田温认为唐代官修天下氏族谱,往往由各府州先搜集氏族谱系材料,编成本地"诸姓谱""名族志",再上交中央的编纂机构,完成全国性质的"氏族谱"。⑦成书于元和七年(812)的官修谱书《元和姓纂》在编纂过程中亦参照了不少谱牒资料,林宝自己就曾说"因案据经籍,穷究旧史,诸家图牒,无不参详,凡二十旬,纂成十卷"⑧。

仔细研读《元和姓纂》的相关表述不难发现,此段文字当根据孟诜、孟温礼两家族所上报的"家状"或两家族所在地区报送至中央的"州郡谱"源文本拼接而成。"汉孟观,二十二代孙说(诜)"出自台州司马孟诜家族的世系追溯,而下文"观孙珩,又居相州。珩十一代孙唐礼部尚书温(礼)"则源于礼部尚书孟温礼家族的祖源表述。两家族均以"孟观"为先祖,只不过孟诜家族追溯至"汉代孟观",而孟温礼家族则宣称来自"西晋孟观"。然而,西晋孟观被夷灭三族,倘孟珩为孟观之孙,当同时被诛杀,又何来东晋孟怀玉为孟珩玄孙之说,可见孟温礼"家状"所载"孟观、孟珩祖孙关系"并非历史事实,而是其家族在建构祖先世系时夤缘攀附的结果。岑仲勉以"西晋孟观"为原点,认为"二十二代孙说(诜)"应为"十二代孙说(诜)"之误,但既然孟观、孟珩祖孙关系为后世所建构,那么以"汉代孟观"为原点,视"珩十一代孙唐礼部尚书温(礼)"为"珩二十一代孙唐礼部尚书温(礼)"之讹似乎亦无不可。岑氏观点始终未能解释该书为何记作"汉孟观",而非"晋孟观"。《元和姓纂》当不至于将汉、晋混淆,之所以造成以上抵牾或许在于林宝在编纂"孟氏"词条时,参照了两家族"家状"或两地"州郡谱",但却未加甄别,误将汉、晋两"孟观"视为同一人,并据此对两家族世系进行拼接,从而产生了唐代孟诜、孟温礼分别为"孟观二十二代孙"和"孟观十三代孙"的矛盾表述。

由此可知,《元和姓纂》虽为官修姓氏谱书,但所据材料多采自官员族姓"家状"和各地"州郡谱",而这些源文本又不免充斥着大量附会之说,正如时人颜师古所言:"私谱之文出于闾巷,家自为说,事非经典,苟引先贤,妄相假托,无所取信,宁足据乎?"⑨李翱也曾指出

---

① (宋)郑樵:《通志二十略》,《氏族略第一·氏族序》,北京:中华书局,1995年,第1页。
② (清)孙星衍:《校补元和姓纂辑本序》,载林宝著,岑仲勉校记:《元和姓纂》,第3页。
③ (唐)林宝著,岑仲勉校记:《元和姓纂》,第871页。
④ (唐)林宝著,岑仲勉校记:《元和姓纂》,第976页。
⑤ (唐)林宝著,岑仲勉校记:《元和姓纂》,第935页。
⑥ (宋)欧阳修,宋祁:《新唐书》卷199《儒学中·柳冲传》,第5680页。
⑦ [日]池田温:《唐代氏族志研究——关于〈敦煌名族志〉残卷》,载刘俊文主编《日本学者研究中国史论著选译》(第4卷六朝隋唐),北京:中华书局,1992年。
⑧ (唐)林宝著,岑仲勉校记:《元和姓纂》,原序第1页。
⑨ (汉)班固:《汉书》卷75《眭弘传》颜注,北京:中华书局,1962年,第3153页。

"今之作行状者,非其门生,即其故吏,莫不虚加仁义礼智,妄言忠肃惠和……盖亦为文者既非游夏迁雄之列,务于华而忘其实,溺于词而弃其理……由是事失其本,文害于理,而行状不足以取信"①。既然繁芜丛杂、错讹频现的祖源世系在唐代各姓氏私谱中俯拾即是,那么也就不难解释为何《元和姓纂》中会出现"孟敬子生滕伯。伯生廖。廖生轲,居高密,置平昌郡"的祖源书写。"孟子为邹人"在唐代已为人们所熟知,但其家族世系诸史无载,最早推崇孟子的东汉赵岐也只是引用"他人之言"称其为"鲁国孟孙氏"之后,"或谓:孟子,鲁公族孟孙之后。故孟子仕于齐,丧母而归葬于鲁也。三桓子孙,既已衰微,分适他国"②。孟子的父、祖均不详其名,所谓的"孟敬子生滕伯。伯生廖。廖生轲"显然出自孟诜、孟温礼等家族建构的"家状"谱系。"苟引先贤,妄相假托"在唐代私谱中颇为盛行,伪造世系自然也就在情理之中了。此外,《元和姓纂》载孟子"居高密,置平昌郡"亦是祖源建构之举。由于唐人已不识"平昌郡望"真实来源,在将其错误标注于"琅琊平昌"之时,必然需要塑造某位早期先贤使之作为该郡望的"始祖"。东晋孟怀玉家族虽自称"平昌安丘人",但却"世居京口",且生活时代较唐代过近,不足以作为平昌郡望的早期始祖来加以推崇。而孟子曾为齐国卿士,且平昌、高密等地皆在齐境,将其作为该郡望始祖在唐代孟氏群体看来似乎颇为恰当。虽然各地孟氏族群攀附孟子为始祖的现象在宋元之后才逐渐增多③,但唐代已出现了以"孟子之后"自居的端倪,如洛阳人孟师的墓志铭就称其为"东海邹人也,即孟子轲之后"④;清河人孟大乘也宣称"其先梁相(孟)轲之后也"⑤。

由《元和姓纂》所载"平昌郡望"词条不难看出,该郡望虽广为孟氏群体所攀附,但终因"先贤乏人"而不得不罔顾史事,将与平昌郡望毫无关联的孟子、孟观等人"迁移"至此,该现象并非林宝有意为之,而是孟诜、孟温礼等孟氏群体"家状""私谱"所载关于该郡望早期世系的真实面貌。唐代诸种孟氏墓志在自称平昌郡望时,同样未能罗列该郡望任何早期先贤人物,也未阐释该郡望之滥觞,而仅仅只是追溯姓源至"鲁国孟孙氏",如孟俊"字光宣,平昌人也……其先鲁卿孟孙氏之后,代有哲人,风徽不绝"⑥;孟秀荣"鲁桓公子仲孙(仲孙即孟孙)之胤也"⑦。此种无奈之举恰恰说明了该郡望并无先贤可资攀附的事实,究其原因还是唐代孟氏群体不识平昌郡望形成及演变的历史渊源,错误标注其地望。

平昌郡望不仅给唐代孟氏群体提供了标榜名门的路径,还为不同地域的孟氏群体构建了"同姓联结"(联姓)的平台。常州刺史孟简与著名诗人孟郊均自称出自平昌郡望,但前者

---

① (宋)王溥:《唐会要》卷64《史馆杂录下》,北京:中华书局,1955年,第1110页。
② (汉)赵岐:《孟子题辞》,载(清)焦循撰,沈文倬点校:《孟子正义》,北京:中华书局,1987年,第4、5页。
③ 参见孟祥科《源本邹峄:明清以来以邹县为中心的孟氏联宗研究》,上海师范大学博士学位论文,2020年。
④ 《洛中处士孟君墓志铭并序》,载周绍良编《唐代墓志汇编》,第408页。
⑤ 《大周朝请郎行戎州南溪县丞上护军太原王思惠妻清河孟夫人墓志铭并序》,载周绍良编《唐代墓志汇编》,第874页。
⑥ 《大唐故徵士平昌孟君墓志铭并序》,载周绍良编《唐代墓志汇编》,第1333页。
⑦ 《唐故振武麟胜等州监军使给事郎行内侍省内仆局丞员外置同正员上柱国赐绯鱼袋武威郡孟公府君墓志铭并序》,载周绍良编《唐代墓志汇编续集》,第993页。

为汝州（今河南汝州）人，后者占籍湖州武康（今浙江德清）。①二人并无明确翔实的世系关系，却以叔侄相称。孟郊在《贫女词寄从叔先辈简》一诗中含蓄地表达了希望孟简举荐自己为官的愿望。②孟郊死后，孟简也喟叹"吾不能举，死吾知恤其家"③。两人的"亲属关系"显然是借助"平昌郡望"建构而起的同姓联结。可见，攀附平昌郡望成为唐代部分孟氏群体拓展同姓关系网络的重要形式，也为后世孟氏联宗打下了坚实的基础。

作者简介：孟祥科，河南师范大学马克思主义学院副教授；李明明，上海师范大学博士。

---

① （五代）刘昫：《旧唐书》卷163《孟简传》，北京：中华书局，1975年，第4257页；（宋）欧阳修、宋祁：《新唐书》卷176《韩愈传附孟郊传》，第5265页；（宋）李翱：《李文公集》卷8《荐所知于徐州张仆射书》，上海：上海古籍出版社，1993年，第36页。

② （唐）孟郊：《贫女词寄从叔先辈简》，（清）彭定求等编《全唐诗》卷372，北京：中华书局，1980年，第4181页。

③ （唐）韩愈著，阎琦校注：《韩昌黎文集注释》（下）卷6《贞曜先生墓志铭》，西安：三秦出版社，2004年，第140页。

清代揭阳《德里陈氏族簿》的族产经济信息及其宗族运作

欧俊勇　李晓龙

【摘　要】族产簿是记录族产信息的文本,在研究宗族经济运作机制中具有重要的价值。揭阳《德里陈氏族簿》记录了清代中后期潮汕地区宗族族产的形成、运作以及经济纠纷等历史信息,从一个侧面反映了清代中后期国家与地方的互动以及基层社会的经济生活信息。德里陈氏宗族通过建立大宗祠形成了以公银为中心的运作体系,并随着宗族的发展逐渐扩大族产的规模和公银的范围。在此基础上,德里陈氏还形成一系列宗族的合同规例,维系着宗族的运作。

【关键词】族产;公银;清代;《德里陈氏族簿》

祠堂、族谱和族产历来被视为宗族运作的重要基础,也一直是研究宗族内部结构的重要观察点。[1]族产对于宗族运作尤为重要,弗里德曼等学者认为,宗族运作的基础是其所拥有的共同财产和物质资源。[2]但目前的研究中,对日常生活中宗族族产具体是如何形成和运作的关注却还相对薄弱。[3]这并非由于学者的不重视,其根本在于宗族史研究的主要文献来源——族谱常常只对族产进行共时性的描述,而缺乏历时性的相关史料,由此造成进一步深入研究的困难。因此,登记族产经济信息以及资产变动的文本就显得十分可贵。笔者所见清代揭阳《德里陈氏族簿》便是一本细致描述德里陈氏宗族族产来源、收支及交易情况的宗族文书,为我们提供了有益的研究个案。从中可以窥探宗族内部的经济运行情况,以及宗族如何将经济收支和宗族利益、日常规例有效结合起来,维持宗族观念以及日常的有效运作。本文冀以该文书为中心,通过结合田野调查考订和分析文书的具体内容,考察其中所反映的族产经济信息与宗族运作之间的联系,为深入理解清代潮汕宗族日常运作模式提供有益的视角。

---

① 参见徐扬杰《宋明以来的封建家族制度述论》,《中国社会科学》1980年第4期等。
② [英]莫里斯·弗里德曼著,刘晓春译《中国东南的宗族志组织》,上海人民出版社,2000年;李文治、江太新:《中国宗法宗族制和族田义庄》,北京:社会科学文献出版社,2000年;常建华:《宗族志》,上海:上海人民出版社,1998年;科大卫著,卜永坚译:《皇帝和祖宗——华南的国家与宗族》,南京:江苏人民出版社,2009年。
③ 部分族产相关研究可参见周绍泉:《明清徽州祁门善和程氏仁山门族产研究》,载中国谱牒学研究会编《谱牒学研究》(第2辑),北京:文化艺术出版社,1991年;张佩国:《近代江南乡村的族产分配与家庭伦理》,《江苏社会科学》2002年第2期等。

建大宗祠合同
立合同族長應坤等我
祖松巖公以逮坤等十一世矣禮制云營房屋者當以祠堂為先吾族之
人皆有房屋已久而祠堂無聞豈今昔之人盡無孝思乎蓋緣派衍
繁多賢愚不一各佔便宜科派甚艱故日移月遷竟無成局以致
歷祖神主分祀各處不知去向至所祀之處風雨不蔽褻瀆無窮此
坤所以痛悼不已寢食靡定每一言及未嘗不唏噓長太息者也今
已購地北隅祠堂有其址矣擇吉來春建祠有其期矣獨應費用浩
繁若不酌定畫一之派誠恐不孝子孫自行倡議抗法亂規希圖阻
撓感舉茲酌就丁粮科派度貧富有別衆寡有分闔族無不均之歎

矣有餘者公存貯用不敷者依此洽補倘有丁粮之外另行捐助者
自當呈獎丁粮之内恃强短少者會衆稟究如與抗逆作難凡出銀
出力大衆共擊倘有袖手冷觀者罰銀十两以充祠堂之用所有應
行事宜詳開於左
康熙二十年辛酉十一月十八日立合同族長應坤　國卿　仕豪
元聊　亨學　仕捷
元佳　仕瓊　鳳池
一嚴科派粮米每石派銀三錢每男丁派銀三錢議作三次繳完如

图 1　《德里陈氏族簿》书影

題捐香油田碑記

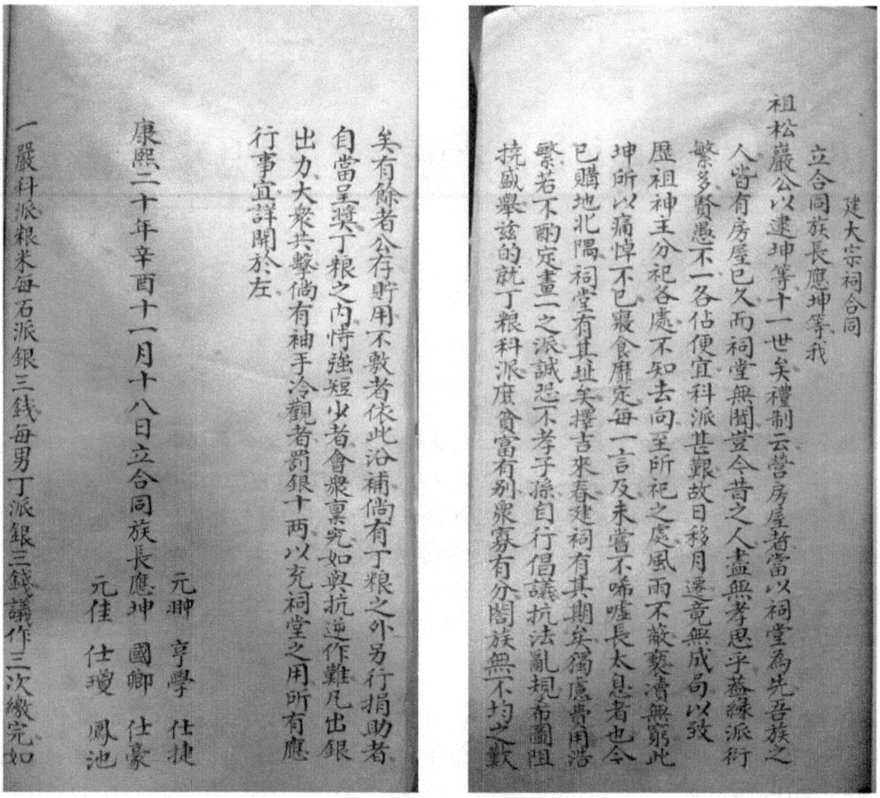

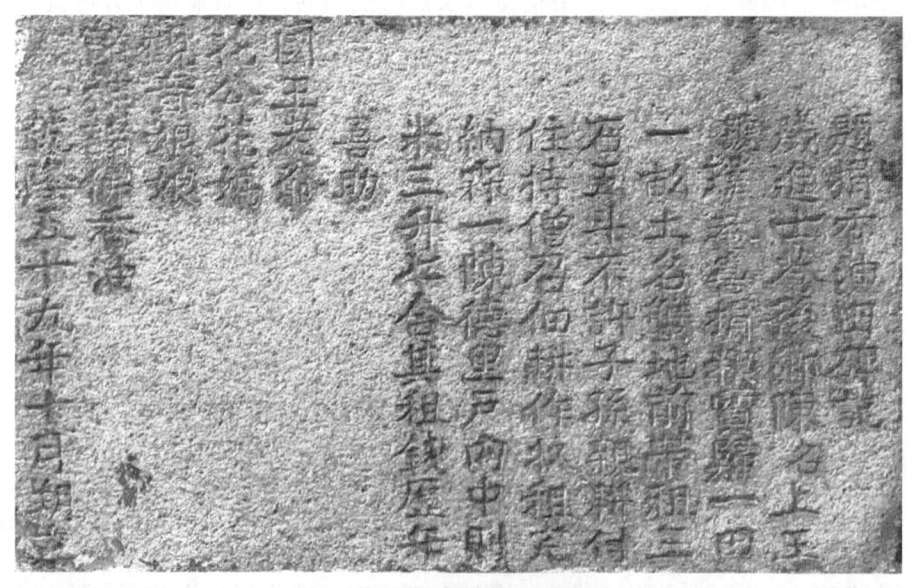

图 2　德里古庙《题捐香油田碑记》

一、《德里陈氏族簿》的内容与年代考订

《德里陈氏族簿》现藏于揭阳德桥乡庵后村族人之手。该书为手抄本,前缺数页及封面,不署书名,笔者兹据该书内容草拟其名。该书未见诸潮汕文献书目,是为新见之史料。近年编辑出版的《德桥庵后村志》①《揭阳德里陈氏族谱》②等文史资料中,其族源、辈序、世系等文献也多参考该手抄本。"德里"是对揭阳榕江支流德桥河西岸附近一带陈姓村庄的统称③,俗称"德桥陈",其范围大致涵盖了今之德南、德中、德北3个行政村。按照《潮汕陈姓》的说法,南宋人陈松岩为德里陈氏始祖。至洪武年间,四世祖陈西江迁来德中旧厝村,其长子陈淳鸿迁居庵后村,其后不断迁居创村。④经过历代繁衍,德里陈氏成为揭阳县西部重要的宗族。

《德里陈氏族簿》以族产及宗族经济往来为内容记录的史料,其内容主要包括四方面:第一,为先人传记,叙述前十七世祖先传记,含生卒、功名、婚配、墓葬等内容,附有"配祭"内容,简述三、七、十一祖姓名、婚配、生卒及墓茔地名。第二,族源及祠堂内容,录《祖澄族辨》《田冇碑辨》《陈氏大宗祠》《建大宗祠合同》《淳鸿公厅》《官逸公厅》《德元公厅》《宦公厅中龛合同》《宦逸公厅中龛神主定位序》(附《宦逸公中龛神主定位》)《宦公厅左旁龛神主定位序》(附《宦公厅左旁龛神主定位》)《德里旧家考》。这些篇什概述了其族源信息,但是对其族松岩公出自澄的说法进行考辨,认为是康熙六十一年(1722)澄海重修西门内大宗祠将松岩公列为入潮六世祖存谬误,是为附会之说,"尧卿公为澄海族人始祖,松岩公为德乔人始祖。认澄族未为荣,不认澄族未为辱"⑤。其他篇什则阐述陈氏大宗祠和淳鸿、官逸、德元三公厅的修建情况,并详细开列了大宗祠神龛神主位名单。第三,族产情况,录《换德里旧家后畔空地考》《李仁藻换德里旧家后畔空地考一半约数》《德里旧家前座反照》《德乔制字说》(附《德乔澄海族制字辈序》)及《璞庵公家训》,上述篇什为该簿核心,详细开列了其田产、房租及族产交易信息,内容极其详细。第四,宗图脉络,录《宗图考》《宗图》二篇,叙述其宗图纂修经过及德乔陈氏派系,"族众繁多分创二十余乡。且外房祖先,世远年湮,一时甚难纠合,姑就本族房收入簿内"⑥。

《德里陈氏族簿》作者或为其十七世孙陈上玉及其儿子共同编撰。该簿所收录了的《田冇碑辨》《宦逸公厅中龛神主定位序》《宦公厅左旁龛神主定位序》《璞庵公家训》《宗图考》诸篇均署名陈上玉。陈上玉的生平见诸本簿,载:

> 十七世祖考璞庵公,岁贡生,吏部候选儒学训导,例授修职郎,字弥英,号璞庵,乳名碧太爷,官名上玉,谥文顺。少德元公二十六岁。生于乾隆八年癸亥七月庚申初五乙

---

① 德桥庵后村志编委会:《德桥庵后村志》,1997年。
② 揭阳德里陈氏族谱编委会:《揭阳德里陈氏族谱》,2005年。
③ 林莫明主编:《揭阳市地名志》,北京:人民日报出版社,2002年,第206—207页。
④ 陈宇翰编著:《潮汕陈姓》,北京:中国科学文化音像出版社,2010年,第52—53页。
⑤ 《德里陈氏族谱》,清抄本,第26—32页。
⑥ 《德里陈氏族谱》,清抄本,第76页。

酉日庚辰时,卒于嘉庆十三年戊辰四月二十日午时,享寿六十有六。念一日午时盖棺,五月初二日成服开吊。榕城书院老师原任湖南省道州知州、大埔人萧名虞太爷赐杖。揭阳县儒学教谕邝名世熊老师、儒学训导李名千株老师、揭阳城守王名日熊老爷各具挽匾挽联,暨诸搢绅姻戚俱来吊拜。以吾公性耽诗文、手不释卷,又乐顺理、处顺境,公谥为"文顺"。……(璞庵公)四十岁纂修《德乔家乘》七卷……纂集《字韵亨通》五卷,《近思轩集》一卷,《教家要语》一卷,注释典制五百题,注释名文分法一百题。①

乾隆八年(1743)出生的陈上玉在其 60 岁时才获得"岁贡生"的头衔,他却是一位饱读诗书,精通文史的学者,且著述极其丰富。作为地方上极具声望的缙绅,陈上玉去世时,地方士绅都"各具挽匾挽联"前往吊拜,就文中提及的吊拜人员中,举凡书院、儒学、守将都有涉及,但以文士居多。在其 50 和 60 寿诞时,还获得内阁学士周兴岱和状元姚文田的寿文祝双寿。这揭示了陈上玉在地方上侧重与文士交往而形成自己的交际网络。值得注意的是,书中提及陈上玉曾纂修《德乔家乘》七卷。尽管《德乔家乘》今无从窥视,但是《德里陈氏族簿》所录的诸多署名"陈上玉"的篇什或出自其编撰的《德乔家乘》。需要说明的是,作为陈氏宗族重要公共空间的德里古庙存有乾隆五十九年(1794)《题捐香油田碑记》:"岁进士庵后乡陈名上玉,号璞庵。喜捐粮质归一田一亩,土名蟹地前,带租三石五斗。不许子孙亲耕。付主持僧召佃耕作,收租完纳。霖一陈德里户内中则米三升七合。其租钱历年喜助国王老爷、花公花妈、观音娘娘、诸神诸佛香油。乾隆五十九年十月朔立。"②这反映了陈上玉除了精通文史之外,实际上也拥有一定资产,并且将粮质归一得田地一亩捐于德里古庙,用作香油田。为避免纠纷,还严格要求"不许子孙亲耕"。

该族产簿应该是由陈上玉的儿子最终完成。上述传记资料中,以"十七世祖考璞庵公"称呼陈上玉,足见本《德里陈氏族簿》的纂修者为陈上玉儿辈。陈上玉共有三子:璋、佳、珊。长子陈璋传记较其他二人详细,且陈璋是兄弟三人中唯一一位通过科举获得功名者,"二十三岁壬子科试,蒙周大宗师名兴岱取入揭阳县学第六名。三十三岁壬戌岁试,蒙鼎元姚大宗师名文田考取一等第一名,拔补廪膳生";陈佳及陈珊则是"捐国学(生)"③。鉴于此,《德里陈氏族簿》可能由陈璋主笔完成。但是个中情形则不得而知。

至于《德里陈氏族簿》成书的时间,颇值得讨论。该书有明确时间记录的篇章最晚为《陈氏大宗祠》所提及的"后因白蚁为祟,年久破漏,嘉庆二十一年丙子族人用公银重建"信息,可见《德里陈氏族簿》成书在于 1801 年之后。而该书完成人陈璋、陈佳、陈珊三人在书中均记生年,未记卒年,或成书时三人尚健在。陈氏后人在陈璋传记后标注其卒年为"道光六年"。据此推断,该书初成时间应在 1801—1826 年间。

---

① 《德里陈氏族谱》,清抄本,第 3—4 页。
② 《题捐香油田碑记》,乾隆五十九年(1794),碑现存揭阳市德桥村德里古庙。
③ 《德里陈氏族谱》,清抄本,第 5 页。

二、《德里陈氏族簿》所见族产信息及其收支

宗族的共有财产是宗族组织的重要内容,也是宗族制度得以维系和运作的经济基础,"它与祠堂、族谱互为配合,把族人们有效地联结在一起,形成了家族组织的基本框架"①。《德里陈氏族簿》所载族产包括宗祠、房屋等,不提及祭田。随着商业经济的发展,其陈氏族产收入也出现了新的类型,如租赁、生息银两等。

尽管《德里陈氏族簿》提及其长房原有一块位于海阳县的祭田,用于祭祀二世祖儒学教谕景松公。但是在陈上玉看来,这块祭田是错认他人祖先而获得的,有悖礼制,因为景松公为"元朝初时人也,至今四百余年,其坟墓本已失传"。因此,该祭田"本年因钱项难收",导致长房"不往祭,房众亦听其不祭而不之责"。②且不论用于祭祀景松公的族田是否合法,《德里陈氏族簿》所记载的这块祭田实际上并不能为该宗族创造出任何经济价值,可以忽略不计。宗族陈氏大宗祠在康熙三十三年(1672)建成二进规模,乾隆八年(1743)扩建两庑,并于嘉庆二十一年(1816)合族人之力"用公银重建",同时规定大宗祠主神"每房轮流值年分祀与各房私厅"。经过三次修建,陈氏大宗祠"极其华丽",并设有神龛。为了保障大宗祠的建成,康熙二十年(1681)族长陈应坤倡立《建大宗祠合同》,其时陈氏宗族已购祠址,"今已购地北隅,祠堂有其址矣",以"就丁粮科派"的方式规定"粮米每石派银三钱,每男丁派银三钱,议作三次缴完"③。

大宗祠的建立和神龛的设置为筹集"公银"奠定了基础。而宗族人口的扩大则是直接推动宗族内部规范的直接原因。据《德里陈氏族簿》记载,康熙至乾隆年间,陈氏宗族人口数量呈现剧增态势(详见表1)。

表1 《德里陈氏族簿》所录男丁数量统计表

时间	总丁数	增长数	树伍公派丁数	增长数
康熙壬戌年(1672)	800余	——	5	——
乾隆癸亥年(1743)	1080	280	40	35
乾隆壬寅年(1782)	2050	970	100	60

经过110年的繁衍,陈氏宗族由原来1672年统计的800余丁发展到1782年的2050丁,总增长率约为156.25%。其中树伍公派丁数更是高速增长,在这110年里,丁数总增长率高达1900%。这说明,随着人口增加,宗族得以进一步扩大,规范宗祠牌位成为一种必然趋势。

在此基础上,为规范族产的收支,陈氏族人制定了《宦公厅中龛合同》,其目标就是收取

---

① 陈支平:《近五百年来福建的家族社会与文化》,北京:中国人民大学出版社,1991年,第53页。
② 《德里陈氏族谱》,清抄本,第33页。
③ 《德里陈氏族谱》,清抄本,第37—38页。

"进主费"。所谓进主费,又称"晋主费",即将先人牌位供奉于宗祠神龛所需缴纳的费用。为讨论需要,兹将《宦公厅中龛合同》全文抄录如下:

> 立合同。房长君容、亿千等,为议进中龛定例,以垂永远事。吾族祖宦逸公厅从前仅有校龛一座,奉祀神主,今子孙昌盛,宜恢宏制度,新造大龛三座。其左龛系岐公派下孙龛,右龛系石公派下孙私龛。不用限制,听其进入。中龛乃上祖神灵所在。宜有限度,方昭敬谨。今将所议详开如左。后人世守,永为定例。立合同存照。
> 一、议自六世祖宦逸公起至十世祖止,不用题银得进中龛。
> 一、议自十一世祖以下题银二两以助现在造龛者,不论神主禄位,得入中龛。
> 一、议后代发科甲者,科甲本身,并其父母,共二代神主,不用题银得入中龛。
> 一、议恩拔岁副贡,本身神主,不用题银,得入中龛。例贡职衔,概不得入。
> 乾隆九年甲子正月十五日。立合同人房长君容、亿千、德生、声亮、旭升、德裕、爵先、德润、绵溪、伟千、为万。
> 合同四张:一交君容,岐公派阿前、凤阳等;一交亿千,石公派阿饼、阿顺等;一交旭升,石公派阿、阿卦等;一交德裕,岐山派神保、继荣等。①

陈氏宗族经过发展繁衍,此时已经"子孙昌盛"。到了乾隆九年(1744),规范神龛位次变得非常必要,因此他们"恢宏制度,新造大龛三座"。神龛设立之后,房长共同发起缔结合同。其目的就在于规范进主行为,通过共同约定的方式,向族人收取费用,"宜有限度,方昭敬谨"。按照合同规定,十世祖之前不需缴纳费用,而十一世祖以后进主则需缴纳费用,其标准是每位"题银二两"。合同还对十一世祖以后需要缴纳进主费者进行划分,获得科甲功名连同父母共两代神主无须缴纳费用,有恩贡、拔贡、岁贡、副贡出身的神主也无须缴纳费用,例贡则无法享有费用豁免。不可否认的是,入祠进主是民间社会的重要仪式,科甲功名神主获得费用的豁免本质上是国家权力符号的存在,反映了国家符号进入民间仪式。高丙中认为,在民间仪式中,"国家符号、国家价值观的在场,才有民间文化的合法化的必要"②。进一步说,陈氏宗族对于进主费的差异对待,揭示了国家权力与民间社会的互动。

陈氏宗族获得族产的另一种方式是土地、房屋买卖与交换。《德里旧家考》一文就记载了该族在县城买地建房的经过。按照该文说法,明代陈姓族人在县城达道坊德里旧家建立房产,可惜在明末兵火中毁于一旦。至清初,陈姓族人买下此地,原计划立宗祠,但是鉴于路途遥远,立祠计划不能实现,改在庵后村立祠。购买的土地起初用作地租,"租与罗申老板罗德长等"。大宗祠建立后,所购买的达道坊也建成大屋,"盖建大屋四进,屋子二十多间"。规模较为庞大,谓之"德里馆"。乾隆己卯年以后,"以为科岁子弟考校试馆,公议充书役人等,不得以为寓所"③,这些族产仅服务于宗族科举之需。《换德里旧家后畔空地考》则揭示了土

---

① 《德里陈氏族谱》,清抄本,第45—46页。
② 高丙中:《民间的仪式与国家的在场》,载费孝通主编《当代社会人类学发展》,北京:北京大学出版社,2013年,第316页。
③ 《德里陈氏族谱》,清抄本,第63页。

地买卖之外的另一种方式——产权交换。这则史料揭示了陈氏宗族与贡生李仁藻所占有的县城德里旧家房地的交换过程。这桩发生在嘉庆十五年(1810)的充满纠纷的房地交换中,陈姓族人付出德里旧家后围空地一片换取李仁藻所占有的德里旧家范围内的中座东畔大房一间及厅、埕各一畔。①《李仁藻换德里旧家后畔空地考一半约数》将此交换以合约形式记录下来。通过买卖和交易,陈姓族人获得了达道坊德里旧家范围内大部分房地的财产所有权。在嘉庆十六年(1811),陈姓族人又进一步通过购买的方式,以"银三十两"的代价获得了德里馆"前座反照西畔房一间,厅一畔,共计二十间半"②的所有权。通过房地的买卖与交换,陈姓宗族的族产得以扩大。当然,至于明代县城是否有德里陈氏房产无从考证,但是随着宗族的发展,他们通过土地、房屋买卖与交换,获得了在县城的族产。

族产扩大的同时,陈姓族人更愿意将多余房产用于租赁,收取租金,充当公费。除了该族用于充当"考校试馆"之用的房产外,德里旧家大部分房产都用于租赁。这种租赁方式的产生实质上反映了地方商业经济的发展。按照该族簿所开列租金清单,每年可收取地租钱4133文。在《德里陈氏族簿》中详细记录了陈氏宗族所控制德里旧家房产的每一笔租金金额(详见表2)。

表2 《德里陈氏族簿》所载德里旧家房地租金表③

房屋位置	租赁人	房间数(间)	金额(文)
东畔从厝	李四太、李甲太	3	500
	陈阿乾	1	120
	李四太	6	545
	罗登科	2	208
	智盛	1	120
西畔从厝	袁冗老	1	120
	孙阿纳	1	120
	袁冗老	1	104
	郑阿细	1	120
	锦春	1	96
	陈阿来	1	96
	潘阿天	2	192
	陈阿来	2	160
	陈阿光	1	80
	李阿镇	1	80
	李阿候	1	104
	黄阿三	1	56
前座向南(连伸手)	智盛	2	40
	吴阿三	2	60
	耀德、行嫂、阿鸟	1	40

---

① 《德里陈氏族谱》,清抄本,第67—68页。
② 《德里陈氏族谱》,清抄本,第69页。
③ 《德里陈氏族谱》,清抄本,第64—66页。

续表

房屋位置	租赁人	房间数(间)	金额(文)
中座	陈文高	1	100
后畔大厝	陈文明、陈文高	5	700
后畔从厝子	陈文高	3	300
后畔厝子地	李厚老	3	80

这份嘉庆年间的房地租金账单以租赁人为单位进行记录,直观反映了陈氏宗族从房屋租赁中所获得的族产来源情况。去除房间位置和面积等影响因素,最高租金约为167文,最低为20文,平均每间房间租金约为93.9文。从租赁人信息看,租赁人可以单租也可以合租,更可以一人租赁多间房屋,如李四太除了以单人名义租用6间东畔从厝房屋外,还与李甲太合租了另外3间房屋。从他们对房屋租赁信息详细记录看,该宗族非常重视该项族产收入。这笔租金成为陈氏宗族族产收入的另一种方式。

在分析德里陈氏族产的交易过程中,该族簿还提及一些有意思的经济行为。第一种经济行为是典赎。《德里旧家前座反照》一文中,陈氏买受德里旧家前座反照房产前,该房产所有者罗氏已经将房产典押出去:"罗家从前已典与陈志绍,价花边银三十一元。今会明候当期已满日,吾族自出公银赎回。"①可见,在清代中后期,以房屋为典当的资产已经相当普遍。第二种经济行为是利息。《田有碑辨》一文提及:"先年,淳鸿公有公银二十两零二钱,每年每两贴利钱二百文,共利钱四千零四十文。"②也就是说,淳鸿公派下的公银二十两零二钱每年可从钱庄获得利息为4040文。这些利息理所当然也归入族产之中。进一步说,族产中的公银也可以存放钱庄生息,淳鸿公派下的这笔公银每年生息数与德里旧家房屋租金收入大致相当,可见其利息也应不少。

总之,德里陈氏通过对大宗祠的修建,确立了以大宗祠为中心的族产体系,他们通过进祖费的收取以及土地、房屋的买受与交换,使族产规模得以扩大。从族产分布空间上看,在清代中后期,德里陈氏的族产已经在县城建立了德里旧家等一批族产,反映了这一时期城乡经济的互动。同时,房租租金和公银利息为族产积累新的资本。而成立的支房,也形成了独自的公银系统。

三、以"公银"为中心的宗族运作

德里陈氏宗族族产的运作主要是确立以"公银"为中心的宗族运作体系。"公银"即在大宗祠名义下的宗族公共经费,其主要用途是为宗族公共事务提供保障,应对宗族矛盾和族产的扩充等。《建大宗祠合同》描述了公银的创立、使用及管理过程:

立合同族长应坤等,我祖松岩公以逮坤等,十一世矣。礼制云:营房屋者,当以祠堂

---

① 《德里陈氏族谱》,清抄本,第70页。
② 《德里陈氏族谱》,清抄本,第34页。

为先。吾族之人皆有房屋已久,而祠堂无闻,岂今昔之人尽无孝思乎?盖缘派衍繁多,贤愚不一,各占便宜,科派甚艰,故日移月迁,竟无成局,以致历祖神主分祀各处,不知去向。至所祀之处,风雨不蔽,亵渎无穷。此坤所以痛悼不已,寝食靡定。每一言及,未尝不唏嘘长太息者也。今已购地北隅,祠堂有其址矣。择吉来春,建祠有其期矣。独虑费用浩繁,若不酌定划一之派,诚恐不孝子孙自行倡议,抗法乱规,希图阻挠盛举。兹的就丁粮科派,庶贫富有别,众寡有分,合族无不均之叹矣。有余者公存贮用,不缴者依此沿补。倘有丁粮之外另行捐助者,自当褒奖。丁粮之内恃强短少者,会众禀究。如与抗逆作难,凡出银出力,大众共击。倘有袖手冷观者,罚银十两以充祠堂之用。所有应行事宜,详开于左。

　　康熙二十年辛酉十一月十八日。立合同族长应坤、元翀、元佳、国卿、亨学、仕琼、仕豪、仕捷、凤池。

　　一严科派。粮米每石派银三钱,每男丁派银三钱,议作三次缴完。如至期不缴,及缴不如数者,不许入祠拜谒。其各人分下丁米,初当自填报册,至体访觉察,有漏报一丁,或漏米一石者,除正派外,罚银一两以为建祠之用。

　　一编执事。天下事独理则难为任,分治则易为功。其中收支摧(催)银办事督工悉已编定,各因其材而任之,比不阅受。

　　一省公费。从来建己屋如费十金,建公祠便费百金。正以己囊为可省,公帑不足惜。今吾族分毫之派,皆出勤勚。与其多派以强不堪,何如省费以成厥局。至营一事费些金,务欲酌停妥,然后举行,不可擅自发挥。

　　收支:辅鼎、天毗、树伍、炳樟。
　　催银:白生、在兹、泰生、次也。
　　办事:振玉、□园、亦文、名臣。
　　督工:仁者、髦士、次霖、辉清。①

　　这份订立于康熙二十年(1681)的珍贵合同,完整反映了潮汕地区合族之力修建宗祠的过程。大宗祠不仅仅是宗族的重要建筑族产,更是族产维系的物资和文化符号。显然,作为第一次筹集公银,德里陈氏宗族对待修祠一事态度是极其谨慎的。这份合同不仅对募集公银的方式进行明确的规定,仿照田赋征收的办法,按照男丁数量进行募集,分期征收。同时,对族产的管理尤为重视,不仅拟定了"初当自填报册,至体访觉察"的监督策略,还制定了惩罚机制,如"倘有袖手冷观者,罚银十两","有漏报一丁,或漏米一石者,除正派外,罚银一两以为建祠之用",并要求节俭开支。甚至还对修建过程的工作职责进行详细分工:收支、催银、办事、督工。总之,康熙年间的大宗祠最终得以修建完成,进一步证明了《建大宗祠合同》所载的一系列族产筹集办法和措施是有效的。

　　公银的用途除了上文所提及的购买德里旧家族产外,还用于处理宗族之间的矛盾。宗族矛盾是清代潮汕地区基层社会的主要矛盾,揭阳尤甚。道光年间揭阳知县姚柬之认为:"揭阳械斗之风其始起于百姓之蛮玩(顽),其继由于历任之宽纵,其终激于承差之索诈,所

---

① 《德里陈氏族谱》,清抄本,第37—40页。

以无日而不掳人,无日而不杀人,无日而不食人,以蔓衍以至于今也。而总之皆为抗粮、吞租、负债、掳禁、勒赎起见。"①及至道光年间,械斗问题并没有得到根本的解决,《大清宣宗成皇帝实录》载:"谕军机大臣等。御史董国华奏,请除械斗命案积弊一摺。据称闽粤沿海地方械斗命案。福建之漳泉、广东之惠潮为尤甚。潮州府揭阳一县。积至数百案未获。"②《德里旧家考》载:"乾隆己卯年,本族与夏姓打架,词讼息案后,公存银两,赎回三进,以为科岁子弟考校试馆。"③所赎回德里旧家房产之公银是在处理陈夏两姓械斗案件之后的存银款,也就是说,械斗案件所需开支费来自陈氏之公银款。

在族产记录过程中,陈氏宗族十分强调族产的合法化,《德里陈氏族簿》只字不落地将诸多合同契约收入其中就是很好的体现,如《建大宗祠合同》《宦公厅中龛合同》《辛丑年议新进宦公厅中龛合同》《李仁藻换德里旧家后畔空地考一半约数》。④《德里旧家前座反照》又提及:"嘉庆十六年闰三月十六日,族众凭中用契买受在成罗世獣等从前所盖德里馆前座反照西畔房一间厅一畔,共计二十间半。"⑤可见,契约在清代中后期买卖过程中已经较为普遍存在。这些合同契约的类型既有宗族内部族产的合同,又有宗族与外人贸易的契约,这反映了清代中后期族产运作制度的规范性。清人翟灏认为:"今人产业买卖,多于契背上作一手大字,而于字中央破之,谓之合同文契,商贾交易,则直言合同而不言契,其制度称谓,由来俱甚古矣。"⑥陈氏与李仁藻族产交换采用的则是契约而非合同,《德里陈氏族簿》所提供的合同契约文书史料进一步说明契约文书也用于"商贾交易"中。

有必要再讨论一下清代中后期潮汕宗族族产交易中的纠纷及其处理。《德里陈氏族簿》所录《换德里旧家后畔空地考》《李仁藻换德里旧家后畔空地考一半约数》提供了一个详细的个案。陈氏在获得德里旧家土地所有权后,将部分田产租与罗氏"盖建墙屋,并筑天井、灰埕",罗氏则按照约定每年缴纳地租银。可见,陈氏只是将使用权租赁给罗氏,并未失去控制权。罗氏衰落后,将屋埕典当陈文高、陈文明之父陈政本、陈翼本二人,地租银也由二人承担,每年纳租。这一次交易中,陈氏宗族也持默许态度。但是,嘉庆十五年(1810),举人李钦明的父亲李仁藻"自恃豪富,用银与罗家买受"并"强欲向陈文高等赎厝管业",试图彻底控制陈氏租与罗氏之族产,这引起陈氏宗族的强烈反对,"吾族切阻,再三不从。族人愿与角口"。在这场纠纷中,陈氏宗族面对的是强绅的豪夺。但是,陈氏宗族并未选择报官,而是由城北门人郑万俊出面调停,"处理明白"。其结果是将德里旧家后畔毗连李仁藻房屋之空地让与李仁藻,并出公银"赎回陈文高等当受中座厝价,粮质归一之业",再一次将房屋的所有权和使用权夺回,李仁藻则象征性地按照每年缴纳地租银一钱二分四厘于陈氏宗族。⑦这隐约透露了陈氏宗族始终控制着该空地的所有权。纠纷处理的结果是陈、李二姓立约解决此纠纷事件。受此教训,陈氏宗族于嘉庆十六年(1811)赎回其他外租房屋的使用权,以保障族

---

① (清)姚莱之:《伯山日记》,道光二十八年刻本,第628—629页。
② 陈历明编:《明清实录潮州事辑》,香港:香港艺苑出版社,1998年,第226页。
③ 《德里陈氏族谱》,清抄本,第63页。
④ 《德里陈氏族谱》,清抄本,第37—40、44—45、48—49、69—70页。
⑤ 《德里陈氏族谱》,清抄本,第70页。
⑥ (清)翟灏著,陈志明编校:《通俗编》,上海:东方出版社,2013年,第437页。
⑦ 《德里陈氏族谱》,清抄本,第69页。

产的安全。①这则族产纠纷事件表面上看是强绅豪夺的事件,实际上是清代房产所有权与使用权分开归属不同人的典型案件。李氏显然充分利用了这一点,通过控制使用权试图占有所有权。尽管陈氏为纠纷付出了一定的代价,但是,陈氏吸取教训,迅速收回其他房产的使用权,以确保其族产的安全。

到了道光年间,这笔公银似乎就停止了,取而代之的是陈氏宗族各房派各设公银款,呈现了公银款细分的新形态。这一阶段,陈氏宗族对于民间信仰场所的建设由德里古庙转向关帝庙、伯公庙和慈悲娘娘庙。新建的三座庙宇至今仍然留有题捐碑记数通,但是难以寻觅陈氏宗族在康熙年间设立的公银痕迹。而在关帝庙中保存的《帝君庙题银牌记》中开列捐款人就包括:"璞庵公派出银七钱,建英公派出银七钱,倡贤公派出银七钱,文长公派出银七钱,福贤公派出银七钱,学公派出银七钱,闻贤公派出银半元,陈孝思祖出公银二十两八钱。"②陈氏支房发展的结果就是形成了各自独立运作的公银款,继续参与到公共空间的建设中。其中原因可能与陈氏宗族规模发展扩大有关,房的运作成为新的主导力量,公银款也由大宗族的控制逐步过渡到由房派主导。

图3　德里村清代关帝庙《帝君庙题银牌记》

四、结　语

《德里陈氏族簿》透露了清代中后期潮汕宗族族产的形成与管理过程,并且记录了族产形成过程中的经济运用机制和族产纠纷的处理机制。这些过程和机制,折射了国家制度与宗族制度的互动过程,也透射了清代中后期基层社会管理机制存在的问题,这对研究清代基层社会具较高的史料价值。

概而言之,依赖于陈氏大宗祠的建立,陈氏建立了以公银为中心的运作体系,利用公银的运作来解决宗族问题和宗族外部矛盾,并进行监督和约束。同时,利用合同契约的法律效力来保持族产的合法性。在应对族产纠纷时,尽管陈氏宗族付出了不小的代价,却保证了族产完整和安全。随着宗族的发展,集约式的宗族财产控制权也逐渐过渡到由房派主导,公银款发生了细化演变。这一变化,也说明清代后期,榕江流域的宗族发展形态逐渐进入到新的阶段。不过,受宗族规模和时间段的影响,《德里陈氏族簿》所透露的经济史信息还不能完全折射清代中后期潮汕宗族族产的演变过程,比如租金价格如何厘定、中间人如何斡旋纠纷、族产后期的变化等问题,还需要更多史料予以补充论证。

作者简介:欧俊勇,闽南师范大学 2018 级博士研究生,揭阳职业技术学院三山国王文化研究所副教授;李晓龙,中山大学历史学系(珠海)副教授。

---

① 《德里陈氏族谱》,清抄本,第 68 页。
② 《帝君庙题银碑记》,道光年间(具体不详),碑现存揭阳市德桥村德关帝庙。

晚清时期的宗法调适和宗族转型
——以冯桂芬为例的考察

朱新屋

【摘　要】 在晚清"数千年未有之大变局"中，中国传统宗族也相应发生转型，以冯桂芬、郑观应等为代表的"口岸知识分子"因既受到良好的传统教育，又活动在通商口岸城市，对西方文化有较为深入接触，对既有宗法观念进行重新理解和诠释，成为宗族转型的先导。面对晚清社会的动乱，特别是太平天国运动对社会秩序的冲击，冯桂芬在理论上通过返观三代，极力主张恢复宗法，提出"以保甲为经，以宗法为纬"的变法主张。与此同时，冯桂芬还积极参与敬宗收族实践，认为义庄"创自晚近不必为三代之法而转足以维三代之法""颇得宗法遗意"，故而继承范仲淹的做法，倡导以义庄重构宗族。尽管冯桂芬的宗族实践"未竟厥志而殁"，但也为晚清宗族的现代转型提供了重要窗口。

【关键词】 冯桂芬；口岸知识分子；宗族；宗法

综观中国宗族发展史，宗族的发展受时代之影响甚大，秦汉是一变，唐宋是一变，晚清又是一变。① 秦朝之变，从宗法宗族向世家大族转变；唐宋之变，从世家大族向士庶宗族转变；晚清之变，则是从传统宗族向现代宗族转变。尽管经历了三次转变，但从宋代以降，始终贯穿着一条主线，即处在时代变局中的儒家知识分子总是习惯于返观三代，试图通过重新理解和诠释三代经文中的宗法理念，对宗族发展做出适当的时代调适。② 宋代以降迄于晚清时期的宗族形态已经有较多学者讨论，唯晚清时期的宗族研究受到的关注较少③，冯尔康《18世纪以来中国家族的现代转向》④ 几乎是唯一的系统研究成果。有学者据此指出："考察晚清社会宗族的实态，是深刻认识晚清社会的关键性问题之一。"⑤ 实际上，在晚清这个"数千年未有之大变局"的社会转型时期，宗族的社会角色反而越发凸显。冯尔康即指出：近现

---

① 徐扬杰：《宋明家族制度史论》，北京：中华书局1995年，第2—12页。
② 陈其南：《传统中国的国家形态、家族意理与民间社会》，台北"中研院"近代史研究所编《认同与国家：近代中西历史的比较》，1994年，第185—200页。
③ 常建华：《二十世纪的中国宗族研究》，《历史研究》1999年第5期；常建华：《近十年晚清民国以来宗族研究综述》，《安徽史学》2009年第3期。
④ 冯尔康：《18世纪以来中国家族的现代转向》，上海：上海人民出版社，2014年。
⑤ 徐永志：《略论晚清的宗族》，《历史教学》1999年第11期。

代家族的政治功能极大地衰退,其社会功能则充分显示出来。①由此可见,宗族不仅是晚清社会史研究的题中之义,而且也应成为晚清思想史研究的重要课题。本文拟把"口岸知识分子"视为马克斯·韦伯(Max Weber)所说的"理想类型"(ideal type),尝试以早期维新派思想家冯桂芬为例,对晚清时期的宗法调适和宗族转型略做考察。

一、作为理想类型的"口岸知识分子"

在考察晚清儒家知识分子和宗族有关问题时,冯桂芬(1809—1874)几乎是无法绕过的研究对象。不仅因为冯桂芬是那个时代的维新思想家,其"言"和"行"代表了那个时代大多知识分子的人生路径和思想取向,更重要的,冯桂芬是美国学者柯文(Paul A. Cohen)提出的典型的"口岸知识分子"(intellectuals in treaty port cities),即一方面受到良好的传统教育,另一方面主要活动在开放的通商口岸,对西方文化有较为深入接触。②时至今日,"口岸知识分子"在中国近代史研究领域,已经成为一种具有方法论和工具性意义的分析概念。③正是从这个角度来讲,"口岸知识分子"应当视为马克斯·韦伯所说"理想类型"④来看待,对那个时代的儒家知识分子进行了相当准确的抽象和概括。毋庸置疑,对冯桂芬的分析也应采用这种研究方法。

出身苏州地域的冯桂芬(首先)作为传统的中国知识分子,于道光二十年(1840)参加科举考试高中榜眼,其后曾担任广西乡试正考官等职。咸丰三年(1853),太平天国定都南京(天京)期间,冯桂芬奉命回乡兴办团练,为清王朝收复了松江府诸城。咸丰十年(1860),在太平军占领苏州期间,冯桂芬也一再在上海协同江浙官绅一并攻打太平军,后来参加了李鸿章(1923—1901)幕府。⑤冯桂芬学识渊博,《清史稿·冯桂芬传》称冯桂芬"于书无所不窥,尤留意天文、地舆、兵刑、盐铁、河漕诸政"⑥,甚至连自视甚高的俞樾(1821—1907)也赞扬他"于学无所不通,而其意则在务为当世有用之学"⑦。而冯桂芬这种渊博的学问很显然并不仅局限在"中学"一面,正是在避居上海期间,冯桂芬全方位地接触到了西学⑧。自此以后,冯桂

---

① 转见常建华《近十年晚清民国以来宗族研究综述》,《安徽史学》2009 年第 3 期。
② [美]保罗·柯文,雷颐、罗检秋译:《在传统与现代性之间:王韬与晚清革命》,南京:江苏人民出版社,1998 年。
③ 主要研究参见王立群:《近代上海口岸知识分子的兴起——以墨海书馆的中国文人为例》,《清史研究》2003 年第 3 期;何晓明:《略论晚清"条约口岸知识分子"》,《郑州大学学报(哲学社会科学版)》2008 年第 1 期;王立群:《中国早期口岸知识分子形成的文化特征》,北京:北京大学出版社,2009 年;张瑞嵘:《晚清"条约口岸知识分子"的文化困境》,《湖北社会科学》2017 年第 10 期;申治稷:《19 世纪中叶中国口岸知识分子研究》,中共中央党校硕士学位论文,2017 年等。
④ [德]马克斯·韦伯:《学术与政治》,北京:生活·读书·新知三联书店,1998 年。
⑤ 冯桂芬传记资料可参见《清史稿·冯桂芬传》,卷 486,列传 273,北京:中华书局,1976 年;当代学者所做传记主要有李少君:《魏源与冯桂芬》,武汉:湖北教育出版社,2000 年;周菊坤:《冯桂芬传》,哈尔滨:哈尔滨出版社,2001 年;熊月之:《冯桂芬评传》,南京:南京大学出版社,2004 年等。
⑥ 《清史稿·冯桂芬传》,卷 486,列传第 273,引文见第 13438 页。
⑦ (清)冯桂芬:《显志堂稿》"俞序",《续修四库全书》集部第 1535 册,第 445 页。
⑧ 熊月之认为"到咸丰十年写《校邠庐抗议》时,冯桂芬已经有相当丰富的西学知识,形成了较为完整的对时代、世界和西学的看法"。参见熊月之:《冯桂芬评传》,第 124 页。

芬深刻认识到了晚清时代的巨大变化,认为"古今异时亦异势"①,并提出"法苟不善,虽古先吾斥之;法苟善,虽蛮貊吾师之"②的西学主张。熊月之认为冯桂芬既具有清醒的变局意识,赋予新意的列国观念和敢于坦承中国的落后,还鲜明地提出了向西方学习的主张。③正因如此,冯桂芬被认为是早期维新派代表人物之一。

冯桂芬的重要性毋庸置疑,然而或因其身上带着"早期维新派"的标签,学界对冯桂芬的研究主要集中在其维新思想的分析上,主题涉及教育、外交诸方面,对其宗族方面的探讨尚未见到。④事实上,《清史稿·冯桂芬传》就明确提到"桂芬性恬澹,服官仅十年,然家居遇事奋发,不避劳怨。凡浚河、建学、积谷诸举条议,皆出其手"⑤。江苏巡抚吴元炳(1884—1826)《崇祀录》更清楚地说,冯桂芬"生有至性,事父母孝,丁忧哀毁终身。遇讳日谢宾客,不御酒肉。有甥早孤,抚如子。尝辑族谱,经划宗祠、义庄,承先志也"⑥,那么作为维新思想家的冯桂芬对宗族事务饱含热情由此可见。更为重要的是,冯桂芬还对宗族建设提出了独到的设计。在《复宗法议》中,冯桂芬开篇就宣称"三代之法,井田、封建,一废不可复,后人颇有议复之者。窃以为复井田、封建,不如复宗法"⑦,在此基础上,冯桂芬最终提出"以保甲为经,以宗法为纬"⑧的变法主张,寄希望于国家保甲制度和民间宗族共同维护基层秩序。随后在《宗法论》和许多族谱序言、义庄、义田记中,冯桂芬更是对宗法做了非常充分的阐述。因此,恰恰是透过冯桂芬的案例,我们可以看到在晚清西方观念大量涌入的社会环境下,儒家精英是如何对待传统宗族的,即他们在多大程度上、以什么姿态对宗族做了时代调适。

二、返观三代与宗法调适

宗法即处理宗族内部的血统、嫡庶等伦理关系的一整套法则或规则,是宗族建立和发展的基础。但是,在长期的历史发展过程中,宗法并非是百代不移的,在宗族发展、地方实践,特别是时代转型时,宗法往往随之发生变化。冯桂芬宗族理念的最大特色就是宗法论述上。不仅在《复宗法议》和《宗法论》中直接倡导宗法建设,在应他族而写的许多族谱序言和义庄、义田记中,也无不与宗法挂钩,如《宗法论》《无锡吴氏族谱序》与《荣氏族谱序》《汪氏耕荫义庄记》《武进盛氏义庄记》《吴氏祭田记》等。那么,冯桂芬为什么要重提宗法?其宗法

---

① (清)冯桂芬:《校邠庐抗议》,上海:上海书店出版社,2002年,第2页。
② (清)冯桂芬:《校邠庐抗议》,第75页。
③ 熊月之:《冯桂芬评传》,第124—136页。
④ 主要研究除前述传记以外,代表性的研究尚有雷克啸:《冯桂芬教育思想述评》,《河南大学学报(哲学社会科学版)》1986年第3期;刘正伟:《论冯桂芬的教育思想》,《杭州大学学报》1998年第1期;李传斌《试论冯桂芬的外交思想》,《江南社会学院学报》2000年第3期;寇玉如:《冯桂芬(1809—1874)的经世思想及其社会实践》,台湾成功大学历史系硕士论文,2002年;等等。
⑤ 《清史稿·冯桂芬传》,卷486,列传第273,引文见第13438页。
⑥ (清)冯桂芬:《显志堂稿》,第460页。
⑦ (清)冯桂芬:《校邠庐抗议》,第83页。
⑧ (清)冯桂芬:《校邠庐抗议》,第74页。

理论与三代经文的记载和之前的经学者的论述有什么差异？经过重新阐释和解读的宗法伦理又是如何被运用到宗族建设中的？回答这些问题，不失为一种了解晚清宗族形态，特别是晚清知识分子与宗族相关议题的有效手段。

熊月之认为，冯桂芬之所以重视宗法，是因为"冯桂芬是看出了中国基层社会组织不发达，治安混乱的问题"①。在传统中国最低行政单元只到达县一级别的行政体制中，县以下基层社会的管理成为历代统治者不能不关心的问题。而在晚清冯桂芬生活的时期，西方列强入侵造成基层社会的巨大震荡，特别是在太平天国起义以后，受到战争波及的地区无不陷入社会混乱的漩涡之中。冯桂芬所在的苏州地区更是如此。太平天国占领苏州以后，苏州一直"是太平天国整个东南战场的指挥中心，又是太平军南下浙江、东进上海的基地，并以其强大的财力、物力，支持了太平天国后期的革命斗争。皖北沦丧后，苏州更成为天京赖以依托的后方和物资供应基地"②。寄云山人《江南铁泪图》则记载整个江苏的情况，"被难情形较他省尤甚，凡不忍见不忍闻之事，怵心刿目，罄竹难书，所谓铁人见之，亦当堕泪也"③。因此，社会的稳定和秩序重建成为苏州地域的紧急问题。

在冯桂芬看来，传统宗法制度正是解决这一问题的极好办法：

> 宗法者，佐国家养民、教民之原本也。天下之乱民，非生而为乱民也，不养不教有以致之。牧令有养教之责。所谓养，不能解衣推食；所谓教，不能家到户至。尊而不亲，广而不切，父兄亲矣、切矣，或无父兄，或父兄不才，民于是乎失所依。惟立为宗子以养之、教之，则牧令所不能治者，宗子能治之，牧令远而宗子近也；父兄不能教者，宗子能教之，父兄多从宽而宗子可从严也，宗法实能弥乎牧令、父兄之隙者也。④

在他看来，宗法"简直是医治封建制度的膏肓之疾的灵丹妙药"⑤，宗法制度的恢复与重构可以对以下四个方面起到积极的作用：盗贼、邪教、械斗、保甲与社仓以及团练。⑥综观冯桂芬《校邠庐抗议》一书，我们似乎可以看到，尽管作者没有将《复宗法议》一文置于篇首，但《复宗法议》可以看作是整本论著的纲领性文章。在《收贫民议》《稽户口议》等文章中，都可以看到他对宗法的补充或兼带论述。⑦由此也就不难理解其"以保甲为经，以宗法为纬"的主张了。

不过恢复宗法的首要意义并非针对国家，而是直接针对家族。换而言之，冯桂芬将宗法作为基层社会秩序重建的一个重要手段，是他重视宗法伦理的一个次要方面，因为尽管宗法伦理和宗族建设的最终目的还是为社会秩序重建，亦即国家建设问题，但是宗法伦理对

---

① 熊月之：《冯桂芬评传》，第252页。
② 茅家琦主编：《太平天国通史》下册，长沙：湖南大学出版社，1991年，第315页。
③ 寄云山人：《江南铁泪图》，台北：学生书局，1969年，第3页。
④ （清）冯桂芬：《校邠庐抗议》，上海：上海书店出版社，2002年，第83页。
⑤ 徐扬杰：《宋明家族制度史论》，第510页。
⑥ （清）冯桂芬：《校邠庐抗议》，第84页。
⑦ （清）冯桂芬：《校邠庐抗议》，第75—76，80页。

家族建设无疑具有首要意义。①因为宗法问题首先关涉到的是血缘宗族的内部建设问题。何谓宗法？清人程瑶田(1725—1814)在《宗法小记》中说:"宗法载《大传》及《丧服小记》,列其节目,明其指归。有大宗、小宗之名,有迁与不迁之别,又为之通宗道之穷,究立宗之始,此所谓宗法也。"②徐扬杰的理解是"(宗法是)人们在长期的实践过程中总结出来的一套反映和维护宗族制度即宗法式家族制度的规范、办法"③。由此可见,大宗和小宗的关系问题,实际上构成宗法制度的核心或灵魂。徐扬杰所说的"规范""办法",主要就是指怎样用大宗小宗组织宗族的办法。宗法创制自三代,但随着中国宗族发展经历了三次大变化,宗法内容也经过历代学者的皴染。秦汉以降迄于唐,在世家大族制宗族时代,宗法较少被学者提起。唐宋变革以后,特别是自南宋以降,宗法开始受到儒家精英的普遍关注,大体上经历了三个时期:宋明时期、乾嘉时期、晚清时期。乾嘉时代的经学家(比如万斯大、程瑶田等),主要是从文本角度出发,为考据而考据,并不太关注复兴宗法的现实意义。至乾嘉以降的晚清时期,儒家学者的关注焦点才开始脱离乾嘉考据学派的藩篱,重新走到宋代理学家的道路上,对宗法做出时代调适,为经世致用的目的服务。④冯桂芬的宗法理论,也应置于这一思想脉络中考察。

关于大宗小宗的关系问题,现有的研究指出:西周实行的宗法制度其实是大宗法制⑤,表现为分封制和宗法制相结合,大宗给小宗土地、人民及管理权。秦汉以后,宗法失去经济基础,君统和宗统合一的局面不再存在。为此冯尔康将秦汉以降的社会称为"变异型宗法社会",认为"中国上古宗法社会的制度及其观念,在秦汉以降的社会既有保留,又有变化,令宗族不再是上古的典型宗族,社会不再是典型宗法社会"⑥。这种宗法变异至宋代,特别是明中叶以后,表现尤为明显,就是所谓的宗族"下移"的过程,民间庶民开始建祠堂、行祭礼,宋代开始的宗族转变开始走向实质。⑦郑振满将这个过程称为"宗法伦理的庶民化"⑧。自此以后,原来的大宗法制如何适用于已经庶民化的家族制度就成为摆在儒家精英面前的问题。返观三代并根据时代需要做出适当的调适,几乎成为历代儒家精英的普遍做法。冯尔康就指出:"清朝人们面对已经有三千年历史的宗法观念和宋明的祭礼规制及习俗,思考他们的祀礼和家族建设。他们既要不违背三代的经典和宋明礼学家对宗法理论的诠释,又要照顾到现时代的俗礼。"⑨这种观察相当准确,而在冯桂芬身上表现尤为典型。

实际上恰恰是在宋明以降,在宗族下移到民间以后,大宗、小宗的对立愈发明显,如何

---

① 刘广明研究先秦宗法制时指出,"自然的血缘关系仍然是宗法伦理的出发点",也从一个侧面可以看出宗法首先是基于血缘宗族建设的需要。参见刘广明《宗法中国》,上海:三联书店,1993年,第169页。
② 参见(清)程瑶田《宗法小记》,《续修四库全书》经部第108册,第632页。
③ 徐扬杰《宋明家族制度史论》,第3页。
④ 徐扬杰《宋明家族制度史论》,第460—511页。
⑤ 冯尔康《顾真斋文丛》,北京:中华书局2003年,第317页。
⑥ 冯尔康《秦汉以降古代中国"变异型宗法社会"试说——以两汉、两宋宗族建设为例》,《天津社会科学》2008年第1期。
⑦ 冯尔康《顾真斋文丛》,第269页。
⑧ 郑振满《明清福建家族组织与社会变迁》,北京:中国人民大学出版社,2009年。
⑨ 冯尔康《顾真斋文丛》,第317页。

协调二者的矛盾是学者关注的普遍问题。万斯大(1633—1683)、程瑶田等基本认为,只有士、大夫有宗法,庶人没有宗法①,而原有宗法制度既然是以兄统弟的大宗法制②,则很显然在时代转型时期,原有宗法制度不能照搬过来作为现成的思想资源。正是有感于这种变化,冯桂芬提出了和万斯大、程瑶田等很不相同的看法。在《宗法论》中,冯桂芬指出:"唯士庶立宗法与否,经无明文。近人纪氏大奎释经文,以为亦当有同姓大同之始祖说,自可从《诗·大雅》'君之宗之',君与宗并言,可见人莫不有君,亦莫不有宗,亦是一证。"在此基础上,冯桂芬进而提出"人人有宗,即人人有大小宗,自尊祖敬宗,驯至庶民"③。因此,冯桂芬接着直接反驳了万斯大,指出:"脱如万说。为大夫者少,为士者多。小宗之子孙,其相系属者亦不过如后世有服之亲耳。百余年后,各宗其宗,国之人大半有四宗,无五宗,渐且涣散渐且途人。"④这样一来,冯桂芬对宗法理论做出了自己的时代调适,强调无论是大夫、士还是庶民都有宗法,都应该遵守宗法伦理,而目的很明确,就是为了敬宗收族,防止族人的涣散。

三、义庄重构与宗族转型

冯桂芬不仅是一位思想家,还是一位积极的实践者。宗法理论的重新阐释,为冯桂芬的宗族实践奠定了基础。在宗族建设方面,冯桂芬最典型的特征,是积极主张建立义庄。在冯桂芬看来,一方面,因为义庄是一件"创自晚近不必为三代之法而转足以维三代之法"的大事⑤;另一方面,因为义庄"颇得宗法遗意",所以可以"因势利导,为推广义庄之令"⑥。他甚至十分理想地认为,"一族有义庄即一族无穷民,千百族有义庄即千百族无穷民,奸淫邪恶自而作,三代郅治不外此"⑦。所以在冯桂芬看来,义庄建设首先正是恢复宗法的最佳举措。

只要简单考察义庄发展史就可以看出,义庄在刚出现时并不具有宗法色彩,《范氏义庄规矩》并没有提到宗法事宜。⑧邢铁指出,义庄主要是"由一些科举入仕的士大夫用其秩禄买田置办","多以租佃方式出租",而且"义田收入主要用作赈济族人生活"。⑨或因这种封建租佃制,学者认为像范式义庄组织"与其包括在族田范畴之中,不如归入荒政系统更为确切一些"⑩。这就不难理解,为什么尽管义庄最早出现在苏州,但是清代以前苏州的义庄系统并不发达,呈现出跟发达的宗族系统并不匹配的历史现象。⑪冯桂芬之所以将义庄与宗法相结

---

① (清)万斯大《宗法论》;(清)程瑶田《宗法小记》,《续修四库全书》经部第 108 册。
② 冯尔康:《顾真斋文丛》,第 280 页。
③ (清)冯桂芬:《显志堂稿》,第 468 页。
④ (清)冯桂芬:《显志堂稿》,第 468 页。
⑤ (清)冯桂芬:《显志堂稿》,第 541 页。
⑥ (清)冯桂芬:《校邠庐抗议》,第 83 页。
⑦ (清)冯桂芬:《显志堂稿》,第 542 页。
⑧ 李勇先、王蓉贵点校:《范仲淹全集》,成都:四川大学出版社,2002 年,第 797—198 页。
⑨ 邢铁:《宋代的义庄》,《历史教学》1987 年第 5 期。
⑩ 邢铁:《宋代的义庄》,《历史教学》1987 年第 5 期。
⑪ 范金民:《清代苏州宗族义庄的发展》,《中国史研究》1995 年第 3 期。

合,应是基于更为深刻的时代认识。把义庄和宗法结合起来论述,目前所见较早的是清初常熟学者陈祖范(1676—1754)。他在《陶氏义庄记》中称:"宗法行,司其任于大小宗子;宗法废,而抡推族长。族长非若宗子之前定不移也,故不足以收族。虽高门华胄有未□五服已途人,而秦越相视者矣。"①由此可以看出,义庄只有与宗法结合,才能真正为宗族建设、实现敬宗收族的目的服务。

当时的时代局势,一方面苏州地域乃至整个江南的宗族发展早已呈现式微势头②;另一方面苏州地域受到太平天国的巨大冲击,宗族受到很大破坏,社会极为混乱。③冯桂芬等地方士绅面对时代局势,不能不做出自己的应对。而且以义庄重构宗族,在苏州有悠久的历史传统。如前所述,义庄最早出现在宋代,创立义庄的正是冯桂芬的苏州老乡范仲淹(1049—1054)。范氏义庄开创了建立义庄的先例,加上范仲淹在苏州地域的崇高形象,后来不少江南世家大族都效仿范仲淹的做法。范金民的研究显示,宋代苏州共设置了4个义庄,明代设置了8个义庄。④虽然数量并不算多,但是相较江南其他地区,范氏义庄的影响力已相当显著。苏州义庄"真正获得发展,则是在清代",特别是在鸦片战争以降的晚清时期(1840—1911),苏州的义庄数量呈几何级数增长,共设立了128个之多。⑤以冯桂芬活跃的咸同时期为例,苏州地区设立义庄是非常普遍的现象。

表1 《苏州府志》所见晚清苏州义庄概况⑥

县名	义庄名称	所属家族	创建时间	创建人	义庄简况 族产类型	义庄简况 族产数量(亩)
吴县	范文正公义庄	范氏	宋皇祐年间(1049—1053)	范仲淹	义田	5300
			同治五年(1866,重建)	范学炳		
	申文定公义庄	申氏	明万历年间(1573—1619)	申时行	义田	1394.9
			同治年间(1862—1574)	申睿	祭田	383.046
	萧江义庄	江氏	乾隆五十四年(1789)	江淞	祭田	660
	吴氏义庄	吴氏	嘉庆十六年(1811)	吴振燦	义田	939
			咸丰十年(1860,重建)	吴邦勷	祭田	92
	资敬义庄	程氏	道光二十五年(1845)	程桢	义田	2400
			同治十年(1871,重建)			
	耕荫义庄	汪氏	道光二十九年(1849)	汪为仁	义田	1000
	翁氏义庄	翁氏	乾隆二十七年(1762)	翁大业	义田	520

---

① 陈祖范:《司业文集》,《四库全书存目丛书》集部第274册,第2卷,第160页。亦可参见冯桂芬等纂修《苏州府志》第24卷,公署四,台北:成文出版社影印,1970年,第589页。
② 冯尔康:《顾真斋文丛》,第295—296页。
③ 章开沅、马敏、朱英主编:《中国近代史上的官绅商学》,武汉:湖北人民出版社2000年,第455—469页。
④ 范金民《清代苏州宗族义庄的发展》,《中国史研究》1995年第3期。
⑤ 范金民《清代苏州宗族义庄的发展》,《中国史研究》1995年第3期。
⑥ 资料来源:李铭皖等修,冯桂芬等纂《苏州府志》卷24《公署四》,台北:成文出版社影印本,1973年,第586—594页。

续表

县名	义庄名称	所属家族	创建时间	创建人	族产类型	族产数量(亩)
长洲县	浔阳义庄	陶氏	雍正九年(1731)	陶□	义田	1150
	汪氏义庄	汪氏	道光一年(1827)	汪氏钟	义田	1068.802
	陈氏义庄	陈氏	道光三十年(1850)	陈骏	义田	1053
					祭田	145
	翁氏义庄	翁氏	同治十年(1871)	翁荣义	义田	502
	王氏义庄	王氏	同治十一年(1872)	王师晋 王伟□	义田	1450
	袁氏义庄	袁氏	乾隆五年(1740)	蒋氏	义田	700
	唐氏义庄	唐氏	乾隆二十四年(1759)	唐文栋	义田	600
	周氏义庄	周氏	乾隆四十四年(1779)	周淳 周怀仁	义田	2200
	朱氏义庄	朱氏	同治九年(1870)	朱恩熙	义田	524
	张氏义庄	张氏	同治十二年(1873)	张荫楷	义田	1001.8
	沈氏义庄	沈氏	同治十二年(1873)	沈凤威	义田	1002
	周氏义庄	周氏	同治十三年(1874)	周元怀	义田	532.307
元和县	潘氏义庄	潘氏	嘉庆九年(1804)	潘文起	义田	1243.824
	张氏义庄	张氏	道光五年(1825)	张□祖	义田	1001.474
	徐氏义庄	徐氏	道光十年(1830)	徐长庆	义田	980
	松鳞义庄	潘氏	道光十五年(1835)	潘遵祁	义田	2003.750
					祭田	16.387
					读书田	396.389
	王氏义庄	王氏	道光年间(1825—1850)	王有庆	义田	1092.99
	丁氏义庄	丁氏	道光十九年(1839)	丁锦涛	义田	若干
				丁士良	读书田	301.58
	诵芬义庄	汪氏	道光二十二年(1842)	汪景纯 汪廷枬	义田	1008.553
	蒋氏义庄	蒋氏		蒋兆烈	义田	1029.845
	余庆义庄	陆氏	同治十三年(1874)	陆道晋	义田	1003.43
	王氏义庄	王氏	同治十一年(1872)	王朝庆	邑田	604
	严氏义庄	严氏		陆氏	义田	538
	沈氏义庄	沈氏	同治十二年(1873)	沈国琛	邑田	754
	殷氏义庄	殷氏	同治十二年(1873)	殷柄初	邑田	558
	朱氏义庄	朱氏	道光十年(1830)	朱大松	义田	1000
	许氏义庄	许氏	道光九年(1829)	许春藻	义田	364.888
	张氏义庄	张氏	道光九年(1829)	张廷俊	地产	506

续表

县名	义庄名称	所属家族	创建时间	创建人	义庄简况 族产类型	义庄简况 族产数量(亩)
新阳县	徐氏义庄	徐氏	道光十年(1830)	徐文奎	义田	500
新阳县	顾氏义庄	顾氏	乾隆年间(1736—1796)	顾登建	义田	500
常熟县	杨氏义庄	杨氏	乾隆五十七年(1792)	杨继祖	义田	1200
常熟县	屈氏义庄	屈氏	嘉庆十六年(1811)	屈成霖	义田	1000
常熟县	赵氏义庄	赵氏	道光三年(1823)	赵同汇	义田	1000
常熟县	俞氏义庄	俞氏	道光十四年(1834)	俞挺芳	义田	1403.472
常熟县	庞氏义庄	庞氏	道光二十一年(1841)	庞德辉	义田	509.653
常熟县	庞氏义庄	庞氏	道光二十五年(1845)	庞榕	义田	728.747
昭文县	蔡氏义庄	蔡氏	咸丰六年(1856)	蔡景春	义田	512.478
昭文县	瞿氏义庄	瞿氏	咸丰十一年(1861)	瞿绍基	义田	500
吴江县	周氏义庄	周氏	道光年间(1821—1850)	周光纬 周芝沅	义田	1285.95

苏州义庄不仅富有传统,且在道咸同时期设立的义庄占绝大多数,占到近70%。其时苏州府下辖吴县、长洲、元和、昆山、新阳、常熟、昭文、吴江、震泽等9个县,《吴县县志》等诸县志中的义庄记载亦与此类似。①所以从数字上看,苏州义庄在晚清时期已经相当发达,但考虑到整个苏州地域,再加上当时太平天国起义造成的社会动荡,义庄对于当时来说很显然并不够。冯桂芬就表示:"今浙江等省颇有善堂、义学、义庄之设,而未遍制,亦未尽善,他省或并无之。"②甚至对当时士林有所不满,认为"近士大夫身都贵富,具钟鼎之食,而庙貌不设,祭田不备者有之"③。在这种情况下,冯桂芬提出了义庄建设的具体设想:

> 有一姓立一庄,为荐飨、合食、治事之地。庄制分立养老室、恤□室、育婴室,凡族之寡孤独入焉;读书室,无力从师者入焉;养疴室,笃疾者入焉;又立严教室,不肖子弟入焉。立一宗子,复古礼,宗子死,族人为之服齐衰三月,其母其死亦然,以重其事。名之曰族正,副之以族约。先进士,次举贡生监。贵同则长长,长同则序齿,无贵者,或长长,或贤贤。族约以贤贤为主,皆由合族公举。如今义庄奉法无力建庄者,假庙寺为之,嫁娶丧葬以告,入塾习业以告,应试以告,游学经商以告,分居徙居、置产斥产以告,有孝悌节烈或败行以告,一切有事于官府以告,无力者岁事资之,一庄以千人为限,逾千人者分一支庄,增一族约。单门若稀姓、若流寓,有力者亦许立庄,无力者择所附。……立庄之后,敦劝集资,令经费充赡,另议永停捐例,惟存民爵,正可为奖励立庄之用。④

---

① 《吴县县志》卷31,台北:成文出版社影印,1970年,第478—485页;(清)汪堃等:《昆新两县续修合志》卷10,台北:成文出版社影印,1970年,第186页。其中吴县、长洲、元和(合见《吴县县志》)三县晚清所建义庄比例为74%,昆山、新阳(合见《昆新两县续修合志》)两县晚清所建义庄比例为80%。
② (清)冯桂芬:《校邠庐抗议》,第73页。
③ (清)冯桂芬:《显志堂稿》,第543页。
④ (清)冯桂芬:《校邠庐抗议》,第84页。

从引文中可以看出,冯桂芬设想的义庄并非仅仅为宗族建设的物质基础,还具有教育、福利等性质。唐力行和徐茂明认为,从苏州宗族义庄的规条来看,其宗旨不出"养"与"教"。①冯桂芬的义庄设想当然不离这两端,希望通过重构义庄达到"鳏寡孤独废疾有养,嫁娶凶丧有助"的目的。②显而易见,冯桂芬是将义庄作为宗法的载体,并试图推行到全国,所谓"义庄日有食、岁有衣、嫁娶凶丧有赡,非所谓不足资之乎?文正倡之忠,宣清宪少参忠贞累世处益之,非所谓有余归之乎?诚能推而行之,自一人一家而郡县而直省"③。所以冯桂芬倡导义庄建设的最终目的,还是落脚到社会和国家秩序的重建上。

遗憾的是,冯桂芬设立义庄的具体情形已不可考。其幕主李鸿章(1823—1901)称其"晚岁于宗祠义庄渐次经划,规模粗就,未竟厥志而殁"④。尽管如此,冯桂芬借义庄重建宗族、恢复宗法的建议还是得到了江南乃至全国许多士绅和政府的支持。冯尔康认为,宗法具有稳定社会秩序的作用,因而能够得到政府与族权之间良好的互动协调,"政权自上而下地支持族权,宗祠又自下而上地维护政权"⑤。虽然后来的历史也证明,宗族无法摆脱在近代以后衰落乃至崩溃的命运,但在晚清时期,通过冯桂芬等儒家精英的倡导,宗族建设毕竟取得了一定成效,为稳定地方秩序提供了一定支持。

四、结 论

晚清时期的宗族转型,诚如论者所言:"就地域范围而言,它是先沿海而后内地,先城镇而后农村;就社会阶层而言,先是知识阶层而后其他;就具体变迁的内容而言,则是先家庭意识与观念,而后上一家庭规模、家庭关系、家庭功能的变动。"⑥冯桂芬的宗法调适和宗族重构正是这种特点的体现。作为"口岸知识分子",冯桂芬的思想进路是"由复古之路而继新"⑦,由此可见宗法调适和宗族重构并不外在于冯桂芬的"以中国之伦常名教为原本,辅以诸国富强之本"⑧的总体主张。冯桂芬的基本逻辑是:时代变化导致宗族形态发生变化,宗族的建设需要通过宗法来加强,而义庄又是宗法的最好载体,于是通过义庄建设宗族就成为必由路径。只不过在重构宗族之前,需要重新阐释宗法,使宗法符合时代和宗族的实际需要。放宽视野来看,晚清时期重视宗法伦理与宗族建设的知识分子远不止冯桂芬一个。同为早期维新思想家的陈炽(1855—1900)、郑观应(1842—1922)与后来被视为激进思想家的谭

---

① 唐力行、徐茂明:《明清以来徽州与苏州社会保障的比较研究》,载王卫平主编《明清时期江南社会史研究》,北京:群言出版社,2006年,第249—272页。
② (清)冯桂芬:《显志堂稿》,第541页。
③ (清)冯桂芬:《显志堂稿》,第542页。
④ (清)冯桂芬:《显志堂稿》,第458页。
⑤ 冯尔康:《顾真斋文丛》,北京:中华书局2003年,第300页。
⑥ 徐永志:《略论晚清家庭的变动》,《历史教学》1998年第1期。
⑦ 王树槐:《江苏民性与近代政治革新运动》,《"中研院"近代史研究所集刊》第7期,1978年,第51—94页,引言见第64页。
⑧ (清)冯桂芬:《校邠庐抗议》,第57页。

嗣同(1865—1898)就是典型的例子。[①]因此,对冯桂芬的个案考察并不是要强调其特殊性,而恰恰是要放回到晚清时代的普遍脉络中来,以期更好地理解传统中国的现代转型。

作者简介:朱新屋,福建师范大学马克思主义学院副教授、硕士生导师。

[①] 参见(清)陈炽著,赵树贵、曾丽雅编《陈炽集》,北京:中华书局,1997年;谭嗣同曾编纂《浏阳谭氏族谱》,现藏湖南浏阳档案馆,惜未得见,其《〈浏阳谭氏谱〉叙例》收入蔡尚思、方行编《谭嗣同全集》,北京:中华书局,1981年。尽管郑观应没有直接的有关家族的文献记载,但他曾经表达过"兄昔年欲仿范文正公设义庄……不料所谋未遂,事与愿违"的话,表明其对家族义庄也绝非不关注,参见(清)郑观应著,夏东元编《郑观应集》,上海:上海人民出版社,1988年,第1182页。

土汉交融:容美土司的祖先建构及其被接受*

朱 华

【摘 要】容美田氏在建构汉人祖先世系时,多次主动跨越土汉疆界,借鉴巴东等汉地田氏的族谱、传说,反映出容美田氏对汉人的族群认同。同时,巴东等汉地田氏也接受了容美田氏的祖先建构,并将之融入本宗族的祖先世系中,实际上就是对容美田氏汉人族群认同的接受。但巴东等地田氏很可能并非汉人族群,他们接受自称汉人移民后裔的容美田氏为同宗,客观上有利于强化他们自身的汉人族群身份。两个非汉人族群在对对方汉人身份的认可中,彼此成就了对自身的汉人身份的塑造。土汉融合不仅在汉土疆界两边得以实现,也在更广阔的汉地范围内得以深化。

【关键词】容美田氏;祖先建构;族群认同;土汉交融

明清时期,武陵山区少数民族宗族存在着较多建构汉族祖先的情况,学者们基于不同的个案进行了一定的探索,如黎小龙认为渝黔交界地冉、田、白、张等姓氏的土家族族谱中冒籍华夏是"西南少数民族汉化进程中的文化现象"①,龙泽江等认为贵州清水江下游苗侗家谱中英雄祖先戍边"征苗""抚苗"的故事是"边缘社会土著族群建构正统文化身份的普遍策略"②。诸如此类的研究对王明珂"英雄祖先"的研究范式多有参照,从结论上大都与赵世瑜先生对其他地区祖先移民传说的研究回顾相呼应,即移民传说反映地域认同乃至国家认同。③至于本文所关注的容美土司田氏家族,相关研究也存在类似的观点,如葛政委即特别强调容美田氏建构汉人祖先在国家认同方面的意义④,这也是笔者所见仅有的对容美祖先建构的探讨。此外,葛政委的讨论主要基于1944年编纂的《容阳田氏族谱》(下文简称《容阳谱》),对其他相关文献,特别是对邻近容美的巴东、建始、长阳等地田氏族谱有所忽略,相关讨论还有继续挖掘的空间。

同时,笔者长期关注中古史,相关阅读经验对审视容美田氏有关祖先建构的相关文献也有着一定的启发意义。在中古史研究中,祖先建构大都以少数民族建构华夏祖先、士族祖先谱系建构、伪冒或制作郡望等议题出现,如何德章、仇鹿鸣、范兆飞、尹波涛、吴曼玉、吴洪

---

* 本文系国家社科基金青年项目"文化互动视野下的少数民族谥法研究"(18CMZ007)阶段性成果。
① 黎小龙:《土家族族谱与土家大姓土著渊源》,《西南师范大学学报》2000年第6期。
② 龙泽江、李斌、吴才茂:《"王化"背景下的族谱编撰与身份建构——贵州清水江下游清代苗侗家谱研究》,《原生态民族文化学刊》2012年第1期。
③ 赵世瑜:《从移民传说到地域认同:明清国家的形成》,《华东师范大学学报》2015年第5期。
④ 葛政委:《祖先再造与国家认同——容美土司〈田氏族谱〉和〈寨氏族谱〉的人类学解读》,《三峡论坛》2013年第6期;《多维视野下的容美土司国家认同内涵研究》,《中南民族大学学报》2017年第5期。

琳等均曾有所涉及。①其中，尹波涛对特定家族祖先世系构建过程的梳理和仇鹿鸣等对伪冒、制造郡望需被认可才有现实意义的讨论，启发了作者对容美田氏祖先世系建构过程和是否被认可的思考，也有助于我们进一步了解武陵山区不同族群的互动、认同等相关问题。

本文拟从容美田氏祖先建构的过程及素材来源、周边地域田氏对容美田氏建构祖先的态度入手，对明清时期当地族群互动的情况略做探究。

一、相关背景介绍

本文将论述到容美土司及周边的巴东、建始、长阳等地的多个田氏家族。在改土之前的清廷官方语境中，以上不同的田氏家族属于不同的族群，按照雍正三年（1725）所立《汉土疆界碑》的划分方法，疆界两边分别是汉、土两个族群，清廷直接管辖的巴东诸县田氏家族属汉人，容美田氏则为土人。传统记载中，"土"有时候替换为"蛮"，如"蛮不出境，汉不入峒"。我们就借用此一划分方式，对下文将要提到的诸田氏家族稍做分类，并对各家族的具体情况略做介绍。

（一）容美田氏

1. 族群属性

容美田氏系明清时期容美土司的当政者，按照汉—土族群划分，当为"土人"无疑，但诸多文献中却多载其为汉人后裔。

容美田氏的土人身份，一方面是根据《汉土疆界碑》的疆域划分而确定，一方面从史籍中也可有所追溯。有关容美田氏的最早记载，是见诸《元史》元武宗至大（1308—1311）、泰定（1324—1327）年间的两位容米洞（即容美）叛乱蛮酋，即田墨施什用（又作田墨）和田先什用②，田墨施什用在元代《曹安德墓碑》中又作"麦色什"③，此二人基本被学界公认为容美田氏的直系祖先。由此观之，容美田氏是长期生活在当地的少数民族后裔。

不过，容美田氏在诸多文献中均呈现为汉人后裔，而非土人。如道光《鹤峰州志》《清史

---

① 何德章对代北民族诸姓伪冒中原名人祖先的汉化讨论，与吴曼玉、吴洪琳关于代北窦姓建构华夏祖先的探讨。见何德章：《伪托望族与冒袭先祖：以北人墓志为中心——读北朝碑志札记之二》，载《魏晋南北朝隋唐史资料》（第17辑），武汉：武汉大学出版社，2000年，第135—141页；吴曼玉、吴洪琳：《中古时期代北窦氏的祖先谱系建构与郡望伪冒》，载周伟洲《西北民族论丛》（第17辑），北京：社会科学文献出版社，2018年。尹波涛、范兆飞分别对杨播家族和太原的王、郭两姓的祖先世系建构进行了讨论。见尹波涛：《北魏时期杨播家族建构祖先谱系过程初探——以墓志为中心》，《中国史研究》2013年第4期；范兆飞：《中古郡望的成立于崩溃——以太原王氏的谱系塑造为中心》，《厦门大学学报》2013年第5期；《中古士族谱系的虚实——以太原郭氏的祖先建构为例》，《中国史研究》2017年第4期。仇鹿鸣讨论了渤海高氏伪冒郡望和南阳张氏制造郡望的情况。参见仇鹿鸣：《攀附先世与伪冒士籍——以渤海高氏为中心的研究》，《历史研究》2008年第2期；《制作郡望：中古南阳张氏的形成》，《历史研究》2016年第3期。以上研究分别讨论了少数民族汉化或族群认同、出土文献的意义、士族的形成与衰亡、士族的流动等具体内容，但具体讨论都是建立在对具体个案祖先建构的史实梳理基础上的。

② （明）宋濂等：《元史》卷23《武宗本纪二》，北京：中华书局，1976年，第530页；卷29《泰定本纪一》，第625页；卷30《泰定帝本纪二》，第669页。

③ 张维：《陇右金石录》卷5《曹安德墓碑》，南京：江苏古籍出版社，1998年影印本，第633页。

稿》均载容美土司的祖先为唐代施溱溶万招讨把截使、仍知四州事的田行皋,系唐元和年间随高崇文平定刘辟叛乱而任官当地,并非本地人。①又如《容美纪游》,主要记载了无锡文人顾彩于康熙四十二年(1703)受容美土司田舜年之邀游历容美的见闻,书中写道:"土司若忠峒、忠孝等宣抚司多田姓,故田亦巨族,然皆土人,惟君先世系中朝流寓,不与诸田合族……忠峒田宣抚雨公,名昀,君(即田舜年)之女婿(原注:系土田,故同姓为婚)。"②明确将忠峒、忠孝两田氏土司归类为土人,而容美田氏则是与之不同的"中朝流寓",即汉人。

容美田氏与土田的通婚现象也值得玩味。除顾彩所载田昀外,容美田氏与忠峒田氏至少还有两次通婚:明末容美宣慰使田玄娶忠峒田氏之女,田玄次女嫁与忠峒宣抚使田桂芳。③传统汉文化强调同姓不婚,容美田氏有着极高的汉文化修养,却与同姓的忠峒田氏频繁通婚,这其中或许也有自别于"土田"的用意。

2. 族谱情况

容美于雍正十三年(1735)改土,容美旧地改设鹤峰州(今湖北恩施土家族苗族自治州鹤峰县)、长乐县(今湖北省宜昌市五峰土家族自治县),容美田氏嫡系大部被迁往外地安插,仅末代土司田明如(又作田旻如)之孙田金斗(谱中为第十六代)因年幼而遗留当地,后繁衍于五峰县彭家铺。

目前所见容美田氏族谱,只有1944年编纂的《容阳田氏族谱》抄本一种(下文简称《容阳谱》)。谱中仅记载了两个支系:一为上揭田金斗一系;一为第八代之田九龄(明代土司田世爵第六子)一系,繁衍于五峰县长乐坪。

就内容而言,谱中的序文均写于1944年。不过,谱中第三卷收录了编者张西园自称从田氏"远裔"处抄录的、由清初严首昇受田舜年之邀所撰容美历代土司的传记性作品《田氏世家》共计12篇,其中第一篇仅存题名,对容美土司的世系沿替有较为详细的记载。

(二)巴东、建始、长阳等地田氏

1. 族群身份

按照《汉土疆界碑》的划分方式,与容美土司毗邻的巴东、建始、长阳三县均为汉地,三县田氏当归为汉人。不过,虽然三县各田氏家族所追溯的始祖均为汉地移民,但他们的实际身份还有其他可能性。

就目前来看,三县均地处少数民族聚居区。巴东、建始二县隶属于湖北恩施土家族苗族自治州,长阳即今湖北宜昌市长阳土家族自治县,统属武陵山区东北片区的少数民族聚居区。笔者在搜集三县各田氏家族族谱的田野调查过程中,采访到的持谱人均为土家族。历史时期,这片区域便呈现为汉族与少数民族杂居的状态,以本文特别关注的巴东田氏居住的巴东县南部地区——即历史上所说的后四里为例,据嘉靖《归州志》载,"后四里杂夷叛服不常""夷夏相伴"④,明确指出当地是有少数民族族群的。

---

① 道光《鹤峰州志》卷1《沿革志》,《中国地方志集成·湖北府县志辑(45)》,南京:江苏古籍出版社,2001年,第352页;赵尔巽等:《清史稿》卷520《土司列传一》,北京:中华书局,1977年,第14212页。

② (清)顾彩撰,高润身注:《容美纪游注释》,天津:天津古籍出版社,1991年,第6、49页。

③ 五峰《容阳田氏族谱》卷3《世家九·容美宣慰使田玄世家》,1944年抄本。又见中共鹤峰县委统战部编:《容美土司史料汇编》,第96页。

④ 嘉靖《归州志》卷1《地理志·建革》,载《天一阁藏明代地方志选刊续编(62)》,上海:上海书店,第722、784页。

这里需要指出的是，土家族是1958年才被识别，直到20世纪80年代，在诸如巴东、建始、长阳、五峰等地县，还有原先登记为汉族转而改为土家族的情况。①在新中国成立前的较长一段时间内，这些后来才被识别为土家族的人群与汉族杂居一处，在各方面与邻近、混居的汉族并没有太大区别，大部分情况下都没有表现出与汉人的较大差异。

在接下来的讨论中，对于现在被识别为土家族的三县诸田氏家族，暂时按照《汉土疆界碑》中的划分方式，将其视为"汉人"族群。

2. 族谱情况

笔者搜集到三县田姓家族族谱共7种，分别介绍如下。

（1）巴东、建始以唐元和年间田圮为始祖的族谱二种及合谱一种。（注：为方便下文论述，本文以"巴东田氏"代指全部以田圮为始祖的巴东、建始二县田氏各支系。）

第一，巴东《下三房宗谱》，1916年抄本。详细记载了自明嘉靖至1916年共6篇序文。据其中乾隆《田氏宗谱源流》，巴东下三房支系田圮三子田行皋之次子田思全、即容美田氏祖先田思政弟弟的后裔。更具体点，系以田思全之孙田伯渔为分房始祖。谱中还记载了下三房的17房世系，各房支始祖，除长大房开列田文宽、朋、禀三人，其他16房均为一人，分别为田文杰、文显、文景、文昌、文昂、文旦、文昇、文宣、文实、文宝、文宰、文宵、文宦、文龙、文质、文相。

第二，建始《田氏族谱（申酉坪）》，1924年抄本。记载了田明桂于1924年撰写的5篇序文。其中《新辑支谱序》有"远祖文宣公"一语，似出自巴东下三房中的文宣房，但据《新辑族谱序》载："降及嘉庆大清时，我高祖田启秀、圣、贤同叔田兴臣公迁居申酉坪、山羊头、后湾等处，派由衍于水通。"②按1946年巴东《田氏族谱》，水通坪支系确实收录了田启秀兄弟三人，但非出自下三房的文宣房，而是出自田圮长子田应皋的后裔文武公。③

第三，巴东《田氏族谱》（下文简称《合谱》），1946年抄本。系巴东县境内两大田氏家族的合谱。共录有29房世系，其中，以田圮为始祖的28房，包括下三房17房、建始申酉坪所属水通坪房及下文即将介绍的善化、玉米塘二房等。第二十九房，则是以元末明初田子璋为始祖的古楼山田氏。

此外，笔者在2018年编纂出版的巴东田氏新谱即《田氏宗族与容美土司》还查阅到了两种巴东田氏旧谱的线索，分别是光绪抄本《田氏族谱（善化）》和1916年抄本《田氏族谱（玉米塘）》，按新谱誊录的世系来看，前者即下三房中的文宵房，后者则为田思全之孙田伯济的后裔。④虽然笔者未能寻到原谱，但新谱收录了部分有价值的线索。

（2）长阳田氏族谱四种。

第一种，资坵《田氏族谱》，不分卷，光绪三年刻本，以元末"由鱼腹浦徙居资田"的田子贤为始祖。第二种，白沙坪《田氏族谱》，光绪七年刻本，以元末"因避红巾之乱，弃籍江西，落

---

① 居民将民族身份由汉族变更为土家族的现象，在1984年五峰、长阳二县经国务院批准为土家族自治县之前，较为明显。
② 田明桂：《新辑族谱序》《再辑新谱为老祠分支分房序》，建始《田氏族谱（申酉坪）》，1924年抄本。
③ 巴东《田氏宗谱》卷1，第82—83页；卷七，第7—36页，1946年抄本。
④ 巴东《田氏族谱》卷1《田氏宗族房系简明表》《巴东田氏族谱源流》，1946年抄本，第75—76、79—86页。

业湖北,度地于佷阳之白沙坪"的田愈为始祖。第三种,巴山《田氏族谱》,不分卷,1913年抄本,以"原籍西蜀中州大坝北门外里许"的田子信为始祖。①

第四种,最为值得注意,系天池口《田氏族谱》,不分卷,1913年抄本。谱中录有两位族人田硕卿、田邦彦所撰序文,但二人对始祖的认识存在观点抵牾的现象,前者认为与容美同宗,后者则认为巴东古楼山同宗。

二、容美田氏世系的多次建构

容美田氏的祖先存在建构的情况,这一点已为学界共识,但讨论基本围绕田行皋展开。② 事实上,容美田氏在不同文献中对祖先建构的记载各不相同,呈现出文献越晚,祖先越早,世系越长的现象。下面分别来看一下容美田氏的不同祖先及世系情况。

(一)容美田氏建构的不同祖先

容美田氏的祖先建构至少有四次,下面按照建构时间的先后顺序分别予以介绍。

1. 元夏时期的田思政

以田思政作为容美始祖,出自明末土司田玄所撰《黄册宗图》,由《田氏世家》第二篇《五路都总管田思政世家》转引而得以保存:"田思政,容美所奉为始祖也,与其弟田思全同出母夫人孙氏。据余有可疑者,原太初公(注:即明末容美宣慰使田玄,1590—1646)所造《黄册宗图》则曰:'公于元夏时,袭容美等处军民五路都总管。'按巴东《世谱》:'宋元祐间,袭授镇南等处军民五路都总管。'"③ 这段文字清晰地反映出《黄册宗图》与巴东田氏《世谱》的记载存在差别,说明容美田氏至晚已于明末便开始按照自己的意愿进行祖先建构了。

田思政的生活年代,在巴东田氏《世谱》中为宋代元祐年间,在《黄册宗图》中则晚至元末至明玉珍大夏国时期,此番建构从时间上跳过了《元史》中记载的田墨施什用和田先什用两位叛乱蛮酋,直接撇开了与当地少数民族祖先的联系。同时,因为田思政来自巴东田氏《世谱》,容美田氏也就建立起了与巴东田氏的世系关系。

2. 五代时期的田行皋

此一祖先出自《田氏世家》第一篇《施、溇、溶、万把截使田行皋世家》。虽然此篇仅剩题

---

① 长阳资坵《田氏族谱(博古堂)》,不分卷,光绪三年刻本;长阳白沙坪《田氏族谱(雁门堂)》,不分卷,1913年抄本;长阳桃山《田氏族谱(紫荆堂)》,光绪七年刻本。又见长阳民族宗教事务委员会等编:《长阳宗谱资料初编》,2001年,第93、99、101页。

② 注:学界多容美田氏祖先中的田行皋关注较多,如祝光强、向国平坚持认为容美田氏就是元代容米洞蛮酋田墨什用、田先什用的后裔,与迁徙而来的田行皋等人毫无关系。(见氏著:《容美土司概观》,武汉:湖北人民出版社,2006年,第13—14页)葛政委认为容美田氏建构田行皋等祖先,是南方少数民族较为常见的"英雄徙边记"的模式。(见氏著:《祖先再造与国家认同——容美土司〈田氏族谱〉和〈覃氏族谱〉的人类学解读》,《三峡论坛》2013年第6期,第61—63页。)此外,也有学者否认田行皋系建构,如邓辉即曾对田行皋的生平事迹等进行了梳理,并认为他是"土家族田氏历史中很有影响的人物",但其论证也只能证明田行皋确有其人及其生活年代为五代时期,却不能说明其与当地田姓少数民族乃至容美田氏的关系。(见氏著:《田行皋生卒事迹钩沉》,《湖北民族学院学报》1990年第1期,第118—125页。)

③ 五峰《容阳田氏族谱》卷3《世家二·五路都总管田思政世家》,1944年抄本;中共鹤峰县委统战部编:《容美土司史料汇编》,第83页。

目,内容已完全散佚,但《田思政世家》所引文献却能传递出相关的时间信息。

《田思政世家》曾引用了田行皋所建《野湘硚碑》,碑文系年为后蜀"明德三年"(936)。原文作:"行皋公建《野湘硚碑》文,系明正德三年丙申,距哲宗元祐元年丙寅(1086),中间相去已一百五十年,而距元世祖中统元年庚申(1260),又一百五十年。""明正德三年"的"正"字明显为衍文。首先,《世家三·容美等处军民宣慰使田光宝世家》传主田光宝的生活年代为元末明初,在其之前的田行皋显然不可能生活在其之后140年左右的正德年间。其次,明正德三年(1508)是戊辰年,不是丙申年,距元祐元年为422年,而后蜀明德三年为丙申年,与元祐元年相距恰为150年,符合严首昇上文的计算结果。再次,《田思政世家》原抄本中,"正"字是以插入符补入,字体亦有所不同,明显非一时之作,当是后人无心之失。

也就是说,从严首昇引用的《野湘硚碑》来看,田行皋分明就是五代时期后蜀国人。翻检诸史,后蜀也确有田行皋其人。据《资治通鉴》载。田行皋曾任后蜀施州刺史,于后晋开运三年(946)叛蜀,于后汉乾祐三年(950)被杀。[①]野湘硚即今巴东县野三关附近,正是施州刺史辖地。

退一步讲,即便《野湘硚碑》并不存在,上引文字均为杜撰、编造,容美田氏已然通过严首昇建构起了一位史书中确有记载、曾在当地担任地方主官的祖先,如此一来,容美田氏与《元史》所载两位叛乱蛮酋的距离就更远了。

3. 唐代的田行皋

相关记载,最早见于道光《鹤峰州志·沿革志》所引田舜年撰写的《容阳世述录》:"唐田行皋,元和元年从高崇文讨平刘辟,授施、溱、溶、万招讨使,把截使,后加兵部尚书,金紫光禄大夫,施州刺史,仍知溱万溪溶四州诸军事。"[②]正史中的五代后蜀叛将田行皋,在田舜年笔下被建构为唐元和年间参与平叛的将领。这里虽然没有明言田行皋的始迁地,但从其跟随唐代神策军将领高崇文平叛的故事设定来看,始迁地有着浓厚的北方"王化"之地的意味。

当然,唐代田行皋之于史书记载的可证性不如五代田行皋,但从容美建构祖先世系的整个过程来看,容美始祖由本地官员进一步被建构为由外地迁徙而来的流寓性官员。

4. 唐代的田弘正

相关记载出自《容美纪游》。书中曾两次提及容美田氏的"先世"田弘正:第一次是在对容美土司的背景介绍中,田舜年"其先世田弘正,唐魏博节度使";第二次是在参观万全洞田舜年一处住所时,"君所居曰'魏博楼'(原注:上有先世魏博节度使田弘正像)"[③]。虽然容美田氏将田弘正作为先世的记载仅见于《容美纪游》,但可以肯定的是,作为外来游客的顾彩并没有主动为容美建构祖先的动机,加之其受邀参观悬挂田弘正画像的田舜年私人住所,我们有理由相信,顾彩只是客观地呈现了当时容美田氏的祖先建构。

虽然魏博藩镇地处"胡化"的河朔地区,其家族还曾参与了安史叛军,但史书中并没有

---

① (宋)司马光:《资治通鉴》卷286《后晋纪六》"齐王开运三年"条,北京:中华书局,1956年,第9444页;卷289《后汉纪四》"隐帝乾祐三年"条,第9573页。
② 道光《鹤峰州志》卷1《沿革志》,第352页。
③ 《容美纪游注释》,第6、70页。

关于田氏家族系胡人的记载,田弘正当是汉人。

综上所述,容美田氏至少进行了四次祖先建构,每次建构的祖先形象都较之前的一位更加伟大(特别是第二次建构的五代田行皋的叛臣形象与后两次建构的唐代田行皋、田弘正的功臣形象形成强烈反差,这一有趣的现象无关本文主旨,有待另文讨论),同时,四次建构还有着一个比较清晰的逻辑,即将始祖的地理空间由近及远、从邻近蛮荒之地追溯至汉人地区,由此也可以看出容美田氏追溯汉人祖先的明显用意。

(二)容美田氏的世系记载

记载容美世系的文献,主要有道光《鹤峰州志》转引的《容阳世述录》《容阳谱》及其收录的《田氏世家》三种,其中《容阳谱》所载最为详细,其余两种主要记载了历代土司的继任关系。

1.《容阳世述录》所载世系

《容阳世述录》已散佚,但据道光《鹤峰州志》可窥其大概,是现存有关容美田氏世系的最早记载。

道光《鹤峰州志·沿革志》中说明了改土前容美土司历史沿革的史料来源:"据《世述录》所载,参以《明史》,由田行皋迄于明如。"①而《明史》所载最早的容美土司是田光宝,由此观之,自田行皋至田乾宗五人当出自《容阳世述录》无疑。又《沿革志》载明代历任土司的内容较《明史》更详,可知《容阳世述录》确为《沿革志》的重要参考资料。

就其世系而言,唐代田行皋和宋代田思政、田崇钊、田伯鲸四人"辈次无可考",自田乾宗以下,辈次清晰可查,且与《明史》相印证。

2.《田氏世家》所载世系

收录《田氏世家》的《容阳谱》的编纂时间虽较为晚近,但据谱中记载推断,其成书时间当早于《容阳世述录》。据《容阳谱》载,《田氏世家》系田舜年邀请严首昇所撰,具体成书年代不详,但严首昇卒年为1682年②,其成书年代定然早于《容阳世述录》成书的康熙二十五年(1686)。③据田硕卿作于光绪三十年(1904)的长阳天池口《田氏族谱·源流序》中提道:"容美《世家》特承袭者有传,而支庶不与焉。"④正与《容阳谱》所录内容一致,《田氏世家》当有着一定的流传范围。

《田氏世家》所载世系,自始祖田行皋至田甘霖共计21人,且田行皋、田思政、田崇钊、田伯鲸等人时间跨度较大,辈次不清,与《鹤峰州志·沿革志》即《容阳世述录》记载一致。两种文献存在相互影响的可能。

3.《容阳谱》所载世系

《容阳谱》第一卷《总系》记载改土前容美田氏的详细世系。其以元明之际的土司田乾宗为第一代,上至唐代田行皋、下至改土时末代土司田明如的兄弟子侄。也就是说,《容阳世述录》《田氏世家》中的世系均包含在《容阳谱·总系》中。为方便阅读,在此将《容阳谱·总系》所载世系制作为《《容阳田氏族谱·总系》所载容美田氏世系》(见图1),起止分别以田行皋、田

---

① 道光《鹤峰州志》卷1《沿革志》,第352页。
② 魏莫愁:《严首昇生平与著述考》,湖南师范大学硕士论文,2015年,第13—15页。
③ 《容美纪游注释》,第7页;宜昌市政协文史资料委员会编:《宜昌摩崖碑刻》,宜昌:三峡电子音像出版社,2016年,第94页。
④ 长阳天池口《田氏族谱·源流考》,1913年抄本;《长阳宗谱资料初编》,第90页。

明如了侄辈为限。

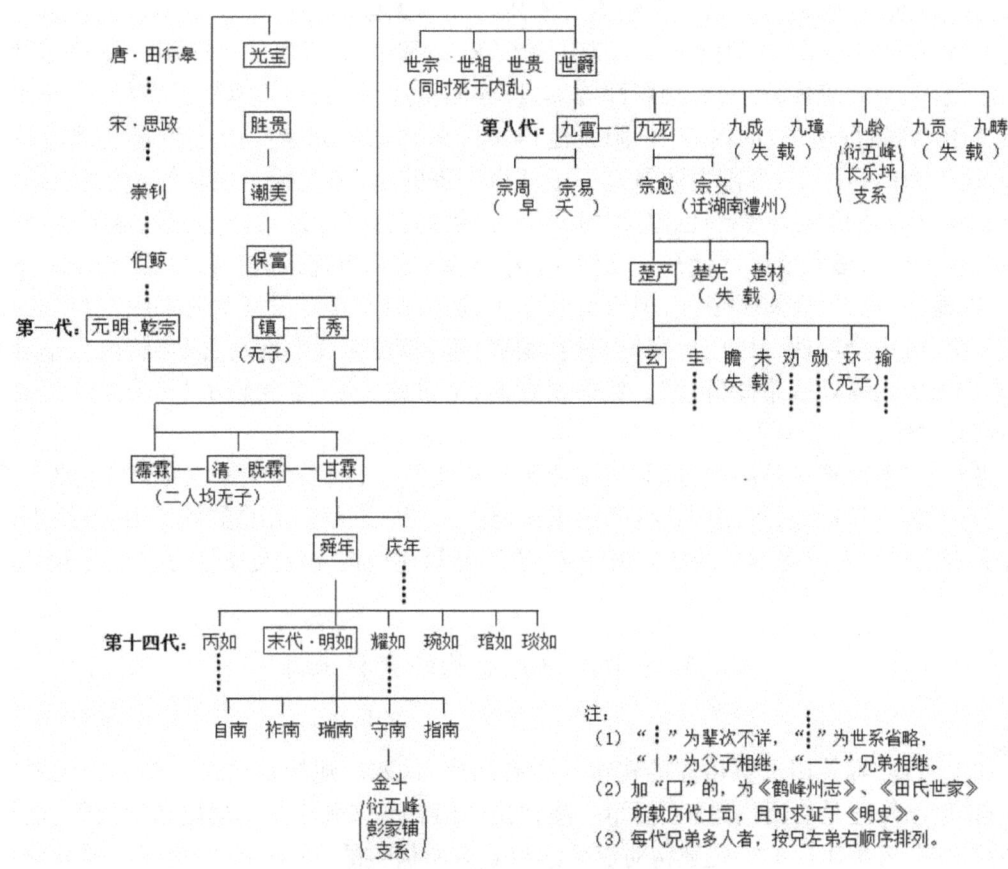

图1 《容阳田氏族谱·总系》所载容美田氏世系

概括地说,以上三种文献对容美土司世系的记载几乎是完全一致的,只是在田行皋的问题上,地方志、家谱两种常见且流布范围较广的文献中接受了唐代田行皋,拒绝了五代田行皋的建构结果。此外,唐代田弘正也未进入上述世系中,也就是说,第四次建构是失败的,个中原因值得玩味。

（三）田弘正未入容美世系的原因

第四次建构的田弘正是失败的,但田弘正作为现存文献中容美田氏最后一次建构的中原汉地祖先,是四次建构中最有利于追溯汉人祖先的,田舜年还进行了有意识的宣传,似乎不应该出现这样的结果。这次失败的建构事关下文的讨论,有必要对其原因略做分析。实际上,田弘正与五代田行皋未能进入后来的世系中,与不同文献的文本因素关系密切。

一方面,主要是由于田弘正并未进入到容美田氏编纂的文本中,未能广泛流传。容美前三次的建构成果分别以《黄册宗图》《田氏世家》《容阳世述录》等文本为依托,但之后再未见相关文献编纂的记载,也就是说,田弘正作为容美田氏的祖先,仅仅停留在田舜年等人的观念里,还只是未进入文本的半成品。特别是雍正十三年(1735)年容美改流,土司旧宅被捣毁,曾经悬挂田弘正画像、昭示容美田氏祖先的景观——万全洞田舜年居所也不复存在,聚居在此、曾经耳濡目染的田氏直系后裔被强制外迁。因为缺乏文本承载,田弘正作为容美田

· 163 ·

氏第四次祖先建构的半成品,最终未能进入容美田氏的祖先世系中。

另一方面,主要是由于第三次建构所依托的文本优势,流传广泛。上文曾提及,第三次建构所依托的文本系《容阳世述录》,为田舜年亲自撰写,于康熙二十五年(1686)刊刻,现虽已散佚,但当时流传较广,如顾彩即曾读过《容阳世述录》的刊印本①,道光《鹤峰州志》曾大量转引《容阳世述录》的内容,长阳天池口田氏田邦彦于光绪三十年为家谱撰写《源流考》时还曾专门研读了《容阳世述录》。②最值得一提的是,道光咸丰之际的长乐(今湖北五峰土家族自治县)知县李焕春也曾读过田泰斗提供的《容阳世述录》③,而据《容阳谱》载,田泰斗乃容美后裔田九龄第八代孙。④以上诸例,足见《容阳世述录》流传之广。相较之下,第一、二次建构虽然也有文本依托,但没有刊印本,流传则极其受限,《黄册宗图》仅见此处记载过一次,现完全散佚,《田氏世家》也是在编纂《容阳谱》前偶然发现,保存状况也不理想,"犹幸于田氏远裔处获睹此《世家》,然恨属蠹简,又仅此一册,毫无副本"⑤,未能广泛流传,也在情理之中。

当然,文本因素只是一个方面,实际原因当更为复杂,因为无关本文主旨,在此不予赘述。但这里需强调的是,第四次建构的结果未能进入到后来《容阳谱》等族谱中,但绝不是因为容美田氏对祖先建构本身的放弃或否定,更不是对建构祖先汉人身份的放弃或否定。

三、容美田氏祖先建构的素材来源

如上所述,容美田氏对祖先的建构至少有四次,这四次建构是出自容美田氏无中生有的独自"创新",还是有所借鉴?上揭第一次建构的田思政来源于汉地的巴东田氏《世谱》,这一经验说明,容美田氏的祖先建构对汉地素材是有所借鉴的。实际上,容美田氏的其他三次建构,也可以在汉地找到素材来源。

(一)五代田行皋的来源

五代田行皋的建构,当非直接引用巴东田氏的族谱,而是借鉴汉地《野湘硚碑》的结果。

1. 严首昇所引《野湘硚碑》与巴东田氏诸谱所录《野湘硚碑》系年相差较大。

《野湘硚碑》目前下落不明,但巴东田氏的善化、玉米塘两个分支的族谱中有《野湘硚碑》录文,系年均为"宋太宗二年,岁在丙申"⑥,即宋太宗至道二年(996),而《田思政世家》中严首昇所引《野湘硚碑》系年为明德二年(935),相差一个甲子。孰是孰非已不可考,可以确信的是,诸史中绝没有宋代田行皋的记载,但巴东诸田氏族谱中,还是可以找到将田行皋视

---

① 《容美纪游注释》,第119页。
② 长阳天池口《田氏族谱·谱序二》,1913年抄本;《长阳宗谱资料初编》,第89页。
③ 光绪《长乐县志》卷6《官师表》,载《中国地方志集成·湖北省府县志辑(54)》,南京:江苏古籍出版社,2013年,第201—202页;卷14《艺文志》,第342页。
④ 五峰:《容阳田氏族谱·总系》。
⑤ 五峰:《容阳田氏族谱》卷3《附记》;中共鹤峰县委统战部编:《容美土司史料汇编》,第103页。
⑥ 巴东善化:《田氏族谱》,光绪手抄本,巴东玉米塘《田氏族谱》,1916年本。转引自善化田氏族谱新编纂委员会:《田氏宗族与容美土司》,宜昌:三峡电子音像出版社,2018年,第133页。

为宋初时人，而不是五代后蜀人的线索。

《下三房宗谱》《合谱》中均录有嘉靖乙酉年(1525)康绥国所撰《宗谱原序》，这也是目前所见巴东田氏诸谱中创作年代最早的序文。据序文可知，此序系康绥国受田文宣之邀、在阅读了田氏祖先事迹之后所作，序文中虽然未明确提及宋代田行皋其人，但有对田氏祖先的一句概括性介绍："其先世发迹于秦，建功于元和，是李唐之干城也，调鼎鼐于开宝，是赵宋之柱石也。"①康绥国在此特别提到两个年号时间点，"元和"系指始迁祖田玘迁蜀的时间无疑（见下文），"开宝"(968—976)为宋太祖时年号，较之于严首昇所引《野湘矶碑》中提到的后蜀明德二年(935)，与善化、玉米塘两谱中《野湘矶碑》提到的宋太宗至道二年(996)更为接近，也更符合同一个人的生活年代。

严首昇认为田玄《黄册宗图》中将田思政记作元夏时人是"后人不读书考证之过也"②，并引用巴东田氏《世谱》作为论证依据，充分说明其对巴东《世谱》记载的信赖，但巴东田氏诸谱中《野湘矶碑》的系年与严首昇所引存在约60年的时间差。简单地说，如果《野湘矶碑》确为田行皋所建而非另有他人，其系年当以严首昇所引后蜀明德二年更为可靠，在笔者能搜集到的巴东田氏诸族谱中，不能说明严首昇所引《野湘矶碑》出自巴东田氏族谱。

2. 巴东诸田氏族谱勾连方志的做法，使田行皋的生活年代更加偏离了五代时期。

《下三房宗谱》中收录了同治四年(1865)田庆书所撰《田氏宗谱源流》，其中写道："田行皋，即邑志之韦皋也，由进士出身，仕至金紫光禄大夫，事君忠义，太祖封节洁忠义伯"③。《合谱》记载基本一致。④建始《田氏族谱》中也有类似的记载："田行皋由进士仕至金紫光禄大夫、兵部尚书，宋太祖开宝时，封节洁忠义伯见邑志"⑤。诸谱中还有一则重要的信息关乎下文论述，在此略做介绍：《田思政世家》中曾引用了巴东田氏《世谱》中关于田思全的一段记载，即"思全累世同居，共牢之犬，有一不至，其九不食，宋哲宗旌为义门"⑥，这个故事在以上诸谱中也有呈现，也都说明"见邑志"。

但是，"邑志"中的相关记载，却与巴东田氏诸谱所载存在较大差异。目前可见最早的巴东地方志为嘉靖《巴东县志》，其中《人物志》有载："元田幸皋，新化县人，即今前一都民田禄祖，进士，任至于金紫光禄大夫，累世同居，诏旌为义门，乡至今称其所居之处曰义门村。"⑦嘉靖《归州志·人物志》"乡贤"条记载也基本一致："元田韦皋，新化人，即今前一都民田禄祖也。举进士，仕至金紫光禄大夫，累世同居，诏族为义门，乡人称其所居之处为义门村。"⑧根据这两段记载，地方志与族谱的记载至少有三点差异：第一，名字略有出入；第二，生活年代不同，相差近三百年；第三，义门故事的主人公不同。最值得关注的记载，见于嘉靖《归州全志·人物志》，不但继承了嘉靖《归州志》"田韦皋"的书写方式，还特别将其与五代时期的田

---

① 巴东：《(田氏)下三房宗谱》，1916年抄本；巴东《田氏族谱》卷1，1946年抄本，第8页。
② 五峰《容阳田氏族谱》卷3《世家二·五路都总管田思政世家》，1944年抄本。又《容美土司史料汇编》，第83页。
③ 巴东田氏《下三房宗谱》卷1《田氏宗谱源流》，1916年抄本。
④ 巴东《田氏族谱》卷1《巴东田氏族谱源流》，1946年抄本，第79页。
⑤ 建始申酉坪《田氏族谱·补辑品题庙义字义序》，1924年抄本。
⑥ 五峰《容阳田氏族谱》卷3《世家二·五路都总管田思政世家》，1944年抄本。又《容美土司史料汇编》，第83页。
⑦ 嘉靖《巴东县志》卷2《人物志》，《天一阁藏明代地方志选刊续编(62)》，上海：上海书店，第1261—1262页。
⑧ 嘉靖《归州志》卷4《人物志·乡贤》，《天一阁藏明代地方志选刊续编(62)》，上海：上海书店，第907页。

行皋进行了区别:"元田韦皋,巴东新化人,仕至金紫光禄大夫,累世同居,诏旌为义门,乡人至今称其所居之处为义门村。又五代时有田幸皋者,为施州刺史,伏诛,巴东旧志误'韦'为'幸',且时不同,自不待辩也。"①嘉靖《归州全志》言之凿凿地认为此人名字就是"田韦皋",与五代"田幸皋"不是同一人,似乎是说,在当时的环境中,已经有人将此二人混淆了。元代田韦皋的形象还出现在成书于万历年间的《续资治通鉴》中:"田韦皋,累世同居,诏旌为义门。"②且不论此人当作"田幸皋"或"田韦皋",义门故事的真实主人公是谁,田氏诸谱将族谱中的宋代田行皋与地方志中的元代田幸/韦皋勾连在一起,使得族谱中对田行皋的记载更加偏离了五代田行皋的形象,更不可能成为严首昇引文的来源。

简言之,五代田行皋的形象来源绝不是诸田氏族谱,而是严首昇所引、具体来源不详的《野湘硚碑》。但可以肯定的是,其内容当来自非容美的汉地无疑,或者说,如果此碑确曾存在,当在汉地巴东县境内。

(二)唐代田行皋的来源

唐代田行皋的形象见于《容阳世述录》及各地方志等转引文献,笔者再未发现其他文献中有关唐代田行皋的记载,但田行皋于唐元和年间入川平叛、落籍当地的故事母体却常见于周边地区的田氏族谱中。

1.《下三房宗谱》中的迁蜀故事

前文提及,严首昇曾引用了嘉靖年间的巴东田氏《世谱》,可惜目前尚未发现此谱存世,不能直接从中求证巴东田氏早期世系及迁徙情况,但后世的田氏族谱中仍给我们保留了一些线索。下面,我们就来看一下巴东田氏《下三房宗谱》的记载。

首先,《宗谱原序》。上文介绍了序文中有"其先世发迹于秦,建功于元和,是李唐之干城也,调鼎鼐于开宝,是赵宋之柱石也"一段概括田氏祖先事迹的文字,虽然语言极其简略,仅"建功"一词并不能确定所指就是入川平叛,但从其特别强调的唐代元和、宋代开宝两个时间点来看,这本明代嘉靖年间的《家乘》中便已存在某个元和年间的故事。

其次,《宗谱补序》,雍正三年(1725)田元健撰。田元健在序中不但提及他所见到的田文宣的遗序,还对始迁祖有了更为清晰的介绍:"我玘祖发迹于西陲,由蜀中松茂而下,落业于本县之龙桥坪。"③虽然未谈及平叛,但蜀地作为发迹之地已出现。

再次,《田氏宗谱源流》,乾隆三十八年(1773)田发闻撰。序文中详细记载了田氏祖先元和年间入蜀建功的故事,不过主人公是田玘,"唐朝大历间,田承嗣为大名府藩镇节度使。递至元和时,田玘公为招讨使,因西蜀刘辟作乱,同兄田朝、弟田宜,高崇文奉旨征讨,节缮松茂诸道,平安后,东下回籍,落业巴邑泊乐乡马跑水、龙桥坪。查玘公乃陕西京兆府亨山县籍",而田行皋则是田玘之孙,"(田玘)生二子,长田桶,乾符时授巫夔防御使……田桶生四子,长应皋,次进皋,三行皋,四显皋"④。

概括地说,《下三房宗谱》三种谱序中,乾隆《田氏宗谱源流》中的元和年间迁蜀故事是

---

① 嘉靖《归州全志》卷之上《人物志》,《天一阁藏明代地方志选刊续编(62)》,上海:上海书店,第561页。
② (明)王圻:《续文献通考》卷82《节义考·义居》,明万历刻本。
③ 巴东《下三房宗谱》卷1《宗谱补序》,1916年抄本。
④ 巴东《下三房宗谱》卷1《田氏宗谱源流》,1916年抄本。

最完整的,但这个故事的流传显然要早于文字记载,嘉靖《宗谱原序》、雍正《宗谱补序》中提到的"建功于元和"和"发迹于西陲"或即此故事的极简版本。由此观之,田氏祖先于元和年间入蜀的故事母体早在明代嘉靖以前或即已存在。

2. 建始《田氏族谱》中的迁蜀故事

建始《田氏族谱·新辑族谱序》中记载了田珌迁蜀的故事,但行文与《下三房宗谱》有所不同:"元和宪宗时,字佩璜田珌公,籍原陕西亨山县,宦游名山巨川,由蜀红罗松茂卜宅巴东后里清桥坪,生二子,长子田桶,次子田枻。田枻少不更事,时西蜀刘辟作乱,奉命作招讨使,但偕兄田朝、弟田宣并高崇文征讨,节缮松茂诸道,平安后回籍,落业巴东洎乐乡马跑水龙桥坪。"①从行文来看,田珌与田枻分别在两个不同的地方落籍,担任招讨使一职的不是《下三房宗谱》中所说的田珌,当是田枻,一起随高崇文征讨的"兄田朝、弟田宣"当为田枻的兄弟,但行文中又明确显示田枻的兄弟只有一位兄长田桶,存在一定的漏洞。无论如何,上引文至少能够说明建始《田氏族谱》中的祖先迁蜀故事并不是照搬自巴东诸田氏族谱,或许这个传说故事在较广的范围内流传。

稍需补充的是,建始《田氏族谱·补辑品题庙义字义序》中也提到了田行皋,"进士""宋太祖开宝时封洁节忠义伯(见邑志)"②,与上引《下三房宗谱》所录嘉靖《宗谱原序》、乾隆《田氏宗谱源流》所载相同。

3. 长阳天池口《田氏族谱》中的迁蜀传说

长阳天池口田氏与上述巴东田氏、容美田氏均非同族。长阳天池口《田氏族谱》中录有田邦彦撰《谱序二》,序文引用了巴东葛藤山《田氏族谱·谱序》:"始祖子璋公,生三子,长如海,住小石桥。如海生子二,长九丘,次九经,九丘住天池口、沙觜、将军岭,葬高岭头。"③按《合谱》,田子璋系巴东古楼山田氏的始祖,"原籍雍州雁门关军门人氏",明代时"弃官归隐,讳名易字,遂落业于巴东新化乡红石马小石桥,葬于古官路,生子三:海、山、湖",葛藤山支派出自次子田如山长孙田端。④田邦彦实际上是通过论证天池口与葛藤山田氏同宗而否定了与容美田氏、巴东田氏同宗。虽然同族的田硕卿反对田邦彦的论调,坚持认为天池口田氏与容美田氏系同宗,但其自身的论证漏洞百出,不足采信。

天池口《田氏族谱》中所载祖先迁蜀的传说并非出自宗族宗谱,而是传说。据《谱序二》中载:"考我落籍祖以上,亦非茫无足据者。相传唐之中业,蜀刘辟反,高崇文奉旨征剿。及崇文凯旋,其麾下将田和者,遂留蜀,家中州,此由雁门迁蜀之始。"⑤此传说源自何处不得而知,考虑到田邦彦没有从葛藤山《田氏族谱》中引用祖先迁蜀传说,说明古楼山田氏并没有祖先入蜀平叛的记载,加之与巴东田氏不同宗,来源也不应是巴东田氏诸谱,而是另有他源。也就是说,某种田氏祖先入蜀平叛的故事传说在较广的范围内是有所流传的。

综上所述,田氏祖先入蜀平叛的故事母体,其流传范围还是较为广泛的,至迟到明代嘉靖年间,便存在某种田氏祖先入蜀的故事版本,远早于清初容美田氏建构唐代田行皋入蜀。

---

① 建始申酉坪《田氏族谱·新辑族谱序》,1924年抄本。
② 建始申酉坪《田氏族谱·补辑品题庙义字义序》,1924年抄本。
③ 长阳天池口《田氏族谱·谱序二》。又《长阳宗谱资料初编》,第89页。
④ 巴东《田氏宗谱》卷1,1946年抄本,第3、88页。
⑤ 长阳天池口《田氏族谱·谱序二》,1913年抄本。又《长阳宗谱资料初编》,第90页。

巴东田氏的田纪入蜀、建始田氏的田杻入蜀、长阳天池口田氏的田和入蜀传说，虽然记载时间较晚，但产生时间未必晚于清初，这些地方都是邻近容美的汉地，容美田氏借鉴邻近汉地的记载或传说用以建构自己的祖先，也不是没有可能。当然，因为容美田氏在建构祖先时明确借鉴了巴东田氏的族谱，祖先迁蜀的故事母体更可能出自同一族谱。

（三）田弘正的来源

田弘正是见于两《唐书》等正史的著名人物，容美田氏可能直接借鉴正史进行建构，不过，我们也不能忽视周边汉地文献对此番建构的影响。

上引《下三房宗谱》之文中曾提到一位"大名府藩镇节度使"田承嗣，建始《田氏族谱》、《合谱》中也有出现。①田承嗣即唐代第一任魏博节度使，田弘正是田承嗣的侄孙，于元和七年（812）继任魏博第五任节度使。虽然田承嗣只是出现在姓氏源流，而不是祖先世系中，但至少与田弘正产生了关联。

相较之下，长阳诸田氏族谱中则直接提到田弘正（或作"田宏正"）其人，如资坵《田氏族谱》所录同治元年田世德撰《谱序》、巴山《田氏族谱》所录光绪三年田葵远撰《谱序一》、白沙坪《田氏族谱》所录光绪七年田曜堂撰《谱序》。②虽然，田弘正也只是出现在三种谱序中追溯姓氏源流而不是祖先世系中，但三支不同田氏拥有着几乎完全一致的姓氏源流的现象，说明他们的追溯是对某种之前便已存在的固有文献的移植，就是说，某种收录田弘正的有关田氏姓氏源流的叙事在一定范围是比较普遍的。虽然以上三种族谱的修撰时间晚于《容美纪游》，但这种叙事的产生时间却不见得晚。

当然，我们不能由上述推论断定容美田氏所建构的祖先田弘正一定是借鉴了某种固有文本，否定容美田氏独自建构的可能性，但如果确有借鉴，则记载田承嗣的巴东田氏诸谱和记载田弘正的长阳诸田氏族谱，因为地理空间上的山水相连，都可能成为容美田氏的借鉴对象。

综上所述，以上容美田氏建构的四位祖先均不同程度地借鉴了汉地文献或传说，特别是对嘉靖时期巴东县田氏《世谱》的直接借鉴，最能显示容美田氏在建构与汉地巴东田氏联系时的主动性。

四、汉地田氏对容美田氏祖先建构的接受

容美田氏通过借鉴巴东等地各田氏族谱记载、传说故事等建构起了自己的祖先世系，虽然有所改造，但还是能够体现出容美田氏通过对巴东田氏等汉地宗族的借鉴所达到的对汉人族群的认同。但反过来看，巴东田氏等是否也认同容美田氏的祖先建构，接受其对汉人族群的认同呢？《容美纪游》中有一段岳州田氏试图与容美田氏通谱的记载：康熙四十二年三月二十日，田舜年特邀顾彩游览下坡、得胜桥并设宴款待，"有岳州武进士田焯，与君通

---

① 建始申酉坪《田氏族谱·新辑族谱序》，1924年抄本；巴东《田氏族谱·田姓始源考略》，1946年抄本，第48页。
② 长阳资坵《田氏族谱》，光绪三年刻本；长阳白沙坪《田氏族谱》，1913年抄本；长阳桃山《田氏族谱》，光绪七年刻本。又《长阳宗谱资料初编》，第92、97、100页。

谱,送马四匹及礼币,君遂邀之,亦在座,执弟礼甚恭,外姓客俱不占"[1]。这说明,早在清初时,容美田氏便在一定程度上得到了部分汉地田氏的认可,只是笔者未能找到此岳州田氏的族谱,暂不能求证此次通谱的最终结果。不过,巴东、建始、长阳等地田氏族谱给我们提供了更明确的答案。

(一)巴东、建始田氏

上文已介绍了建始田氏出自巴东,在此一并讨论。从巴东建始田氏诸谱来看,均将容美田氏作为本宗族的一支进行了记载。

容美田氏自田行皋以下的世系已如图一所示,其中,容美田氏世系中最重要的部分——始祖以下至历任土司世系在《下三房宗谱》《合谱》和建始《田氏族谱》等诸谱中也有着几乎完全一致的呈现。不同之处是,诸谱并没有像《田氏世家》一样对早期世系采用世系不清的模糊处理方式,而是使用了清晰的父子相继的处理方式。下面就以最早明确接受容美田氏为巴东田氏支系的《下三房宗谱》所录乾隆年间《田氏宗谱源流》为例,对巴东田氏的早期世系略做介绍。(见图2)

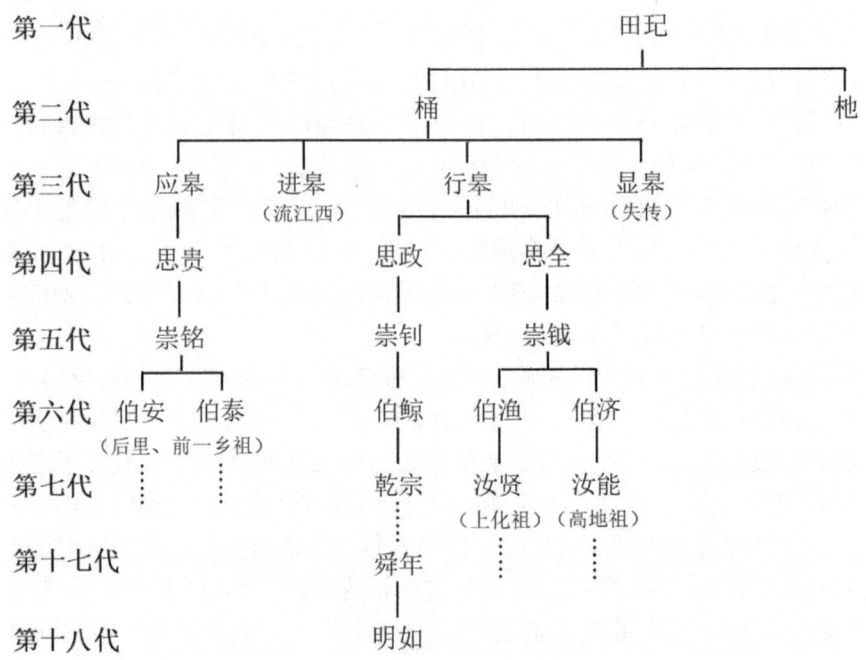

图2　巴东田氏《下三房宗谱》早期世系图

乾隆年间,巴东田氏与容美田氏的世系便被融合在一起,尤其是第三至第六代的字派完全一致,俨然就是同宗共祖、联系密切的一个家族。乾隆年间见诸记载,观念的出现当要更早一些。

巴东、容美田氏均没有关于双方通谱、合谱的记载,容美田氏土司世系之外的其他后裔、雍正十三年(1735)改土之后的世系也没有进入之后编纂的巴东田氏族谱之中,似乎也

---

[1] 《容美纪游校注》,第55—56页。

说明巴东田氏对容美田氏的了解仅止于土司世系而已,双方并没有直接联系。特别是清廷对末代土司田明如的审判中认为其存在造反、僭越等不轨行为①,而容美田氏在失事不久之后的乾隆年间被巴东田氏接受为其支系,这种行为对于后者似乎并没有什么积极的现实意义。如果接受容美田氏为巴东田氏支系的行为发生在此之前,或者说是改土之前,便更显合理了。换句话说,很可能在容美改土之前,巴东田氏便已接受了与容美田氏同宗共祖的观念。

退一步讲,即便巴东田氏接受容美世系、承认双方同宗共祖的观念最早就是发生在乾隆年间,基于双方没有直接交流、容美田氏社会地位一落千丈的前提,巴东田氏对容美田氏的主动认可说明,其并没有存在对容美田氏族群认同的障碍。

(二)长阳诸田氏

上文中提到,长阳诸田氏与巴东田氏均没有关系,按理说,也不会与容美田氏有任何关系,但天池口《田氏族谱》中记载下了一次与容美田氏建立联系的尝试。

田邦彦《谱序二》中提到过一种"先世草谱序"中写道:"始祖九丘公,元末明初,与大伯祖九高公,二伯祖九霄公,由蜀中州大坝马湖堡细沙溪徙入楚。维时昆仲皆来,各定厥宅。巴东之葛藤山,鹤峰之容美,为高、霄两公落籍处,我祖则落籍于邑西南天池口之落脚荒,以耕读为业。"②这段序文将天池口与容美、巴东葛藤山三支田氏的分支始祖描述为元末明初的亲兄弟,强行建构起了二者的直接联系,但建构痕迹太过清晰,经不起推敲。

上文也已提及,田邦彦认为天池口田氏与巴东葛藤山田氏才是同宗共祖的,亦即否定了草谱中这段记载的真实性。田邦彦为确证自己的观点,还引用《容美世述录》说明田九霄为明代嘉靖时人,与元末明初的始祖田九丘非同时代人。田邦彦的判断显然是正确的。按田邦彦所说的"先世草谱序",田九霄是容美田氏的始祖、容美的第一任土司,而如前所述,容美在田九霄之前还有史籍明确记载的田光宝至田世爵共7代土司,所谓的"先世草谱序"虽有意回避,却难以掩盖这些极易求证的记载。

即便田邦彦已然做出了如上的正确论断,主持修谱的田硕卿依旧坚决反对田邦彦的判断,并另行予以论证:成化三年,容美"内难大作。其(注:即田秀)庶长子百里俾者,以谋位之故,弑其父及其嫡长兄弟五人,停袭至十余年之久。保无其间,或亲支、或五子之子,窥其包藏祸心,预避来俍(注:即长阳)者,若然,则我祖代为九霄公堂兄,于成化七年落籍,后人误以为分支耳。又况考首志公妣墓碑载:没于崇祯六年。自始祖至此仅十派,而明初迄明末则十七世,尤为时代不符也。诸本即均称九霄公与始祖为骨肉,谅非全系凿空"③。概括起来,田硕卿的论述较之田邦彦与"先世草谱序"有三点变化:第一,始迁地从蜀中州变成了容美;第二,始祖田九丘落籍长阳的时间从元末明初变成了成化七年(1471);第三,田九丘与田九霄的兄弟关系变成了堂兄弟关系。从以上三点来看,田硕卿虽然试图论证所谓"先世草谱序"关于始祖与容美同源的观点,但实际上却否定了"先世草谱"的真实性。田硕卿最大的漏洞在于,他只是猜测田九丘是容美田氏在内乱时出逃的某人后裔,完全没有任何证据。此外,

---

① 乾隆《鹤峰州志》上卷《容美土司改土记略》,载《故宫珍本丛刊·湖北府州县志(5)》,海口:海南出版社,2001年影印本,第3—5页。
② 长阳天池口《田氏族谱·谱序二》,1913年抄本。又《长阳宗谱资料初编》,第88页。
③ 长阳天池口《田氏族谱·源流考》,1913年抄本。又《长阳宗谱资料初编》,第90页。

田硕卿认为自始祖田九丘成化七年(1471)落籍至"首志公妣"崇祯六年(1673)去世,共计162年10代人是合理的,明初至明末(田硕卿所指当为崇祯六年)近260余年应该繁衍出17代人、而不是仅10代人而已,即16年一代人是合理的,26年一代人就是不合理的,以此证明田九丘于成化七年落籍长阳的合理性,这种计算方式其实是非常极端、难以采信的。

概言之,长阳天池口与容美两支田氏其实是完全不相关的,但"先世草谱序"却将二者建构为同宗的关系,虽然田邦彦力证其伪,而田硕卿以主持修谱的身份却极力维护二者的同宗关系,甚至不惜通过否定"先世草谱序"记载、严重压缩代际年龄差等漏洞百出的方式加以辩护。显然,天池口田氏中有着相当的力量始终接受与容美田氏同宗的观点,实际上,也就是对容美田氏的族群认同。

五、结语:土汉交融

《汉土疆界碑》人为地区分出了按地域区别的两个族群,但疆界的存在并未割断两边族群之间的相互认同。王明珂在探讨华夏民族与非华夏民族共建同源的历史记忆时曾说道:"华夏边缘人群华夏化的普遍策略,那就是寻得或假借一个华夏祖先传说。而对于华夏而言,'寻回失落的先人后裔'是认可这种华夏化的方法。透过这样的互动过程,华夏与新进入华夏的人群共同建立起新的历史记忆。"①本文所讨论的容美田氏和巴东等汉地田氏,似乎也可以视为王明珂此论断的微观个案:按照《汉土疆界碑》的划分方式,作为土人的容美田氏,"寻得或假借"巴东等汉人田氏的族谱、传说等建构起汉人移民祖先,同时,巴东等地的汉人田氏也"寻回"了容美田氏,双方共同建构起彼此同源的族群关系记忆,实现了土人与汉人相互之间的族群认同。

不过,在《汉土疆界碑》语境中的汉人巴东田氏等,很可能也是当地的少数民族。如此一来,非汉人族群的巴东田氏等接受容美田氏建构的祖先世系,或积极建构与其同宗共祖的关系等,就使得原本清晰可见的土汉交融变得更为复杂,或者说,土汉交融呈现出更为深刻的层面。以巴东田氏为例,因为自身的少数民族身份,在没有通谱的情况下,将自诩"中朝流寓"的容美田氏世系纳入本宗族世系中,巴东田氏也可以达到利用容美田氏系汉人移民后裔的身份间接证明自身也是汉人移民后裔的效果。这样一来,容美田氏和巴东等地的非汉人田氏,一方面通过分别建构自身的汉人族群身份实现各自对汉人族群的认同,一方面又通过彼此借鉴、接受而变相肯定对方汉人身份,进而强化双方的汉人身份,达到了一种彼此成就的效果。如此一来,非但是土人身份强烈的容美田氏实现了对汉人的族群认同,巴东等地在某些语境中以"汉人"身份出现的非汉人族群对汉人族群的认同也进一步得到强化,土汉融合不仅在汉土疆界两边得以实现,在更广阔的汉地范围内也得以深化。

作者简介:朱华,三峡大学民族学院、三峡文化与经济社会发展研究中心讲师,主要方向为中古史、民族史。

---

① 王明珂:《华夏边缘》,北京:社会科学文献出版社,2006年,第179页。

他者之眼：清末民初西方视野中的中国形象*
——以宜昌为例

曹大明 谢 晶

【摘 要】清末民初，西方人留下的关于宜昌的游记、报告、信件等珍贵文字和图片资料，记录了宜昌的山水风光、古迹建筑、人文习俗、经济社会等。西方人对宜昌形象的认知既有明显差异，也有共同点。因视野、接触、思维等方面的局限，西方人视野中的宜昌大多是贫穷落后、封闭保守、堕落原始的。其对宜昌形象的建构，既体现了西方侵略扩张的霸权主义思想，也潜藏着西方人高高在上的审视者心态。影响其建构的因素，除个人的身份、知识水平、文化素养外，更重要的是其所处的时代背景、文化土壤和以西方为中心的权力话语体系。

【关键词】清末民初；中国形象；东方学；西方视野

人类学的研究业已证明，理解一个群体或社会的历史文化，既要有历史文化拥有者主位的视野，也需要从"他群"的角度反观"我群"的认知。中国是一个历史悠久、民族众多、文化多元一体的国家。对其理解，不能只有主位"我群"的认知，还要参考"他群"的印象。长期以来，学界对中国的产生、形成及其历史文化的理解，大多来自"我群"的视野，一定程度忽略了周边的"他群"或异域的西方对中国及其形象的认知。近年来，部分学人开始重视运用爱德华·沃第尔·萨义德（Edward Wadie Said）的东方学、米歇尔·福柯（Michel Foucault）的权力话语理论体系从周边或异域的"他者"视野认识中国，并从历史文化、比较文学两个维度形成了"西方视野中的中国"研究热潮。历史文化视野方面，葛兆光[①]、陈君静[②]、吴巍巍[③]、倪文君[④]、翁伟志[⑤]等学者主要以异域或者近代某一西方人物、某一西方群体、某个西方国家为中心，分析探讨中国社会的历史文化。比较文学视野方面，乐黛云自20世纪80年代开始就致力于探索西方文化对中国的认知和比较视野观照。[⑥]周宁以大量西方文献为基础，详细阐述了西方对中国形象的建构体系。[⑦]此外，一些学者还译介了一批西方人描写中国和中国人

---

* 本文系国家社科基金一般项目"乡村主体视野下武陵民族地区传统村落振兴发展研究"（18BMZ075）阶段性成果。

① 葛兆光：《想象异域——读李朝朝鲜汉文燕行文献札记》，北京：中华书局，2014年。
② 陈君静：《大洋彼岸的回声——美国中国史研究历史考察》，北京：中国社科文献出版社，2003年。
③ 吴巍巍：《西方传教士与晚清福建社会文化》，北京：海洋出版社，2011年。
④ 倪文君：《西方人塑造的广州景观——以旅行者、传教士和使团成员的记述为中心》，复旦大学博士学位论文，2007年。
⑤ 翁伟志：《他山之石：明恩溥的中国观研究》，福建师范大学博士学位论文，2007年。
⑥ 乐黛云、勒·比松主编《独角兽与龙：在寻找中西文化普遍性中的误读》，北京：北京大学出版社，1995年。
⑦ 周宁：《天朝遥远——西方的中国形象》，北京：北京大学出版社，2006年。

的著作、游记,代表性的成果有黄兴涛和杨念群主编的"西方视野里的中国形象"丛书、"西方人眼中的中国"名著译丛,张子清主编的"西方人看中国"文化游记丛书,李国庆和耿异主编的"亲历中国丛书"等。上述研究及译介,有助于运用另外一只"眼睛"全面、深刻理解中国社会。但这些成果多从整体的角度分析中国的历史文化和形象,部分具有地方视野的研究,关注的点或区域主要集中在东部的城市或者西部的边疆,少见从中部的城市或乡村分析探讨西方视野中的中国社会文化的研究。1876年9月13日,中英签订的《烟台条约》,辟宜昌为通商口岸之一。此后,大量西方人进入宜昌,并留下一些记录宜昌的珍贵文字和图片资料。本文拟运用这些资料,以宜昌为例,分析探讨清末民初西方视野中的中国形象及其形成原因,对丰富、深化"西方视野中的中国"及近代中国史、区域社会史研究具有重要意义。

一、记录宜昌的西方人及其作品

清末民初的中国,正处于社会巨变时期,晚清政府在鸦片战争中战败,签订了一系列不平等约,中国的国门向西方敞开,越来越多的西方人进入中国。位于长江中上游的宜昌,不仅历史悠久、文化厚重,而且地理壮观、风景优美,自古以来便是许多文人墨客的游玩佳地。尤其是1877年开埠以后,除了成为长江沿线航运贸易上重要的转运点,其壮美的三峡自然风光也享誉海外,吸引了众多海外商人、军官、传教士、摄影师、作家、地质学家、旅行家、探险家、地理学家、自然学家等前往考察、居住、贸易和旅游。旅行途中或旅行以后,他们从不同角度撰写了许多记录宜昌及三峡风光的游记、报告、日记、传记、小册子等,并拍摄了大量珍贵照片。

宜昌开埠后,最先进入宜昌的一批西方人是以打开中国市场、攫取资本利润为目的的商人和为传播宗教而踏入中国的传教士。到宜昌并能将其经验浓缩为文字且较有学识的商人并不多,留下诸多文字记录的主要是受过良好教育的西方传教士。其作品主要有美国传教士韩仁敦(Daniel Trumbull Huntington)的《宜昌:通往中国西部的门户》(*Ichang: The Gateway to Western China*)、丁韪良(William Martin)的《中国觉醒》,英国传教士汉娜·戴维斯(Hannah Davies)的《在华西的山谷之间:传教纪事》(*Among Hills and Valleys in Western China: Incidents of Missionary Work*)、罗伯特·戴维斯(Robert Davidson)的《中国西部生活》(*Life in West China*)、托马斯·柯克曼·戴利(Thomas Kirkman Dealy)的《中华帝国地理略记》(*Notes on the Geograph of the Chinese Empire*),法国传教士古伯察(Evariste Regis Huc)的《中华帝国纪行》等。

官员和政治家是构成清末民初宜昌西方人群体的重要组成部分,具体包括外交官、领事、税务官、军人和不同党派的政治家,有的同时兼有医生、商人和律师的身份。他们在宜昌停留的时间长短不一,多以任职为由,带着特殊的政治目的,对长江及三峡地区进行考察和探险。也有不少西方官员将其在中国的旅行经历著述成书,在西方国家出版,以向其国人展示中国人的生活。描写宜昌的文字多穿插于他们的旅行著述中,这些作品主要有英国外交官、博物学家罗伯特·斯文豪(Robert Swinhoe)的《斯文豪扬子江上游考察报告》,军官、探险家威廉·吉尔(William John Gill)的《金沙江》(*The River of Golden Sand*),官员威廉·斯宾塞·

帕西瓦尔(William Spencer Percival)的《龙的故乡》(The Land of the Dragon),领事、律师庄延龄(Edward Harper Parker)的《扬子江上逆流行舟》,外交官谢立山(Alexander Hosie)的《华西三年》(Three Years in Western China),海关税务人员埃德温·勒德洛(Edwind Ludlow)的《海关十年报告(1882—1891)》(China Imperial Maritime Customs,Decennial Reports,1882-1891),自由党政治家璧阁衔(Clive Bigham)的《在华一年记:1899—1900》(A year in China:1899-1900),外交官奥利弗·乔治·烈悌(Oliver George Ready)的《中国的生活与户外运动》(Life and Sports in China),亨林·托马斯·韦德(Henling Thomas Wade)的的《探险扬子江流域》(With Boat and Gun in the Yangtze Valley)等。

描绘宜昌最多最详细的主要是西方旅行家、探险家和科学家。他们大多慕长江三峡之名而至。科学家以地质学家、植物学家和博物学家居多,虽然他们每次停留宜昌的时间并不太长,但许多人常常因考察或收集标本多次进入宜昌。他们细致而准确地描绘了宜昌地区的地质地貌、植物动物、资源物产等状况,对研究长江三峡地区的历史自然地理具有重要的资料价值。相关作品主要有英国旅行家托马斯·桑维尔·库柏(Thomas Thornville Coopet)的《商业先锋者游记》(Travels of a Pioneer of Commerce in Pigtail and Petticoats),天文学家约翰·詹姆斯·奥贝尔廷(John James Aubertin)的《漫游与随想》(Wanderings&Wonderings),植物学家欧内斯特·亨利·威尔逊(Emest Henry Wilson)的《一个植物学家在中国华西》(A Naturalist in Western China),美国地质学家、探险家拉斐尔·彭北莱(Raphael Pumpelly)的《穿过美洲与亚洲》(Across America and Asia),旅行家阿瑟·哈罗德·希思(A.H.Heath)的《行将消失的中国景象》,旅行家威廉·埃德加·盖洛(William Edgar Geil)的《扬子江上的美国人》,爱尔兰植物学家奥古斯丁·亨利(Augustine Henry)的《中国经济植物笔记》(Notes on Economic Botany of China),苏格兰探险家、地质勘测专家罗伯特·洛根·杰克(Robert Logan Jack)的《华夏内地》(The Back Blocks of China),德国地质地理学家费迪南德·冯·李希霍芬(Ferdinand von Richthofen)的《李希霍芬中国旅行日记》,澳大利亚旅行家乔治·厄内斯特·莫理循(George Ernest Morrison)的《1894中国纪行》等。

除了上述人群,清末民初进入宜昌的西方人还有作家、记者、摄影师。他们多从个人角度出发,感受和描写宜昌,毫不忌讳地记录所见所闻,这些资料具有一定的真实性,同时又带有鲜明的主观性。尤其是那些带着相机走进清末民初宜昌的西方摄影师,展现了一幕幕比文字更生动、真实、具体的宜昌城市和乡村风貌。这些资料主要有英国作家、摄影家伊莎贝拉·伯德·毕夏(Isabella Lucy Bird Bishop)的《扬子江流域及其腹地》(The Yangtze Valley and Beyond),作家、艺术家艾米丽·乔治亚娜·坎普(Emily Georgiana Kemp)的《晚清中华面貌》(The Face of China),记者、作家埃德温·约翰·丁格尔(Edwin John Dingle)的《步行过中国》(Across China on Foot),作家阿绮波德·立德夫人的《亲密接触中国人》及《穿蓝色长袍的国度》,摄影师约翰·汤姆逊(John Thomson)的《中国与中国人影像》,美国旅行作家亨利·奥沃森·弗兰克(Harry Alverson Franck)的《漫游中国南方》(Roving Through Southern China),苏格兰汉学家庄士敦(Reginald Fleming Johnston)的《从北京到曼德勒》(From Peking to Mandalay)等。

上述西方人的作品,多是记载清末至民国时期,西方人从重庆到宜昌顺流而下或从宜昌到重庆逆流而上的游历或考察经历,沿途的自然景观和人文景观是多数西方人观察和描写的重点。其中,部分传教士、官员、自然学者在宜昌停留的时间较长,他们或在宜昌居住传教,或在宜昌海关任职,或在宜昌及周边地区深入考察自然地理,对宜昌的城市风貌、社会经济、民情习俗、资源物产等状况有较为细致地观察和记录。相比仅是叙述穿越宜昌三峡短暂历程的游记作品而言,传教士的日记、信件、记录本以及海关官员的考察报告对宜昌社会各个方面的描述显得更为全面、细致和具体。当然,由于西方人接触宜昌社会的局限性和记录宜昌事物的有限性,他们的文字和照片不可能涉及宜昌社会的方方面面。同时,由于文字叙述本身的主观性和倾向性,这些西方人所描述的宜昌社会也不可能完全客观而准确。

二、不同西方人群对宜昌形象的认知

清末民初进入宜昌的西方人是由拥有不同身份、从事不同行业的各个群体构成,各个不同群体都有自身关于宜昌形象的认知。这些认知既有明显的差异,又共同构成了西方人对宜昌的总体认知。

1. 商人、官员和传教士的认知

19世纪末20世纪初,西方国家正处于资本主义上升时期,对财富的向往使他们对能提供资本原材料、投资场所和产品市场尤其关注,而"那时的中国由于人口众多、资源尚未开发、交通设施缺乏等原因,一直较为强烈地吸引着西方的制造商和资本家"①。所以,清末民初到宜昌的西方商人和官员大多以攫取商业和政治利益为目的,他们接触最多的是当地的官员和商人,关注和描写最多的也是与自身利益密切相关的商业贸易、交通运输、政策体制、资源物产等。商人们希望拥有更多的特权为其开拓中国市场服务,官员们则希望利用特权为资本主义发展保驾护航。尽管许多著作不乏对宜昌社会的真实描绘,但西方商人和官员仍习惯以物质和科技为尺度来衡量人类社会的发展,以财富和利益为核心来解读当地人对新事物的反感,如英国政治家劳伦斯·约翰·拉姆利·邓达斯(Lawrence John Lumley Dundas)写道:"在两三千年里,不可思议的是这些中国人一直靠在扬子江上奋力拉纤维持生存,在长久的历史中,他们却没能发明出一种简单如绞盘机这样的机械装置……这样使用蛮力干活,不运用想象力和技术创新,真让人匪夷所思和震惊,因此也使得中国在当今人类发展进程中位于各国列强之后。"②对于当地人反对在宜昌至重庆路段航行轮船的原因,英国官员威廉·斯宾塞·博西瓦尔(William Spencer Percival)分析认为,"官僚们反对轮船试航是因为他们害怕与异邦人紧密接触的后果;执政当局反对轮船试航是因为他们害怕民众陷入混乱;商人反对轮船试航是因为他们害怕洋货会降低四川货物的价格,降低了他们的利润;船主们反对轮船试航是因为他们害怕轮船占领他们的市场;纤夫和苦力反对轮船试航是因为他们担心,如果木船航运消失了,他们的生计也会不复存在"③。许多西方人习惯给中国贴上

---

① [美]M.G.马森著,杨德山译:《西方的中国及中国人观念1840—1876》,北京:中华书局,2006年,第318页。
② Lawrence John Lumley Dundas, *A Wandering Student in the Far East*. Edinburgh and London: William Blackwood and Sons, 1908, p.71.
③ William Spencer Percival, *The Land of the Dragon: My Boating and Shooting Excursions to the Gorges of the Upper Yangtze*. London: Hurst and Black, Limited, 1889, p.175.

落后保守、停滞不前的标签,往往是由于中国人极为尊崇民族文化传统,不愿改变古老的生活方式。当地民众反对轮船替代木船,技术、财富和利益固然是影响因素,但绝不是主导条件。大多时候,商人和官员无法从中国文化、民族心理的角度理解中国。

相反,到宜昌的西方传教士群体接触最多的是占人口绝大多数的下层民众。他们在宜昌的传教时间较长,与下层民众交往甚多,对地方历史文化往往有较为深入的理解。传教士维吉尔·哈特(Virgil Chittenden Hart)表达对纤夫们劳动生活的欣赏:"将传统生活方式的条条框框统统抛之脑后,这几千名苦力一直以这样简单而又古老的方式生活着,这种无所畏惧、惊险刺激的生活方式确有其魅力所在。"①然而,传教士仍不忘其传教的重要职责和最终目的。由此,在许多记叙宜昌的基督传教士著作中,他们一方面选择性地记述当地人缠足、吸鸦片、嗜酒、肮脏、迷信等社会陋习,以此证明其传教的必要性和合理性,如《妇女传教使团新闻》(News of Women's Missions)在《宜昌:一个信奉异教的城市》(Ichang:a beathen city)中报道:"任何一个哪怕只有一点爱心的人,在参观完整个异教徒之城(宜昌)后,无不怜悯这样一个悲惨、堕落、罪恶、无知、迷信、崇拜偶像、不卫生、肮脏和充满疾病的地方。人们的生命价值很卑微,小孩和女人甚至更低。稍微比较下信奉佛教的结果和基督教国家所领受的祝福,能使任何热心的目击者化悲痛为力量——要把基督的福音传给中国。"②另一方面,他们又不断讲述当地人的善良、忠诚、热情和乐于助人,以此证明其传教的现实性和可行性,如韩仁敦神父谈论鄂西人言:"(湖北)西部的人更野蛮不讲理,不管怎样,他们都不是很坏。"③

总体而言,西方商人、官员和传教士因其身份背景、利益诉求不同,接触群体有别以及所驻时间长短各异,对宜昌的看法和描述有所差异。商人、官员对考察游历的三峡景观和航道描写较多,着重于政治、技术和物质层面的描写。传教士更关注当地居民的社会生活,着重于文化、精神和信仰方面的刻画。传教士笔下的宜昌形象多是肯定的,商人、官员的报告、著述则以否定描述居多。

2.自然与人文学者的认知

西方的自然学者如地质学家、博物学家、植物学家等到中国,其主要目的是考察当地的自然环境和采集动植物标本。植物学家欧内斯特·亨利·威尔逊曾雇用许多当地农民帮忙进行植物标本采集,在采集前也会对这些农民进行一段时间的培训。由于和当地人相处时间较长、接触较深,彼此间的关系较为友好,他们在著作中常常赞美他们的勇敢、勤劳、忠诚和睿智,对于中国人的生活方式也能持理解认同的态度。相反,许多人文学者来到宜昌,大多只是短时期的观光游览,接触到的人、事非常有限,对当地人的认知多停留在表面。如著名记者、作家埃德温·约翰·丁格尔在其旅行中由于不解中国人冬天衣物的粗糙廉价和纤夫艰难贫困的生存方式,进而对当地的文化形成浅薄认知,"我发现中国人对恶劣的生活现状麻木不仁,这样的国民性格,难以升华成从上流社会到社会底层共同遵守的普世哲学""他们一辈子都在挣扎,除了挣扎,他们不知道活着还有什么意义"④。而且,由于当时战乱的时代

---

① 李亚隆主编:《20世纪之交的三峡宜昌(第一部)》,北京:中国文史出版社,2017年,第178页。
② "Ichang:a Heathen City", News of Women's Missions, 1913, p.83.
③ 李亚隆主编:《20世纪之交的三峡宜昌(第二部)》,北京:中国文史出版社,2017年,第123页。
④ Edwin J. Dingle, Across China on Foot:Life in the Interior and the Reform Movement.1911, New York:Henry Holt and Company, 1911, p.15, p.38.

背景,当地人大多对这些异域来访者充满敌视和仇恨,常常导致旅行者对当地人的恶劣印象,肮脏、贫困、愚昧、粗鲁等字眼便出现在许多西方人文学者的著作中。

当然,也有部分汉学家能对当地社会生活形成比较客观的理解,如著名汉学家雷金纳德·弗莱明·庄士敦认为,纤夫们"尽管工作辛苦,但他们的生活方式是健康的,而且从中国人的角度来看,他们的日常饮食丰富而营养。更重要的是,他们的工作在一定程度上是有趣的,其工作性质也决定了它不会是单调乏味的"①。

总体来说,从西方到宜昌考察的自然学者因其考察地域较广、停留时间较长、接触乡民较多,对宜昌的认知往往更加真实和全面;游历观光的旅行作家因其视野局限和观念偏见,对宜昌的认知更偏向个人化和表象化。

3. 男、女两性的认知

清末民初进入宜昌的西方女性,部分是传教士,如汉娜·戴维斯(Hannah Davies)、穆秉谦(Mary Emilia Moore)、范楷迪(Catherine Graham Fraser)和E.W.史密斯(E.W.Smith)等。另有许多女性是随丈夫到宜昌,如随商人立德到中国的阿绮波德·立德夫人、随外交家沃尔特·汤利(Walt Townley)爵士到中国的苏珊·汤利(Susan Townley)夫人,与传教士丈夫同在中国的阿诺·佛斯特夫人(Mrs Arnold Foster)和玛丽·波特·格姆维尔(Mary Porter Gamewell)。此外,也有许多西方女性为游历考察独自到宜昌,如旅行作家伊莎贝拉·伯德·毕夏、伊丽莎·西德摩尔(Eliza Scidmore)、艾米莉·乔治亚娜·坎普和格雷琴·美·费特金(Gretchen Mae Fitkin)。相较男性而言,提倡平等自由的西方女性更关注妇女和儿童的生活,更关注处于社会底层并受到不公平对待的普通人,更擅长以细腻和感性的笔触描绘许多西方男性所塑造的堕落、停滞、落后中国形象的另一面。如最先到宜昌的三位女传教士穆秉谦、范楷迪和史密斯,她们在宜昌先后创办女子寄宿学校、妇女培训学校、女子日校、专门救治妇女和儿童的仁济医院以及慈善救助所,以期教授宗教文化、解放妇女思想、改善贫困疾病、传播基督福音。②范楷迪在《宜昌妇女学校》中写道:"中国的成年妇女长期被关闭在门帘后面,一年仅能出门二三次。看到她们完全违背意志地顺从于丈夫、婆婆和嫂子,看到她们那双被紧夹着的小脚,看到她们被束缚而不能接受教育的情形,难道我们不应该竭尽全力去解救她们?"③对于女传教士来说,帮助和救赎普通民众尤其是底层妇女是传播基督信仰、改善中国社会的重要途径。

通过分析上述官员、商人和传教士,自然学者和人文学者,男性和女性三组不同人群对宜昌的认知,可发现西方人对宜昌的认知主要有三个特点:一是由于各个职业、文化群体不同的利益诉求、价值观念乃至个人的独有经验,不仅表述者与被表述者之间存在距离,有相同文化背景的不同表述者的表述也会存在差异;二是西方人对宜昌地理地形的细致考察、对长江峡谷航行途中艰难险阻的详细描绘、对宜昌周边动植物与资源物产的反复探寻,可以看到西方人认识宜昌的背后,潜藏的是打开"西南门户"的殖民意识以及将宜昌作为"莽

---

① R.F. Johnston, *From Peking to Mandalay: A Journey from North China to Burma through Tibetan Ssuchuan and Yunnan*. London: John Murray, Albemarle Street, W., 1908, p.30.
② 李明义:《洋人旧事》,宜昌:三峡电子音像出版社,2016年。
③ Catherine Graham Fraser, *A Women's School for Ichang. News of Women's Missions*, 1904, p.4.

荒奇异未开化之地"的侵略扩张心态;三是西方人大多集中观察和描写的是他们所认为的宜昌社会否定、负面的事项,比如经济落后、物质匮乏、生活贫穷、环境原始荒芜、城镇脏乱破败、社会混乱且陋习严重、资源丰富却未能有效利用、技术落后却因循守旧、思想保守却不知变通、信仰愚昧却排斥外来文明等。在所有这些否定和负面意象的组合下,建构的是一个贫穷落后、封闭保守、堕落原始的宜昌形象,折射出西方人高高在上的审视者心态和以西方为中心、"欧洲"更优越的"东方学"视野乃至话语背后隐形的权力主导和建构体系。

三、西方人对宜昌形象认知的局限

视野的狭隘、接触的局限、思维的偏见,导致场所选取和人群描绘单一且固定,多数西方人记叙的宜昌大多是否定的、片面的、浅显的,对宜昌社会的观察和描述也多从东方主义的模式出发,以殖民心态审视宜昌社会和宜昌人,对宜昌的观念看法和价值判断也离不开明显的西方模式。

1. 视野狭隘:固定场所的选取

宜昌的西方人大多是为考察或游历宜昌三峡慕名而到达当地,除了西方传教士停留时间较长外,多数商人、官员、旅行家、科学家、探险家、作家等在宜昌停留时间较短,常常只是几个月甚至几天,有的更是简单描述其乘船过三峡途中所看到的宜昌及其周边地区的自然景观和人文风貌。由此,以木船上的作者为中心,就视野所及的事物而言,帆船、长江、峡谷、山峰、植被、险滩、急流、岩石、城墙、村镇、郊区、农舍、农作物、坟墓、宝塔、寺庙……由大至小,由远及近,由浅入微,这些景观和事物构成西方游历者集中关注和描绘的对象。如果仔细浏览西方旅行家所拍摄和描绘的三峡风光,不难发现帆船、峡谷、宝塔、寺庙的出现频率是最高的。

宜昌作为中国的一部分,其形象与西方人对中国的固有认知密切相关。当一个西方人在已有印象的前提下进入和描写宜昌时,往往带有先入为主的偏见,导致其观察视野受限,注意和描写的事物固定而单一。于是,西方人记述宜昌时,经常出现"和中国其他城市一样""和中国其他地区一样""和其他地区的中国人一样"等语。即使是影像图片,摄影师为"迎合同时代受众的审美标准、好奇心以及欲望"[1],在选景、拍摄、调色、构图等方面也会不自觉地选择已定形的中国形象,导致其拍摄事物的单一和类型化。尽管这些图片和文字确实再现了宜昌的许多真实场景,然而"它们依然只是欧洲对中国观感的一部分,它们反映的中国,很少是中国人眼中的中国"[2]。这也恰如一些学者认为,"读者在现实中的经历为其所阅读的东西所决定,但这反过来又影响作家去描写那些为读者所事先确定的东西"[3]。

总之,任何图片和文字都是制作它的人的主观意志的产物。不同的人对同一事物的重

---

[1] 姚斌:《中国的影像与影像的中国——约翰·汤姆森与中国形象》,《国际汉学》2016年第1期。
[2] [英]何伯英(Grace Lou)著:《旧日影像:西方早期摄影与明信片上的中国》,张关林译,上海:东方出版中心,2008年,第67页。
[3] [美]爱德华·W.萨义德:《东方学》,王宇根译,上海:上海三联书店,2000年,第122页。

复描述,往往会使其深入人心,从而造成异域旁观者的错误印象,将其当作一个民族或一个地方的标志。在很多西方人看来,庙宇是宜昌乡村的一种普遍认知,但"事实上还有许多乡村根本没有庙宇"①。就摄影而言,如果拍摄的不是代表中国的文化符号,摄影师可能会选择性放弃。可见,摄影是一门新的摄像艺术,但不是新的观看方法。②

2. 接触局限:固定人群的描绘

到宜昌的西方人在其接触有限的人群中,重点描述的当地人多是随船航行的船员、翻译、厨子,沿途看到的纤夫、苦力、工人,吸引目光的街头小贩、缠足妇女和鸦片烟鬼,以及可能需要打交道的少数官员、热情的两三户山里人家、打闹玩耍的几个孩童。除了与随行船员、翻译相处时间较长外,许多西方人和当地人的接触极少,即使少数几句交流也只能靠翻译来传达。可以说,清末民初到宜昌旅行和考察的西方人对大多数当地人并不了解,他们的很多描述都是来自以往西方人对中国人的既有认知。首先,由于踏足区域有限,数量较多的底层农民是西方人接触和描绘的中心;其次,由于语言交流障碍,当地人的外貌打扮和行为举止是西方人描述和关注的重点;最后,由于既有认知,西方人对任何地方的中国人的解读往往不能脱离属于东方国家的中国的先入为主的一系列特征,"不管特定的例外事件有多么例外,不管单个的东方人能在多大程度上逃离在他四周密置的藩篱,他首先是东方人,其次才是一般意义上的人,最后还是东方人"③。由此,在已有观念的主导下,西方人常常忽略了他们"所看到的仅仅是中国人外在的生活模式",他们"并没有机会去了解中国人内部或者家庭式的节日庆祝模式,甚至一些日常生活的惯例也很难知晓"④。

3. 思维偏见:以西方模式为参照的价值评判

19世纪末20世纪初的西方正处于资本主义上升时期,绝大部分西方人对自身的政治、经济、文化都极为自信和推崇,认为自己的政治自由而平等,经济繁荣而进步,文化独特而优越。受到政治环境和主流价值观的影响,他们形成了许多对宜昌社会狭隘而负面的认知。由此,西方人往往不是根据中国自身的历史文化背景来研究中国文明,而是将其同西方的文明做比较。在精神层面,西方人习惯根据自身历史文化传统中形成的所谓的"文明""进步""自由"的道德观念和价值尺度去评判有不一样历史文化传统及思想体系的中国社会和中国人。比如在许多西方人看来,中国人的日常生活是单调枯燥的,三峡渔民一成不变的船上生活更是如此,因为"他们没有轻松的文学,没有运动,几乎没有报社,没有画廊,没有音乐会,没有乐队"⑤。对待中国人的宗教信仰,E.A.罗斯(Edward Alsworth Ross)明显怀有狭隘的偏见:"放眼望去,中国宗教带来的成果也就是无数肮脏、破败的寺庙了。无数泥土塑成的庞大神像都以一种凶恶的表情在展示着威严。……那些迷信而荒唐的信徒们往往都是为了最实际的目的而磕头或者祷告——都是敷衍了事而已。"⑥由此,呆板、保守、愚昧、逆来顺

---

① [美]明恩溥著:《中国的乡村生活:社会学的研究》,陈午晴等译,北京:中华书局,第103页。
② [英]何伯英:《旧日影像:西方早期摄影与明信片上的中国》,张关林译,第67页。
③ [美]爱德华·W.萨义德著:《东方学》,王宇根译,上海:上海三联书店,2000年,第133页。
④ [美]威廉·亨特:《天朝拾遗录:西方人的晚清社会观察》,景欣悦译,北京:电子工业出版社,2015年,第241页。
⑤ [英]立德夫人:《亲密接触中国——我眼中的中国人》,杨柏等译,南京:南京出版社,2008年,第131页。
⑥ [美]E.A.罗斯:《变化中的中国人》,李上译,北京:电子工业出版社,2016年,第144页。

受、注重实利、漠视生命等构成许多西方人按其精神文明标准来评判的中国人的主要特征。

在物质层面,西方的物质文明也深刻影响着西方人对中国及宜昌的认知。19世纪末20纪初的西方在物质文明上取得巨大成就,在许多西方人看来,中国人不仅居住穿着简陋不堪、极不舒适,而且各种饮食简单粗糙、缺乏营养。如埃德温·约翰·丁格尔写道:"中国人还常常饱受严寒之苦,这对我来说实在是不可理解的事情……普通中国老百姓不穿任何形式的内衣裤……臃肿的衣物穿在身上就像全身挂满了许多大包,而且风可以从宽宽的裂缝中灌进去,冷冽入骨。"①即使是传教士,也经常通过建学校、办医院、组织慈善活动等方式向中国宣扬西方物质文明的优越性。如《妇女传教使团新闻》记载:"宜昌没有专门为聋哑人、盲人或精神病人设立的机构。这里除了一家专门为修造铁路员工设立的医疗机构外,当地没有医院。直到最近,当地还是没有给女孩子设立学校。"②

总之,西方人对宜昌社会的观照,往往是以西方模式为起点,受西方思维方式和认识框架的支配。由于这些西方人拥有大量的共同经历、许多共同的特征、模式、行为方式和看法,加上共同的职业、成见和地位,很多时候,"他们是从完全相同的窗口观望世界的人们,因而也是趋于对他们所看见的事物获得完全相同看法的人们"③。他们无法从中国文化角度进行深入理解宜昌,一方面是受制于西方固有的政治、经济和文化背景,另一方面也是对当时中国了解不够,因而造成误读和曲解。

四、影响西方认知宜昌的主要因素

就西方人的著述而言,个人的视野和感受受其生活环境、经验、知识、观念、情感等诸多方面的潜在限制,对任何事物的描述难以完全客观而准确。西方人对宜昌形象的认知既离不开西方固有政治、经济、文化背景下的"集体想象物"印记,也离不开个人的独有经验。而影响西方人认知的主要因素除个人的身份背景、知识水平、文化素养外,更重要的是其所处的时代背景、文化土壤和权力体系。

1. 身份背景、知识水平和文化素养的差异

拥有不同身份和职业背景的传教士、官员、商人、自然学者、人文学者等不同西方群体,因其到华目的和个人经验的不同,对宜昌的认知也有所差异。个人经验除包括旅行时个人在特定时段、特定区域的所见所闻,在宜昌停留的时间长短,与当地人的接触深浅等有所不同外,还包括旅行前影响其认知的个人不同的知识水平和文化素质。综观到宜西方人,可以发现他们绝大多数具有相当高的学历,受过良好的高等学校教育,可以说拥有很高的知识水平和文化素养,部分西方人更兼有自然和人文方面的诸多知识。他们的知识水平和文化

---

① Edwin J. Dingle, *Across China on Foot: Life in the Interior and the Reform Movement.1911*, New York: Henry Holt and Company, 1911, p.15.
② *Ichang—a eathen City. News of Women's Missions*, 1913, p.84.
③ [美]哈罗德·伊罗生著:《美国的中国形象》,于殿利等译,北京:中华书局,2006年,第264页。

素质决定和塑造了他们对宜昌乃至中国的认知。由此,也就不难理解为什么许多西方人能够从自然和人文的角度描述宜昌社会的诸多层面。但他们的描述和理解仍然不能脱离其自身民族的文化传统、思维方式和个人的性格倾向,以致对宜昌乃至整个中国的文化、习俗、政治和经济的认知并非完全客观而准确,正如克利福德·格尔兹(Clifford Geertz)所言:"很多民族独特的文化观念和信息用其他民族的概念是无法表述的,这不是一个语言翻译的问题,而是文化本身所具有的嬗递性、背景性以及无法言传的民族性的问题。"①

2."东方主义"的文化分野

爱德华·沃第尔·萨义德曾提出一个经典论题:"东方学是西方用来表述、构建和控制东方的一种方式,是人为创造的理论和实践体系和强加于东方之上的政治学说,旨在为东西方建立一个明显的分野,以突出西方文化的优越性。"②就此而言,西方对东方的研究要么深深植根于致力征服和掠夺的殖民主义和霸权主义心态,要么离不开西方文化传统对中国带有偏见的旧式理解。在清末民初西方人对宜昌的诸多理解和描述中,即带有明显的"东方主义"色彩。这些西方人常常表现出"运用东方主义研究的词汇和术语把东方的事物进行分类,将其归整为一个个容易被驾驭的'单位'"③的倾向。比如,他们常常习惯把所看所知所感与自己曾出生成长的国家做间接乃至直接的对比,而流露出西方社会的优越、文明与进步,当地社会的原始、落后与野蛮。宜昌,构成了西方人眼中中国的一部分;宜昌人,也代表了西方人眼中的中国人。而由于知识结构乃至价值观念的差异,他们往往以浅显、狭隘、片面的视角和一成不变的观察模式描述自己其实了解得极其有限的宜昌及宜昌人,接着将其划入以往对中国的普遍、固定的"东方主义"认知:保守、落后、贫穷、脏乱、愚昧。因为西方的工具和技术更加省力便捷,城市更加干净整洁,人民更加礼貌文明。然而对宜昌人来说,西方人眼中落后的帆船等事项却是维系他们交际、娱乐、工作、文化、生活等各方面必不可少的纽带。

当然,也有学者与萨义德等人持相反的看法,比如史学家阿里夫·德里克(Arif Dirlik)认为,"在西方人对东方人的表现中,权力很少完全集中在西方人手里;相反,权力往往是分散的,很大一部分掌握在东方人手里"④。换言之,宜昌形象,一定程度上是宜昌人自我建构的。毕竟,在西方人对宜昌形象的建构中,"我群"绝不是被动者和沉默者。就博物学家而言,因语言交流障碍,他们往往需要当地人的帮助和指导才能完成相应的考察,其"权威性及控制力其实颇为脆弱"⑤,当地人"对他们所参与的活动持自己的看法,而且也会依照他们自己对这些事件与过程的看法来思考与行动"⑥。然而,笔者认为,在特定的历史情境和政治现实

---

① [美]克利福德·格尔兹:《地方性知识》,王海龙等译,北京:中央编译出版社,2000年,第45页。
② [美]爱德华·W.萨义德:《东方学》,王宇根译,上海:三联书店,2000年,第258页。
③ [美]爱德华·W.萨义德:《想象的地理及其表述形式:东方化东方》,张京媛译,载张京媛主编《后殖民理论与文化批评》,北京:北京大学出版社,1999年,第45页。
④ [美]约翰·海达德:《中国传奇:美国人眼里的中国》,何道宽译,广州:花城出版社,2015年,第8页。
⑤ [美]范发迪著:《清代在华的英国博物学家:科学、帝国与文化遭遇》,袁剑译,北京:中国人民大学出版社,2011年,第206页。
⑥ [美]范发迪:《清代在华的英国博物学家:科学、帝国与文化遭遇》,第246页。

下,尽管宜昌人有选择地输出自己的文化,有意识地向西方人提供少数便利,有报酬地给予西方人劳力协助,但碎语只言、残章断简撑不起整体形象的构建。而且,"我者"只是在向"他者"陈述和展示自己(也不是全部),组织、理解、撰写、排版、传播的关键仍在于"他者"。因此,影响形象构建的主要因素和主导形象传播的主体权力依然来自西方。

3. 文化接触的不平等:殖民主义的霸权心态

文化与权力不可分割,超越权力的文化是不存在的。福柯认为,文化是随着权力而产生的,文化的发展离不开权力。爱德华·沃第尔·萨义德也说过,文化是一种话语,话语是一种表述,表述本身即权力。①雅各布·坦纳(Jakob Tanner)也认为:"文化接触和跨文化关系的历史表明,在这种文化交流中,各种文化的影响力是不一样的,不平等和压迫曾占主导地位。"②因此,在权力关系、支配关系和力量关系的主导下,西方国家的殖民主义霸权心态不仅表现在军事、政治、经济等方面,更深刻地体现在文化上。19世纪末20世纪初,两次鸦片战争和甲午战争的失败,中国被迫对外打开大门,政治上处于明显的弱势地位,清末保守政府的腐败与落后,也使得中国在科学、经济和军事方面与西方有着巨大的差距。这些到宜的西方人,他们不可能忽视这样的现实环境:"他与东方的遭遇首先是以一个欧洲人和美国人的身份进行的,然后才是具体的个人。"③他们也不可能脱离帝国主义国家的政治历史、力量现实和积淀深厚的文化传统。

首先,就19世纪末20世纪初到宜旅行的西方人而言,可以发现他们大多是"英国皇家地理学会"的成员,多以考察为目的,急需解决诸多问题:蒸汽轮船是否能在长江上游航行,安全性如何?中国能通行的帆船是怎样的构造,他们又是如何顺利通行的?宜昌的商业前景如何?是否有望打开中国西部市场?等等。

其次,许多西方人在描述宜昌社会时都不自觉地体现出文化上的优越感和观念上的偏见与歧视。比如在描写纤夫拉纤时,一些西方人常常使用"嚎叫""疯狂""魔鬼""像大象一样跺脚"等极具负面意义的字眼,他们把躺着的纤夫比作"一排排的香肠",将睡觉的纤夫比作"死鱼",把呐喊的纤夫比作"咆哮的野兽",把雇用的仆人形容成需要管理的"财产"。如苏珊·汤利对当地纤夫的形容:"多么悲苦的汉子们呀,在日晒雨淋的艰苦条件下讨生活,非人般地卖力也只能获得一星半点的回报,和英国农场里的牲畜相比,他们的伙食和待遇都相差甚远。"④亨利·奥沃森·弗兰克也写道:"这些人特别喜欢挤在一起,半裸着躺在短小的硬木板铺位上。在行船穿过峡谷时,他们酣然大睡,嘴巴大张,苍蝇盘旋在周围,如同死鱼一般。"⑤

最后,即便是自诩为拯救中国而至的基督教徒们,他们的著作"是把中国看作一个要调查的对象或者是一个要征服的国家,而不是要了解的国家……满足于死抱住自己的信念,'他们(指中国)除了接受基督教的自由化和幸运的影响外,是没有改善的希望的'"⑥。在帝

---

① [美]爱德华·W.萨义德:《东方学》,第8页。
② [瑞士]雅各布·坦纳:《历史人类学导论》,白锡堃译,北京:北京大学出版社,2008年,第159页。
③ [美]爱德华·W.萨义德:《东方学》,王宇根译,上海:上海三联书店,2000年,第15页。
④ 李亚隆主编:《20世纪之交的三峡宜昌(第二部)》,北京:中国文史出版社,2017年,第167页。
⑤ Harry Alverson Franck, *Roving through Southern China*. New York & London: The Century Co, 1925, p.625.
⑥ [英]雷蒙·道森著:《中国变色龙——对于欧洲中国文明观的分析》,常绍民等译,北京:中华书局,2006年,第173页。

国主义和殖民主义的历史文化背景下,在中西力量对比突出的显著差异中,到宜西方人在记录宜昌时往往不自觉地流露出高高在上的霸权主义心态,塑造出贫穷、原始、野蛮、滞后、低劣的宜昌形象,具有强烈的意识形态色彩。

4. 文化本位主义:"自我"—"他者"观念

萨义德在《东方学》中认为,无论任何时代和社会,每一种文化的发展和繁荣都需要与之相对立的"他者"存在,因为"自我"身份的建构往往离不开对与自己相反的"他者"身份的建构,离不开对与"他者"特征的描述和阐释。①法国著名学者达尼埃尔·亨利·巴柔(Daniel Henri Pageaux)也认为,所有文化都是在与其他文化的对立和比较中确定的,"我"描述的"他者"同样传递了"我"的某种形象。②其实,无论是个人、集体还是国家,都不可避免地表现出对"他者"的否定,进而言说和肯定"自我"。③任何文化为确认自身的价值和促进自身的发展也需要与其他文化进行比较,在比较中树立一个竞争者和对立面。因此,"他者"是"我"创造出来用以言说自我的方式,而且"他者"的性质常是否定和负面的。清末民初西方人描绘的宜昌原始荒芜、脏乱拥挤、土匪横行、乞丐遍野、赌博、吸鸦片、缠脚陋习等,其背后建构的是一个呈负面意义的贫穷落后、愚昧堕落、封闭保守的"他者",凸显的是西方人的优越、进步与开放的"我者"形象。

与此同时,西方人建构的宜昌或者中国形象不是一成不变的,在不同的历史环境之下,作为他者的宜昌,其表现方式是动态变化的。"如果西方文明感到充分自信,那么这个'他者'形象就变得低劣、邪恶;如果西方文化对自身产生疑虑,这个'他者'形象就有可能被美化,成为西方文化自我批判与超越的尺度。"④所以,不难发现,西方对宜昌或中国的看法,反映的是西方自身的某种需要,而不完全是作为他者的宜昌或中国的变化。自启蒙时代以来,西方社会形成了理性、自由、民主、进步、繁荣的主流价值观,他们眼中的东方人是堕落、野蛮、专制、愚昧、停滞、落后的。19世纪西方人所塑造的"专制、停滞、野蛮的中华帝国"三种形象类型,是西方自由、进步与文明的现代性主导价值下被否定的他者。清末民初西方视野中宜昌形象,"既能为西方现代性自我认同提供想象的基础,又能为西方殖民扩张提供有效的意识形态意义,帮助西方现代文化完成自我认同并确认西方中心的地缘文明秩序"⑤。西方人在描述他者文化时总是无法脱离深层次的"自我"意识,无法脱离自身的现实动机和文化心理,尤其是19世纪末20世纪初在帝国主义国家强烈的殖民主义霸权心态的影响下,西方人常常通过对"异文化"的否定和负面描述,证明"自我"文化的优越性,并将其作为意识形态工具进而证明其侵略和扩张的合法性。事实上,"世界文明格局并不是文明与野蛮的二元对立……世界历史也不再体现为文明与野蛮的关系,而是文明与文明的关系"⑥,二

---

① [美]爱德华·W.萨义德:《东方学》,第426页。
② [法]达尼埃尔·亨利·巴柔:《从文化形象到集体想象物》,孟华译,载孟华主编《比较文学形象学》,北京:北京大学出版社,2011年,第144页。
③ [法]达尼埃尔·亨利·巴柔著:《形象》,孟华译,载孟华主编《比较文学形象学》,第157页。
④ 周宁:《天朝遥远——西方的中国形象研究》,北京:北京大学出版社,2006年,第235页。
⑤ 周宁:《天朝遥远——西方的中国形象研究》,第804页。
⑥ [德]奥斯瓦尔·斯宾格勒著:《西方的没落》,吴琼译,上海:上海三联书店,2006年,导言。

元对立的世界观只是西方创造出来的用来表现自身的工具。

综观清末民初到宜旅行或考察的西方人的著作,不难发现其中渗透着强烈的"自我"意识乃至强烈的文化本位心态。这些西方人著作大多描写宜昌贫困、肮脏、混乱、堕落、保守、迷信等特点,却选择性地忽略所见所闻中的真实情景,特别是当地的优秀文化。少数西方人对宜昌也有欣赏性和赞美性的论述,但它们依然是西方人自身文化价值观的体现,渗透着强烈的思乡怀旧情绪,其立足点和出发点依然是作为"自我"的西方。

五、结　语

清末民初,许多西方人进入宜昌,他们或旅行,或探险,或经商,或传教,或任职,留下许多包括日志、报告、游记等方面的珍贵文字和图片资料。这些资料涉及宜昌的地质地貌、山水风光、古迹建筑、人文习俗、经济社会等各个方面,或宏观而直接的描绘所见所闻,或针对某个具体事象进行微观考察。其文字描述中不时夹杂着明显的主观态度和评价,描述对象的选取也带有鲜明的目的和趋向性,反映了西方人在其特有文化背景下对宜昌形象的复杂认知。

位于山地之间河流之滨的宜昌,不仅拥有波澜壮阔的长江三峡风光,而且形成了独具特色地方历史文化。其险滩、急流、漩涡以及原野、植被、动物,共构了宜昌及其周边壮丽多姿、生机盎然的自然景观,并在西方人的著作中留下浓墨重彩的一笔。在西方人看来,宜昌及其所辖城镇大多贫穷而脏乱,而分散于山谷中的村落往往优美而和谐。除了多种多样、各具特色的木制帆船,长江沿岸纤夫拉纤的劳动场景也给他们留下了深刻的印象。那些构造简单、样式有别的农舍,占据大片土地的简陋土坟,数目繁多、精致优美、受人敬重的寺庙、宝塔、神龛同样成为西方人集中关注和描述的宜昌人文景观。然而,由于文化差异和沟通障碍,多数西方人未能深入体验和融入宜昌,只是较为集中地描绘了其所接触有限的纤夫、船夫、官员和少数村民,对其形成的认知大都片面而浅显。同时,西方人关注和描绘了宜昌的资源、生产状况、商业贸易、往来交通、政策体制和文化教育,尤其重点描述了长江宜昌段的民船航运状况。此外,少数西方人也较为细致地观察到宜昌的民情习俗,并着重描述了宜昌人在航行中的各种仪式以及重风水的迷信、街头的乱象、地方的陋习。

总体而言,西方人建构了一个贫穷落后、封闭保守、堕落原始的宜昌形象。一方面,他们大多细致考察和描绘了宜昌地区的地理地形、长江峡谷行进的艰难险阻以及宜昌周边的资源物产和生物价值,体现了西方人将宜昌作为"西南门户""资源富集区""未开化之地"的好奇觊觎、侵略扩张的殖民主义心态和霸权主义思想。另一方面,他们集中观察和描写了他们所认为的宜昌社会负面的事项,比如经济落后、物质匮乏、生活贫穷、环境原始荒芜、城镇脏乱破败、社会混乱且陋习严重、技术落后却因循守旧、思想愚昧却不知变通。其背后折射的是西方人对自我物质优越、技术先进、文化进步、思想开放的肯定,潜藏着西方人高高在上的审视者心态和以西方为中心的权力话语体系。西方人对宜昌视野狭隘、接触有限、思维偏见认识的形成,一方面是因为帝国主义霸权意识和殖民主义文化心态是当时西方社会的主流,另一方面与"我者"和"他者"的文化分野密切相关。在"东方主义"固有体系的文化分野下,西方人眼中的宜昌和宜昌人是需要批判的、同情的,其认知的出发点是典型的"欧洲中心主义"、文化本位主义。

作者简介:曹大明,三峡大学民族学院教授,博士生导师;谢晶,三峡大学民族学院硕士研究生。

苦难的言说
——以一项抗战口述访谈为中心*

罗衍军

【摘　要】以一项对黑龙江、吉林、山西、河南、山东、湖南等地239名抗战亲历者所进行的抗战时期乡村生活史口述访谈为中心,考察抗战时期民众苦难的生成、类别、特点及转化过程。通过分析口述访谈史料,透视苦难言说所呈现的多维面相,阐释苦难言说中屈辱与庄严因素的凸显及前者向后者的转换过程,并进一步考察苦难表达的可能性问题,探究抗战主流叙事与本体叙事的关系演化,以推进抗战史与口述史研究。

【关键词】抗日战争;口述访谈;苦难;屈辱;庄严

引　言

1931—1945年间日军对中国的侵略压迫,给中华民族造成了沉重灾难。面对日军的野蛮入侵,中国人民进行了持续不断地抗争。抗日战争,成为中华民族争取民族独立和人民解放事业的重要一环。学术界对抗日战争进行了广泛的研究,提出了不少卓有新意的观点。抗战口述和抗战记忆研究,作为抗战史研究的重要组成内容,正逐步受到学术界的重视,近年来相关史料集和研究论著相继面世,有力推动了抗战史研究的进一步深入。张宪文主编的72卷本《南京大屠杀史料集》,包含有大量有关南京大屠杀的日记、证言、口述调查等珍贵资料。[①]崔永元策划制作的《我的抗战》纪录片和同名图书,以大量参战士兵的口述史料,展现了时代大变动中个体命运的嬗变。[②]孙成德、孙丽萍主编的《山西抗战口述史》是一部山西抗战口述史料集,具有较强的学术价值。[③]李小江主编的《让女人自己说话·亲历战争》一书则包括了多位女性在抗战时期的口述经历内容。[④]在研究论著方面,陈旭清以对山西省所进

---

* 本文为国家社会科学基金项目"革命动员与山东乡村社会变迁(1937—1945)"(14BZS044)的阶段性成果。
① 张宪文主编:《南京大屠杀史料集》,南京:江苏人民出版社,2014年。
② 《中国传奇2010之我的抗战》节目组:《我的抗战:300位亲历者口述历史》,北京:中国友谊出版公司,2010年;"我的抗战"节目组:《我的抗战Ⅱ》,北京:中国友谊出版公司,2012年。
③ 孙成德、孙丽萍主编:《山西抗战口述史》(上、中、下),太原:山西人民出版社,2005年。
④ 李小江主编:《让女人自己说话·亲历战争》,北京:生活·读书·新知三联书店,2003年。

行的抗战口述史料为研究中心,对抗战记忆的内容、特征进行解读。①刘燕军剖析了南京大屠杀记忆的建构过程。②高蕊对中华人民共和国成立后官方抗战记忆的"文化失忆"现象进行了阐释,指出正是国族受难经历与阶级创伤宏大叙事之间的逻辑冲突在某种意义上阻抑了抗战创伤叙事的形成。③柯博文(Parks M. Coble)考察了抗战叙事的变迁过程及缘由。④这些研究成果,在史料运用和观点创新等方面向我们展现了学术界在相关领域的可喜进展。同时,总体而言,学术界在抗战口述史料的搜集分析、抗战时期民众生活状况和心态变迁等方面的研究,还需要进一步推进。正如拉里(Diana Lary)与麦金农(Stephen Mackinnon)所指出的那样,尽管南京大屠杀事件已受到重视,但成百上千起抗战时期的屠杀事件仍未被人们所充分了解,"许多中国受害者未能幸存,他们并未留下有关其苦难的书面记载","我们对(日本侵华)给中国民众所造成的经济、社会、政治和心理创伤还所知甚少"⑤。本文以一项抗战口述访谈为中心,以受访者的苦难言说为考察视角,试图进一步探究日军侵略给广大民众所造成的身心伤害,揭示民众抗战记忆所展示的行为和心态嬗变。

本口述访谈项目为2003年由郭世佑组织的《民间记忆——中国抗战口述调查》,该项目主要对乡村民众的抗战时期生活状况、心态变迁等口述史料进行搜集整理,访谈集中在2003年7—9月进行,采访人员由9人组成,分别在以下6省中的12个县(市)进行抗战亲历者口述访谈工作:黑龙江省绥滨县(邱巍)、吉林省榆树市和舒兰市(王彦章)、吉林省梅河口市和东丰县(谭玉秀)、山西省忻州市(陈旭清)、河南省遂平县(宋桂英)、湖南省邵东县和双峰县(邓文初)、湖南省洞口县(尹红群)、湖南省隆回县(周石峰)、山东省郓城县(罗衍军)。项目共对239位被访者进行了口述访谈,整理出约100万字的访谈文本资料,被访者中男性占206人,女性占33人,被访时平均年龄为77.24岁,其具体年龄分布及文化程度见表1、表2。

表1 被访者生年分布表

生年	1905—1910年	1911—1915年	1916—1920年	1921—1925年	1926—1930年	1931—1935年	1936—1951年
人数	1	8	39	74	70	32	15

表2 被访者文化程度分布表

文化程度	文盲、半文盲	小学	初中、初级师范学校	高中	大学
人数	135	79	17	4	4

被访者生年在1926年之前者为122人,占被访者总数的51.05%,他们在全面抗战爆发前年龄为12~30岁,至抗战结束时年龄为20岁至三十七八岁;生年在1926—1935年者为102人,占被访者总数的42.68%,至抗战结束时他们年龄为10~19岁。二者合计占被访

---

① 陈旭清:《心灵的记忆:苦难与抗争——山西抗战口述史》,浙江大学历史系博士论文,2005年。
② 刘燕军:《南京大屠杀的历史记忆(1937—1985)》,《抗日战争研究》2009年第4期,第5—22页。
③ 高蕊:《记忆中的伤痛:阶级建构逻辑下的集体认同与抗战叙事》,《社会》2015年第3期,第67—94页。
④ Parks M. Coble, The Legacy of China's Wartime Reporting, 1937—1945: Can the Past Serve the Present? Modern China Vol.36, No.4, 2010, pp.435–460.
⑤ Diana Lary, Stephen Mackinnon, Scars of War: The Impact of Warfare on Modern China. Toronto: University of British Columbia, 2001, pp.4–12.

者总数的93.73%,故被访者大多为抗日战争的亲历、亲见、亲闻者,对抗战时期的社会生活具有较为清晰的记忆。受访者大多数为文盲、半文盲和小学文化水平,大多数为乡村农民和政府基层领导人员,访谈内容能较为清晰地展现抗战时期乡村社会的状况。

下文即以该口述访谈中的苦难言说为考察对象,透视民众生活、心态等的抗战记忆建构,以呈现苦难言说的多维面相及其转换机理。

一、苦难呈现的多维面相

日本对中国的残酷侵略,不仅使中华民族遭受了14年之久的苦难,而且对生活于广袤神州大地上的芸芸众生造成了多方面、程度不等的个体和家庭苦难,宏观的国家苦难与具体的个体苦难交融在一起,构成了抗战记忆的苦难言说。我们进行的抗战口述访谈,并非意图完全再现民众的抗战记忆,而是通过展现多维面相的苦难言说,透视其内在联系与各自特性。

通过考察被访者的苦难言说,我们发现,随着区域、政治、军事、社会状况等影响因素的变换,叙述者苦难言说的指向性亦各有侧重。

(一)日军的杀戮抢掠之苦

日军对中国的侵略,显然并非如其所宣扬的那样"共存共荣",而是时刻伴随着对中国人民的残酷杀戮和野蛮掠夺,其对中国领土的占领,处处浸透着民众的血泪。揭露日军的杀戮抢掠对战争亲历者所造成的身心苦难,正是民众抗战记忆的重要内容。

家中亲人在1935年5月的"大黑沟惨案"①中被日军残忍杀害、尸骨无存的经历,成为两名被访者铭刻于心的苦难记忆。"到片山子杀人场那儿,就是老胡家大车店,我们家四口[父亲、叔叔、二哥、堂哥。]都是在那儿被杀的,日本子杀完了,又用机关枪突突,突突完了,把大店房烧了,后来连亲人的尸首都没找着";(zss访谈资料。采访地点:吉林省舒兰市qdc村。)"我四娘和我老叔让日本子给杀了,他俩没跑出去。日本子用刺刀攮完了,把房子也给点着了,谁也认不清谁了,都烧了"。(ghq访谈资料。采访地点:吉林省舒兰市lshc村。访谈人:王彦章,2003。)

一名被访者描述了6名遂平县城的老年妇女因在大年三十晚上烧香、烧纸而被日军残杀的事件,60多年过去,这一事件仍萦绕于被访者的脑海:"日本人信迷信,就认为这些老婆儿在咒他们,于是日军用钉子把她们6个人的脚、手都钉在试验站的墙上,然后放火把房子点了,把她们都烧死在墙上了。"(jws访谈资料。采访地点:河南省遂平县xbkz村。访谈人:宋桂英,2003。)

在湖南邵东县②,被访者对日军侵略的记忆,时常与日军的烧杀、民众的逃难密切相连。

---

① 大黑沟长40千米,最宽处4千米,最窄处0.5千米,总面积约451平方千米,位于今吉林省舒兰市新安乡,1935年5月底6月初,日军以讨伐抗日义勇军为名进入老黑沟,对无辜平民进行大屠杀,据统计死难者合计1017人,是为老黑沟惨案。参见赵聆实主编:《日军暴行录·吉林分卷》,北京:中国大百科全书出版社,1995年,第18—70页。
② 现邵东县在抗战时期为邵阳县,日军于1944年9月由衡阳侵入邵阳县境内,至1945年8月战败投降,为时约1年。参见邵阳市政协文教卫体文史学习委员会编:《邵阳文史》(第34辑:纪念抗日战争胜利60周年专刊),2005年。

"日本鬼子有时有打吆喝,到处喊,喊起怕人,杀猪叫,晚上烧起大火,火光冲天,还有马叫,好大一个马,跑得嗵嗵地响。"(ylz 访谈资料。采访地点:湖南省邵东县 ghc 村。访谈人:邓文初,2003。)"在我们矮步塘的山上,日本鬼子抓了一个小孩用来抛刀,把小孩抛上去,掉下来,用刺刀接着。"(zlz 访谈资料。采访地点:湖南省邵东县 ghc 村。访谈人:邓文初,2003。)杀戮与伤痛,成为被访者心中难以忘却的苦难印记,在被访者的叙述中,抗战的苦难叙事以沾满血迹的屠刀、层叠的尸骨之印象呈现出来。

就我们这个山里头杀了二百多人。在那个彭家祠堂,不分老小的杀,杀了一祠堂。(ppz 访谈资料。采访地点:湖南省邵东县 hxc 村。访谈人:邓文初,2003)

在界岭的虎形村月光山不知道杀了多少人。我听我父亲讲他被杀了 11 刀,最主要的是心口的一刀,一直到死时心口上都有一个这么大的眼,身上到处都是眼眼,日本鬼子对他们是用刺刀一顿乱戳,心口一刀、肚子上一刀、手上身上一共是 11 刀……[父亲]昏死过去了,他没有做声。在他上面的那个人哼了一声,日本鬼子一洋铲就把他的脑袋铲掉了。(kcc 访谈资料。采访地点:湖南省双峰县 jlc 村。访谈人:邓文初,2003。)

在湘前的那边的山上,他们捉到一些俘虏帮他们担担子,人家担不起,他们就用绳子勒住俘虏的脖子,就是这样的戮死人,他们枪都不打,就这样打活的打死。(nme 访谈资料。采访地点:湖南省邵东县 hxc 村。访谈人:邓文初,2003。)

吃死人尸首、眼睛变色的野狗,流荡在一片荒凉的小路上,是历经岁月长河流淌而仍牢牢萦绕于叙述者脑海中的战争伤痕图像:"整个城里的人都逃难走了,不在,狗子也没人好好地喂养,它就是吃那死人,吃死人那尸首,它就吃那,没有粮食可吃,吃得那眼睛都变了颜色,那狗子看上去又像想吃你。"(wy 访谈资料。采访地点:山西省宁武县 nwx 村。访谈人:陈旭清,2003。)而在公开场合对抗日人士的杀戮,则彰显日军企图以残暴方式宣示对占领区域的全方位支配。"那时候日本子摔人,用口袋装上,麻袋装不下就用口袋装,扎上口袋嘴儿,来回几下就把人摔死了,再不就是活埋。日本子摔人我就见过,也是在大街上摔的,摔人还得赶上集市,那时候人不多吗。摔完了当着大伙儿,说这人是干啥干啥的,他反满抗日就得受这个刑,那就是杀一儆百的意思。"(qzx 访谈资料。采访地点:吉林省榆树市 sshc 村。访谈人:王彦章,2003。)

同时,日伪对广大中国民众的繁重经济盘剥和任意抢掠行径,与其"经济提携"的宣传口号形成鲜明对比,使本已生活困窘的民众陷于更加艰难的生存境地,故日伪的抢掠压榨之苦成为苦难叙事的重要内容。"农民不拿出粮来就挨打,打还不算还把人吊起来,当时把人拴上绳吊在梁柱上,脚不踏地就那么吊着。还有一个苦法,就是用手支撑地,脚也不让打弯,在地上趴着,只要一动他就揍,竟这么逼粮,没有也得逼。"(sdq 访谈资料。采访地点:吉林省梅河口市 jfdj 村。访谈人:谭玉秀,2003。)"腊月二十七八那两天[伪满洲国]警察就来翻……他都知道你家家过年的时候都想吃点白面,就这时候来翻,翻着了就打你,'谁叫你吃的!'"(zcw 访谈资料。采访地点:黑龙江省绥滨县 zrc 村。访谈人:邱巍,2003)"我也摊着(参加)[日伪]自卫队啦……[在]八路军的根据地,老百姓藏着粮食。到了哪个庄上,一翻那堆的柴火堆什么的底下,是藏着粮食,一家也就只有二三十斤粮食,自卫队就扛着走,把老百姓的东西就给扛走啦。"(qlx 访谈资料。采访地点:山东省郓城县 blh 村。访谈人:罗衍军,2003。)

以上的苦难言说表明,与日伪宣传机构宣扬日军为"中国人民的拯救者"[①]形成鲜明对照的是,侵华日军的实际行为自证了其正是手握屠刀、大肆杀戮无辜民众的刽子手。对无辜乡村农民、老妇、壮丁、儿童的野蛮屠杀正彰显了这一点。日军的残酷烧杀抢掠给无辜被害者及其家人造成的巨大而深远的苦痛记忆,无疑成为抗战"创伤叙事"的重要组成部分,对相关历史事件的深刻铭记,构成民族整体苦难意识和个体苦难言说的核心内容。

(二)劳役之苦

东北地区的民众,早在1931年九一八事变前后,即遭受了惨重的劳役之苦。其后日军发动全面侵华战争后,强征大批劳力从事修筑碉堡、运输军事和生活装备等工作。日伪一方面进行高压统治,镇压民众的反抗;一方面强征大量成年男子当苦力,为其修筑军用工事。以棍棒和刺刀强迫苦力从事繁重的体力劳作,在恶劣的劳作环境下,"劳工受到强制役使和虐待,身心受到严重摧残,生命权和生存权得不到保证"[②]。

> 劳工要是跑了,抓回来就把劳工脑袋按住,把劳工的两只脚踩在底下,上面用大扁担揍你。那时死个人没关系,打死就打死了,打折了腿都没关系,没人管。(xzd 访谈资料。采访地点:吉林省梅河口市 tbj 村。访谈人:谭玉秀,2003。)
>
> 日本人就整个隔离室,把生病的劳工往那隔离室里面送,没人管了就饿死在里面了。有的时候还没等人断气呢,日本人把这些劳工拉山上整一堆,用木头一烧,就给人炼了,烧完了以后呢,就用小钉钉个小盒,抓点骨灰放里头了,邮家去了。(sdq 访谈资料。采访地点:吉林省梅河口市 jfdj 村。访谈人:谭玉秀,2003。)
>
> 活太重啊,要是走得慢了,日本子拿着鞭子就揍。也死不少人啊!后边有一个空房子,不能干活的人都放在那个房子里,也不给多少饭,都在那儿"哼哼唧唧"地叫唤。再后边就是一个大坑,死了往坑里一扔……在那儿干了七八天活,晚上我父亲跟我三姑夫合计,把被子里的棉花都掏出来了,里儿和面儿都拿着。那儿有好几道铁丝网,他俩把铁丝网支起来,从底下爬了好长时间才爬出来。听着有动静了,就趴在那儿不敢动弹了,等没有动静了再爬,爬过三道铁丝网,最后爬出来了。爬出来没走多远,就是一个山口,我爹在前头,我三姑夫在后边,他俩就拉开距离了。走到山口那儿,有站岗的小房,我爹就让日本子给抓住了,那时候天刚放亮,我三姑夫就趴在地上了,后来他跑山上藏起来了。日本子把我爹抓住以后,就装到麻袋里头,扎上袋子嘴儿,然后就摔,用肩膀子背着"吧哒吧哒"来回折腾,一个小岗十多个人换班摔,你摔够了他摔,摔了很长时间。日本子就认为摔死了,狗闻闻都没吃也没咬,就把他扔了。等到太阳落山了,我三姑夫从山上下来了,拨拉拨拉他,还有气儿,就把他背到山上,在那儿缓六七天才缓过来。从那儿一点儿一点儿爬回来的。(tzs 访谈资料。采访地点:吉林省榆树市 zjt。访谈人:王

---

① David Nelson Rowe, "Japanese Propaganda in North China, 1937–1938", The Public Opinion Quarterly, No.4, 1939, pp. 564~580.
② 李淑娟:《日伪统治下的东北农村》,北京:当代中国出版社,2005年,第261页。

彦章,2003。)

由上可知,在日军高压与奴役下的劳工,遭受着严酷的劳役强制和身体摧残,基本的人身健康和生命安全都难以保证,更遑论尊严。劳役之苦与内心恐惧,成为抗战苦难言说的重要组成部分。

(三)女性身体遭受凌辱之苦

性权力是中国传统时代家庭男性对其妻子的专属权力,日军对中国的侵略征服,不但与其对中国民众的杀戮抢劫、经济压榨紧密相连,而且通过对中国妇女的性凌辱以性别压迫形式展现民族压迫之实质。通过性暴力手段侵犯传统时代中国社会家庭男性对妇女的支配权、所有权,打击民众的伦理体制和反抗意识,以征服、奴役中国民众,乃是战时日本对中国进行军事侵略和民族压迫的重要组成部分。

伴随伤害甚至杀戮的日军性暴力,对女性受害者与其家属均造成了长期难以弥合的身心创伤。时隔60余年之后,80多岁高龄的被访者忆起当年遭受日军性凌辱的情形时,屈辱、无助与苦难仍成为其叙述的重心所在。

> 那时我16岁,别人快要娶[我]了,他们[日军]把我抬的(弄的)整个能活?(哭着说)怎活呢?!(面对日本人的强暴)这时[我]"大,救命呀!"地叫喊。但是日本人用刺刀逼着我父亲不让救,否则要杀他。[我]被强暴后三个多月没有感觉……被强奸后,一直到现在,一听到别人说日本,听到汽车声,听到枪声、皮鞋声,我的心就慌得乱跳。当时[被]两个日军欺负过,日军一个在外边放哨,一个强奸欺负,一个完了另一个下来再欺负。欺负时用腰上的皮带打骂着要我顺从。(ty访谈资料。采访地点:山西省忻州市sjzc村。访谈人:陈旭清,2003。)

> 晚上睡觉的时候,还得锁门子,并且是用两个锁子锁门子,就这样日军还是一脚就把门子伐开了,进来把人给欺负了。那日本人真个野,再没有比他们残忍的了……老百姓不怕他,认为就这命,不怕他,要怎就怎吧。有人说死了你不怕,我说不怕,就这命了……逃难回来后,俺婆婆怕杀俺们,叫:"老爷,我死了吧,你不要打俺娃,你可怜可怜我吧。"人家扑过去朝她的头上就是一脚,我们做声也不能作声,做声也不照样了?唉呀,可怜了,弄得院不成院,家不成家,没有他不拿的,今天他不进来就好了。瞅着他不进来了,咱就心里感到非常幸运了。(fxc访谈资料。采访地点:山西省忻州市xdj村。访谈人:陈旭清,2003。)

老年和少年女性,是中国传统社会应受到保护的群体,日军对她们实施的性暴力,强化了被占领区域民众自身的屈辱感,受访者对"性屈辱"言说的无奈即证明了这一点。"俺们这儿有个80多岁的老奶奶,是卖布的,在夹壁子住着,日本人来了把门叫开,可怜的老奶奶说:'太君,我今年82岁,我有一个儿子。'他们就把老奶奶拉到炕上,给欺负了。"(fxc访谈资料。采访地点:山西省忻州市xdj村。访谈人:陈旭清,2003。)"×××都十五六岁了,个儿都长成大人了,她也藏在麦地里,被两个老日发现了,她叫喊的声音我都能听到,哭得不像人腔,只能眼睁睁地看着,有什么办法?"(sxy访谈资料。采访地点:河南省遂平县hxz村。访谈人:宋桂英,2003。)

日军对受害女性的性侵犯,时常伴随着赤裸裸的暴力伤害和对既有人伦道德的玷污摧残。下文受害女子被蹂躏致死和受害者被逼母子相奸的叙述即表明了这一点。"日本鬼子抓来了一个女子,大概30来岁,他们把这个女子绑在一根板凳上,手脚都绑牢了,仰面朝天。七个日本兵轮奸她,一个完事后,就叫老百姓,也就是抓来的夫子,用水帮他们冲洗,冲了以后又来一个,整整7个,活活糟蹋死了。真的叫人心寒!我是亲眼看到实际场面,我当时11岁了,肯定不会记错。"(zlg访谈资料。采访地点:湖南省隆回县xlc村。访谈人:周石峰;2003。)"日本人抓到阿嫂就强奸。捉住了一个娘和三个崽。原来我还记得名字。三个崽,都二十几岁了。先前有三个崽就了不起了,是好八字,命好。日本人捉住他们后,就驱使崽去强奸他母亲。首先,日本鬼子叫大崽去,大崽当然不肯,就被一枪打死了。第二个崽又不肯,又打死了。轮到第三个崽了。这时他娘就说,崽啊,你来哩,怪不得你,这是黑了天了,没有天理了。这样才救下了一个崽,三个崽打死了两个,第三个崽是他娘自己叫他去的。"(dzb访谈资料。采访地点:湖南省隆回县zwq村。访谈人:周石峰;2003。)

在中国传统男权社会中,女性一方面是男性的附属物,受其所支配,没有真正的人身自主权;另一方面则是被庇护者,由男性保护其人身安全。异国男性对本国女性的性暴力无疑是对男性尊严最大的羞辱和打击,是对其女性保护者身份的公开羞辱。日军通过肆意对女性实施性暴力宣告其"保护者"的无力、无能。而村庄在日军威压下的"性供奉",则无疑进一步加强了"性苦难"言说的屈辱性。诚如宋少鹏所描述的那样①,村庄和官方对其存在有意无意地"遗忘"与回避现象,但在我们的实地访谈中此种言说仍能得到一定程度的展示。

> 那时村公所的人怕挨打;不给[妇女]时就得挨打,看见人家喜欢上的,就想方设法说服女的,然后给送去。村里面的好多妇女都被强奸了,凡是日军看上的妇女都得给送去,否则他们不满意,村公所的人要挨打。(lrb访谈资料。采访地点:山西省忻州市lgc村。访谈人:陈旭清,2003。)

> ××街有个日本军官,命令每个保给他送个花姑娘,要好的,不要赖的。每个保都往老日那送大闺女,保里给钱。那时保里派谁谁都不愿去,都哭哭啼啼的,后来保里没办法,就说谁去了就给她家40斛麦,给40斛麦,也没有人愿意去,最后保里只好让唱戏的×××去了。当时×××也是个人物,十七八岁,长得漂亮。开始她哭得不行,也不愿去。保里说,去一夜给她40斛麦,后来也是把她逼得没办法了,她就去了两三个晚上,实际上就是去给老日当妓女。保里人赖,最后40斛麦也没给她。(dl访谈资料。采访地点:河南省遂平县hlmz村。访谈人:宋桂英,2003。)

吊诡的是,战时性暴力的施害者是作为异族占领者的日本军人,当战争结束后,"性苦难"言说的抑制因素却转换为男权机制对受害者有意无意的歧视与偏见。传统男权模式至今仍在一定程度上制约着对日军在华"性暴力"的揭露与批判力度,对日军杀戮抢掠行为与

---

① 宋少鹏:《媒体中的"慰安妇"话语——符号化的"慰安妇"和"慰安妇"叙事中的记忆/忘却机制》,《开放时代》2016年第3期,第113—120页。

性暴力言说程度的不同,其原因即在于此。"一个黄花闺女,他们[日军]就把她抓到放在 ht 里,架一个桌子在外面强奸,我们都看见的。有蛮多人不会说了,她们的后代也不会准她们说,怕出丑,做不得人。"(sls 访谈资料。采访地点:湖南省邵东县 qtc 村。访谈人:邓文初,2003。)"×××媳妇,还有×××他娘不都是让老日强奸了。"(xss 访谈资料。采访地点:河南省遂平县 xzc 村。访谈人:宋桂英,2003。)"dl 庄×××被老日强奸了,俺庄西头×××他妹子,×××他姑都让老日抓走了几天,回来后家里人赶紧让她们出嫁了,怕以后丢人。"(ds 访谈资料。采访地点:河南省遂平县 hzc 村。访谈人:宋桂英,2003。)"俺庄一个妇女当闺女时没跑了,被日军架到一个地方轮奸,好几天动不了,后来她嫁到俺庄,这些事谁提呀?都是赖事,丢人啊!"(mlj 访谈资料。采访地点:河南省遂平县 hlz 村人。访谈人:宋桂英,2003。)

在中国社会的传统男权制话语之下,外人对女性的性侵犯亦表明女性本身的不洁及对其本身和家庭的羞辱,尽管这是在外敌残酷侵略、地方男性成员无力保护女性的情形下所发生的。但值得注意的是,侵害过后,地方社区以至自身家庭对性受害者的歧视和偏见,仍会长期施加影响,在相当程度上遮蔽、消弭着"性苦难"的言说。以是,通过受害者的苦难言说,将对中国妇女实施性凌辱的施害者的残暴行径更全面揭示出来,无疑有其必要性。因而那些受害女性勇敢站出来,对日军性暴行的揭露就更显可贵。

(四)逃难之苦

对于那些手中只有简陋农具,缺乏有效的动员和组织手段以进行反侵略斗争的沦陷区民众来说,面对日军的烧杀抢掠,当反抗行为很可能招致对方的残酷报复时,躲避、逃难成为其习惯性的无奈选择,苦难言说中大量"跑老日"内容即凸显这一点。"[日军]奸淫烧杀,啥都干。老百姓都不敢见他,一听说老日来了就跑了,俺庄的人都往东跑,西边是公路,跑到离公路远的地方躲起来,等老日走了再回来。老日第一次来时正打麦,一说老日来了,老百姓把牛一卸,就跑了。后来跑多了,连牛都习惯了,一说'跑反',它自动就跟着人跑,有时牛都拽着你一块跑。有时晚上也跑,俺庄庄头上黑天白夜轮班,不断有人看着,一见老日来了就喊,一喊全跑了。"(gwf 访谈资料。采访地点:河南省遂平县 xbkz 村。访谈人:宋桂英,2003。)"日本鬼子打了一枪,吓得我们脚摆手软……听说日本鬼子从那里来了,我们不要命地往外面窜,往后头山里钻,后头山里那时都是一些杂刺。"(ncle 访谈资料。采访地点:湖南省邵东县 qjc 村。访谈人:邓文初,2003。)

"面对残山剩水,沦陷区民众也只能安于劫后余生的眼前日子……他们最终还是回归到对现实生活的诉求,将个人生存放在首要位置"①,麻木与忍耐成为苦难言说中民众对日本侵略的重要心态。"老百姓都没啥感觉了,只是想着也不知什么时间老日会被赶跑……老乡见老乡,两眼泪汪汪,老百姓见面说的话都是啥时间能过上安稳日子就好了。"(dzz 访谈资料。采访地点:河南省遂平县 dxz 村。访谈人:宋桂英,2003。)"日本人派中国人到老百姓家要东西,老百姓不给东西不行啊,也不敢不给呀,老百姓不给的话,就把人抓去了喂狗或者枪毙了,以后就这样了。老百姓就顺从了,日本人要什么就给日本人弄什么,要劳工就给劳工,日本人也没什么可以要的了。日本人要出荷粮呐,老百姓种地就要拿出荷粮,向农民要,农民就得给,不给不行。"(xzr 访谈资料。采访地点:吉林省东丰县 wdg 村。访谈人:谭玉

---

① 岳钦韬:《抗战时期通敌行为动机——以浙江省为例》,《史学集刊》2012 年第 1 期,第 119—120 页。

秀,2003。)"被外国人统治,老百姓也有一种当亡国奴的感觉,但农民要枪没枪,啥也没有,有啥办法?"(klf 访谈资料。采访地点:河南省遂平县 wlz 村。访谈人:宋桂英,2003。)"老日的正规军,一到哪庄上,有个习惯,就是把枪都攒到地上,那时如果有人有胆量,可以把他的枪抱走,能打死好多日军,但是没人敢干这样的事……不是说过去老百姓胆小,是因为要是伤了一个老日,怕老日来报复,几个村子都安生不了,房子被他给用火点完,所有人都得遭殃。过去也没组织,也没啥的,老百姓有啥办法?"(rzg 访谈资料。采访地点:河南省遂平县 zz 村。访谈人:宋桂英,2003。)

"随着战争的到来,个体和家庭拼命地在自己身上覆盖上保护罩——挽救自己、家人和故乡,成为焦点的是本土、本地,而非国家……可能在任何战争中,主要目标都是保护自我,保护家庭,保护家园——在极端、强烈的恐惧和情绪的时候,国家可能只是未引起人们注意。"①当缺乏有效的抗日动员和抗日武装的沦陷区民众面对穷凶极恶的日本侵略者时,保护自身和家庭的生存和安全便成为其首要抉择,逃难因之成为被迫采取的方式。

(五)国民党军队抢掠之苦和抓壮丁之苦

面对日军对民众的残酷统治和犬牙交错的控制形势,不是积极抵抗外敌入侵,而是欺压盘剥民众的部分国民党军队,给民众的生存和发展造成了严重损害。因而,在部分被访者的苦难言说中,苦难一定程度上被归因于国民党部队对民众的压榨抢掠。"当时在遂平驻扎的国民党部队是十三军②,赖得很,欺负老百姓……啥坏事都做,只要是老百姓的东西,吃喝抢拿都干,没有他不做的。"(tgt 访谈资料。采访地点:河南省遂平县 xbk 村。访谈人:宋桂英,2003。)"中央军杀了我三伯家一个猪,大概有六七十斤,来了三四个人,杀了后抬起就走……我自己家里一只狗,他们打了三次,才搞到手。一见到他们来,狗就从后门跑了。第三次,被他们几个堵住了,用枪敲了几下,当时没死,提起就离开了。"(hla 访谈资料。采访地点:湖南省隆回县 xlc 村。访谈人:周石峰,2003。)

国民政府以强制性方式抓壮丁的情形,成为部分被访者苦难言说的组成部分,躲壮丁从而成为苦难记忆的一部分,尽管这与抗日战争的抗争叙事、民族叙事存在明显的内在张力。探究当时民众对于国民政府强制抓壮丁的态度,就必须将其置于具体的时代环境下进行考察,"人们必须提防一个更常见的错误,那就是用当前、当地的尺度去衡量遥远年代和地点所发生的事情"③。

> 有一个保甲长,姓张的,就被吊在旁边这座屋子里,他当时是甲长,就被中央粮子(中央军)捉起,因为是民工没有组织起来,中央军怪罪他,把他吊在梁上,当时门没关好,是打开的,我是亲眼看的,就是一个"飞蛾拿壁",把他捆起来,挂在墙面壁上,用长棍子打,直打个半死。(zys 访谈资料。采访地点:湖南省洞口县 mjg 村。访谈人:尹红群,2003。)
> 抓壮丁[时],[人]都东躲西藏的,有的睡在老坟地里。俺叔躲壮丁,不敢住家里,住

---

① [美]萧邦齐,易丙兰译:《苦海求生:抗战时期的中国难民》,太原:山西人民出版社,2016年,第327—328页。
② 国民党十三军石觉部,于1941年冬,驻扎遂平县,总部在遂平县城。参见遂平县志编纂委员会编:《遂平县志》,郑州:中州古籍出版社,1994年,第193页。
③ [意]普里莫·莱维,杨晨光译:《被淹没与被拯救的》,上海:上海三联书店,2013年,第193页。

在俺姑家,有时候藏红薯窖里。俺二叔用一个木板子夹住脚,挂个拐棍,装成残疾,残疾就不抓了,他成天拄个棍。(lxm 访谈资料。采访地点:河南省遂平县 dnz 村。访谈人:宋桂英,2003。)

那时村上哪有年轻人呀?光剩下几个老年人。年轻人抓走的抓走,没抓走的都藏起来了。晚上他们不敢睡在家里,都睡豆地里,哪儿偏僻上哪儿。(sxy 访谈资料。采访地点:河南省遂平县 hxz 村。访谈人:宋桂英,2003。)

虽然国民政府的征兵方式具有明显的强制性和暴力因素,但其意图在于抵御外侮,实现民族独立。就民众个体而言,去战火纷飞的前线进行对日战斗,随时会面临生命伤亡的代价,故对参军存在相当的恐惧心理,国家大义和个体生存既有整体上的一致性,又存在着具体时空环境下的紧张关系,而国民政府野蛮粗暴的动员手段又进一步恶化了民众对"抓壮丁"行为的排斥,"中国百姓普遍担心被中国军队抓壮丁——这种举动实际上如同绑架或军事监禁"[①]。

(六)土匪的抢掠之苦

"日本占领中国之后,国民党官员和地主对此的反应是从乡村撤离,逃回到城市中,留下农民在土地上,让他们自生自灭"[②]。抗战时期,在那些处于日伪残酷侵略的区域,民众生活时常处于混乱无序状态,生命、财产安全难以得到基本的保障。乘乱抢掠民众、横行乡里的土匪,则给民众的人身和财产安全造成了另一重危害,"当个人生存处于危难之中的时候,特别是最富裕的人家已经躲到城里去的时候,社会土匪活动很少受到推崇……只有不断地寻找新的目标,才能使饥寒交迫的匪帮免遭灭亡"[③]。对土匪劫掠之苦的讲述,成为苦难叙事链条上的重要一环。

"杆子"[土匪]污辱人家的大闺女,在常台,俺表姐被"杆"欺负过,俺表大娘上前护她,"杆"一枪把俺表大娘打死了。还有一个老头护他闺女,也被"杆"打死了。(dd 访谈资料。采访地点:河南省遂平县 dzc 村。访谈人:宋桂英,2003。)

"杆子"到哪,他们先点麦秸垛,这是信号,是让人去随他,他们也侮辱妇女,和老日没啥区别,是最可耻的人。(qds 访谈资料。采访地点:河南省遂平县 dnz 村。访谈人:宋桂英,2003。)

[土匪]侯宪明在这里的时候,原先是要吃要喝,要菜金,后来他就架户、绑架。就是把咱庄稼人绑走,然后给要钱。再往后,他们就抢庄子,到了庄上,见了好东西就拿,见了牲口就牵。把啥都给拿走啦,咱这人叫他破坏得都没法过啦。谁敢不给他,他净夜晚来,谁敢不给他?(lxq 访谈资料。采访地点:山东省郓城县 blhc 村。访谈人:罗衍军,2003。)

[①] [美]萧邦齐:《苦海求生:抗战时期的中国难民》,第 328 页。
[②] [美]巴林顿·摩尔,王茁、顾洁译:《专制与民主的社会起源:现代世界形成过程中的地主和农民》,上海:上海译文出版社,2013 年,第 229 页。
[③] [英]贝思飞,徐有威等译:《民国时期的土匪》,上海:上海人民出版社,2010 年,第 217 页。

在抗战亲历者的回忆中,苦难如影随形,以日军的侵略奴役之苦为中心,同时因其面临的军事、政治、经济等状态的差异性,故在他们的言说中苦难呈现出不同的面相。只有回到历史现场,将苦难置于具体时空之中,我们才能真正明了其何以苦难。"只有将自身对象化,才能设身处地从研究对象的角度来想(这个对象至少在一定程度上也是另一个自我)和采纳后者的观点。也就是说,他此时才能够理解,假如处于他们的地位,自己无疑会跟他们一样,也会像他们那样思考"①。

二、由苦难到庄严

日伪的杀戮、奴役、奸淫掳掠,国民党、土匪的抢掠等无疑成为抗战时期民众苦难言说的主要构成部分,绵延于日常生活中的苦难体验,成为其抗战言说中的重要组成元素。时刻威胁着民众生存的日常之苦,在突发的外来苦难的打击下益愈凸显。"人民无法生活了,没有吃的没有穿的,那还怕什么的,能活命就行。"(qlr 访谈资料。采访地点:吉林省梅河口市 ljc 村。访谈人:谭玉秀,2003。)"吃的都是野菜,连蔞蔞芽(小蓟)都吃光了,别的没啥吃呀,唉"(tgt 访谈资料。采访地点:河南省遂平县 xbk 村。访谈人:宋桂英,2003。)"啥也没有,没吃的没喝的,还不如要饭的,现在倒掉喂猪的也比过去吃的好,过去都是吃糠咽菜……那时生活还不如蹲监狱。"(gl 访谈资料。采访地点:河南省遂平县 xzc 村。访谈人:宋桂英,2003。)

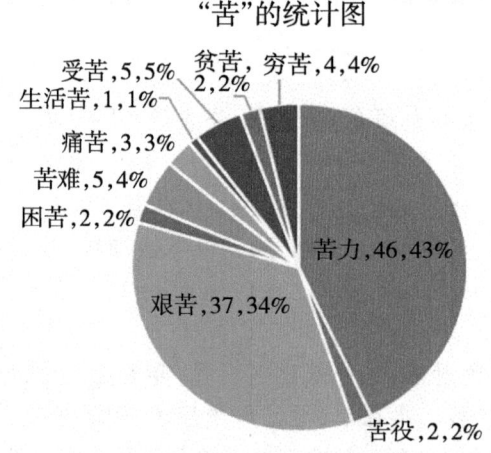

图1 "苦"的统计图

---

① [法]皮埃尔·布尔迪厄:《世界的苦难:布尔迪厄的社会调查》,张祖建译,北京:中国人民大学出版社,2017年,第1159页。

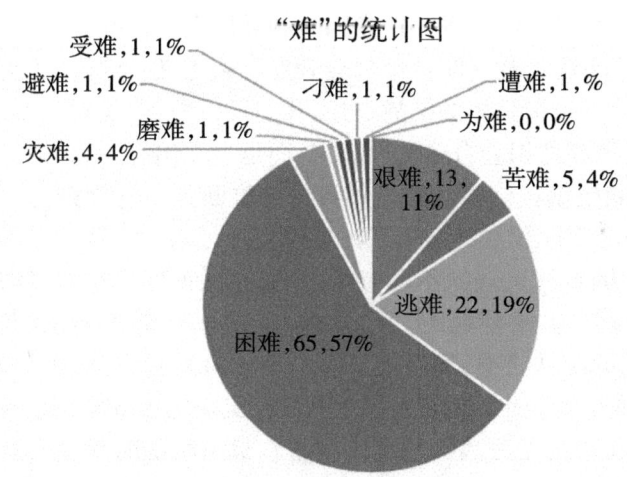

图2 "难"的统计图

面对山河沦陷、颠沛不定的境遇,多数受访者所讲述的苦,主要是身体所遭遇的劳役之苦,日伪对劳工的人身虐待与摧残成为受访者着重讲述的部分。在"苦"词语统计中,"苦力"一词出现了46次,占统计数的43%;威胁其生存的生活之"艰苦",则出现37次,占34%。在"难"的词语统计中,"困难"出现65次,占57%;"逃难"出现22次,占19%,"艰难"出现13次,占11%。可见,因外敌的杀戮、奴役与压榨而造成的人身摧残和生存困苦,无疑成为受访者的苦难言说的重心所在。

"突破书写和话语霸权的方式之一就是去发现和书写普通人的历史,即'受苦人'的历史。"[①]尽管"大多数幸存者的生活仍是残缺不全的,他们的回忆仍是破碎不堪的"[②],但正是经由观照芸芸众生而非单纯精英人物的历史记忆,将苦难聚焦于日常生活之中,将创伤经历个人化,方使"无声者"的声音得以彰显。因此,本文对抗战时期"苦难言说"考察,便得以从书面文献所载的人员伤亡、财产损失数字延展开来,将时代变迁与个人遭遇结合起来,从而构造出特殊时期生命历程的组成要素,"这些构造物依赖人们的集体回忆,并通过集体回忆得到保持"[③]。

日本的野蛮侵略,给中国人民带来了深重的灾难,国破家亡的苦难沉淀于民众的内心深处,但侵略者的罪恶并没有完全使人民沉沦于苦难而难以自拔,越来越多的民众由自发到自觉,奋起抗争,赋予苦难历程以庄严的意涵。约翰逊(Chalmers A. Johnson)认为日军的入侵摧毁了中国农民长久以来的狭隘观念与政治漠然的惯习,民众民族意识发展起来,起

---

① 郭于华:《受苦人的讲述:骥村历史与一种文明的逻辑》,香港:香港中文大学出版社,2013年,第34页。
② [德]格特鲁德·科赫:《感情或效果:图片有哪些文字所没有的东西》,载[德]哈拉尔德·韦尔策编:《社会记忆:历史、回忆、传承》,季斌、王立君、白锡堃译,北京:北京大学出版社,2007年,第82页。
③ [德]安格拉·开普勒:《个人回忆的社会形式——(家庭)历史的沟通传承》,载[德]哈拉尔德·韦尔策编:《社会记忆:历史、回忆、传承》,季斌、王立君、白锡堃译,第87页。

而抵抗入侵者,但缺乏有效的领导,中国共产党因时领导民众进行抗日斗争。①马克·赛尔登则认为:"当约翰逊假定日军无论在何时何地都会激发民族主义,他甚至于无暇顾及日军进攻各地乡村的不同遭遇。"②揆诸具体的抗战口述,我们可以看到,面对日军的侵略,民众的应对并非如约翰逊所言,民族意识会自然发展起来,而是呈现出忍耐、恐惧、逃难、抗争等不同的应对方式,"我们不能根据我们强加的道德要求来推断处于仓促条件下人们行动的原因,亦不能仅仅根据参与者不能预测的结果来评估他们的行为"③。赛尔登的看法注意到面对日军侵略,不同境遇下的乡村民众的不同应对态度,亦认识到日军入侵与中国民众民族意识发展的重要关联,无疑有其重要意义。黄道炫指出,抗战时期民众的民族意识既非自动生成,亦非一直处于无助的顺从状态,而是经历了一个由自发到自觉、由分散到集中、由乡土观念到国家意识的嬗变历程。面对日军的掠夺杀戮,"民众的民族意识仍然很难敌得过现实生存的消磨……思想和情绪无法敌过现实,尽管在最黑暗的时代也会有舍生取义的志士,但更多的普通百姓还是要维持自己的生存"④。孙中山曾指出:"我们提倡民族主义,便先要四万万人都知道自己的死期将至。知道了死期将至,困兽尚且要斗。"⑤日军对中国的暴力侵略"实际成为中国民族意识勃发最重要的推动力",民众民族意识由自发到自觉,由湖面涟漪到滔天巨浪,"有赖于强有力的军政力量的支持,也和广泛的宣传动员无法分开"⑥。有效的政治动员、严密的组织形式、正确的军事方针,在实现民众言说从屈辱到庄严的转换过程中,发挥着至关重要的作用。

在欠缺有效组织的情形下,民众对日军侵略的愤恨与抗争大多处于自发、萌芽状态,对日军侵略行径多采取个体性的分散性抗争:

> 我一提到日本鬼子就恼火,就恨,我恨他们恨死了……哎呀!日本鬼子快别讲他们,一讲他们就麻脑壳!哎呀,坏死了……(ndy 访谈资料。采访地点:湖南省邵东县 hxc 村。访谈人:邓文初,2003。)
>
> 有一个在俺庄剃头的,他给老日剃头,就不紧不慢地给一个老日剃头,等老日的大部队走远了,他就用剃头刀子一下子把老日的喉咙割了。(ds 访谈资料。采访地点:河南省遂平县 hz 村。访谈人:宋桂英,2003)
>
> 我的堂兄肖富友,原来是做小生意的,人很是精明。被抓了来做苦力后,他千方百计取得鬼子的好感。那天,鬼子出外掳掠,走到梅树垅。鬼子问他:"大山上有花姑娘么?"他说:"大大的有。"又问:"有香烟么?"答:"大大的有。""山上有西山哥(中国抗日军队)么?""没有,没有!"于是,鬼子的队伍就朝雪峰山方向走去,走到邹家坳,被山上工事里的中央粮子[国民政府中央军]发现了,一阵密集的子弹向鬼子的队伍扫射过

---

① Chalmers A. Johnson, Peasant Nationalism and Communist Power: *The Emergence of Revolutionary China*(1937—1945). Stanford: Stanford University, 1962, p.156.
② [美]马克·赛尔登,魏晓明、冯崇义译:《革命中的中国:延安道路》,北京:社会科学文献出版社,2002年,第281页。
③ [加]卜正民,潘敏译:《秩序的沦陷:抗战初期的江南五城》,北京:商务印书馆,2015年,第285页。
④ 黄道炫:《战时中国民众的民族意识》,《史学月刊》2018年第5期,第22—23页。
⑤ 孙中山:《孙中山全集》(第9卷),北京:中华书局,1986年,第237页。
⑥ 黄道炫:《战时中国民众的民族意识》,第25页。

来,鬼子兵知道上当,慌忙往后撤。撤到一块油菜田边,鬼子就向肖富友开了枪,连开三枪,又刺了几刀,肖富友倒在路边的油菜田里,一时没死,他痛苦地挣扎,油菜被滚死了一大片,地面上满是殷红的血迹。日本败走之后,我们家族里的人去抬尸,只见他的头深深地插到泥土里,被泥巴粘住了,真是惨不忍睹。(hxx 访谈资料。采访地点:湖南省洞口县 gsz 村。访谈人:尹红群,2003。)

我们和鬼子打到天黑,也没吃一点东西。那时咱杆子会[又名红枪会,为鲁西民众地方性自卫武装,与前文的"杆子"不同]有千把人,数量和鬼子差不多。战斗打得很激烈,那大树都叫打折好多。鬼子的武器很厉害,我跟着参加战斗,那都能看见埃子外边的鬼子啦,两边离得很近啦!那枪炮声"叮咣""叮咣"的,鬼子打来的炮弹在冒云里[半空中]都"咔嚓"炸啦,跟打雷似的,那子弹都"呜呜"地响。(xhh 访谈资料。采访地点:山东省郓城县 hqc 村。访谈人:罗衍军,2003。)

"战争的伟力之最深厚的根源,存在于民众之中。日本敢于欺负我们,主要的原因在于中国民众的无组织状态。"①在国破家亡的危难关头,国共两党携手进行艰苦的对日抗战,激发起民众的抗日意志,民众由起初的自发、分散性抗日斗争发展成为自觉、持久性的抗日运动。

[在山西]国民党的部队经常下山打老日,打完就上山修整修整。有一回和日本人打仗,170 多人最后死的只剩下我和另外两个人……当地老百姓见到国民党[部队]也很尊敬。有一回部队走到一个梨园里,在树底下坐着休息,满树的梨,谁也不摘……有个老婆儿让我们吃梨,我们都不吃。后来她没办法,用棍子敲下了许多梨,硬逼着让士兵吃。(lc 访谈资料。采访地点:河南省遂平县 dlz 村。访谈人:宋桂英,2003。)

毛泽东指出:"动员了全国的老百姓,就造成了陷敌于灭顶之灾的汪洋大海,造成了弥补武器等等缺陷的补救条件,造成了克服一切战争困难的前提。"②要将广大沦陷区民众组织起来,成为浩浩荡荡的抗日大军,明确坚定的抗日宣传、正确有效的抗日方针、抗日武装的发展壮大和抗日政权的建设等方面都是至关重要的。中国共产党担负起挽救国家危亡的历史重任,积极发动广大民众进行抗日斗争,赢得广大民众的支持和拥护,使原处于困顿和彷徨状态的民众行动起来,拥护抗日政权,在艰苦的条件下坚持抗日斗争。民众面对外敌侵略的屈辱性苦难逐渐转化为庄严的爱国意识与勇敢的抗日行动,以下的访谈即表明了这一点。

[八路军]战士都光着脚丫子,冬天穿着拖鞋,脚冻得净泡……[指着腹上因当时饥饿而形成的碗口大圆形伤疤]有一回[抗日埋伏]我一直饿了四天四夜,哈东西也没吃……那时说不准是谁战死,你反正死就死,不死就再接着干!(zzr 访谈资料。采访地

---

① 毛泽东:《毛泽东选集》(第 2 卷),北京:人民出版社 1991 年,第 511 页。
② 毛泽东:《毛泽东选集》(第 2 卷),第 480 页。

点:山东省郓城县 mzc 村。访谈人:罗衍军,2003。)

[八路军]抗战的战士们都很艰苦的。唉呀,艰苦得没办法说了!和现在的人说,那简直是天方夜谭……战士和干部在吃饭上,干部要带头,战士吃饭干部站着看,连长指导员站着看,他们不吃。战士们能感动到什么程度?有的战士站起来说:"大家都把碗放下!"大家把碗放下,"连长、指导员不吃,咱也不吃"。好像上下关系能感到,连长指导员不吃我们也不吃,要不吃大家都不吃,为什么你们不吃,叫我们吃?真正的感情上确实是不能语言表达的。(ybz 访谈资料。采访地点:山西省忻州市 tjc 村。访谈人:陈旭清,2003。)

部队到了哪里,除了进行训练,就是帮助群众干活。到哪里也不吃群众的,不喝群众的,不拿群众的。不拿群众一针一线,这是群众真真确确感受到的,部队的群众纪律都很好,[八路军]战士到哪里都是"老大爷""老大娘"地叫,部队战士到哪里都是嘴勤、手勤、腿勤……部队到了哪里,群众就送慰问品、慰问袋,送袜子、鞋子,发生战争时,就组织担架。(cl 访谈资料。采访地点:山东省郓城县 yzc 村。访谈人:罗衍军,2003。)

以是,战时民众面对日伪的严酷压迫,在内心深处积蓄起弥漫绵延的苦难意识,其对外敌侵略的态度逐步由茫然、顺从到自发抗争,直至自主性地团结抗日行动,而其中各抗日党派团体尤其是中国共产党所进行的抗日动员和组建的社会经济网络,无疑在实现民众意识由苦难到庄严的转化过程中起到了至关重要的作用,"国家政权的延伸使中共广泛地建立起新的社会经济网络,这也正是中共的抗战力量得以生存和发展的秘密所在"①。

三、言说苦难,超越苦难

福柯在考察"无名者"的生活时指出:"根本不可能重新捕捉它们处于'自由状态'时的本来面目……这些仿佛根本就不曾存在过的生命,只是因为与权力相撞击才有机会幸存下来。"②当"在日本法西斯铁蹄下,中国大地到处是人间地狱,城市遭到轰炸,村庄遭到焚烧,父老兄弟遭到屠杀,母亲姐妹遭到蹂躏,大好河山惨遭践踏"③之时,原本处于平静生活中的民众遭受巨大的冲击,屈辱与苦难成为战争亲历者挥之不去的人生经历,在经历了战后半个多世纪的时光之后,亲历者的苦难记忆并未自然湮灭,而是成为中华民族前进道路上不可忘却的底色。"如果说引起人们伤痛之创伤记忆,有什么正面性之力量,那么其中最明显之意义即在于加强社会之凝聚力。社会群体需要透过共同的经验与回忆来联系彼此,而透过共同经历灾难并且克服之,更能够产生生死与共之共同体的感受。"④通过口述访谈深入发掘战争亲历者的经历和心态嬗变,便具有了至关重要的历史与现实意义。

---

① [美]马克·赛尔登:《革命中的中国:延安道路》,第 286 页。
② [法]福柯,李猛译:《无名者的生活》,《社会理论论坛》总第 6 期,1999 年,第 61—62 页。
③ 习近平:《在纪念中国人民抗日战争暨世界反法西斯战争胜利 69 周年座谈会上的讲话》,《人民日报》2014 年 9 月 4 日第 2 版。
④ 陈佳利:《创伤、博物馆与集体记忆之建构》,《台湾社会研究季刊》2007 年总第 66 期,第 114 页。

揆诸本口述访谈,我们可以得到以下几点弥足珍贵的历史和现实启迪。

其一,对抗日战争的深入研究亟须将历史事件的发生发展置于具体的历史场域,回归芸芸众生所组成的历史本体的叙事体系,透视社会巨变下普通民众的喜怒悲欢,聚焦于民众的"个人日常生活经历"①,凸显"无声者的声音"。"当口述史调查意图在对村民'无事件境'记忆的'查证'中'发现''历史真相'时,它也同时重塑了村民对世界的感知。"②有学者通过考察1949—2012年《人民日报》南京大屠杀纪念文章的演变,指出受害者本体叙事的欠缺,"随着岁月的流逝,《人民日报》对于南京大屠杀纪念文章的呈现显示出一种'纪念化'的趋势,这在某种程度上意味着叙事重心在未来或许会发生转移。但问题是,这套南京大屠杀叙事可能仍然欠缺最为核心的部分,即对'受害者'的呈现,尤其是受害者的自主言说"③。当受访者讲述自身及他人的受难经历时,鲜活立体的受难图景而非抽象的数据和论证便成为建构苦难叙事的基本要素,苦难的言说便拥有了更为打动人心的力量。只有深入探究普通人在社会变迁历程中的经历,使民众的声音"声闻于野",才能形塑全面立体的历史嬗变画卷,"丰富的档案和文献(纪念性的)是处在上游的历史水库(动态的),而在下游,则是历史研究发出的响亮的回声(鲜活的)"④;"每个个体的历史都在讲述着他们自己,同时也在动态地讲述着这个世界"⑤。笔者对抗战亲历者苦难言说进行展现与阐释的缘由即在于此。

其二,由抗战亲历者的苦难言说可知,构成其苦难的主题因素无疑是日本的残酷屠杀与野蛮压迫。正如杰弗里·亚历山大(Jeffery Alexander)在考察纳粹屠杀犹太人事件的苦难叙事时所指出的那样,当事者的灾难性显然在于他们难以控制事件的发生,他们面对着远大于自身的绝对性力量,这种非人性甚至非人类的力量,不但超出受害者的控制,而且灾难行动本身远远超出了人们的理解。⑥与此同时,国民政府的抢掠、土匪的侵害及日常生活的困苦则构成重要的伴生苦难。正如前文所描述的那样,民众苦难的不同组成要素与其所处的政治状况、区域环境、军事状态、经济情形等要素息息相关。也正是在民众遭受外敌烧杀抢掠,陷于苦难、无助的境遇之时,其抗争意识亦深植于内心深处,"历史和现实中常常存在看不见摸不着却绝对不可以忽视的潜势力,民族主义就是这样一种潜势力"⑦。同时,民众之所以由自发、分散的抗争意识和行为发展到自觉、统一的抗日革命斗争,无疑与中国共产党的革命宣传与动员息息相关。正是在艰苦卓绝的抗日斗争历程中,民众的苦难言说愈益彰显出其庄严意涵。

其三,从缺失到和鸣:主流媒介叙事与亲历者本体叙事关系演变审视。在抗战时期的中

---

① Ralph A. Thaxton, *Force and Contention in Contemporary China: Memory and Resistance in the Long Shadow of the Catastrophic Past.* New York: Cambridge University Press, 2016, p.35.
② 方慧容:《"无事件境"与生活世界中的"真实"——西村农民土地改革时期社会生活的记忆》,载杨念群主编《空间·记忆·社会转型:"新社会史"研究论文精选集》,上海:上海人民出版社,2001年,第571页。
③ 李红涛、黄顺铭:《"耻化"叙事与文化创伤的建构:〈人民日报〉南京大屠杀纪念文章(1949—2012)的内容分析》,《新闻与传播研究》2014年第1期,第51页。
④ [法]雅克·勒高夫:《历史与记忆》,方仁杰、倪复生译,北京:中国人民大学出版社,2010年,第111页。
⑤ 黄道炫:《区域史研究正在不断拓展史学研究的视角》,《人民日报》2018年4月23日第16版。
⑥ Jeffrey C. Alexander, Ron Eyerman, Bernhard Giesen, Neil J. Smelser, Piotr Sztompka, *Cultural Trauma and Collective Identity.* Berkeley: University of California, 2004, p.226.
⑦ 黄道炫:《战时中国民众的民族意识》,第24页。

国报刊叙事中,"英勇地抵抗"成为其书写的主要内容,意在彰显中国抵抗外敌的不屈精神。苦难叙事则与抗争叙事相联系,成为处于次要地位的叙事内容。抗战胜利后至改革开放前的30余年间,集体叙事主要建立在以阶级创伤为核心的记忆之上,民众苦难的施害者主要指向国民政府对广大民众的阶级压迫和对中国共产党的残酷镇压。因日军侵略的受害者包括社会各阶层,不符合以阶级建构逻辑为基础的革命叙事,故此时期的集体叙事将打败日本、实现国际和平作为日军侵华创伤的解决之道,伴随抗战的胜利,则认为此种苦难建构自然终结。①这种建立在阶级建构逻辑下的集体叙事造成"抗战中民族和个体所遭受的巨大伤痛被淡化和削弱",这种叙事缺失的不是个体甚至集体的记忆,而是"以抗战受害者身份为中心的有效文化创伤的建构"②。在 1956 年出版的初级中学课本《中国历史》的抗日战争部分,关于全面抗战爆发后的日军侵华过程,描述较为简略,"在华北,卢沟桥事变以后不到一个月,国民党军队退出了北平和天津,不久又退出了察哈尔和绥远两省。1937 年底,华北的国民党军队溃退到黄河附近。在华中和华南,1937 年 11 月上海失守,12 月南京又失守。第二年 10 月,日本侵略军占领了广州,接着又占领了武汉"③。以概述性语言描述日军在华的烧杀抢掠,"(珍珠港事变后)敌人对抗日根据地加紧'扫荡',实行烧光、杀光、抢光的'三光'政策;对游击区加紧'蚕食';在占领区加紧'清乡'"④。在林彪于 1965 年 9 月 3 日发表的讲话《人民战争胜利万岁——纪念中国人民抗日战争胜利二十周年》中,矛头所向主要为国民党反动派、美帝国主义,文稿全篇未提及侵华日军的具体战争暴行。⑤在此期间,作为日本军国主义侵华暴行象征的南京大屠杀,其象征地位虽继续延续,但又与"反对美帝国主义""揭露国民党的腐朽统治"和"中日友好"等现实政治相连接,其形象因被误用而扭曲变形,"丰富鲜活的历史内涵被渐渐遗忘,抽象化、空洞化、概念化的色彩越来越明显"⑥,"发生的事件是一回事,对于这些事件的表述则是另外一回事"⑦。当然,这并不意味着民众尤其是抗战亲历者心中苦难记忆的消弭。日军侵华所造成的身心苦难,成为他们生命长河中无法忘却的伤痕,犹如平静湖面下的湍流,寻求展示与诉说,"历史因为过于宏大,记忆的河床层层叠叠,时常容易掩埋住那些深深的伤痛。而实际上,正是那些伤痛最能警示后人"⑧。改革开放后,由于国家政治、经济和社会环境等的变迁,原有的主流集体叙事的局限性得以纠正,官方叙事与亲历者本体叙事在揭示日军侵华罪行方面,逐步形成和鸣之势。在 1982 年版的《初级中学课本·中国历史》中,对日军暴行便有了较前详尽的描述,"日本侵略军所到之处,烧杀抢掠,极为残暴,无数城市和乡村变成废墟,千百万中国人民惨遭杀害。日军占领南京

---

① Jeffrey C. Alexander, Gao Rui, "Mass Murder and Trauma: Nanjing and the Silence of Maoism". *Trauma: A Social Theory.* Oxford: Polity Press, 2012, p.127.
② 高蕊:《记忆中的伤痛:阶级建构逻辑下的集体认同与抗战叙事》,第 92 页。
③ 人民教育出版社编:《初级中学课本·中国历史》(第 4 册),北京:人民教育出版社,1956 年,第 62 页。
④ 人民教育出版社编:《初级中学课本·中国历史》(第 4 册),第 68 页。
⑤ 林彪:《人民战争胜利万岁——纪念中国人民抗日战争胜利二十周年》,北京:人民出版社,1966 年。
⑥ 刘燕军:《南京大屠杀的历史记忆(1937—1985)》,第 21—22 页。
⑦ Jeffrey C. Alexander, Gao Rui, "Mass Murder and Trauma: Nanjing and the Silence of Maoism". p118.
⑧ 曹鹏程:《永志不忘的"国家记忆"》,《人民日报》2015 年 12 月 14 日第 4 版。

之后,进行疯狂的大屠杀……南京城里,尸骨纵横,瓦砾成山,阴风凄凄,顿成人间地狱"[①]。至2002年出版的《九年义务教育三年制初级中学教科书·中国历史》第4册,除更详细描述日军制造的南京大屠杀外,还以第九课专门描述日本侵略者在华的残暴统治。[②]主流报刊的抗战叙事亦逐渐凸显对抗战苦难记忆的重视,如《人民日报》于2005年8月23日刊出日军性暴行受害者的个人回忆,控诉日军残酷凌辱无辜妇女的罪行,个体苦难通过主流媒体的报道得以进一步彰显。[③]当然,对受害者的自主言说的发现与凸显仍有待加强。

抗战言说乃是融合着中国人民的苦难与抗争的集合体。民众遭受了外敌欺凌的苦难,可是并未屈服于苦难,正是缘于在苦难中的奋起与抗争,中国人民方达成了驱逐外敌、国家独立的伟大目标。2014年2月27日,中华人民共和国十二届全国人大常委会第七次会议经表决通过,决定将9月3日确定为中国人民抗日战争胜利纪念日,将12月13日设立为南京大屠杀死难者国家公祭日。在纪念胜利的同时铭记苦难,在看似杂乱的历史蔓茎中倾听民众的苦难诉说,目的正在于勿忘伤痛、负重前行,实现中华民族的伟大复兴,永远杜绝历史悲剧的重演,"绝不让历史悲剧重演,是我们对当年为维护人类自由、正义、和平而牺牲的英灵、对惨遭屠杀的无辜亡灵的最好纪念"[④]。

作者简介:罗衍军,聊城大学运河学研究院、中国乡村研究院教授。

---

① 人民教育出版社编:《初级中学课本·中国历史》(第4册),北京:人民教育出版社,1982年,第97页。
② 人民教育出版社编:《九年义务教育三年制初级中学教科书·中国历史》(第4册),北京:人民教育出版社2002年,第42—43、48—52页。
③ 林亚金:《难以愈合的伤口(难忘的往事·纪念抗日战争胜利60周年)》,《人民日报》2005年8月23日第8版。
④ 习近平:《在纪念中国人民抗日战争暨世界反法西斯战争胜利70周年大会上的讲话》,《人民日报》2015年9月4日第2版。

【会议综述】

"第三届南开中古社会史工作坊：中古中国的女性与社会"会议综述

贾恺瑞

2019年9月21至22日，第三届南开中古社会史工作坊在南开大学历史学院举办。南开中古社会史工作坊由南开大学中国社会史研究中心、南开大学历史学院主办，是学界首个以社会史为学术旨趣、聚焦中古时期的学术活动。自2017年开始，工作坊每年围绕一个主题邀请相关专家学者进行讨论，目前已成功举办三届。每届工作坊的成果都会汇总为论文集出版。

第三届工作坊的主题为"中古中国的女性与社会"。妇女史作为一个新兴研究领域，自20世纪80年代在社会史和妇女学兴起的双重背景下于中国大陆起步。进入21世纪，北京大学中国古代史研究中心率先举办了"唐宋妇女史研究与历史学"国际研讨会，标志着妇女史研究进入主流学界。多年来，各地高校多次举办不同规模的学术会议，妇女史研究方兴未艾。立足于近年新史料的发掘以及研究视角的拓展，第三届南开中古社会史工作坊邀请了来自海内外的25名专家学者，提交论文16篇，就传世文献、简牍、文书、石刻文本中的女性形象塑造，女性参与政治、社会活动及其在中古时代的历史定位，中古女性的日常生活，中古女性的思想信仰，中古女性史研究的范式与路径5个方面进行了全方位的对话交流，展示了当下学界在妇女史研究领域的前沿成果。

一、不同载体下的中古女性形象塑造

中国妇女史的传统研究有"阶级""地域""族群"等角度或范畴，随着"社会性别"概念的引入，"性别"亦不失为分析制度和文化的有用角度，逐渐受到学界的认可与重视。从汉至唐的中古时代是古代性别制度确立的重要时代，父系家族伦理在礼与法中的实践与当时的妇女生活息息相关，并对后世的妇女生活产生深刻影响。中国国家博物馆高世瑜编审数十年来致力于中国古代妇女史和性别史研究，著有《唐代妇女》《中国古代妇女生活》《中国历史中的妇女与性别》《从礼到法——中国古代性别制度的法典化》等论著，该次工作坊提交的《从汉礼到唐律：中古性别制度建构概说》一文，将传世史料与出土简牍相结合，更加详细地追溯了由汉至唐性别制度的发展过程。首先，中国古代的性别制度最明显地体现于"礼"中，而作为礼教源头的周礼，发源于祭神之礼，起初只是作为贵族宗法制度衍生的礼仪规则。由"礼"规定的古代性别制度，以"男女有别为主旨"，此"别"不仅包含分隔男女之义，也包括两性的等级之别,后来由此发展出许多进一步严格区分两性的仪制和限制妇女的规范。在汉代,董仲舒提出"三纲"思想为礼教确立奠定了基础,白虎观经学会议进一步论证和确立了纲常伦理准则。《礼记》和《白虎通》成为关于性别制度的权威经典,《列女传》与《女诫》成为开创性的女教著作,性别制度在汉代得以确立和巩固。从汉到唐,性别制度逐渐由礼入法。汉代张家山汉简《二年律令·贼律》中出现有关性别的法规基本内容框架雏形,首开以礼入法之端。魏晋时期的《晋书·刑法志》首创"准五服制治罪",更明显地体现出礼法合一的特色。到了唐代,唐律继承和改革前朝有关律条,"一准乎礼",即以礼教伦理为准则,严格制定了有关妇女与性别的法规,使周、汉、魏晋以来的性别制度由礼制全面走向礼法合一,成为性别制度完成由礼入法的里程碑。其中,唐律最明确体现两性地位与关系的立法原则有婚姻法律、两性关系、家庭斗讼、财产继承、妇女刑律等,这些律条以完善的性别法规强化了对两性地位等差的维护,体现出了"以刑护礼"的特点。通过以上对性别制度从礼到法的过程概述,高世瑜总结,汉唐时代的妇女生活保持了相对的自由,并没有完全受到礼法的严重束缚,同时也应当看到中古时期有关性别的礼与法的成熟确立对后世影响深远。

中国历史研究院研究员、岳麓书院讲座教授楼劲评议该文章。他指出,汉唐之所以重要,是因为所有先秦以来的历史,都可以在汉代找到总结,所有到今天为止的历史,都可以称为唐代以来历史的延续。这篇文章从宏观把握,以"礼"和"法"的角度对中古性别制度的建构做出高度概括,具有开拓方向的指导意义。从纵深度来说,文章上及先秦,下及受唐律影响的各个时期;从横截面上来说,从制度到过程,再到观念,始终用"礼"来贯穿一体。楼劲认为文章的亮点有二:第一,抓住了关键词和关键问题,传递出一种体系化的中国女性与性别认识;第二,撷取了汉礼和唐律来认识、构筑中古女性从礼到法、从观念到制度的发展历程,同时隐含了以此来构筑中古女性问题研究框架的用意。最后,楼劲就文章提出了几点建议,可以给相关研究领域开辟新的方向。一是,汉礼的内容依然有挖掘的余地。二是,唐律当中有大量关于女性的内容,这些内容应当是来自魏晋的,应当注意。三是,可以把秦汉简牍中的内容与唐律加以比对,来梳理条文的来龙去脉。四是,在考虑礼律关系时,一定要关注东汉时期的建树。五是,礼律之间的形成与制定存在互用现象,可以对此进行比较。

妇女史研究与中国史其他研究领域相似,宋元以降信息丰富,隋唐以前史料稀少,因此历代《列女传》中记载的女性成为妇女史研究不可回避的话题。刘向《列女传》开古代女性传记之先河,全书分为母仪、贤明、仁智、贞顺、节义、辩通、孽嬖七篇,全方位展示了女性的精神风貌,其体例与书法都对后世诸正史《列女传》产生深远影响,是研究妇女史的重要史料。立足于不同角度,台湾成功大学历史学系教授刘静贞曾发表《刘向〈列女传〉的性别意识》《宋本〈列女传〉的编校及其时代——文本、知识、性别》等《列女传》相关论文。第三届工作坊中,刘静贞着眼于历史书写,提交《列女传书写传统的成立与变迁——女性传记书写对证》一文。文章通过对比刘向《列女传》与其他正史中的《列女传》,剖析了历史书写背后更深层面的两个问题。一是刘向《列女传》应当放在什么样的时代背景与知识体系中考察的问题。文章指出,司马迁发明的纪传之"传"中所留存的个人历程,必须符合书写者所关怀的"大历史"发展法则或在重要事件的框架之内。刘向身处西汉晚期,因此《列女传》以"传"为名也应当放在这样的背景中来考察,即刘向借这些"历史事实"来证明六经蕴含的"真理",并用这些"历史的"教训作为法则宣扬其性别伦理,以维持汉室的政治稳定。刘向《列女传》中讲述的并不是女性真实生活,而是经由改编以实现教化理想的历史教材,不宜直接划入历史记录的范畴。二是如何透过刘向《列女传》的分类架构来解读刘向的女性历史书写与正史中的女性历史书写的问题。刘向《列女传》为了使人物符合篇目义理,对于人物原本的生命故事存在改写情况。因此厘清刘向真实的书写意图,将女性人物放在全局的分类架构中考量,有助于梳理出人物原本的时空位置与现实情境,重建其真实生活。自刘向《列女传》后,《后汉书·列女传》《晋书·列女传》《金史·列女传》等正史在继承刘向的书写方式的同时,出现了女性故事书写重心与表现重点的转移。女性由被提倡成为协助男性的从属者角色,逐渐转换为以自身行止为凭的主体位置。最后,刘静贞提醒,各个书写者依靠不同时代的《列女传》,建立起各自不同的书写方式,切合各自不同的"理",故而出现在不同史书中的"列女传"资料是否能以同一思考脉络来进行解读必须慎重考量。以往学界对于《列女传》的着眼点聚焦在其选材标准、西汉的婚姻观及妇女观、女性形象所包含的文化价值与社会意义等方面。刘静贞的这篇文章揭示了《列女传》书写与解读的动态过程,为中国古代女性书写传统的研究提供了更多思考方式。

美国加州州立大学洛杉矶分校教授姚平认为,正如刘文所说,《列女传》研究非常活跃,但是目前为止在如何解读上还没完全展开,该论文对《列女传》的研究提出了一个新的角度。刘文所关注的是两大问题,一是刘向《列女传》与正史《列女传》所用的"传"这一文体在女性历史研究上应如何对待;二是刘向《列女传》与正史《列女传》的类目安排是否与成文时期的大环境、社会背景和历史条件有关。这也是大家非常关注的、十分深刻的两个问题,姚平对以此选题表示认可。同时,他也赞同刘向《列女传》是"评传"(commentary)而不是"传记"(biography)的看法,认为令人很有启发。《列女传》由"史"部转移到"子"部,设定读者由天子转移到女性,所反映的是读者与作者在时代背景与知识体系上的不同,这个观点是非常高明的。总而言之,刘静贞以刘向《列女传》为基点探讨《列女传》传统所反映的各大历史背景下的社会性别关系,是一个值得提倡的取向,为研究者在研究过程中避免陷入困境指出了有效途径。最后,姚平提出,由"史"部转移到"子"部的《列女传》,是否从来没有脱离"评传"的轨道,其演变过程是否与其他文字体裁和表达模式的演变有关,这些问题值得进一步研究。

近年来《天圣令》的发现与整理出版,为唐宋史研究提供了极为珍贵的史料,就制度史而言,由《天圣令》可以上溯至唐朝前期诸令典,乃至日本《大宝令》《养老令》。此外,妇女史与医疗史作为两个蓬勃发展的研究方向,颇有交涉之处,为双方都带来了新气象。楼劲提交的《释唐令"女医"条及其所蕴之社会性别观》一文,主要考释了唐《医疾令》中的"女医"条,是妇女史与医疗史、制度史研究相结合的佳作。唐代存在从官子女和官奴婢中选取、教习宫廷和官府所需技术人员的制度,《医疾令》中"女医"的选取之法亦可归入其中,即女医是从官户和官婢中选取。之所以从这两类人群中选取,实际上是女医身份相对于官府其他方术生卑微、处于附属地位的写照。相对于男性方术生而言,女医的选取必须符合"二十以上,三十以下"且"无夫无男女"的条件,女医的住所要"别所安置",女医的课程学习范围窄、克期时间短,女医的培养方式为"按文口授",以上种种体现了当时社会赋予女性的限制。文章据此得出两点结论。第一,太医署教习的女医多为医官助手,主要是为嫔妃宫女提供贴身的医疗服务。故其各项规定一方面从属于官府各技术部门所设制度,另一方面对女医的选取条件、安置住所、课程安排、教习方式等项做出调整,以适应需要。第二,女医之制通体处于特定社会性别观的笼罩之下,从一个独特的角度反映了当时医疗领域的社会性别状态。这不仅集中体现于女医在整套官方医事体系中的卑微身份和附属地位处处渗透于其习业、执业的全过程,而且也典型地透露了当时在女性身心和智力、女医与男医之别、女性疾患就医等方面的一系列共识或者说偏见。结合这两点,楼劲认为唐令"女医"条的资料价值主要不在于医学本身,而在于其中所展示的医疗社会学范畴的各种状态,包括其具象化为相应的职业规范、习惯和官方制度的态势,可以看出特定政治体制、知识系统和社会性别观对于医疗史和妇女史的深刻影响。文章结语部分对唐"女医"之制进行了溯源,结合文献和图像,猜想女医之制大致始于北周,并在隋定《医疾令》时附入"令"篇,置于医署生徒教习诸条之后。唐初以来当又有所调整,最终成为今天所见《天圣令·医疾令》所存唐令"女医"条之模样。

北京故宫博物院研究员、古文献研究所所长王素认为,该文章是第三届工作坊中分量相当重的一篇。文章爬梳资料广泛,见解新颖,对道教经典、墓志、印章、敦煌壁画等都有留意,对仅88个字的"女医"条进行了细致的再解读。另外,《文史知识》一刊曾于2007年发表有《唐代的女医教育》一文,《中国民族博览》一刊于2017年发表《唐代宫廷中的女医探究》一文,这两篇文章对于女医研究有丰富的总结,可供研究此方向的学者们参考,或能提供更多思路。王素就该文章提出的问题主要有三点:第一,中国的中医药学源出宫廷,宫廷御医制度影响深远,"女医"条应当与宫廷而不是官府有更大的相关性,所以既要站在中医药史的宏观层面对女医制度进行再挖掘,又要意识到女医与宫廷的紧密联系;第二,汉代的律令系统非常发达,中国的女医制度当发源于汉,而文章将女医制度定型和入令限定在西晋至唐初之间,有更多考虑的余地;第三,从微观层面来看,根据《资治通鉴》中的胡三省注,"官户婢"的真实含义可以再进行补充与修正。

结合对两《唐书》、诏令、哀册等多种资料的利用,尤其关注地下文本墓志的记载,中央民族大学历史文化学院副教授蒋爱花发表了《播英声而无朽:唐代后妃形象的建构与表达》一文,从正反两方面探究唐代后妃的形象。文章首先追溯了此前学术著作中丰富多彩的女性形象,提出唐代后妃作为上层女性中的特殊群体,其形象的塑造具有独特之处,不仅关涉外在的样貌,更反映了当时的官方观念,甚至牵扯复杂的政治斗争。唐代后妃的理想出身应为著姓或良家,这种观念的形成一方面受到门第观念的深刻影响,另一方面与帝王统治、管理需求以及繁衍优良后代的考虑相关。唐代后妃的理想品格大致包括恭顺柔婉的性情,高洁坚贞的情操,守德有礼的表现,低调谦和的品质,勤俭节约的美德,以及不羡不妒的品格六类。唐代后妃的才学,官方的理想标准并不局限于某一方面,展现出了多样化的特征,无论是文史、舞乐、书法,还是天资聪颖,皆可得到书写者的赞美。在家史、品格、才学之外,理想的唐代后妃还拥有其他特性,主要涉及姿容、子嗣、与皇帝的关系、与政治的关联等方面。种种希冀与标准之下,是儒家思想与现实情况的交汇,这种"播英声而无朽"的诉求,展现了官方对完美女性的提倡,并非后妃个人的真实写照。

陕西师范大学历史文化学院教授焦杰评议该文章,她认为文章对于不同史料的综合使用值得称赞,显示出了作者的功底,并且观察十分细致,注意到了史料共性表达中的差异。同时也提出了几点建议和思考:第一,"后"与"妃"可以拆分开来,进行更加细化的分类讨论;第二,中晚唐时期,刻意渲染后妃出身的现象在墓志中已不常见,这种情况的出现除了门阀制度的消解,是否还存在其他因素如科举制度的影响;第三,舞乐出众的嫔妃往往更受帝王喜爱,那么这一优点放在皇后身上又会产生什么样的倾向;第四,将妇女史的研究由微观视角转向宏观视角,是一个共同的努力方向。

二、政治、社会活动中的女性及其历史定位

敦煌文书是研究政治制度、社会状况、法律条文、寺院经济等的第一手资料,文书中的各种社约从不同侧面展示了中古社会的民间社团活动,其中不乏女性的身影。在过去的讨论中,学者们对于敦煌女人社活动内容的看法基本一致,即丧葬互助和上香燃灯,但是对于敦煌女人社的成员身份以及女性结社意义的看法尚有分歧。姚平提交的论文《社会性别视野中的敦煌女人社》正是对这两点的分歧的进一步探讨。文章首先列举《敦煌社邑文书辑校》中 S.527《显德六年正月三日女人社社条》和 P.3489《戊辰年正月廿四日桂坊巷女人社社条》的人名,通过与其他敦煌文书中人名做对比,认为其中部分人名可能不是女性。然后指出在有"某恩子"署名的文书中,这些"恩子"参与的社团的其他成员绝大多数是男性,因此 S.527 中学者的讨论热点"社人恩子"可能也不是女性。随后文章列举了籍帐文书和社邑文书中常见的男女性名字并进行详细分析,推测 S.527 和 P.3489 中的部分人名应为男性,很可能是女人社成员的丈夫。至于如何理解敦煌文书社条中的"女人"一词,姚平认为,这里的"女人"一词并不是性别标志,不是相对于"男人"而言的,它的狭义是婚姻角色的标志,它的广义是家庭角色的标志,它的意义是父权制度的标志。最后文章指出,虽然这些社条反映了敦煌地区女性可以独立结社的现象,但是如果该文对社员名字的推测可以成立,那么则进一步证明女人社是中古时期敦煌社会父家长制的体现,并且从总体上来说,敦煌文书反映了中古女性在家庭中的从属地位。

刘静贞评议说,文章从女人社的文书中谁是签名画押者和女人社成员的地位两个问题入手,从社条和社员名字做出分析,再与籍帐文书、社邑文书进行比对,最后还使用了吴籍女性的俗名来对照,开辟和完成了一条几乎不可能开拓的道路。刘静贞认为,女性史或者说性别史也常常遇到道路开辟的问题,有意识流传的传世史料书写会给研究带来困扰,无意识的资料留存也会被怀疑是否为特例,该文将个案研究与普遍的历史背景相联系的处理方式,或是一种积极的、有意义的尝试。就论文细节如画押与签名是否为同一人、画押是否为全家共用、名字中的中性词如何界定、文字记录的正误、"女人"一词的使用等问题,刘静贞与姚平进行了进一步的讨论。

武则天作为中国历史上绝无仅有女皇帝,其巡幸不仅是为了游乐,更有维护政治秩序的意涵。台湾淡江大学历史系副教授古怡青《制作武则天:从巡幸看武则天的武周革命与统治》一文,细致讨论了武则天巡幸过程中以何种巡幸活动为主,和武则天如何透过巡幸奠定政治文化基础两个问题。文章第一部分整理了相关学术史并总结了文章的主要论题。第二部分以表格的形式列举武则天的巡幸经历,并分为"称帝准备时期""称帝亲享时期""称帝嵩山封禅时期""晚年巡幸地方与行宫时期"四个阶段。第三部分结合《武德令》《贞观礼》《大唐开元礼》和相关正史记载,梳理并分析了武则天巡幸在郊庙祭祀中大祀、中祀、小祀的实

际情况,探讨武则天执政期间借由巡幸进行的礼制改革,进而塑造自身在武周时期的政治地位。第四部分通过武则天建造天堂、明堂并多次亲享的史实,认为武则天借由亲享明堂确立皇帝的统治地位。第五部分讨论了武则天的三次嵩山封禅并首创为山川加封人爵的政治原因和意义。第六部分整理了武则天在执政晚期,从圣历元年(698)至长安元年(701)四次巡幸地方与行宫的情况。文章最后指出,武则天借巡幸过程,在礼制上开创了不少新举措,其目的是为武周政权制造合法性依据,同时也为自己增添神圣光辉。

复旦大学中文系教授唐雯评议该文章。她指出,武则天在获得权力以及代唐建周的过程中,始终都面临着政治合法性的危机,所以不管是在皇后时期还是在称帝时期,都在通过一系列的行动来巩固自身地位。该文的主题是通过梳理武则天的历次巡幸来展示武则天在武周建立以后做出的维护统治合法性的努力。正如学术史回顾中所说,对于武则天巡幸的相关研究并不是特别多,所以文章的选题还是比较新颖的,展现了武则天和武周时期的另一个侧面。文中制作表格及精细分类的方式值得借鉴,有利于更加详细地了解武周时期的礼仪和宗教活动。但在"巡幸"之定义、仪式之细节方面尚有更深入讨论的余地。

除女皇武则天外,女性中参与政治活动较多群体的当属后妃、公主和女官。陕西师范大学历史文化学院教授郭海文提交了《国之鸿宝:唐代和政公主的内外之际》一文,聚焦被赞誉为"国之鸿宝"的和政公主在玄宗和代宗朝的政治参与。该文以《和政公主神道碑》为核心材料,首先以《颜真卿集》为底本,对《和政公主神道碑》进行校勘。接下来结合两《唐书》梳理和政公主的个人生命史,对神道碑与正史所记公主册封及结婚日期存在出入做出解释,认为神道碑所记符合史实,即公主曾两次受封,第一次受封,与柳潭结婚,第二次受封,柳潭被授予驸马都尉、银青光禄大夫、太仆卿。随后,作者对和政公主被称为"国之鸿宝"的原因进行分析。和政公主在安史之乱和代宗时期的叛乱中,不仅在前沿阵地奋勇参战,表现出了杰出的才能,在战争的后方也同样居功至伟。相比较太平公主与安乐公主,和政公主不惜牺牲生命也要维护父兄的统治地位,是儒家教化的结果,也是"国之鸿宝"的真正含义。文章最后将和政公主与肃宗张皇后做比较,指出她们的所作所为尽管与她们的夫君、子弟事业相联系,却明显超出了"女教""女训"中对于她们的直接要求。而由男性书写的正史和神道碑,在肯定女性对男性牺牲的同时,对其分享胜利果实持警惕的态度。

古怡青在评议时首先称赞了郭海文对于女性史研究尤其是公主研究的专业性,随后提出了可以将唐德宗的爱女唐安公主也放入对比的建议,最后指出了文章中出现的一些小问题。这些问题包括神道碑录文的引用来源、《和政公主神道碑》的底本选取、女子行笄礼的年龄要求,和一些具体的文本校对。

南开大学历史学院助理研究员沈琛提交了《汉蕃之间:文成公主与金城公主历史形象的演变》一文,探讨唐代二位入蕃公主的历史形象在文本叙述中的演变。首先,文章利用汉藏传世史料和敦煌藏文文献,对文成公主和金城公主的生命历程进行较为精细的史实重建。传世史料中记载文成公主嫁与赞普松赞干布是错误的,文成公主所嫁之人是松赞干布的儿子恭松恭赞,恭松恭赞死后文成公主改嫁松赞干布。后世藏文史料讳言此事,将其移花接木到了金城公主身上。其次,对比二位公主在汉藏史料中的历史形象,可见传世藏文史料中倾向于夸大文成公主的地位和功绩,而相对忽略金城公主的贡献,这一趋势到后来愈发明显。这种对文成公主地位的无限拔高背后隐含的语境其实是对松赞干布的神格化。再次,文成公主入藏处在唐蕃交往上的蜜月期，一方面吐蕃借由文成公主入藏，学习、借鉴唐朝的制度和技术，另一方面吐蕃打开国门，开通了蕃尼道路，出现了唐蕃文化交流的高潮。这种文化交流在公元670年左右因为唐蕃的交恶而急剧降温，此时金城公主作为冲突双方的调和人，扮演了至关重要的角色。但由于后世对松赞干布的过度神化，将金城公主的许多作为都嫁接到文成公主身上，使得金城公主的地位隐晦不明。

南开大学历史学院副教授王安泰点评该论文。王安泰认为，首先，文章在第一部分对文成公主和金城公主的和亲史事做了明确而仔细的讨论，为后文的辨析奠定基础。随后，文章中列举了大量的吐蕃藏文记载，如《吐蕃赞普世系》《吐谷浑编年史》《韦协》《汉藏史集》等，并与传统史料中的唐代部分的进行比较研究，最终厘清文成公主与金城公主形象的演变历史，论据还是比较充分的。但是，能否将两位公主的和亲等史事放在东亚或东欧亚的整体概念中考虑，可进一步讨论。最后，其就和亲当中女性扮演何种角色提出了一些补充意见。

南开大学历史学院博士研究生史正玉发表了《从皇后亲蚕到"后妃四星"——玄宗王皇后被废史事发微》一文。文章主要分为两节，第一节通过综合考索传世文献，对王氏被封为皇后的具体经过和王皇后亲蚕的政治功用进行了考察，由此推断王皇后及其家人在诛灭太平公主集团的过程中发挥了重要作用，王皇后行先蚕之礼服务于玄宗夺权。王皇后的这次亲蚕如同武后的邙山亲蚕一样，令王皇后获取了玄宗默许范围内的独立权威。文章第二节继续铺陈史料，探讨了玄宗为了打压政治力量不断增强的王皇后而采取的一系列行动，包括对"后妃四星"的再解读来贬抑皇后地位，打压王皇后族人避免外戚势力坐大，加之祝祷事件作为导火索，完成了彻底的废后。文章结尾认为，王皇后自以未能诞育皇子导致被废，旧史家以为嫔妃受宠而造成废后，前人研究归结于干政被废，这三种观点都失之片面，由于王皇后兼具功臣与后妃的双重属性，又通过姻亲和宗室发生关联，多重身份令玄宗产生猜忌，最终从玄宗的盟友被推到了其对立面。

中国人民大学历史学院博士后李殷评议该文。她认为，从神龙元年（705）到开元元年（713），短短8年间换了4任皇帝，接连发生了5场政变，这一系列令人眼花缭乱的政治争斗映射出皇权以及支撑皇权政治结构的失序，短促而动荡的中宗、睿宗时代一般不过被视为武后与玄宗这两个稳定期中的一段插曲。但无可回避的话题是如何来理解从武后到玄宗这一时代转换的性质。女主政治，是男性主导政治统治的权力变易，一旦回归正轨，君主必然建立维系自身统治新的权力结构。玄宗一系列措施之出发点都是以建立玄宗朝新的权力结构为根本的。而对于王皇后的任何处置都可以纳入这个范畴中，其实质都是为了破坏并重建武则天以来的宫廷权力结构。如果从这个角度进行适当升华与深入，可能会为玄宗朝政治结构与特色提供新的解释。

三、中古女性的日常生活

"日常生活"作为一种研究取向，丰富了历史研究的面向，从这个角度思考与勾勒中古女性的日常生活，或能使传统的制度史、思想史、家庭史、中外交流史等领域焕发出新的生机。首都师范大学历史学院教授、中国唐史学会副会长王永平提交的《女性与宠物：〈簪花仕女图〉中的拂菻狗》,结合传世文献和出土文献聚焦拂菻狗这一研究对象,为丝绸之路上的物种传播提供了另一个有价值的例证。拂菻狗在唐代广受妇女儿童的喜爱,对唐代女性休闲娱乐生活产生了一定影响。唐代文献虽然对拂菻狗多有记载,其出现的场景大多与妇女儿童的日常生活有关,但是对拂菻狗的外貌特征却描述甚少。文章整理了《簪花仕女图》《唐人宫乐图》以及一些唐墓壁画和唐三彩俑中的拂菻狗,这些物质材料的保存得以复原拂菻狗的真实形象。从名称可以看出,拂菻狗并非本土宠物犬。"拂菻"即东罗马帝国,又称拜占庭帝国,在《旧唐书》记载中,拂菻狗虽然由高昌王贡献给唐王朝,但原本应出自拜占庭。据拜占庭史家弥南德《希腊史残卷》记载,粟特人在突厥汗国与拜占庭帝国的交往当中扮演了非常重要的角色。另据蔡鸿生统计,在唐代的九姓胡中康国的入贡次数最多,因此,在九姓粟特胡人进献给唐王朝的贡品中包含有拜占庭物品是合情合理的。文章通过考察拂菻狗的物种来源,证实远距离的物种传播过程往往通过间接转手或接力传递的方式来实现。由此也可以大致描绘出拂菻狗从拜占庭到唐的东传路径,即从地处丝绸之路最西端的拜占庭传到中亚粟特地区的康国,再翻越葱岭到达吐鲁番盆地的高昌,最后抵达丝绸之路的最东端唐朝。文章还讨论了唐代文学作品中有关拂菻狗的描写,提出了拂菻狗品种流传的进一步思考和猜想。

台湾大学历史学系教授衣若兰赞扬了该论文对史料的充分利用,文章使用了诗文、图像、壁画、器物等,史料的使用非常多元。她认为文章考证细腻,研究态度严谨,丰富了关于唐代女性日常生活的研究,对中西交流、物种传播与女性生活的交融考虑表示赞同。并就唐代女性饲养宠物的心态、拂菻狗如何"曳马衔烛"、拜占庭和波斯地区是否存在类似的图像、物种传播的方式等提出了进一步的疑问。

作为妇女中的一类特定人群,妒妇经常出现在各类记载中,对于中国古代特别是中古时期的妇妒,学界的研究不胜枚举,但基于情感视角的分析尚未见到。北京大学历史学系副教授李志生提交的《情感史视角下的唐代妇妒》一文基于情感史视角从多方面分析唐代妒妇现象,强调妇妒作为一种情感在不同的历史语境下扮演的角色,填补了这一空白。文章第一部分总结了儒家礼教重"五伦"、强调"五教"的人伦体系,这种人伦体系并不强调夫妻亲密之情的建立,对夫妻妾情更多是一种约束和规范。其目的是避免妻妒而致胤嗣无继、家庭失和,也避免因夫妾亲密之情建立,导致妻妾倒置、家庭秩序混乱。第二部分对比历史上其他时期的妇妒,对唐代妇妒诸问题进行了再讨论。关于唐代妇妒的表达方式、争取的目标,文章认为并无特殊之处,仅是杂糅了前朝各类妇妒的行为表现。关于唐代妇妒流行的范围,日本学者大泽正昭提出妇妒存在"下移",李志生则指出笔记小说中记载的妇妒多少并不一定能成为衡量妒风扩散的标尺,"下移"观点或可进行商榷。关于唐时惧内之风的出现和唐人对惧内的谐谑,文章认为这是魏晋风度的遗绪和唐代整体风气的缩影,可见唐人对妒妇的宽容性较高。第三部分以宪宗朝宰相李绛的次子李顼与妾章四娘、杜佑与妾李氏等夫妾关系为例,基于情感史的视角讨论了妇妒问题的复杂性。妇妒背后所掩盖的,可能是建立在一夫一妻多妾的不平等婚姻制度上的作为"人"的真实情感。文章第四部分整理了唐律和日常教化对妇妒的约束,并在该部分回应大泽正昭所提出的妇妒"下移"观点。综合《女孝经》和《女论语》及唐代笔记小说、敦煌吐鲁番文书等材料,在纳妾较少的下层百姓中,妇妒并未形成风气,唐代妇妒蔓延范围大体还是以官僚或知识阶层为主。在文章的最后一部分,李志生认为唐代妇妒最值得关注的还是它的历史化,即在父权制理论下、在社会性别理论下、在近代人眼中等等不同历史语境下唐代妒妇所扮演的不同角色,变化中的妒妇角色显示了情感的社会化历程。

台湾佛光大学佛教学系助理教授林欣仪评议该论文。她指出,文章从情感史的角度出发,分别从儒家礼教中"妒"的位置和情感表达、礼律对于妒忌的约束,以及妒妇的历史再现等多个面向探讨唐代的妇妒现象,并对前人的说法加以检讨和反思。她认为,在重新梳理史料的过程中,文章特别凸显历史人物的情感表达,也透过礼律和史料来谈对情感的约束和抑制。所以文中不止有妇妒的情感,也可以看到戏谑、嘲弄、幽默、深情甚至撒娇等情感表现,这在史学论文中是很少见的,是一个值得继续探索的方向。最后,林欣仪就魏晋南北朝与隋唐妇妒成因的差异、女性"妇妒"这一标签背后的更多内涵、"妇妒"是否为书写者的一种策略、男性是否存在"夫妒"现象等方面提出延伸问题。

"编户齐民"作为一种户籍制度,多与政治史和经济史相关,历来很少与性别史或家庭史研究联结,衣若兰《籍帐登记与妇女人身支配》一文按照时间顺序,把妇女人身支配放在了自先秦至清这样一个长时段中进行考察,梳理了历代籍帐制度下的妇女如何进入"编户齐民"的官方记录并且接受国家人身支配,又逐渐退出编户行列的发展过程。文章首先考察了《商君书》《睡虎地秦简》《居延汉简》《走马楼吴简》等簿册中登记的妇女,认为"编户齐民"最初始于战国,秦朝和汉朝的户籍调查对象即包括妇女,户口簿册中对不同年龄、身份的女子均有记载,但整体属于"个别地被登记"的情况。秦汉和三国时期记口征赋,妇女以户为单位被政府征调。随后,文章对魏晋南北朝的传世史料和敦煌吐鲁番文书进行对比,认为两晋南朝十六国时期的妇女与男性一样被视为"丁",承担赋税和征调,与政府产生密切的联系。北朝时的授田与课征也不排除妇女,但与晋朝以年龄分别男女丁壮的概念有些微不同,基本上强调的是"夫妇一体"。隋唐时期,隋的均田法起初承自北齐制度,继承了"夫妇一体"的课税方式。到了隋炀帝时"除妇人及奴婢部曲之课",转而将控制着重于丁男。唐代的妇女原则上不授田,也不是课税对象,但出土文书中仍可见不少丁妻丁寡与丁女之记载,所以文章指出,唐代女子是否成丁,还是为丁之妻、丁之寡妻,仍有待进一步探讨。唐德宗时施行的两税法不再以人丁征税,转向以土地、财产为主的收税方式,遂再难以看到女性在赋役制度下的身影,是一个重要转折点。进入宋代,从现有史料来看丁账不登记女口,妇女不再是丁口,渐渐脱离国家编户的体制。元明两朝的籍帐记录较为模糊,但妇女依然不是丁口,也不是赋役征收的对象。清朝"摊丁入亩",把丁税平均摊入田赋中,女性的记录更为罕见。衣若兰在文章最后指出,如果"齐民"指的是具有法律地位和自主经济的平民,那么中古中国的女性可能只属于半个"民",或者说妇女曾进入"编户"的系统,但是否达到"齐民",仍有待深思。

南开大学历史学院教授杨振红充分肯定了该文的宏观视角,称赞文章的基本的结构把握准确。同时杨振红对于文章中总结的唐代两税法是一个转折点这一观点非常认可,两税法确实意味着统治者统治方式的变化。但是,杨振红指出,在短时间内宏观把握如此长时段的赋役制度是十分不容易的,所以文章中一些具体的说法和结论还需要再斟酌。其建议主要有三点:一是对"编户齐民"概念的进一步界定。"编户齐民"这一概念比较复杂,关系到了对不同社会形态和社会结构的认识,"齐民"并不一定会进入"编户",是否征收赋役和是否为丁,也并不影响是否为"编户齐民"。二是对和"个别人身统治"概念的进一步界定,这个词汇的能否使用在此处应当有更多考量。三是中古至近世赋役制度的变化对妇女的影响可以进行更丰富的补充。

四、中古女性的思想与信仰

在中古史研究中，墓志材料除了能够提供了生卒里居、年代史事等文字资料，还记载有相对可靠的思想信仰内容，在妇女资料相对匮乏的中古社会，女性墓志资料的留存无疑更显珍贵。从女性生活与佛教信仰的关系出发，结合对墓志资料的细致考察，郑州大学历史学院副教授李晓敏提交了《漫谈唐代墓志与女性佛教生活》一文。该文首先阐释了女性如何对佛教信仰产生内在认同：一方面，佛教思想和儒学中的一些一致观念致使社会舆论和男性社会鼓励女性投身佛教，女性在潜移默化中受到社会大环境和家庭的影响；另一方面，女性也通过佛教活动为自己找到了精神出口。此外，唐代女性在生活中采取什么样的方式来表达信仰，以及佛教信仰对她们的日常生活产生什么样的影响，这二者之间往往是相关联的。唐代女性信仰佛教有不同的层次，少数女性选择出家为尼，大多数女性选择诵经念佛和戒荤吃斋。不同层次也会有不同的信仰方式，体现在加入写经造像等各种佛事活动中和不与俗同的安葬方式等。随后，就时代而言，佛教自两汉时传入中国，从墓志可见北朝的贵族女性已经狂热地投入到佛教信仰之中，就区域而言，目前仅见对于山东士族女性的专门研究，其他区域的女性佛教信仰值得继续探讨。最后李晓敏指出，墓志的撰写者都为男性，因此其中体现的是一种"理想化的女性生命过程"，体现的是男性对女性的价值判断和要求。在墓志撰写者眼中，佛教带给女性的不是新的理念和新的价值观，佛教和儒家礼教所要塑造的是同一种女性，这种统一恰恰说明了在佛教中国化的过程中，不同文化之间的互动和交融之深入与细微。

南开大学历史学院教授夏炎评议该文章。夏炎首先肯定了文章关于仅通过墓志无法直接探知女性佛教生活原貌的观点。作为一种文学体裁而不是史学体裁，墓志中的大部分书写都是模式化的，所以从墓志资料中挖掘和深描唐代女性与佛教之间的关系具有一定难度。文章主要探讨如何用墓志来研究佛教和女性生活，看到了由于墓志主要是由男性书写所以表达了男性的价值观和诉求，特别是把佛教和儒学相结合，最终体现的依然是男性对女性的约束和要求。最后，夏炎提出，也应当重视墓志中对男性佛教信仰的描述，并将其与女性研究相结合，这种将男性和女性的历史进行综合考量的方法或可为妇女史研究提供新方向。

台湾佛光大学林欣仪提交了《中国中古时期"佛教、产孕与医疗"课题的回顾与展望》一文。文章第一部分论述了选题源起与意义。文章第二部分为"佛教、孕产与医疗"，指出在佛教研究中，与产孕议题相关却影响最深远的议题是《血盆经》及其仪式与信仰中的产孕污秽观。学界对其考证有很多，但是仍未触及佛教教义本身如何看待产孕，亦未追溯中国中古时期以降此类观念的历史演变和发展。佛教对于性别和身体的观点深受其修行传统影响，从戒律或四念处当中的不净观可以得见。由观身不净或女身不净延伸而来的佛教身体观也体现在佛教的胞胎论述中，具体内容在第三部分进行了详述。佛教与医学的联系也很紧密，学界对此专题的研究也很丰富,但这些成果未必触及孕产医疗。以上研究为进一步探索佛教相关论述与疗愈实践对于孕产、身体、性别观之影响提供了绝佳起点。文章第三部分为"佛教文献中的胞胎论述"。在佛教与医疗的领域中,近十多年来出现了若干研究佛教不同地域与派别关于胎产的论述,林欣仪对此做了细致的整理,并发现报恩经典和变文当中的胞胎,以简化后的内容来强化母亲产孕之苦和子女尽孝的重要。第四部分为"经典论述与修行实践中的孕产处置",梳理了佛典、相关陀罗尼经咒、敦煌写本和祈愿文等资料中,关于信仰和仪式在产孕时提供的身心愈疗协助和产后育儿照护的内容。通过现有研究可以看到,佛教在胎产和育儿方面提供的神灵和仪式医疗资源,不仅在印度内部和医学领域已有交集,更辗转传入西域、汉地乃至日本,受到一定程度的应用。文章最后一部分为研究展望,希望通过对上述研究的整理,使佛教、产孕与医疗课题可供深入理解中古时期宗教与医疗的交流,并促进不同宗教之间的交流,对性别史、妇女史和身体史也可以有更清楚的认识。在这一课题未来可以继续推进的方向上,也提出了自己的见解。

郭海文评议认为,首先,在唐代女性的佛教信仰研究中,以往关注的方向多是比丘尼研究和信众研究,从佛教与孕产医疗出发的文章少之又少;从另一个角度来看,在医疗史和儿童史的研究中也很少有人从佛教来入手,所以这篇文章的选题是很新颖的。其次,这篇文章梳理了大量资料和论著,提醒大家在进行中古女性史研究的时候不要拘泥于现有材料,要善于发现和使用新的资料。最后郭海文提到,姚平曾著《唐代妇女的生命历程》一书,这个"生命历程"指的是一个人从出生到死亡的时间段,而出生前的情形并没有涉及,林欣仪的论文引发思考,人在母体中的"前生命历程"也应成为一个值得关注的时间段。

陕西师范大学历史文化学院教授焦杰提交的论文《巫术、性别与政治——唐代朝野政治斗争中的女巫》,从生存环境、现实需求、政治参与等多方面探究唐代女巫这一特殊群体。文章第一部分"禁淫祀政策与唐代女巫的生存环境"中,作者分唐代官僚阶层对女巫的态度,和李唐皇室对女巫的态度两个层面进行介绍。在唐代的主流话语中,女巫的活动遭到禁绝,一些不信鬼神的官员对于巫风实施打压的政策,李唐皇室对待女巫的态度大体上也是压制的。文章第二部分"现实生活的需求与对女巫的欲罢还休"对女巫的现实需求情况进行了具体的分类。其一,为了消病除灾,女巫也在唐人的延请范围之内。其二,在国家正祀祈祷不灵时,中央政府和地方官员也会邀请女巫做法攘灾。其三,出于神道设教的目的,个别皇帝对巫风有所推崇,体现了唐代统治者对于巫术的矛盾心里。文章第三部分"唐代女巫自下而上的生存努力"指出,女巫的社会与法律地位都比较低下,生存环境常常因上层统治者的个人好恶而发生改变,因此想要获得较好的生存环境必须向上层社会渗透,女巫或利用女性身份之便向上层社会渗透,或利用老年身份之便向社会上层渗透。第四部分为"唐代女巫与朝野政治斗争",女巫由于其通神视鬼、预言吉凶祸福的能力,在特殊时期会主动或被动地介入政治活动,出现在朝野斗争和地方斗争中。在这一过程里,并非所有女巫都能获得利益,最终大多数女巫都沦为政治斗争的牺牲品。在结语中,焦杰指出唐代女巫群体的特殊性:女巫群体一方面没有合法的身份,巫术活动受到国家法律制度的禁止,不断被驱逐和被边缘化,另一方面,社会大众消灾除厄的心理,依然为女巫提供了宽泛的存在土壤,使她们甚至有机会进入上层或干预朝野的政治生活。应当看到的是,法术是女巫的筹码和工具,但最终决定其命运的依然是掌握公共权力的男性。

苏州大学社会学院历史系教授铁爱花评议认为，文章选取唐代女巫这样一个特殊群体作为研究对象，从巫术、性别与政治的视角切入，对唐代女巫的生存环境、现实生活对女巫的需求、女巫自上而下的生存努力、女巫与朝野的政治斗争几方面入手，层层挖掘，探讨女巫的生存和命运等问题，提出了不少有见地的观点，令人颇受启发。铁爱花同时也提出了一些建议。其一，在一些宗教信仰研究和唐代淫祠研究的论著中，有不少对唐代女巫的涉及，所以相关研究的学术史回顾方面尚有补充的空间。其二，中国古代鬼神信仰与佛教广泛传播是否存在直接相关的关系，唐代女巫活跃的文化土壤到底是什么，需要进一步的深挖。其三，唐代的本命神信仰的流行受到佛教思想还是道教思想的影响更多，还应再作考虑。其四，文章第三部分中，女巫利用老年身份之便向社会上层渗透的这一观点仅有两则材料作为支撑，这两则材料是否具有普适性值得探究。

五、中古女性史研究的范式与路径

中古妇女史研究经历了 20 世纪的拓荒、凝滞、蓬勃发展等阶段，在新世纪不断涌现新视角、新方法和新材料，获得了瞩目成绩。但是其中依然存在两个值得注意的问题，一是材料，二是方法，对这两个问题的认识与处理，在某种意义上成为新世纪妇女史研究继续纵深的关键。铁爱花回顾以往学界研究的不足，结合自身研究经验，提交了题为《浅议中古妇女研究的材料和方法》的论文。文章首先简要追溯了中古妇女史的研究情况，随后就"史料发掘与议题开拓"和"方法理论与研究路径"两个方面进行分析。在"史料发掘与议题开拓"部分，铁爱花认为，中国妇女史研究的很大困难来自史料，包括史料的搜集整理和史料的解读使用。因此，既要拓展史料的搜集范围，进行扎实的史料整理工作，在此基础上开拓中古妇女史研究的空间，又要以各种不同史料来相互参照，并进行重新审视与解读。同时，不同类型的文献材料还具有不同的特点，须进行精耕细作的整理、辨析和利用。除正史、方志、文集、墓志资料之外，还需广泛关注儒家经典、法典、笔记、诗词文、类书、石刻、出土文献等多种资料，并要注意其各自不同的特点。在"方法理论与研究路径"部分，传统的实证分析法无论如何不能摒弃，应坚持历史学为本位，多学科综合研究的路径。在利用社会性别理论进行妇女史研究的同时，避免理解浅层化和使用泛滥化，使用时不应过于强调男女两性的二元对立。文章最后介绍了社会学中的"社会控制"理论、社会分层概念、社会流动概念和法学中的"法文化"理论，提出对于这些概念的理解和使用对中古妇女史研究不无裨益。

北京师范大学历史学院副教授徐畅认为，作为女性史研究的专家，铁爱花这篇论文非常具有理论性。作为评议人，徐畅将评议内容分为了以下三部分：第一部分为建议，主要建议在梳理相关材料的时候不妨以材料的性质进行分类，进而分为原始档案类、编纂性材料类、文学书写类、图像实物资料类。其中图像实物资料在当下的应用并不充分，如利用得当应能为未来妇女史的发展开拓新的方向。第二部分为提问，就妇女史和女性史概念的定义、为何女性史研究的学者大部分为女性、女性史研究是否存在程式化倾向等方面提出了一些疑问。第三部分为个人感受。徐畅认为，当下的中古女性史或者说妇女史的研究可能存在先验性的现象，在女性史研究中，终极目的其实还是重构历史复杂的图景，而女性是其中的一个关键要素,因此不能本末倒置地把女性从历史的脉络中抽离出来,在不同的断代研究中得到相同的结论。

六、结　语

第三届工作坊历时两天,为妇女史研究提供了良好的平台,专家学者立足史料展开了深入的交流与讨论,对相关议题发表真知灼见,为中古妇女史研究的深化做出了值得肯定的努力。围绕"中古中国的女性与社会",报告论文内容丰富,广泛涉及政治史、社会史、宗教史、医疗史、敦煌学等众多领域,或提出全新观点,或对以往专题进行系统整理,或跨断代进行综合研究,体现出较高的学术水准和创新意义。专题报告与特约评议结束后,与会学者还举行了综合讨论。讨论内容包括妇女史与女性史的概念区分、从"妇女史"到"妇女/性别史"的演变过程、中国妇女史未来的突破方向等,这些讨论与争鸣充分体现出借鉴新的研究方法和多学科综合研究对于丰富和创新妇女史研究的助益。可以说,第三届工作坊水准颇高、收获颇丰,为中古妇女史研究起到良好的推动作用。相信在不断壮大的队伍中,中古妇女史发展将迎来更多元的视角、更多样的课题和更广阔的研究领域。

作者简介:贾恺瑞,南开大学中国社会史研究中心暨历史学院硕士研究生。

【书评】

走向"生命之学"的历史学

——《孙应时的学宦生涯:道学追随者对南宋中期政局变动的因应》评介

何玉红

钱穆曾曰:"史学是一种生命之学。""人"是历史学基本要素中的核心,揭示"人"的生命历程和情感体验,是史学研究的重要任务。然长期以来,历史人物研究逐渐淡出学者的视野,原本是历史研究的"正宗",不再成为学术主流,以致学术界提出"历史学家为什么忘记了'人'"的反思。台湾长庚大学黄宽重出版的《孙应时的学宦生涯:道学追随者对南宋中期政局变动的因应》(台湾台大出版中心,2018年,以下简称《孙应时》),就是一部描摹"人"的"生命故事"及其"时代映像"的力作,在思考如何寻找历史背后的"人"及其意义方面,有着重要的启示。

底层士人的"生命故事"

谁是孙应时?专门从事中国古代史和宋史研究的学者所知不多,普通大众对此更显模糊和茫然。在浩如烟海的史籍中,他是一个名不见经传的"小人物"。该书对孙应时的家族源流、求学论道、仕宦沉浮、生前是非、死后荣辱等做了细致梳理,为我们清晰勾画出一个南宋底层士人的"生命故事"。

论著的着眼点是孙应时的"学宦"生涯。不同于朱熹、陆九渊等硕学大儒,孙应时只是宋代思想和学术史上的一个边缘人物,即"道学追随者"。与宰执等名宦显贵相比,其毕生所任最高官职仅为常熟知县,是南宋中期一位中低层地方官员。作者钩沉索隐,以叙述故事的形式,完整呈现出一个底层士人的人生历程。孙氏家族以乡里教育起家,实现由农转儒,开启功名之途。孙应时从县尉起步,先后出任海陵县丞、遂安县令、蜀中幕僚、常熟知县,备尝宦海艰辛。期间讲学东湖,结交师友,拓植多重人脉,践行道学理念。之后谋求京官,却受政局牵连,劾罢乡里。死后又因特殊机缘,获致褒扬。"每一个人都有自己的故事。"每个人的故事都是整体历史的组成部分。《孙应时》聚焦追求仕进与道学的中低阶层士人官僚,爬梳其仕宦历程与学术发展的轨迹,分析在道学与政治纠葛的复杂环境中,中低层士人官员所扮演的角色、开展的人际网络以及他们的遭遇与应对。在精到细微的个案解析方面,作者下足了功夫。

作者的细致描摹,展现出孙应时不同处境下内心深处的种种情感体验,见证其随时而变的心路历程:苦心拓展人际资源,经营和积累人脉的辛酸甘苦;与师友彼此分享喜乐与相互鼓励乃至寻求谅解的内心诉说;无情卷入政治风浪之中,未能实现理想的悲伤与挫败感。"从中低阶层士人如孙应时的生命故事,可以看到在少数名宦大儒巨星相互争辉的光芒下,也闪烁着众多微小的星光,共谱繁富多姿的星空,而不是在星夜笼罩时,空旷的大地只见探照灯式的巨大光束,此外一无所有。"黄宽重以星空为喻,形象地揭示出底层士人"生命故事"的意义。

知人论世的"时代映像"

为什么要研究孙应时?在历史长河中,如芸芸众生中一员的孙应时及其学术与仕宦经历,有数千万计。若以此为研究对象,止步于历史现象描述和事实复原,势必走向沉溺于细节之琐碎和平庸。摆脱研究中"碎片化"的困窘,就显得尤为重要。全书以"小人物"为切入点,通过一个底层士人官员人生历程的叙述,呈现和思考"大时代"的整体脉动和"全景图像"。

作者借助"道学追随者"的眼睛,观察孙应时及其陆门学友的师从变化,重新认识南宋中期道学派别的竞合关系。我们看到,基于实际利益考量、学术追求乃至性格禀赋,不同学术流派之间既有学术交锋,又有政治协力,这改变了既往思想史研究中非此即彼单一化的刻板认知。孙应时及其师友关系的演化,呈现出南宋道学和思想史复合多姿的色彩。

论著围绕庆元党禁前后孙应时学友的遭遇与应对,阐述身历其境的中低阶层官员及道学追随者的切身处境,分析士人面对复杂多变政治情势的应对进退之道。作者的研究表明,在政治变局中,无论是主动参与者还是被动涉入者,其个人命运与群体关系,并非传统研究刻画的前后一贯、二元对立,道学与政治之关系相当复杂,织就了南宋政治文化多元的样貌。

孙应时一年多时间的幕府生涯,参与和见证了吴挺之死后惊心动魄的蜀中人事变动,因之又卷入到后来的开禧北伐、吴曦之变、史弥远专权等事件之中。一个幕府的短暂经历,反映出南宋中央与地方间波诡云谲的权力博弈。一个基层官员的命运踪迹,折射出南宋中期这一"政治变动最激越的时代"风貌与特质。将梳理得越来越清晰的历史细部纳入宏大的视野下,历史进程中的边缘人物和小事件,显示出关乎全局的意义。知人论世,于此可见。

书信的意义:史料或视角

如何复原一个基层士人的"生命故事"及其"时代映像"?史料是关键因素。作者对孙应时《烛湖集》编撰、流传与版本做了细致辨析和比勘,并将其与师友往来的200余封书信进行编年,制成《孙应时书文的编年与整理》。这一以"孙应时生平与书文年表"为核心的厚达

35页的附录,奠定了全书坚实的史料基础,从中也展现出书信材料的多重意义。

书信极大地拓宽了史料范围和研究议题。与正史、会要、长编等相比,包含书、简、启、表、申状、奏状、札子等在内的书信是一种特殊文体,其内容极为丰富,大凡撰者亲历的事务与见闻,从日常琐事与心态变化,到政治、社会、经济、学术等重大事件无所不包。透过写信人与收信者的往复互动,构建出士人广泛和变动的人际网络与"朋友圈"。全书所讨论的个人与群体、家族与社会、中央与地方,乃至学术与文化的互动关系等议题,得益于书信材料的支撑。通过书信,精心打捞沉寂在时光深处的隐秘故事,寻找被岁月遗忘的精彩片段,充满吸引力的历史研究不再枯燥。

书信材料的利用使我们对历史的理解有了一定的"现场感"。士人在书信中交换意见、沟通思想与交流情感,彼此传达对政局变化、职务升迁的意见和感受,透露出他们的学术倾向、行事风格、对人物的评价以及对时局的观察等。这些是当事人身处历史现场的切身"体悟"与"倾诉",较之正史等史籍记载更为深切、真实和细腻。如作者所言,书信的字里行间,显现出"人与人之间的温度"和"根本的人性"。激活封存于书信中的记忆,使历史研究中"了解之同情"变为可能。

书信还提供了从基层和私人角度观察历史的新视角。由书信所见,道学家与政治家的纠葛,既存在尖锐的抗拒,也有着彼此调整、妥协和改变,朱陆学术异同和"党派"斗争等并非如想象中那样组织化且强固。这是一个远离京城的道学追随者和乡居官员眼中的历史图像,让人们看到诸多与先前思想史、政治史叙述中不一样的面相。私人书信材料的使用,能够更好地摆脱以精英思想家和政治家为中心的历史书写,凸显出其在视角转换中的重要意义。

总之,细读饱含情感的书信材料,多角度开掘隐藏在其背后的信息,复原历史场景中复杂的人事与人性,揭示时代变迁的整体面貌,这是《孙应时》的成功之处,也是走向"生命之学"的历史学继续前行的一条可行之道。

作者简介:何玉红,西北师范大学历史文化学院教授,博士生导师。

《苏州通史·明代卷》的学术价值

王日根

明代的苏州是当时中国经济文化最发达的地区,也是领当时时代潮流的地区,相关研究成果汗牛充栋,苏州大学、南京大学、复旦大学、华东师范大学、浙江大学等机构的众多学者已经奉献了大量的研究著作和论文,尤其是洪焕椿主编的《明清苏州农村经济资料》,罗仑主编,范金民、夏维中著《苏州地区社会经济史(明清卷)》更是聚焦于明代苏州的历史,可以说已为苏州通史明代部分奠定了一个坚实的基础,构筑了较高的学术平台。吴建华受邀主编这部书,也是基于其长期从事以苏州为中心的江南史研究有着深厚的学术积累。举凡明代苏州人口、土地制度、赋役制度、科举、文化、董宦事件等,吴建华都有精深的研究,发表过若干研究成果。因此,这部由吴建华主编,他指导的三位研究生的辅助、洋洋75.4万字的《苏州通史·明代卷》就具有了较强的学术价值,主要体现在以下三个方面。

一、奠基于实证研究基础上的明代苏州史阶段性把握具有新意

全书将明代苏州的发展分为三个阶段,分别是洪武时期苏州社会经济的恢复性发展阶段、建文到弘治时期苏州社会持续性发展阶段、正德到崇祯时期苏州社会转型性发展阶段,揭示了明代苏州社会经济发展的演变趋势。这一演变趋势与全国的大趋势既存在一致性,也因为苏州特定的自然环境与行政格局、苏州富户的"洪武赶散"、繁重的漕粮与漕运及其改革、苏州与'靖难之乱'的关系、郑和从刘家港"开洋"下西洋以及苏州的抗倭斗争与市民的抗暴斗争等,而产生了自己的特点。

如果说恢复性发展、持续性发展和转型性发展是明代苏州发展的一般状况的话,那可能主要是从政治角度所做的判断,也与修史者的思维惯性有着直接的联系。

自然环境尤其是气候变化往往也是在历史中发挥作用的长时段因素。据已有研究显示,大体是以正德、嘉靖为界,前期寒冷,而后期有所回暖,这对苏州农业、工商业和服务业等经济活动、城市生活,以及人口社会管理,包括乡村与城市管理、生活习尚均可能产生直接的影响。如明代苏州时常发生自然灾害,景泰六年(1455)五月初六、十一月十一日,前后两次地震,并发生瘟疫,死者众多。这样的在《明英宗实录》中记载的简短文字,虽然没有记明地震的烈度,但应该承认这样的灾害势必对苏州产生或大或小的影响,如果烈度较大的话,不仅有人口的死亡,势必还会有房屋的倒塌,乃至一些著名建筑物的倾颓。再如正德十

三年(1518),"大雨弥月,漂溺室庐、人畜无算"。万历十六年(1588)、十七年(1589),"连大旱,太湖为陆地",这对以渔业为生计的人们的影响势必是巨大的。万历十九年(1591)六月,大水"溺人数万",这条出现在同治《苏州府志》卷一四三《祥异》中的记载,反映出大旱之后的大水灾。水旱频仍往往是传统社会时常出现的现象,它势必直接影响到人们的职业选择、家庭生计乃至人口规模的变化。

回到洪武时期,所谓恢复性发展,当指元末明初,由于兵燹的破坏,苏州等江南地区呈现出满目疮痍的面貌。正如书中所说:"由于苏州是劲敌的中心故地,在政治上便对它实施高压,而且时时处处加以防范,所以明初有了'洪武赶散',致使人口迁徙,工商凋敝,社会萧条,加上长期实施重赋重漕重役,在财政经济上对它既苛剥榨取,又严重依赖。这种政治与经济地位的极不对称,或多或少制约着苏州的正常发展。"(第9页)

事实上,明初洪武时期,苏州的局面是较为复杂的。一方面,朱元璋试图改变以苏州为中心的江南地区世家大族控制地方的局面,因为此前他在统一江南的过程中,曾经遭遇到江南世家大族的强烈抵制。从培植新王朝的统治根基而言,消除这些世家大族在地方上的根系是必要的举措,此前王朝的统治者也采取过类似的"徙豪"政策。另一方面,在整顿吏治的政策下,确有诸多因怠政、无为、朘削百姓而被革职者,也有因政治原因而被严办的。朱元璋试图以严法整顿吏治,树立起中央的权威,苏州自然是他重点用力所在。

说到"洪武赶散",是洪武年间强迫实施的全国性人口大迁徙,试图用人口政策改变全国人口分布格局,这一政策一直延续到永乐时期,"徙苏州富民实濠州"是明建立前一年就开始的举措,就是要使苏松杭嘉湖一带的富民离开原有的根基,削弱他们的实力,消除他们反明的意志。该书编者从零散的资料中,看到"比比皆是"的迁居濠州、苏北的事例,足见洪武这一政策牵涉的范围之广,力度之大。编者还发现"苏淞杭嘉湖"都可以以"苏州"来代指。大"苏州"移民被强制迁往苏北、凤阳等地。在安徽,主要是临濠、凤阳、滁州、和州等地,在广袤的苏北地区,则分布在当时的扬州、淮安府,主要是今天的扬州、淮安、盐城一带以及连云港,西部以京杭大运河为界,东部南通地区则几乎没有。已有研究估计,明初苏北大约接收了共45万"苏州"移民,这对苏北经济文化发展无疑是有利的。

因此,明初苏州社会经济结构处于剧烈变动时期,抄没世家大族的田产使之转化为公田,方便征收赋税,充实明王朝的粮仓。官田重赋往往被解释为是朱元璋发泄对张士诚势力的敌意和不满,该书则认为是因为苏州地区具有承受重赋的能力。(第48页)这一认识是较有说服力的。该书还认为,苏州被朱元璋当成了可以无偿榨取的肥硕羔羊,课以重赋重漕和额外加征,并通过明初建立的强大的国家机器确保这种重赋重漕和重征的实现。通过土地清查、户口调查、粮长制度、里甲制度,洪武国家威势渗入苏州基层社会,同时积极开展水利兴修,为农业生产提供切实的保障,培植小农阶层,使其成为明王朝的稳固根基。

到明朝苏州发展的第二阶段,重赋政策下,社会矛盾积累,人民不堪重负,政府也时有蠲免、减负等措施,周忱、况钟等的改革一定程度上消除了重赋政策下积累的社会矛盾。通过一系列的改革,理顺各种关系,实现经济有序发展。到弘治时期,农业的发展已经为城市商品经济的发展和繁荣创造了良好的条件。

这一时期,靖难之役、郑和下西洋等国家行为对苏州也产生了不同的影响。靖难之役造成了苏州与中央的芥蒂与隔膜;苏州腹地经济繁荣则为郑和下西洋提供了丰富的物质储备,尤其是官营手工业的发达为明王朝对外显示经济的繁庶提供了强大的后盾。

正德到崇祯时期,商品经济进一步繁荣,苏州经济发展进入了一个高潮期,苏州社会也出现了若干转型期的特征。官田民田化,土地日益向少数人集中,官府不断推进各种官田制度改革,仍然无法扭转这一趋势的发展。官田制度逐渐瓦解,赋役合一成为以苏州为中心的江南各地改革的大趋势。万历时期政府力图均田均役,但并不能如愿,因为社会经济已经呈现出两极化倾向,商业化趋势加速发展。苏州周围城镇蓬勃发展,为海外贸易和跨区域贸易创造了深厚的物质基础,苏州融入了全国性乃至世界性的大市场。苏州城市内手工业作坊规模扩大,产品充盈,生产关系也逐渐显示出人身依附关系的削弱和劳动力自由化的倾向。工商阶层队伍壮大,商帮抱团维护自己的权利,抗税斗争时常能让官府减轻苛刻的税额要求。奴隶虽然仍存在,但反抗斗争、市民抗暴斗争都成为城市社会中时常出现的现象。文人结社成为苏州城市中的风尚,他们有自己独立的人格,追求思想自由,或表现出对政治的呼应,也多有与政治的背离,有的甚至隐居山林,"山人"成为晚明较有影响的名士阶层。

由于苏州的自然条件相对较好,人文环境也相对优越,进入正常发展阶段之后,苏州经济便呈现出良好的状态。苏州的行政级别也在逐渐提升,吴县、长洲县与府城相互支撑,苏州城内还设置卫指挥使司,后有苏淞常兵备道,城西北有浒墅关,所有这些其实为苏州的发展积蓄了条件。

编著者敏锐地认识到:苏州城市的灵魂在水,水道的通畅往往可以成为苏州城市繁荣的前提,官府的有效管理、及时疏浚均是很重要的选项,效果如何则取决于时局、经济状况和地方官员的个人能力等复杂的因素。

明代苏州城市建设,包括修城(修建府城之城垣、增筑防御设施、修桥、补路、浚河)、交通设施建设(改善人口的出行与外来人口的进入)、通信工具设置(健全驿传制度,确保信息畅通)和生活休闲环境建设(营建宅第园亭,绿化城市环境)等。在明代苏州城市管理中,既有政治管理,还有经济管理、军事管理、社会管理。经济管理包括赋役管理、市场管理、商户管理,军事管理包括驻扎兵员、设置警铺,社会管理则包括编制户籍、申明教化、赡养孤老等方面。这些方面,明代苏州往往都走在全国的前列,发挥了带头和示范的作用。

二、在若干学术问题上探幽索隐 体大思精具有深化苏州史研究价值

有关苏州历史的诸多方面都是学界已经深耕、精耘了的,但是该书并不止步于此,而是继续深化研究。

该书对明代苏州家族,共花了近100页的篇幅进行讨论。有的家族是经过前代漫长的时间逐渐积累成长而成为当地土著大族,有的则是明代新近迁入的姓氏家族成为新的名门望族。这显示土著家族和迁入家族都可在苏州这个平台上发展壮大。既有通过科举这一正途乃至形成世代科第连绵、成为科举世家的家族,也有的经由商业发展而成长起来的新兴家族。科举连绵有的依靠正途与异途掺用的办法,经商致富的家族有时也兼有科第辅助的色彩。

不过,这一时期在苏州历史上显示的特殊性在于:明初"洪武赶散"曾极大地消除了前

代累世积累而成的大家族,也给家族的再度生长制造了若干制度的和心理的障碍,人们普遍心有余悸,担心再度成为被打击的对象。朝廷的重赋也往往给大家族以巨大的负担,另外还有社会风尚、地方信仰等也让人们产生对家族活动的冷落情绪。但是,家族建设的意识在士大夫阶层中仍受到重视,他们注重修谱,乃至形成一系列的修谱理论,产生出一大批有分量的族谱。尤其是在基层社会,家谱、族规等都能发挥稳定社会秩序的作用。典型的表现是江南家族普遍设置家族内义田,官绅、商民等都加入捐助家族内义田的行列中来,乃至形成较大的规模。义田有时也超越家族界限,成为乡里社会保障的重要依赖因素。

该书作者区分官宦家族、富裕家族和庶民家族,他们都注重家族建设,但显然风格各不相同。官宦家族特别注重凸显其家族的科举业绩,对全社会较易产生示范性作用。富裕家族修谱主要建立在家族富足的财富基础之上,尽管他们的科举业绩不那么显赫,但或许追溯过往,也能找到少数有功名者,他们也可利用手上富余的财力与士大夫交游往还,有时他们可以邀请读书人进入家族开办私塾,为家族子弟创造进入仕途的条件,因此,他们往往是官宦家族的潜在生成力量,推动明清社会阶层的频繁流动。庶民家族无论从社会地位和经济实力上都远逊于前二者,但是他们也可以凭借自己掌握的粗浅的文化知识,依靠自己的力量,较简略地记录家族的发展演变历史,因此,这些家谱编修的实践者也成为明代苏州家谱编修大军中的一支力量。

该书作者对商人家族的论述较为精彩。苏州在明代出现洞庭东西山商人,人们习惯称"钻天洞庭",形容洞庭商人能够远走他乡,开拓商业发展的路径。不管他们走多远,在家乡依然维持着聚族而居的传统,以家族为主,以姻亲为辅,形成了相对固定的社会关系网络(第443页)。这种较为稳固的血缘和姻亲关系对洞庭商人的商业经营十分有利。这些洞庭商人往往从小开始被迫外出经商谋生,或兄弟一起,或父子相继,许多家族更是数代人从事商业活动,商路商事相对固定,商人家族得以延续发展。

该书认为:东洞庭商人主要在以临清为中心的运河沿线,西洞庭商人主要在以汉口为中心的长江流域,分别以棉布、米粮及丝绸的贩运为主,这显示了苏州作为运河和长江沿线城市的优越性。

洞庭商人的经营方式包括独资经营、领本经营、合资经营三种基本模式,其中领本经营是最具特色的一种。富家巨室将他们的资本分给贫穷无资本的人,无疑能进一步扩大商业经营规模,形成更大的集团力量。凡翁氏、叶氏、席氏家族都将商业经营的经验代代相传,既做行商,又作坐贾,既传承血亲,又扩及姻亲。随机应变、顾客至上、礼貌待客、重视信誉、薄利多销、稳中求成,这些都是洞庭商业家族树立的基本理念。

《明代苏州文化》一章,占据全书约三分之一篇幅。可以说是明代苏州历史上最辉煌的成就,也是确立苏州在中国文化版图上处于领先地位的前提。无论是科举的鼎盛,还是文学、艺术的勃兴;无论是人文精神的探索,还是科学技术的创造;无论是传统的小学,还是体国经野的地理方技之学,乃至藏书、刻书,苏州都堪称"渊薮"。久有"上有天堂,下有苏杭"之说,苏州地处运河交通线的中端,又有广阔的苏松杭嘉湖从旁烘托,是南来北往官绅世家、商贾行者、应试士子们的必经之道,苏州一定程度上是明代全国文化的汇聚之地、交融之地、升华之地。明代苏州文化体现了整个明代文化发展的最高水平。该书也敏锐地觉察到,明代苏州文化还未发展到思想、哲学等较深层次(第620页)。明代苏州各不同阶段文化发展也存在差异,若干文化成就较集中于中后期,商品经济的支撑、南北人员的往来或许是重要的推动因素。当然,明初"吴中四杰"具有前代遗存的色彩,这或许可以理解为文学与时代确实存在密切的关联。

《明代苏州宗教》和《明代苏州民间信仰》两个部分,将明代苏州佛教、道教、伊斯兰教乃至天主教都做了细致入微的资料搜集和条理分析。对苏州错综复杂的民间信仰数量与分布、类型与特点、兴盛的原因与社会影响也进行了深入细致的剖析。该书认识到苏州是一个士绅文化为主导的地区,儒家文化占据着绝对的统治地位,这是苏州儒风鼎盛、科第繁荣的社会基础。但是儒家文化并不妨碍各种宗教及民间信仰大行其道,尤其是中国的老百姓往往兼收并蓄。进入明代中后期,社会变迁加快,每个人的命运都可能迅即发生巨大的变化,这促使人们在笃信儒家学说之外,不免要寻求其他的精神支柱。各行各业的人们在自己具体的职业生涯中可能遭遇各种实际的风险和考验,因而需要借助更多的超自然力量来克服障碍,树立信心,开拓前行。

三、集既往明代苏州研究之大成 汇明代苏州各类史料于一炉

该书主编吴建华长期耕耘于以苏州为中心的江南社会经济史和文化史研究领域,对苏州的正史、方志早已深谙于心,近些年来又辛勤劳动在搜集各类碑刻资料、口述资料的一线,对明代苏州相关史料有清晰的把握。凡《四库全书》《四库禁毁书丛刊》《四库全书存目丛书》《四库未收书辑刊》《续修四库全书》《明实录》《明清史料》《明史》《明史纪事本末》《明通鉴》《明经世文编》,苏州各地方志,苏州各类文集,当代中、日、韩及西文研究成果,几乎完全囊括其中。

或可进一步提升的是:补充有关近年来西方学者对苏州的更具体研究成果。此外如张丙钊《兴化方言志》(上海社会科学院出版社,1995年)已出版,可以直接参阅。

另外,笔者的兴趣在海洋史,总觉得苏州与海洋存在一定的关系,尤其是苏州社会风尚的趋新与海外产品的进入有关,苏州与福建、广东、浙江的经济联系有许多与海洋贸易相关。当然这些因素可能在清代表现得更加明显。

作者简介:王日根,厦门大学人文学院历史系教授。

从"国家能动性"到"精英能动性":苏州国家—地方精英关系的转变
——评韩承贤《盛世之后:19 世纪初苏州的国家与精英》

喻满意

传统看法是,康雍乾被认为是中国历史上的"盛世",这一时期中国经济繁荣社会稳定。乾隆之后的嘉道时期,清朝由盛转衰,处在这个转折期的嘉庆历来被认为是一位碌碌无为的皇帝。韩国学者韩承贤(Seunghyun Han)在其著作《盛世之后:19 世纪初苏州的国家与精英》(After the Prosperous Age: State and Elites in Early Nineteenth-Century Suzhou)(以下简称《盛世之后》)中提出了不同看法。《盛世之后》是韩承贤在其 2005 年哈佛大学博士论文基础上修改后的成果。韩承贤在书中主张,精英的能动性取代国家行动并不是太平天国运动过程才产生和延续的一个现象,而是始于 19 世纪初的一系列发展。此外,他强调这些发展也不是始于 18 世纪末的一些趋势的简单延伸。他的研究和近期其他学者的类似研究,使我们的目光从重视西方对中国近代历史的影响,重新转向中国国内的自身因素。王国斌认为,该书"有利于坐实目前史学界认为 19 世纪晚期精英能动性始于 19 世纪初的看法。该书所立意的时间框架,有利于解释中国近代史的重大转变来自其内部的动力看法,而不是如费正清所说的与外国冲击和中国反应所带来的变化有关"[①]。

一、研究综述

几乎所有的学者都会承认,19 世纪初的清史(嘉道时期)是最少被研究的一段历史。其原因一是它之前的康雍乾"盛世"的"光环"太过耀眼,二是它之后的历史容易被西方突如其来的入侵(鸦片战争)所淹没。

西方史学界有关这段历史的研究,最初多受费正清的冲击—回应模式的影响。费正清的"帝国主义冲击模式"强调 19 世纪中期西方列强的到来给中国社会制度、文化和经济冲击所带来的变化,认为这是中国近代史发展的动力。到 20 世纪 70 年代,这一模式受到了质

[①] R. Bin Wong, "Seunghyun Han. After the Prosperous Age: State and Elites in Early Nineteenth-Century Suzhou", *The American Historical Review*, Vol.123, No.2, April 2018, pp.561-562.

疑。西方学者研究中国的视野开始转向"以中国为中心",他们开始将自己的研究关注点转向中国的内部事务,而不是西方的影响,认为前者的影响似乎更加深远和关键。①正如柯文指出的,"中国中心"模式实际上是对费正清"中国反应"模式的一个"重大反思":费正清所说的"中国对西方的反应"——中国重大的和真正意义上的变化,只有到了现代才发生,并且发生在与西方列强的交往过程中。②"中国中心"模式将研究视野扩展到清朝所有的重大历史事件,特别是让许多学者将视野投向了鸦片战争之前的40年,也就是韩承贤该书所关注的嘉道时期。

不光在西方学界,中国学界对19世纪初的清史研究也一度非常少。从20世纪50年代到80年代初,中国史家花费了很大精力来确定16—18世纪中国现代经济发展的"资本主义萌芽"迹象。此外,中国史学界还将研究关注点放在19世纪中期之后的历史。这段时期,中国被拽入西方打造的一个国际秩序中,中国的史家将其称为"中国资本主义经历和帝国主义侵略的开始"③。近来,中国史学界也将眼光投向清朝的"盛世",也就是18世纪的康雍乾时期,这种新动向或许源于中国对21世纪经济繁荣的自豪感不断增加。和在西方学界一样,19世纪初期的中国历史,同样没有引起中国史家的持续注意,它的重要性也几乎被忽视。

当然,这并非意味着这个时期被完全忽视。许多重要的著作还是为这一时期的研究奠定了基础。1952年,铃木中正(Suzuki Chusei)有关嘉庆时期白莲教起义的研究极具开创性。④韩书瑞(Susan Naquin)的《中国的千禧年叛乱:1813年八卦教起义》对嘉庆时期八卦教起义的生动描述,丰富了我们对民间宗教的认识。⑤ 1978年,孔飞力(Philip A. Kuhn)和曼素恩(Susan Mann Jones)在《剑桥中国史》中勾勒了19世纪初清朝政治和社会危机的迹象,以及政治思想家们试图解决这些问题的情况。⑥艾尔曼(Benjamin Elman)在《经学、政治和宗族——中华帝国晚期常州今文学派研究》(Classicism, Politics, and Kinship: The Ch'ang-chou School of New Text Confucianism in Late Imperial China)中研究了毗陵庄氏和西营刘氏两大宗族和今文经学在清朝中后期的发展演变,通过挖掘宗族网络与学术思想之间的复杂关系,探讨了这一时期的政治思想。⑦除了政治思想,哲学思想研究的另一个倾向是对考据学的研究。这一领域的研究,除了艾尔曼的《从理学到朴学——中华帝国晚期思想与社会变

---

① Seunghyun Han, *After the Prosperous Age: State and Elites in Early Nineteenth-Century Suzhou*, Introduction, Cambridge(Massachusetts)and London: Harvard University Press, 2016, p.6.

② Seunghyun Han, *After the Prosperous Age: State and Elites in Early Nineteenth-Century Suzhou*, Introduction, p.7.

③ Seunghyun Han, *After the Prosperous Age: State and Elites in Early Nineteenth-Century Suzhou*, Introduction, p.7.

④ [日]铃木中正:《清朝中期史研究》,丰桥:爱知大学国际问题研究所,1952年。

⑤ Naquin, Susan, *Millenarian Rebellion in China: The Eight Trigrams Rebellion of 1813*, New Haven, Conn.: Yale University Press, 1976.

⑥ Susan Mann Jones Philip A. Kuhn, "Dynastic Decline and the Rise of Rebellion." *The Cambridge History of China*. Vol.10, Part I. Edited by John K. Fairbank, et al., 107-62. Cambridge, U. K.: Cambridge University Press, 1978.

⑦ Elman, Benjamin A., *Classicism, Politics, and Kinship: The Ch'ang-chou School of New Text Confucianism in Late Imperial China*, Berkeley: University of California Press, 1990.

化面面观》(From Philosophy to Philology:Intellectual and Social Aspects of Change in Late Imperial China)①,还有麦哲维(Steven B. Miles)的《学海:19世纪广州的社会流动性与身份认同》(The Sea of Learning:Mobility and Identity in Nineteenth-Century Guangzhou),后者通过研究19世纪广州学海堂书院的发展和建立过程,来考察广州精英的社会结构以及他们如何建立地方身份认同的问题。②

在政治层面,波拉切克(James Polachek)的《内部的鸦片战争》证明了晚明汉族文人政治能动性在19世纪初再次复苏。③林珍珠(Jane Kate Leonard)认为,清中期大运河系统的崩坏成为触发江南文人政治能动性的一个因素,她的《遥控:道光皇帝对大运河危机的管理》通过描述道光皇帝如何精细管理1820年代大运河危机,来说明道光皇帝的代理机构如何应对这个问题④。其他有代表性的著作还包括曼素恩的《洪亮吉》⑤、林满红(Lin Man-houng)的《被揭示的两种社会理论:中国金融危机的政争(1808—1854)》⑥以及《银线:19世纪的世界与中国》⑦。关文发的《嘉庆帝》(吉林文史出版社,1993年)探讨了嘉庆皇帝清除和珅集团和应对白莲教和八卦教起义的政策,类似的研究还包括孙文范、冯士钵、于伯铭的《道光帝》(吉林文史出版社,1993年),该书探讨了道光皇帝在1820年代和鸦片战争期间所面临的各种内政和外交挑战,这些挑战几乎跟他的父亲嘉庆所面临的一样。王文生的《白莲教起义与华南海盗:清帝国的危机与变革》⑧则阐明了嘉庆皇帝的改革政策是清朝的一个分水岭,标志着清帝国主动缩小帝国权力,在国家建设方面从积极的扩张主义的立场向欠干涉主义的方式转变。

近些年,中外学界在嘉庆朝研究方面出现了新气象:"普遍是要积极重新评价这位新掌权的皇帝及其行政的贡献——少问'他们做错了什么?'多问'他们究竟如何设法让清帝国很好地回归正轨,使得其又存在了一百年?'"⑨这些研究成果在2010年亚洲研究协会的年会的小组讨论会上得到反映。关文发似乎有意回应嘉庆皇帝100年后的"晚清改革",将嘉

---

① Elman, Benjamin A., *From Philosophy to Philology:Intellectual and Social Aspects of Change in Late Imperial China*, Cambridge, Mass.:Council on East Asia Studies, Harvard University, 1984.

② Seunghyun Han, *After the Prosperous Age:State and Elites in Early Nineteenth-Century Suzhou*, Introduction, p.8.

③ James M. Polachek, *The Inner Opium War*, Cambridge, Mass.:Council on East Asia Studies, Harvard University Press, 1992.

④ Jane Kate Leonard, *Controlling from Afar:The Daoguang Emperor's Management of the Great Canal Crisis, 1824-1826*, Ann Arbor:University of Michigan Press, 1996.

⑤ Susan Mann Jones, *Huang Liang-chi (1746-1809):The Perception and Articulation of Political Problems in Late Eighteenth-Century China*, Ph. D. diss., Stanford University, 1971.

⑥ Lin Man-houng, "Two Social Theories Revealed:Statecraft Controversies over China's Monetary Crisis, 1808-1854", *Late Imperial China* Vol.12, No.2, 1991, pp.1-35.

⑦ Lin Man-houng, *China Upside Down:Currency, Society, and Ideologies, 1808-1856*, Cambridge, Mass.:Harvard University Asia Center, 2006.

⑧ Wang Wensheng, *White Lotus Rebels and South China Pirates:Crisis and Reform in Qing Empire*, Cambridge, Mass.:Harvard University Press, 2014.

⑨ [美]罗威廉:《乾嘉变革在清史上的重要性》,《清史研究》2012年8月第3期,第150页。

庆的一系列变革,称为"嘉庆新政"①;张玉芬则将嘉庆初年政策的改变概括为"咸与维新"②;米丹尼则大胆地将"咸与维新"译作"Jiaqing Restoration(嘉庆中兴)"③。新学术研究的看法是,"嘉庆亲政初年,确实表现了他是位对于谏言和公开讨论非同寻常宽容的皇帝"④。嘉庆初年的政策,除了大家知道得比较多的惩治和珅、整顿吏治,新研究中比较引人注目的是嘉庆广开言路的影响。"作为广开言路的必然结果,嘉庆皇帝恢复了京控制度","嘉庆皇帝鼓励更多京控的做法出人意料的成功,在19世纪头一二十年京控成倍增加,结果,大量案件积压,这促使中央政府将大部分上诉案件退回地方重审。经过长期试验后,创立了一种新的省级机构——发审局","这对于经费短绌的帝国行政来说是一项痛苦、昂贵的创新,但是至少随着其建立,暴力反抗似乎减少了(嘉庆皇帝本意就是如此),并且这是帝制中国晚期朝着发展出独立的司法机构迈出的重要一步"⑤。韩承贤在为《剑桥中国史》所写的一章书稿中主张,在嘉庆初年,中央政府的"退却"以及伴随发生的地方精英势力的崛起,多数情况下是政府有意推动,或至少是同意的。他列举了三种现象对此进行了解释。第一,在国家通过赏赐荣衔以及捐纳等手段予以刺激的情况下,精英投入更大量的经费,用于地方公共事业。第二,中央对于地方名宦、乡宦祭祀的控制松懈,这些人价值的确定与地方而不是与中央的利益有关。第三,地方文献生产的复兴———例如市镇志的出版,在这一时期急剧增多,这反映出了1770和1780年代《四库全书》这样的文字狱的松弛。⑥

麦卡弗里在其亚洲协会年会的论文中探讨了嘉庆皇帝对于教派叛乱态度的转变。乾隆认为教派叛乱的根本问题是教派自身,而嘉庆则采取完全相反的看法,认为是"官逼民反"。米丹尼认为"官逼民反"的表述与嘉庆更为普遍地宣称对"吾民"有信心相一致,也与他的一贯努力——"尽可能缩小官府内外的有罪之人的范围"相一致。⑦韩承贤的《清朝中期对于科考骚乱的惩处》支持米丹尼的看法,即承认嘉庆初年对持不同政见者不同寻常的宽容。韩承贤统计分析的结论是,"在乾隆朝极可能被处以死刑的各种各样的集体行动,在嘉庆朝都罪减一等"。韩视此为一个更为持久的趋势,一直延续到道光朝之后,从而造就了一个更为开放的政治言论环境。⑧马世嘉的文章赞同韩承贤的看法,认为嘉庆亲政后进一步放松了文字

---

① 关文发:《嘉庆帝》,长春:吉林文史出版社,1993年,第113—114页。

② William T. Rowe, "Introduction: The Significance of the Qianlong-Jiaqing Transition in Qing History", *Late Imperial China*, Vol.32, No.2, December 2011, p.78.详见张玉芬:《论嘉庆初年的'咸与维新'》,《清史研究》1992年第4期,第49—54页。

③ William T. Rowe, "Introduction: The Significance of the Qianlong-Jiaqing Transition in Qing History", *Late Imperial China*, Vol.32, No.2, December 2011, p.78.详见 McMahon, Daniel. "Dynastic Decline, Heshen, and the Ideology of the Xianyu Reforms". *Tsing Hua Journal of Chinese Studies*, New Series Vol.38, No.2, June 2008, pp.231-55."

④ William T. Rowe, "Introduction: The Significance of the Qianlong-Jiaqing Transition in Qing History", *Late Imperial China*, Vol.32, No.2, December 2011, p.79.

⑤ William T. Rowe, "Introduction: The Significance of the Qianlong-Jiaqing Transition in Qing History", *Late Imperial China*, Vol.32, No.2, December 2011, pp.79-80.

⑥ William T. Rowe, "Introduction: The Significance of the Qianlong-Jiaqing Transition in Qing History", *Late Imperial China*, Vol.32, No.2, December 2011, p.80.

⑦ William T. Rowe, "Introduction: The Significance of the Qianlong-Jiaqing Transition in Qing History", *Late Imperial China*, Vol.32, No.2, December 2011, p.82.

⑧ William T. Rowe, "Introduction: The Significance of the Qianlong-Jiaqing Transition in Qing History", *Late Imperial China*, Vol.32, No.2, December 2011, p.82.

狱。这一态度的变化让边疆问题的研究和著述不再是禁忌,研究者扩大到包括汉族精英在内的所有人士。①

马世嘉在2010年向亚洲研究协会的提议中指出,"我们可以看到,在这一时期'至少在三个方向上'存在'权威和主动权的整体转移':(1)从满人朝廷到汉人官僚,(2)从中央和地区到地方行政,以及(3)从地方官僚到政府外的地方精英。"②罗威廉认为,前述的这些新研究"似乎是暗示——正如孔飞力在1980年所提示的,我们应该将这些(新)发展的源起向前推差不多50年,即到19世纪的前几十年。这些新研究比孔飞力更进一步,还认为,这些变化是嘉庆初年朝廷改革政策的有意或者无意的结果"③。如果说上述学者的新研究主要是从政治角度论述了19世纪初清王朝的新变化,那么韩承贤的《盛世之后》则从文化和社会角度有力地佐证了上述研究看法。

二、全书梗概

韩承贤的《盛世之后》通过分析19世纪初期苏州地方精英的社会和文化活动来反映国家—地方精英关系的变化。该书共分两个部分,第一部分关注地方精英经济和管理权力的增长,第二部分关注这种权力在文化领域的变化。

第一部分包括第一章到第三章,利用清代的档案资料,如《清实录》、地方志和各种稀有文献,阐述了自18世纪末开始,地方在水利工程和赈灾的资金和管理方面对地方精英的依赖越来越大。19世纪初皇帝对精英这种角色的认可和鼓励,与先前的几位皇帝,特别是乾隆的做法形成鲜明对比,那时的中央政府和它任命的官员曾主导这些事务。韩承贤通过仔细审读清朝对地方捐献嘉奖的程序和分析从乾隆到嘉庆的诏书和圣谕等,展示了这一变化。

第一章追述了帝国对精英参与地方公共领域态度的变化以及国家对精英在地方公共事务中管理角色和贡献嘉奖的系统化。该章依据北京第一历史博物馆的清代档案中量化的数据,揭示了嘉道时期政府对公共工程嘉奖的人数的增加,强调了地方精英的作用。针对地方精英贡献的不断增大,政府出台了官方认可精英管理人的角色和给予捐献人更多优惠嘉奖的规范。

第二章和第三章通过考察19世纪初水利工程和赈灾活动,探讨苏州地方精英不断扩大的公共角色。18世纪苏州大型水利工程和赈灾活动主要是由国家来管理和资助。乾隆时期政府在赈灾活动中扮演了中心角色,采取了多种方式,如免除赋税和发放补贴。精英领导的救灾活动偶有发生,但没有达到19世纪初的频次和规模。通过分析18世纪到19世纪初

---

① William T. Rowe, "Introduction: The Significance of the Qianlong-Jiaqing Transition in Qing History", *Late Imperial China*, Vol.32, No.2, December 2011, p.83.

② William T. Rowe, "Introduction: The Significance of the Qianlong-Jiaqing Transition in Qing History", *Late Imperial China*, Vol.32, No.2, December 2011, p.84.

③ William T. Rowe, "Introduction: The Significance of the Qianlong-Jiaqing Transition in Qing History", *Late Imperial China*, Vol.32, No.2, December 2011, p.84.

苏州水利工程和救灾活动,该章的结论是这些项目在19世纪初经常通过民间捐献来资助,并越来越多地由精英来管理。

第二部分由第四章到第七章组成,试图考察不断上升的精英社会能动性对苏州精英文化活动的影响。韩承贤创造性地采取了一些方法来衡量地方精英在文化领域的影响力。他考察了地方精英在方志编辑方面控制力的不断提升和地方精英在叙述地方史方面的能力不断提升的情况。19世纪初,中央政府一改先前对历史事件解读的垄断和严厉批判地方文献"狭隘"的做法,取而代之的是对地方声音更加宽容,甚至是拥抱,这种态度与国家权威所规定的标准迥异。苏州地方精英开始重申自己的地方重要性。这些情况强有力地说明,地方精英在文化权力和自治方面不断增强。

第四章分析了国家对地方先贤名宦的认可,表明19世纪初随着国家放松中央集权的决策过程和标准,苏州被祭祀的先贤数量攀升。作者提出,这种变化反映了中央政府更加迎合精英的利益。每朝祭祀的数量都超过前朝,这种变化趋势表明了19世纪地方精英权力不断增强和精英能动性的不断发展。①

第五章探讨了苏州文人在1828年通过集体努力兴建一座先贤祠堂的意义。苏州府先贤总祠是在省府官员和苏州文人的密切合作和领导下兴建的。其中的许多人没有包括在政府监控的官方地方先贤祭祀中,因为他们要么是前明的忠诚者,要么是晚明反清分子。有些被排斥在先贤祠之外,是因为国家认为他们的德行不值得认可。韩承贤提出,"苏州文人建设这个总祠代表了一种创新策略,规避了国家控制,重申了地方身份和地方文化的优越性。本章还管窥了在孔庙重新公开展示画像的意义。从16世纪开始国家禁止在孔庙使用画像,这不仅对孔子的祭祀造成了冲击,也影响了当地先贤的祭祀。19世纪初公开发行刻印画像的回归象征国家权力从地方文化领域撤退"②。

第六章和第七章阐述了19世纪初文人重建苏州文化传统的努力。第六章作者以地方志的编撰为中心,强调19世纪士人掌控方志的编修权,从而使编纂和重印的方志数量明显上升,而朝廷在内容审核上对地方放权展现了文化权力的转移。作者梳理了18世纪国家加强对士人文化活动控制的措施和19世纪初这些措施被取消的过程。乾隆时期,中央政府推出了对地方志出版的预审制度,省府官员不仅要审查方志,而且要支持它们的出版。政府将方志视为狭隘,批评它们夸大、歪曲和隐匿历史人物和事件的信息。在政府看来,这些欺诈做法起到了抬高地方地位的作用,导致方志中的叙述偏离国家正统的立场。类似的批评也指向个人的地方史。乾隆的这种干涉主义政策导致了方志和地方文献数量的下降。然而,19世纪初个人地方史再次繁荣。省府对方志的预审逐渐消失,"这是国家从地方文化领域撤退的又一个象征"③。

第七章以张士诚的叙述为中心,论述了苏州士人的文化再造。韩承贤认为,苏州士人对

---

① Seunghyun Han, *After the Prosperous Age:State and Elites in Early Nineteenth-Century Suzhou*, Introduction, Cambridge(Massachusetts)and London:Harvard University Press,2016,p.18.

② Seunghyun Han, *After the Prosperous Age:State and Elites in Early Nineteenth-Century Suzhou*, Introduction, Cambridge(Massachusetts)and London:Harvard University Press,2016,p.19.

③ Seunghyun Han, *After the Prosperous Age:State and Elites in Early Nineteenth-Century Suzhou*, Introduction, Cambridge(Massachusetts)and London:Harvard University Press,2016,p.19.

张士诚的记忆反映出文化权力中心的转移:"在整个帝国晚期中,张士诚的历史记忆成为朝廷历史和苏州地方文人斗争的一个场所……地方叙述与官方史学偏离的程度,可以看作国家与地方精英权力平衡变化的指针。"韩承贤认为,"从中央—地方关系在不同历史时期转变中来考察朱元璋与张士诚的战争,就能发现官方记忆的产生和传播与地方记忆持续地抵抗国家强加的这种正统叙述之间的摩擦","从这个角度,本研究将19世纪初放置在一个更大的历史角度(来考察)转变中的国家—精英关系平衡中"[①]。

三、研究贡献

正如前文所说,此前的研究大多将19世纪初描绘为清朝由盛转衰的一个阶段:清朝由繁荣、稳定和扩张转向经济危机和动荡。正是这些危机的加深导致了中国的削弱,招致了外国的侵略。这种"衰退范式"几乎主导了学界对19世纪清史的研究,使多数的研究停留在确定"衰退"的迹象上:人口增加、生态超载、官员腐败、国库收入锐减、盐政和漕运毁坏、白银外流、秘密宗教叛乱等。

韩承贤的《盛世之后》则对19世纪初的"王朝衰变论"提出了质疑。韩承贤认为"衰退"这个词可能掩盖了19世纪初的一些历史现实。他认为需要跳出"衰退范式",用一个多角度的方法来确定和揭示许多重要问题。"危机迹象可以被解读为国家衰退的证据是没错的",但是"将这个时期描绘为衰退期,忽视了19世纪初期统治者为了适应当时的社会现实,主动采取有利于应对这种社会现实的统治方式"[②]。"嘉庆和道光皇帝采取的更松弛的统治方式与他们的前任雍正和乾隆的铁腕手段有着明显不同。19世纪初期的统治者也缺乏宏大视野和根据帝国设想推行各种社会、文化和军事计划来打造社会的热情。但是嘉庆和道光并没有对当时的各种挑战无动于衷,他们也不是帝国衰退的看客。"有学者研究指出,嘉庆和道光成立了一些机构,形成了一些新政策。王文生将嘉庆的改革措施称为"政治退却",嘉庆正是通过这种手段"将清帝国从过度扩张导致反弹的恶性循环拉回政治发展的可持续轨道"[③]。因此,韩承贤认为"将似乎是帝国力量的减弱视为无所不包的衰退迹象是不公平的,因为帝国统治方式的改变并不是一个简单的直线模式"[④]。

对于"王朝衰变论"韩承贤提出新的论断。他承认朝廷视角,即"view from top",清朝的确面临种种危机,政权在19世纪确实衰退了,但是如果"将我们的视野从中央移到地方",

---

[①] Seunghyun Han, *After the Prosperous Age: State and Elites in Early Nineteenth-Century Suzhou*, Introduction, Cambridge(Massachusetts)and London: Harvard University Press, 2016, pp.170-171.

[②] Seunghyun Han, *After the Prosperous Age: State and Elites in Early Nineteenth-Century Suzhou*, Introduction, Cambridge(Massachusetts)and London: Harvard University Press, 2016, p.10.

[③] Wang Wensheng, "Social Crisis and Political Reform during the Jiaqing Reign of Qing China, 1796-1810s", in *From Early Tang Court Debates to China's Peaceful Rise*, edited by Frederic Assandri and Dora Martins, 33-52. Amsterdam: Amsterdam University Press, 2009.

[④] Seunghyun Han, *After the Prosperous Age: State and Elites in Early Nineteenth-Century Suzhou*, Introduction, Cambridge(Massachusetts)and London: Harvard University Press, 2016, p.10.

"围绕着地方精英的整体社会和文化环境则会挑战简单地将 19 世纪初称为一个衰退期"①。韩承贤认为,虽然财政状况的恶化影响了清帝国的地方和管理机构,但是"国家与精英关系的重构给予地方精英在地方事务上更大的发言权","这可以从祭祀数目的上升和地方文献的繁荣中找到证据"②。地方精英在参与社会和文化领域事物上享有比前朝更大的自由。"鉴于精英重新回归参与文化活动的种种选择,很难将这一时期简单地标定为'衰退'",因此,韩承贤在《盛世之后》将 19 世纪初描绘为"另一种统治方式的转变期,这种统治方式体现一种更地方化性质,标志着权力向地方精英转移"③。

18 世纪的清朝常常被描绘为"国家能动性(state activism)"时代。大多数研究都关注国家如何将影响深入到社会。不断充实的政府收入和帝国视野,让雍正和乾隆根据政府的设想来构建社会,这个时期的清政府不断扩大和强化政府对各个领域的控制,包括宗族、慈善、个人学术、赈灾活动、牙行等。虽然偶有官员尝试求助于地方精英和依靠市场机制,但是在 18 世纪的公共事务管理方面,占主导地位的显然仍是官方。④

学界对 18 世纪国家能动性的研究主要是从社会史的角度进行的。但是,雍正和乾隆朝不仅规范精英的社会活动,更试图构建一个更加集权的文化秩序。韩承贤的《盛世之后》分析了 18 世纪文化层面的国家能动性和国家干涉主义政策如何被放弃,以及 19 世纪初如何产生了一系列新做法。⑤

韩承贤认为,19 世纪初,清统治者进行政治调整的最显著的方面是与帝国的精英建立新的关系。这个调整的影响是深远的,因为它成为清朝延续了又一个世纪的基石。这些由 19 世纪初清统治者实行的政策,直接或间接地,打开了精英社会能动性复兴的方便之门,扩大了精英可参与文化活动的范围。虽然有些社会变化可能是帝国改革的副产品,但是另一些则是有意的政策变化的结果。⑥

精英能动性常被看成是后太平天国运动社会的标志性特征,韩承贤强调,精英能动性是指精英在当地公共事务(如财政贡献和充当管理角色)中的参与性增加,并且伴随有强烈的地方身份认同,这构成了这种能动性的一种文化代表。孔飞力的研究对清朝精英能动性研究具有开创性。⑦冉玫铄(Mary Rankin)主张太平天国运动之后,浙江的精英在复兴活动

---

① Seunghyun Han, *After the Prosperous Age: State and Elites in Early Nineteenth-Century Suzhou*, Introduction, Cambridge(Massachusetts)and London: Harvard University Press, 2016, p.10.

② Seunghyun Han, *After the Prosperous Age: State and Elites in Early Nineteenth-Century Suzhou*, Introduction, Cambridge(Massachusetts)and London: Harvard University Press, 2016, p.10.

③ Seunghyun Han, *After the Prosperous Age: State and Elites in Early Nineteenth-Century Suzhou*, Introduction, Cambridge(Massachusetts)and London: Harvard University Press, 2016, p.10.

④ Seunghyun Han, *After the Prosperous Age: State and Elites in Early Nineteenth-Century Suzhou*, Introduction, Cambridge(Massachusetts)and London: Harvard University Press, 2016, p.10.

⑤ Seunghyun Han, *After the Prosperous Age: State and Elites in Early Nineteenth-Century Suzhou*, Introduction, Cambridge(Massachusetts)and London: Harvard University Press, 2016, p.11.

⑥ Seunghyun Han, *After the Prosperous Age: State and Elites in Early Nineteenth-Century Suzhou*, Introduction, Cambridge(Massachusetts)and London: Harvard University Press, 2016, p.14.

⑦ Philip A. Kuhn, *Rebellion and Its Enemies in Late Imperial China: Militarization and Social Structure, 1796–1864*, Cambridge, Mass.: Harvard University Press, 1970. Reprint 1980.

中扩大了公共角色。他们的活动不限于地方管理领域,还进一步触及国家的政治领域。①罗威廉的汉口研究揭示了绅商在城市公共事务管理中的参与程度。②但是,这些研究主要集中在19世纪的后半期。

韩承贤质疑太平天国运动爆发标志着精英能动性的开始,在《盛世之后》一书中提出,"精英能动性的出现可以早到嘉庆和道光时期",起因是"当时的官僚效率低下使动员地方精英成为一种可行的选择,不断加剧的财政困难使依赖地方精英的经济资源不可避免"③。也就是说19世纪地方精英能动性并不是完全起源于19世纪中期的太平天国起义运动期间,而是起源于19世纪初政府对各种经济和社会危机应对。冉玫铄、曼素恩、罗友枝等学者的发现似乎暗示乾隆晚期精英公共角色开始增加。④《盛世之后》则通过一些可量化的证据,分析了乾隆到道光时期精英参与公共功能的程度。根据这些可量化的证据,韩承贤主张:"嘉庆,特别是道光时期,是精英财政和管理上参与地方公共工程的一个分水岭,清楚地将这一时期与上个世纪区分开。"韩承贤虽然承认"善堂等地方公共机构在乾隆后期已经如雨后春笋般出现,地方精英在18世纪晚期管理一些公共工程",但并不赞同"19世纪初公共工程管理的形式仅仅是18世纪末的一个延续"。出现这一变化的原因是财政危机的加重和对下层官僚的高度不信任,而这一划时代的变化是可以得到可量化数据的支持,也有促进这种(精英)参与的政府政策和规定来支持。⑤

四、研究商榷

韩承贤以令人信服的史料分析,证明了19世纪初清朝统治模式的转变,以及权力由中央政府向地方精英转移的态势。他的研究有助于深化学者对清朝历史的认识,甚至可以在一定程度上引发我们对中国近代历史发展动力和走向的反思。虽然瑕不掩瑜,但是在一些问题上仍有进一步探讨的空间。

第一,该书始终以苏州地方精英作为考察对象,但是对苏州精英本身的分析很少。书中虽然提到了很多苏州精英,但是有关他们本身的信息和家族的情况提及很少。地方精英具体应该包括哪些人,除了文人与富裕家庭,那些具有官员身份的人算不算?书中所列举的许多地方精英的参政案例都是地方官员,如作者提及的包世臣、魏源、林则徐,都是以官员身份建言献策,而非真正以回归地方士人的立场关注政治问题。

---

① Mary Rankin, *Elite Activism and Political Transformation in China: Zhejiang Province, 1865–1911*, Stanford, Calif.: Stanford University Press, 1986.

② William T. Rowe, *Hankow: Commerce and Society in a Chinese City, 1796–1889*, Stanford, Calif.: Stanford University Press, 1989.

③ Seunghyun Han, *After the Prosperous Age: State and Elites in Early Nineteenth-Century Suzhou*, Introduction, Cambridge(Massachusetts) and London: Harvard University Press, 2016, p.14.

④ Seunghyun Han, *After the Prosperous Age: State and Elites in Early Nineteenth-Century Suzhou*, Introduction, Cambridge(Massachusetts) and London: Harvard University Press, 2016, p.16.

⑤ Seunghyun Han, *After the Prosperous Age: State and Elites in Early Nineteenth-Century Suzhou*, Introduction, Cambridge(Massachusetts) and London: Harvard University Press, 2016, pp.16–17.

第二，该书以苏州地区地方精英的活动为例，来探讨清中期国家与地方精英关系，虽然书中论述了许多事例，将关注点扩展到整个江南地区，但是发生在苏州的这种转变是否在其他地方普遍存在？地方性论述是否存在南北差异？这些问题仍需讨论。一些学者相关的研究，似乎直接对作者的命题构成挑战。如近期一些学者对"皇权不下县"的命题提出质疑。林珍珠（Jane Kate Leonard）对道光四年（1824）至道光六年（1826）海运的研究同样强调了19世纪初期国家能动性的高效。① 19世纪初，苏州地方精英的能动性是否真如韩氏所说的那样强？而且，道光六年（1826）的海运案例同样发生在苏州，这种同时期、同地域却呈现了不同管控模式，作者应予解释。②

第三，王国斌在肯定该书在探讨地方精英与国家关系方面贡献的同时，质疑19世纪初精英能动性增强的意义。他提出"国家与地方精英的角色在时间和空间上会有差异，两者间的合作和竞争程度也会有差异，这种关系的结构性特征普遍存在于重要的历史转变时期，包括韩书所探讨的这个时期"。在王国斌看来，理学治理地方社会秩序的构想在南宋时期就已出现，此后不断地被明清时期的政府和精英扩展和制度化。每当中央政府的控制力收缩时，地方精英的能动性就会增强，进而填补这个权力空间。韩氏所说的精英能动性增强的现象在晚明就存在。清初，康雍乾几位强权皇帝扩大了政府的控制力，到19世纪初国家控制力相对薄弱，精英能动性得以进一步凸显，但是从更长的历史角度来说，这并不是什么新现象。③ 王学深也对该书关于士人在政治方面参与的论述提出质疑，认为："作者若将地方士人对政治的参与仅限于对朝廷的批判和呼吁……而这恰是士人的一种普遍性态度，而不是苏州或19世纪才能出现的特殊现象。……例如，作者描述费兰墀对政治能动性的参与时，只列举他写给朋友的一封信……韩氏这一观点尚欠说服力，至少说明士人的能动性在政治领域尚未完全体现。"④

作者简介：喻满意，苏州市职业大学教育与人文学院副教授。

---

① Jane Kate Leonard, *Controlling from Afar: The Daoguang Emperor's Management of the Grand Canal Crisis, 1824–1826*. Ann Arbor: University of Michigan Press, 1996.
② 王学深：《书评》，《汉学研究》2017年第35卷第1期，第325页。
③ R. Bin Won, "Seonghyun Han. After the Prosperous Age: State and Elites in Early Nineteenth-Century Suzhou", *The American Historical Review*, Vol.123, No.2, April 2018, pp.561–562.
④ 王学深：《书评》，《汉学研究》2017年第35卷第1期，第325页。

"四社五村"的水文化传统

——周嘉《共有产权与乡村协作机制：山西"四社五村"水资源管理研究》评介

张 晋

自然环境与人类历史的共生关系，如麦金德所言："起主动作用的是人类而不是自然，但是自然在很大程度上占支配地位。"①黄宗智在对华北区域小农经济进行研究时提出："农民生活是受自然环境支配的。"②山西省在很大程度上就是这样一个典型范例。冀朝鼎在《中国历史上的基本经济区》一书中认为，从地理与历史的角度来看，山西"在经济（农业的）自给方面较弱"③。水资源的短缺是山西农业生产自给性较弱的重要原因。传统中国农业自汉代以降，标准特征即为精耕细作。④而精耕细作离不开对水资源的控制与利用。山西境内山脉纵横，平川稀少。因此即便是被誉为华夏文明起源地的晋南一带，也往往存在缺水不能实行灌溉农业生产的地区。位于霍山脚下的"四社五村"地界就是一个典型的缺水区。"四社五村"这一当地农民自发成立的满足生活必须用水的水资源管理组织，是特殊地域环境下，特殊地方性文化表现形式的呈现，"人活的就是个文化"⑤，这句当地村民朴实无华的话是对当地独特人文景观的最佳诠释。而这一点正是吸引中外学者对之展开深入研究的魅力所在。周嘉所著的《共有产权与乡村协作机制：山西"四社五村"水资源管理研究》（中国社会科学出版社，2018年）一书是近年来关于"四社五村"水资源管理研究不可多得的一部佳作。

周嘉，上海大学法学博士，主要研究方向为历史人类学、区域社会史。该书是以作者的博士学位论文为基础修改、写作而成。全书主要内容包括导论、正文五章、结论、附录。其中，《导论》部分介绍了作者选题研究的心路历程，研究主旨的问题意识，学界中相关研究已有成果的回顾，研究方法以及田野工作的概述。《结论》部分，作者指出该书是在"整体的、总体的历史"维度之下，以田野调查和文献解读相结合的方法来进行研究论述的。研究对象"四社五村"在当下正走向边缘化的困境，作者希望非物质文化遗产的东风可以将"四社五村"

---

① [英]哈·麦金德：《历史的地理枢纽》，林尔蔚、陈江译，北京：商务印书馆，1985年，第45页。
② [美]黄宗智：《华北的小农经济与社会变迁》，中华书局，2000年，第51页。
③ 冀朝鼎，朱诗鳌译：《中国历史上的基本经济区》，商务印书馆，2014年，第37页。
④ [美]许倬云：《汉代农业：早期中国农业经济的形成》，程农、张鸣译，南京：江苏人民出版社，2012年，第123—124页。
⑤ 周嘉：《共有产权与乡村协作机制：山西"四社五村"水资源管理研究》，北京：中国社会科学出版社，2018年，第1页。

良性有序的水文化传统作为一份美好的礼物留给未来!《附录》是作者田野调查的笔记资料与"四社五村"为申请国家级非物质文化遗产准备的文本资料。下面本文对该书正文部分予以简单介绍。

第一章《生态、生计与亲戚关系》,作者主要探讨了"四社五村"的自然地理、村民生计模式与亲属关系三者之间的联系。首先,作者将当地自然环境的局限性视作是孕育当地独特区域社会结构的重要因素,探讨"四社五村"在不同于他处独有的"局限"性环境下,呈现出的独特的文化景观。其次,分析当地村民复合型的生计模式,以此来说明山、水与人之间的互动生态关系。在叙述当地村民生存境况时,作者从以家户为核心的传统生业与性别和村际产生的分化两方面着手。再次,作者将村民的亲属关系嵌入到当地水资源组织管理机制与地方秩序建构中进行考察。

第二章《"四社五村"的知识考古》,作者不仅仅要追寻关于四社五村的知识史,还要探寻其具体的历史演变,"四社五村"地域社会中各种人物、事件之间的互动联系。虽然"四社五村"的起源历史悠久,据说始于汉代,但是历史文献中关于"四社五村"的记载却几乎没有。作者认为"四社五村"缺失被书写的历史,原因是在中国帝制时代,"官方文献所关注的或者要刻意突出的是灌溉水利工程,包括官方管理的渠道和官方部分参与管理的民间渠道,因为这是封建王朝的权威体现与利益保障。然而,四社五村的'优势'恰恰在于它完全实行不灌溉的水利民间契约,强调'耕而不灌'的用水理念,并始终不渝恪守这一信条,所以,它的'被忽略'意义既是由其自身的历史传统也是由官方的意识形态这两方面的力量共同塑造的。或者,也可以这样理解,通过反读'强势者'生产的文献、陈述的话语以及关注的焦点等,我们企图理解'强势者'制造这些'东西'的历史,并且从中读出'弱势者'的生存状态和实践策略,从而把作为能动的'他者'重新置放在历史与社会变迁的图景之中"[①]。作者进而提出,"四社五村"自发形成的水资源管理组织是一种形式的"乡土社会"制度的实践,是一套因地制宜适合于当地治理的地方秩序系统。而"知识考古"的方式,可以消解作者进行的异文化研究中"在地化"经历的陌生性,使作者容易融入当地社区之中。

第三章《"泉域社会"的整体协作》,作者以张俊峰归纳的泉域社会的五个特征、森正夫的"地域社会论"、张佩国的"地域社会秩序场境"来考察"四社五村"的整体性协作。作者认为,"四社五村"中的社首制是管理水资源权威体系的核心,负责"调动和运作水利工程以保证人畜吃水的可持续发展。社首集团抓住了这一点,就控制了村际联盟之间协作的命脉,因而也就顺理成章地控制了这一区域小社会"[②]。在水资源缺乏的地域社会中,要保持群体间的平静安定,社首们"一碗水端平"的做法或许是唯一可行的方式。因为由于严重缺水,当地村民之间已经形成了流传千百年的节水意识,而这节水意识已经构成了他们精神世界中的主体部分"节水文化"。作者指出,当地村民的"节水理性是在严重缺水的资源危机中萌生与发展的,已经深深地渗透进他们的人生价值观之中,并适时转化成一种伦理道德,规范着每一个人的用水行为"[③]。无可辩驳的是,在传统社会,常常需要外在的无形的神秘力量来监督

---

① 周嘉:《共有产权与乡村协作机制:山西"四社五村"水资源管理研究》,第66页。
② 周嘉:《共有产权与乡村协作机制:山西"四社五村"水资源管理研究》,第101页。
③ 周嘉:《共有产权与乡村协作机制:山西"四社五村"水资源管理研究》,第113页。

民间社会组织有序运行。作者在书中提到:"四社五村的权威也是一种自然意义上的'天赋权威'。"①在自然生存环境恶劣的事实面前,"水利组织都渴望强调他们的超自然保佑者的伟大,以此来巩固和保障他们的威严和合法地位"②。因此,在当地"与水利组织管理体系基本上相并行的是供奉龙王的祭祀体系"③。四社五村各村祭拜的龙王,是"小"龙王或"私"龙王。同时作为一个"整体",四社五村有一个超然于各村龙王之上的"大"龙王或"公"龙王的存在,相比"小"龙王只受一村民众烧香祭拜,专管一村事务而言,"大"龙王受四社五村全体民众的烧香祭拜,管理四社五村的所有事务。当地村民对龙王崇拜有着自己独特的解释逻辑,"大"龙王对四社五村水资源组织作为一个"整体"存在、运行千年功不可没。正如杨庆堃认为的:"在这样的公众事务中,宗教的基本功能就是……便于将民众凝聚于社区之中。"④对于四社五村一些非常规性操作,作者认为是前资本主义社会农民社区中"安全第一"原则与生存伦理的体现。"在严格用水与严密监控之下的协作景观也弥漫着浓浓的道德气息,生存伦理植根于农民社会的经济实践和社会交易之中。山区的人文地理调节将对水资源的利用从'合乎水性'转到'合乎人性',再进一步转向'道义经济学'意涵的'合乎德性',象征着村民对共有产权的道义理解,同时也传达出水利组织的道德一体性。"⑤

第四章《水利工程的地志学》。山西所处的黄土高原是华夏文明的起源地,因此"在此处生活着的人们,由于特殊的生态地理条件使然,以水为中心的农耕文明成为长时段社会运行的基本主题……在这里,水资源与黄土台地的景观早就因人们的实践活动而发生了显著的变迁"⑥。在这一章中,作者以地志学的理论视野来考察四社五村的水利工程。"水利工程的修建及其变迁与四社五村所居的乡村世界,他们在栖居生活中获得的感知和经验,与水利地景密切相关的历史记忆等是本章的核心。"⑦作者在书中明确提道:"四社五村民众与其地处的霍山脚下村庄的历史,是800多年以来在水资源极端匮乏状态下与干旱持续斗争的历史。"⑧金明昌七年(1196)的《霍邑县孔涧庄碑》是一通围绕用水纠纷的官司碑文。这通碑文正是上述800多年历史的起始。传统中国时代,地方官管理地方民人以教化为主,立碑的目的即是教化后人。故此,四社五村源于汉代说或许只是一段为了地方秩序良性运行而建构的历史记忆。而历史记忆的集体化记忆传承无疑对四社五村水资源管理组织的良性运行有着非常重要的作用。正如勒高夫认为的那样,"记忆是构成所谓个人或集体身份的一个基本因素"⑨。故此,作者访谈村民时,"当地人一般使用'早着哩''好久以前呢''这历史长着呢'等语句讲述他们村庄的历史起点。虽然在外人看来,这样的说法甚是笼而统之,但是,在村民的眼里,如此追溯并非遥不可及、玄幻缥缈的无稽之谈,而是属于他们自己的一套历史

---

① 周嘉:《共有产权与乡村协作机制:山西"四社五村"水资源管理研究》,第98页。
② 周嘉:《共有产权与乡村协作机制:山西"四社五村"水资源管理研究》,第114页。
③ 周嘉:《共有产权与乡村协作机制:山西"四社五村"水资源管理研究》,第115页。
④ 杨庆堃,范丽珠译:《中国社会中的宗教》,成都:四川人民出版社,2016年,第64页。
⑤ 周嘉:《共有产权与乡村协作机制:山西"四社五村"水资源管理研究》,第132页。
⑥ 周嘉:《共有产权与乡村协作机制:山西"四社五村"水资源管理研究》,第145页。
⑦ 周嘉:《共有产权与乡村协作机制:山西"四社五村"水资源管理研究》,第150页。
⑧ 周嘉:《共有产权与乡村协作机制:山西"四社五村"水资源管理研究》,第151页。
⑨ [法]雅克·勒高夫:《历史与记忆》,方仁杰、倪复生译,北京:中国人民大学出版社,2010年,第111页。

认知模式与实践感"①。而这种长时段的集体记忆无疑对四社五村彼此间合理配置生活用水形成了无形的神圣的规范。作者认为,四社五村诞生于当地独特的"自然生态与社会模式结合成的格局之中,在周边其他区域实行灌溉农业的生产形态包围之下,塑造了四社五村主要特征的重要制度便是'耕而不灌'与'人畜饮水',它是一种战胜自然的文化理性选择"②。同时也是因地制宜能够保障村民生存的可行性方案。新中国成立后,"从20世纪50年代至80年代,四社五村进行了3次大规模的水利工程改造……确保泉水在输送的过程中减少不必要的流失"③。水利工程改造的目的无疑是为了更加有效地利用水资源,同时也有国家权力进入村社的意图存在。作者在书中即指出,水利工程"在很大程度上体现出社会主义国家的集体主义意识形态"④。这无疑会冲击四社五村传统社区旧有的秩序运行。特别是打井行为的出现,作者认为这一行为"动摇了四社五村社区结构的稳定性"⑤。打井的出现,使得原先用于生存活命的水资源变成了可以获得利润的资本,而这给当地村民造成了或得或失的困惑感:"这些力量与实践使当地民众越来越感觉到没有安全感,越来越觉得四社五村离昔日'美好'的社区秩序渐行渐远。"⑥

第五章《"非遗"的民俗政治》,在四社五村似乎无可挽回将失去昔日"美好"的社区图景之时,情境发生了转机。山西省人民政府于2011年,将四社五村独特的"用水习俗"认定为省级非物质文化遗产。这一"惊喜"无疑给了四社五村水文化传统焕发"青春"的机会。这一古老的乡村民众间"整体协作"的水资源分配形式或许可以通过另一种方式继续存在下去。作者以"申遗"为线索重点说明或考察"四社五村"以下几个方面的内容。第一,四社五村"不灌而治"以生存为重的水资源用水习俗即是珍贵的非物质文化遗产本身,因此村民"是遗产的创造者、传承者,也是保护者,他们与遗产本身构成了一个完整的遗产体系"⑦。这一点是作者笔墨着重说明的重点。第二,文化遗产本身属于民俗范畴,不过在申遗过程中会不得不涉及权力与政治问题。第三,由第二点得出需要深入了解"遗产实践所具有的政治内涵与时代意义"⑧。第四,反思四社五村"不灌而治"的现状与意义。第五也是这一章核心问题所在,作者力图回答已经在现代化大潮中处于边缘化的四社五村,其"整体协作"的运行方式可能只是留给未来的一份厚重的精神遗产。因为四社五村昔日"整体协作"祥和乐居的美好图景已然逐渐消逝。

《共有产权与乡村协作机制:山西"四社五村"水资源管理研究》一书的学术价值已有杨焕鹏详加表述⑨,本文不再赘叙。下面着重叙述该书本身的亮点。该书最大的亮点是,在"四

---

① 周嘉:《共有产权与乡村协作机制:山西"四社五村"水资源管理研究》,第151页。
② 周嘉:《共有产权与乡村协作机制:山西"四社五村"水资源管理研究》,第155页。
③ 周嘉:《共有产权与乡村协作机制:山西"四社五村"水资源管理研究》,第159页。
④ 周嘉:《共有产权与乡村协作机制:山西"四社五村"水资源管理研究》,第165页。
⑤ 周嘉:《共有产权与乡村协作机制:山西"四社五村"水资源管理研究》,第180页。
⑥ 周嘉:《共有产权与乡村协作机制:山西"四社五村"水资源管理研究》,第180页。
⑦ 周嘉:《共有产权与乡村协作机制:山西"四社五村"水资源管理研究》,第182页。
⑧ 周嘉:《共有产权与乡村协作机制:山西"四社五村"水资源管理研究》,第182页。
⑨ 杨焕鹏:《周嘉著〈共有产权与乡村协作机制:山西"四社五村"水资源管理研究〉评介》,《运河学研究》(第2辑),北京:社会科学文献出版社,2018年,第252—254页。

"四社五村"成为学界关注的对象之后,作者是深入该地进行田野工作最深刻者,张俊峰在为该书所作的序中,言明作者做的田野工作"是此前任何一位研究者都无法比拟的"①。芮德菲尔德认为:"一种文明里面,总会存在着两个传统……其二是一个由为数很大的、但基本上是不会思考的人们创造出的一种小传统。"②通过芮德菲尔德对农民社会中"小传统"的定义来看,四社五村的水文化无疑是当地不为外界所知的小传统存在。作者在书中提到,是20世纪80年代发生在霍县境内的一起由暴雨引发的山洪事件,将"四社五村"从幕后推到了前台,始为人所熟知,才引起中外学者们的注意。在很长的时间里,"四社五村"独特的人文景观成为传统中国官方历史书写中被遗忘的历史现场。而"四社五村"节水文化中"共有水"制度"是一种整体的历史实践机制,融结构和行动于一体"③。水资源由四社五村的民众共享,诸村之间形成良性有序的乡村协作机制。它如陶渊明笔下的"桃花源"一般,成为当地村民至今依然留恋的"乐土"。传统中国时代,地方秩序良性运行的前提是,需要有一个秩序的超自然"主宰者"存在。因此在作者的书中,与水资源管理体系并行的是神明的祭祀体系。四社五村民众心中神通广大的神明是"管辖"四社五村地域的"公"龙王。在当地民众的生活中,水量不大的泉水是保障他们世代繁衍生存下去的守护神,这样作为四社五村全体村民顶礼膜拜的"公"龙王就是象征生命之泉的人格化的神明。"作为泉水的神圣象征,神庙同样也是公共资源。"④在作者的访谈中,村民朴实的话语中透露出对"公"龙王或"大"龙王的敬畏与信仰。"大龙王厉害着呢,管这一片儿呢。"⑤在神明的护佑下,四社五村的乡民世代繁衍生息在这片土地上,同时对共享水资源的现实,生成了一种与生俱来的认知感。"宗教能够激发民众的敬畏心,以及对道德秩序不可抗拒的普遍宿命感。"⑥按照格尔茨借用韦伯对文化的概括认为的那样,"所谓文化就是这样一些由人自己编织的意义之网"⑦,对四社五村的民众而言,他们的"意义之网",就是四社五村的水文化传统,对水资源的共有产权与乡村协作机制。正因为如此,当地村民在历史长河中,才会有宁静祥和的美好家园。四社五村的"意义之网"对外界则有着清晰的边界。作者在访谈中曾与当地村民谈及,不在四社五村序列中的其他村庄的村民是否会烧香祭拜四社五村的神明"大"龙王时,村民的回答是:"没有。烧了也没用,不灵验。"⑧明清以来在山西实行灌溉的地域中,"水权就是生存权、发展权"⑨,而在四社五村地域内,水权无疑仅是生存权。中华人民共和国成立后,随着国家力量的深入基层,四社五村社区的水利工程改造、修建逐渐增多。机井的出现使得灌溉田地在四社五村地区

---

① 周嘉:《共有产权与乡村协作机制:山西"四社五村"水资源管理研究》,第3页。
② [美]罗伯特·芮德菲尔德:《农民社会与文化:人类学对文明的一种诠释》,王莹译,北京:中国社会科学出版社,2013年,第95页。
③ 张佩国:《"共有地"的制度发明》,《社会学研究》2012年第5期,第220页。
④ 赵世瑜:《分水之争:公共资源与乡土社会的权力和象征——以明清山西汾水流域的若干案例为中心》,《中国社会科学》2005年第2期,第201页。
⑤ 周嘉:《共有产权与乡村协作机制:山西"四社五村"水资源管理研究》,第116页。
⑥ 杨庆堃:《中国社会中的宗教》,第111页。
⑦ [美]克利福德·格尔茨:《文化的解释》,韩莉译,南京:译林出版社,2014年,第5页。
⑧ 周嘉:《共有产权与乡村协作机制:山西"四社五村"水资源管理研究》,第116页。
⑨ 韩茂莉:《十里八村:近代山西乡村社会地理研究》,北京:生活·读书·新知三联书店,2017年,第224页。

变成了现实。这样在四社五村的水资源仅有的生存权就发生了向生存权与发展权的转型。而这不可避免会出现围绕水资源的竞争。水资源由共享转向竞争"其中最根本的原因就是当地人口、资源与环境关系的日趋紧张"①。在书中作者对发生的变化描写如下:当水资源从先前只是为了活命生存的水转变成为可能给村民牟利的财富时,当地村民却感觉到越来越失落,昔日的安全感逐渐消失,记忆中美好祥和的社区秩序也渐行渐远。作者在书中将四社五村社区民众的精神世界与日常的生活状况进行了详尽细致地整体性呈现,而这些是在真正融入当地社区,并进行深入细致的田野工作之后才能做到的。因此,阅读该书会发现作者作为一名人类学者浓浓的人文情怀!

除却上述优点外,笔者认为该书还具有很强的社会现实意义。四社五村"不灌而治"的水资源分配管理体系,相对于官方主导兴建的水利工程,无疑是"私"性质的。这一水利工程虽然没有让当地村民富足,但是却给了他们世代繁衍生息的生存权。冀朝鼎在《中国历史上的基本经济区》一书中指出,元、明、清时代,特别是后两代,"纵观中国本土18个省的全部地方志,山西似乎是私人水利工程繁多的一个省"②。而这背后的逻辑,很显然是对其所言,山西农业自给性较弱的回应。广建水利工程无疑是山西民众试图加强农业自给性的"壮举"。只不过,这些水利工程在多大程度上可以保证山西农业生产在缺雨的情况依然丰收呢?从现存明清时期朝廷官员的奏折来看,即使是明清两朝的盛世时期,山西民人的农业生产很大程度依然是靠天吃饭。如宣德三年(1428)山西布政司奏""平阳府蒲、解、隰、绛、吉、霍、泽、潞八州,临汾、河津、翼城、曲沃、太平、万泉、岳阳、乡宁、浮山、绛、襄陵、赵城、闻喜、芮城、石楼、荣和、汾西、猗氏、蒲、洪洞、垣曲、临晋、稷山、大宁、安邑、平陆、永和、灵石、夏、沁水、阳城、陵川、黎城三十三县自去年九月不雨至今年三月,麦豆焦枯,人民缺食。虽令有司赈恤,尚不聊生。上命行在户部遣官按视,蠲其租税。仍命二司加意抚恤,凡他处有粮悉移赈之。"③无独有偶,乾隆二年(1737)内阁学士兼礼部侍郎吴家骐在给皇帝的奏折中也提到山西农业生产对降雨的严重依赖性。"晋省地势高阜,民勤稼穑,山巅涧曲,尺寸隙地,莫不种植。多雨则岁丰,少雨则岁歉。"④明宣德、清乾隆是明清两代国力强盛之时,王朝国力强盛时可以通过减免赋税、调粮赈济的方式,帮助民人渡过缺粮难关。如果赶上天灾人祸齐聚的时期,山西民人的生存状况会是何等的恶劣!因此,在传统中国时代,四社五村的水资源"共有产权与乡村协作机制"不能不说是一个人类生存史上的奇迹!现在山西在全国各省中,依然是缺水"大户"。"山西人均水资源占有量仅456立方米,只占到全国平均水平的1/5,远低于人均 $1000m^3$ 的严重缺水界限……是严重的缺水省份。"⑤因此,在山西,水依然是珍贵的资源,节约用水依然是政府与社会共同倡导的美德之一。"四社五村"的水文化传统对今天社会主义精神文明语境下,建设新时代的新农村极具借鉴意义。首先"四社五村是一个高尚道

---

① 行龙:《从共享到争夺:晋水流域水资源日趋匮乏的历史考察——兼论区域社会史的比较研究》,载行龙、杨念群主编《区域社会史比较研究》,北京:社会科学文献出版社,2006年,第4页。
② 冀朝鼎:《中国历史上的基本经济区》,第47页。
③ 《明宣宗实录》卷42,宣德三年闰四月壬寅条,第1036—1037页。
④ 中国科学院地理科学与资源研究所、中国第一历史档案馆编:《清代奏折汇编——农业·环境》,商务印书馆,2005年,第14页。
⑤ 薛进杰:《山西水资源开发利用现状与农业节水对策探讨》,《山西水利科技》2006年第1期,第50页。

德价值社区,农民十分强调用水道德"[1],同时他们长期保持与自然环境的和谐相处,"尽量不开发新水源,这也是一种节能作为和环保行为"[2]。社会道德观与节能环保的理念是永远不会过时的美德。故此作者在书中,提到四社五村的水文化传统"整体性地承载了人们的道德理性、民俗理念、秩序表达、人文气息、权益诉求、精神寄托、繁衍希望"[3]。并寄希望于通过申遗的方式,把四社五村的水文化传统留给未来的人们。而或许四社五村与自然和谐相处的模式,正是身处现代化社会中的人们所渴望向往的恬静宁和的美丽家园图景!

作者简介:张晋,太原科技大学马克思主义学院讲师。

---

[1] 董晓萍:《节水水利民俗》,《北京师范大学学报》(社会科学版),2003年第5期,第133页。
[2] 董晓萍:《节水水利民俗》,《北京师范大学学报》(社会科学版),2003年第5期,第133页。
[3] 周嘉:《共有产权与乡村协作机制:山西"四社五村"水资源管理研究》,第229页。

编后语

本卷刊发五组专题论文、一组书评、一篇学术会议综述,共计20篇文章。

"礼俗与信仰"一组3篇论文。唐代女主亚献问题存在两种看法,一种是皇后主导说,一种则是皇帝主导说,孟献志则从礼制观念变化的视角提出新的看法。两篇明清史研究的论文,综合与独创兼具。卢忠帅从地藏道场的形成、国家的护持、僧俗两界的弘传及佛寺的规模效应等方面,全面、深入地分析明清九华山佛教名山之成因。高莹认为供奉神灵的功利化、信众的商人化、庙宇功能的会馆化,三者共同促成了清代后期泰安斗母宫信仰的世俗化。

"社会性别"一组3篇论文,将看似平常的问题引向深入。张雨将佛教信仰与生活空间结合起来探讨了明代老年妇女的信仰生活,认为墓志铭对老年女信徒临终场景的描写也凸显了家庭之中儒家思想与佛教之间的张力和融合。刘振洋、李相森认为,明清时期的女性在诉讼过程中,充分利用自身的性别角色和社会法律地位,采取身体策略、道德策略和法律策略以博取诉讼优势,表现出了一定的主动性和能动性。吴若明探讨了《红楼梦》女性"琴棋书画"的空间表达与生活。

"医疗社会史"一组3篇论文。学术界对西王母与医疗相关的职能未能给予充分关注,杨勇对西王母的医学形象进行了探讨。陈荣杰、王亚利对走马楼吴简疾病词语"风病""癫狂病"的患者年龄段与病种做了考辨。一篇近代的论文也能以小见大,刘菲雯以清末新式军医组织的诞生为制度背景,对阳夏战争期间革命军、清军双方组织开展的伤员救护进行考察与比较。

"宗族社会史"一组3篇论文,均是个案研究的佳作。孟祥科、李明明以中古时期平昌孟氏为中心,考察了"侨置郡望"的形成与演变。欧俊勇、李晓龙以清代揭阳《德里陈氏族簿》为中心,考察其中所反映的族产经济信息与宗族运作之间的联系,从而理解清代潮汕宗族日常运作模式。朱新屋以早期维新派思想家冯桂芬为例,考察了晚清时期的宗法调适和宗族转型问题。

"其他"一组有3篇论文,各具特色。朱华从容美田氏祖先建构的过程及素材来源、周边地域田氏对容美田氏建构祖先的态度入手,探讨了明清时期当地族群互动的情况。曹大明、谢晶以宜昌为例,探讨了清末民初西方视野中的中国形象及其形成原因。罗衍军以一项抗战口述访谈中的苦难言说为考察对象,透视民众生活、心态等的抗战记忆建构,以呈现苦难言说的多元面相及其转换机理。

"会议综述"部分,贾恺瑞详细评述了"第三届南开中古社会史工作坊:中古中国的女性与社会"会议的主要内容。

书评有4篇,可以领略评论者的不同写作特色。何玉红从"生命之学"的角度评述了著名宋史专家黄宽重的《孙应时的学宦生涯：道学追随者对南宋中期政局变动的因应》一书。王日根论述了吴建华主编的《苏州通史·明代卷》的学术价值。喻满意评韩国学者韩承贤《盛世之后：19世纪初苏州的国家与精英》，信息量很大，开卷有益。张晋评介了周嘉《共有产权与乡村协作机制：山西"四社五村"水资源管理研究》一书。

英文摘要
Summary of Articles

Public Sacrifice and Private Ceremony: The Female Lord's Offering in the Tang Dynasty Under the Change of Etiquette Concept

Meng Xianzhi

(School of Marxism Studies, Capital University of Economics and Business)

Abstract: In the Tang Dynasty, there were only two cases of female lord Yaxian, namely, Empress Wu participated in Fengshan ceremony and Empress Wei participated in suburban sacrifice ceremony. Because of the fixed personnel of the sacrificial ceremony, it is very unique for women to participate in the sacrificial ceremony. Through the study of the two Yaxian incidents, the courtiers' comments and the comments of the parties concerned, and in connection with the background of the changes in the concept of ritual system in the early Tang Dynasty, the two Yaxian incidents are not accidental events, but inevitable results caused by the changes in the concept of ritual system. The core of this change is to infiltrate private rites into public sacrifices through the idea of "filial piety", which is rooted in the expansion of imperial power.

Keywords: Second sacrifice; Feng Shan rite; Sacrificing to heaven and earth; Imperial power

Study on the Causes of the Famous Buddhist Mt. Jiuhua During the Ming and Qing Dynasties

Lu Zhongshuai

(Marxism College, Qufu Normal University)

Abstract: During the reign of Emperor Wanli of the Ming Dynasty, Mt. Jiuhua began to be placed in the same list as Mt. Wutai, Mt. Emei and Mt. Putuo, hence the title of one of "Four Great Buddhist Mountains" in China. By the reign of Emperor Qianlong of the Qing Dynasty, this title of Mt. Jiuhua had been widely recognized. Thus, its status was formally established.

The formation of Mt. Jiuhua as the famous buddhist mountain was the result of the comprehensive action of various factors. Such factors as the following all contributed to the formation of Mt. Jiuhua as the holy land of Dizang Bodhisattva: the prevalence of belief in Dizang in the Ming and Qing Dynasties, the confusion between Shi-Dizang and Dizang Bodhisattva, many relics with regard to belief in Dizang, the spreading of legendary stories about Dizang and so on, which thus led to the formation of Jiuhua Buddhist Mountain. During Ming and Qing Dynasties, lots of measures were made to vigorously support the Buddhism at Mt. Jiuhua from both material and spiritual levels. Through such measures as granting money, sutras, quotas as well as privileges to famous monks, the status of Mt. Jiuhua as the holy land of Dizang Bodhisattva became affirmed, meanwhile its popularity and influence were well improved. Gradually Mt. Jiuhua ranked among the "Four Great Buddhist Mountains" in China. With increasing stream of worshippers, Mt. Jiuhua witnessed many eminent monks, scholar-officials and common folks alike. They worshipped the Dizang Bodhisattva to carry forward the spirit of Dizang, or wrote poems and essays to express their feelings for the mountains and rivers, or went to the mountains to pray for blessings, which promoted the formation of the famous Buddhist Mt. Jiuhua and at the same time propagated the Buddhism at Mt. Jiuhua. During the Ming and Qing Dynasties, monks frequently built Buddhist temples at Mt. Jiuhua in large numbers totaling more than 200, which produced scale effect. It aroused people's passionate belief and promoted the establishment of the status of Mt. Jiuhua as a famous Buddhist mountain.

Keywords: Mt. Jiuhua; The Famous Buddhist Mountains; The Causes of Formation; The Holy Land of Dizang belief; Secularization

Secularization of Folk Beliefs of Tai'an in the Late Qing Dynasty — Based on the Survey of Inscriptions of Dou Mu Palace

Gao Ying

(Department of History, Taiyuan Normal University)

Abstract: Dou Mu Palace is an important temple on the way from Daizong Fang to the peak of Mount Tai. The belief of Dou Mu Palace is an important component of the folk belief of Mount Tai. The secularization of its belief has three connotations: In addition to the worship of the main god in the Dou Mu Palace, other gods such as Guanyin and Bixia Yuanjun were added. All those gods that are efficacious can be served. After Daoguang of the Qing Dynasty, the percentage of donations from merchants in the inscriptions of Dou Mu Palace had gradually increased, which indicates that the belief there had been increasingly combined with the local merchants. And merchants from as far away as Fujian joined the ranks of donation as recorded on the inscription. Nuns of Mount Tai often participated in entertainment and banquets, which made the monastery to have the tendency of degraded to a secular assembly hall. The utilitarian worship of the gods, the commercialization of believers, and the guild function of temples have all contributed to the secularization of the belief of Dou Mu Palace.

Keywords: Dou mu Palace; merchants; business establishments

Buddhist Belief and Living Space of Old Women in Ming Dynasty
— With Epitaph as the Center

Zhang Yu
(School of Humanities, Xidian University)

Abstract: Old women was an important part of the Ming Dynasty Buddhist believers, apart from the natural closeness of women and the elderly to Buddhism, most of them believed in Buddhism out of their own circumstances, such as widowhood in their old age or miserable fate. Family was not only their living space, but also their Buddhist ashram. At the same time, besides outside Buddhist activities, female followers also expanded their activities in space. By the faith of Buddhism, female believers has formed a new relationship not only with the family members but also out of their home. The descriptions of the dying scene of the elderly female believers in the epitaph also highlighted the tension between Confucianism and Buddhism in the family. After being a mother or mother-in-law, elderly women have more autonomy in their religious beliefs, which can more fully display the Buddhist life of women.

Keywords: Ming Dynasty; older women; Buddhism; living space; epitaphs

The Weapon of the Weak: Operation of Women's Litigation Strategies in Ming and Qing Dynasties

Liu Zhenyang Li Xiangsen
(School of Law, Nanjing University; School of Law, Nanjing Audit University)

Abstract: In the Ming and Qing Dynasties, women as the weak made full use of their gender role, social and legal status to take physical, moral and legal strategies in order to gain advantage in litigation, showing a certain initiative during the process. In the male-dominated society, women's choice of litigation strategies were related not only to their physiological and social gender, but also to the gender-centered ethical and legal norms and litigation culture. Though regarded as "the weak", women did not actually have the least ability to confront (or resist) the male-dominated judicial system. However, the effect of women's litigation strategies depended on the male judges in specific litigation cases, thus entailing an extremely high price they paid for such litigation confrontation (or resistance).

Key words: Ming and Qing Dynasties; women; litigation strategy; judiciary; gender

Virilescence and Elegance — Feminine Space and Life of "Qin Qi Shu Hua" in *Dream of the Red Chamber* in the Perspective of Gender Studies

Wu Ruoming

(School of Literature, Nankai University)

Abstract: "Qin Qi Shu Hua" (Chinese Zither, Go, Calligraphy and Painting) are known as four friends of scholar usually. They should also be the communication ways of the idealized Elegant Gatherings. These four arts were popular with women during the Ming and Qing dynasties, which were written in novels and decorated on material arts. The article focuses on the public and private feminine spaces in the classical novel of *Dream of the Red Chamber*. The article talks about the conception of "Qin Qi Shu Hua" and the expression of talented women in the period, especially the difference from other popular novels about "Qin Qi Shu Hua" in feminine life. The study aims at analysing virilescence and elegance of women by "Qin Qi Shu Hua" in novel *Dream of the Red Chamber* in the perspective of gender studies. In addition, the feminine space and life, the relationship of women with scholars, social classes of talented women have also been discussed at this article.

Keywords: Qin Qi Shu Hua; *Dream of the Red Chamber*; Female; Gender Studies

The Medical Image of the Queen Mother of Western Heavens in Han Dynasty

Yang Yong

(Yuelu Academy, Hunan University)

Abstract: The Queen Mother of the Western Heavens is an important god of the Warring States Time, Qin and Han Dynasties, which has been studied by many scholars, but its relationship with medical treatment has been ignored. In *Shanhai Jing*, the Queen Mother of Western Heavens is in charge of the ghost of disease, and has been given the functions related to medical treatment for the first time. After that, the medical function of the Queen Mother of Western Heavens was further expanded. At that time, people believed that the Queen Mother of Western Heavens owned and was in charge of the medicine of longevity related to becoming immortal; the Queen Mother of Western Heavens, who knew the art of sex, was the object for people to pray for procreation and acted as the God of procreation. In addition, the Queen Mother of Western Heavens is also in charge of the diagnosis and treatment of diseases. The medical image of the Queen Mother of Western Heavens is always closely related to immortals and Taoism. After the Eastern Han Dynasty, the medical function of the Queen Mother of

Western Heavens has been gradually weakened. The change of the status of the Queen Mother of Western Heavens in the medical history also reflects a great change in the medical concept of China from ancient times to medieval times.

Keywords: Han Dynasty; The Queen Mother of Western Heavens; Medical Imagine

Examination on the Disease Terms Fengbing and Diankuangbing in the Wu State Inscribed Bamboo Slips

Chen Rongjie Wang Yali

(Chinese Language and Literature Research Institute of Southwest University, Unearthed Document Comprehensive Research Center; Shenzhen Second Foreign Language School)

Abstract: In the Wu State Inscribed Bamboo Slips, the old people, especially those aged from 60 to 69, were the main part of those who suffered from fengbing(apoplexy). Referring to traditional documents, the paper argues that fengbing, caused by fenghan(wind-cold) and fengxie(wind-evil), is apoplexy or hemiplegia. The victims of diankuangbing(epilepsy) were the young people, mostly aged from 10 to 29, an age group of high incidence of this disease according to the medical science.

Keywords: Wu State Inscribed Bamboo Slips; *Fengbing*(apoplexy); Diankuangbing(epilepsy); Examination

War and Medical Services: Rescuing the Wounded in Yangxia War

Liu Feiwen

(Department of History, Sun Yat-Sen University)

Abstract: In Chinese history, the modernized military medical system was established by the new army in late Qing Dynasty. In Yangxia War, which was triggered by Wuchang revolution, the different performance on medical work in two sides reflects the difference between Beiyang and Hubei army on system practice. Military medical system in Hubei has been simplified and being criticized for long time. After the outbreak of Wuchang revolution, the demand on rescuing the wounded has growing rapidly. Although all of the original military doctors were engaged in works, they had limited expertise and were short of hands. Revolutionary government tried to take advantage of social groups and cooperate with red cross societies. On the contrary, the military system of Beiyang army were better implemented. When Yin Chang led the troops to the south, he issued the battlefield medical regulation, and medical crops went along with the army. After the return of Yuan Shikai, wounded saving work were strengthened. There were field hospitals near the stations of the Jing-Han Railway, medicines and wounded were transported by train. Several military medical students were sent to the south. However, the life-saving works were influenced by political struggle. The inhumans actions of Qing troops towards wounded in both sides, increased the alienation towards Qing Dynasty, and reflected the deviation from regulation in war practice.

Keywords: Wounded Rescue; Military Doctors; Yangxia War; China's 1911 Revolution; Red Cross Society

The Formation and Evolution of Migration Junwang(郡望)
— An Investigation Centered on the Meng Clan of Pingchang in the Medieval Times

Meng Xiangke Li Mingming

(Henan Normal University; Shanghai Normal University)

Abstract: Since the Eastern Jin Dynasty, it has become a common practice for people at that time to put Junwang before a name, but as a product of historical evolution, many family names of Junwang in the Tang Dynasty have lost their fundamental connotation and evolved into regional symbols that people scrambled for. In the Tang Dynasty, the Meng clan considered themselves as "the Meng clan of Pingchang", but there were two views about the location: "Pingchang Pingyuan" and "Pingchang Langya". In fact, Pingchang Junwang originated from the "South Pingchang County", which was migrated to Jingkou area during the Eastern Jin Dynasty, its type belongs to the "Migration Junwang", and Meng Huaiyu family claimed that they were the earliest Pingchang Meng clan at the end of the Eastern Jin Dynasty. The Meng clan in the Tang Dynasty did not observe the historical origin of "Pingchang Junwang", and mistakenly took Pingchang Pingyuan and Pingchang Langya set up in the Western Han Dynasty as the location of their Junwang, and strengthened this idea by means of ancestral construction, which was also reflected in Yuan He Xing Zuan(《元和姓纂》) and other official family tree books.

Keywords: Pingchang; Meng clan; Junwang; Migration district

The Economic Activities and Apparatus Within the Genealogy by Studying *Deli Chenshi Zubu* Found in Jieyang During the Qing Dynasty

Ou Junyong Li Xiaolong

(Institute of Minnan Culture, Minnan Normal University; Department of History, Sun Yat-sen University)

Abstract: Recording the information of the clan property, genealogy plays an important role in the possess of our studying the clan's economic operation system. A rich archive on the growing, management and conflicts regarding the clan property during the middle and late Qing Dynasty was held in the *Deli Chenshi Zubu* found in Jieyang, which reflects not only the interactions between the state and the local, but also the economic life of the local society. The Chen Clan in Deli village formed a financial system centered on the joint fund(which was called Gongyin in Chinese)by establishing Ancestral Hall. And with the development of the Chen clan, the scale of clan property and the scope of Gongyin were gradually expanded. Moreover, a series of clan contract regulations were set to maintain its operation.

Keywords: Collective property within the clan; Joint fund(Gongyin); Qing Dynasty; *Deli Chenshi Zupu*

Patriarchal Adjustment and Clan Transformation in the Late Qing Dynasty
— Taking Feng Guifen as an Example

Zhu Xinwu

(Marxism College, Fujian Normal University)

Abstract: In the late Qing Dynasty, when the great changes that haven't happened in thousands of years happened, the traditional Chinese clans also transformed accordingly. The intellectuals in treatyport cities represented by Feng Guifen and Zheng Guanying, etc., who have received good traditional education and had a deeper contact with Western culture, re-understanding and interpreting the existing patriarchal concepts. All of these became the leader of the clan transformation. Facing the turmoil of the society in the late Qing Dynasty, especially the impact of the Taiping Heavenly Kingdom Movement on social order, Feng Guifen strongly advocated the restoration of the patriarchy by looking back at the Three Dynasties, and put forward the reform proposal of "taking Baojia as the classic and using patriarchy as the latitude". At the same time, Feng Guifen also actively participated in the practice of organizing the clan. From Feng Guifen's perspective, Yizhuang which created by Fan Zhongyan was the best way to reconstruct the clan. Therefore, he inherited Fan Zhongyan's practice. Although the clan practice of Feng Guifen failed to complete, it provided an important example for understanding the modern transformation of the clan in the late Qing Dynasty.

Keywords: Feng Guifen; Intellectuals in treatyport cities; Clan; Patriarchal Clan

Ethnic Fusion between the Tujia and Han Nationalities: Rongmei Chieftain's Construction of the Ancestors and Acceptance

Zhu Hua

(The Development Research Center of the Three Gorges Culture and Economic Society; National College of China Three Gorges University)

Abstract: Learned from many Family Pedigrees and legends of the Tian Families from Badong and other counties, the Tian Family of Rongmei constructed their own ancestors, which showed their ethnic identity of Han. The Tian Families in Badong and other counties accepted their construction, and took it into their own Family Pedigrees. It means they accepted the Tian Family of Rongmei to be Han. However, the Tian Families in Badong and other counties may not be Han, they intensified their Han identity by conferencing the Rongmei Tian Family's Han identity. The two non-Han groups accepted each other's Han identity, then helped each other's ancestor construction.

Keywords: the Tian Family of Rongmei; Ancestor Construction; Ethnic Identity; Ethnic Fusion

The Others' Eyes: The Image of Late-Qing and Early-Republican China in Western Vision — A Case Study of Yichang

Cao Daming   Xie Jing

(National College of China Three Gorges University)

Abstract: In the late Qing Dynasty and early Republic of China, the westerners left travel notes, reports, letters and other precious textual and graphic files about Yichang, recording the landscapes, historical sites and buildings, cultural customs, economic and social conditions of the city. The westerners who had been to Yichang had both obvious differences and similarities in their cognition of the Yichang image. Due to the limitation of vision, contact and thinking, westerners mostly deemed Yichang poor and backward, closed and conservative, degenerate and primitive. Their construction of Yichang image not only embodied the hegemonism of western aggression and expansion, but also implied the mentality that the westerns were superior. In addition to personal identity, knowledge level and cultural literacy, factors that influenced their construction most were background, cultural soil, and power discourse system centred on the west.

Keywords: Late-Qing and Early-Republican China; National Image of China; Orientalism; Western Vision

Speaking out the Suffering
— Centered on an Oral Interview of the War of Resistance against Japanese Aggression

Luo Yanjun

(Institute of the Grand Canal Research, Liaocheng University)

Abstract: Based on an oral interview with 239 people who had experienced the War of Resistance against Japanese Aggression in Heilongjiang, Jilin, Shanxi, Henan, Shandong, and Hunan, this paper investigates the sources, types, characteristics and transformation process of people's suffering during the War of Resistance against Japanese Aggression. By analyzing the historical material of oral interviews, this paper intends to explore multi-dimensional features of the misery narrative, and explain the emergence of both humiliation and solemnity in it as well as the transformational process from the former to the latter. Meanwhile, it probes further into the suffering-expressing possibility and explores the evolution between the mainstream narration and the ontological narration as regards the War of Resistance against Japanese Aggression, with an aim to promote the further studies on the history of the War of Resistance against Japanese Aggression and oral history.

Keywords: the War of Resistance against Japanese Aggression; Oral History; Suffering; Humiliation; Solemnity